厚德博學
經濟匡時

匡时 金融学系列

|第4版|

投资与理财

张炳达　黄侃梅　编著

图书在版编目(CIP)数据

投资与理财 / 张炳达,黄侃梅编著. —4 版. —上海:上海财经大学出版社,2024.7
(匡时·金融学系列)
ISBN 978-7-5642-4349-4/F·4349

Ⅰ. ①投⋯ Ⅱ. ①张⋯②黄⋯ Ⅲ. ①投资-高等学校-教材 Ⅳ. ①F830.59

中国国家版本馆 CIP 数据核字(2024)第 066910 号

责任编辑:李成军
封面设计:张克瑶

投资与理财(第 4 版)

著 作 者:张炳达　黄侃梅　编著
出版发行:上海财经大学出版社有限公司
地　　址:上海市中山北一路 369 号(邮编 200083)
网　　址:http://www.sufep.com
经　　销:全国新华书店
印刷装订:上海华教印务有限公司
开　　本:787mm×1092mm　1/16
印　　张:26.75(插页:2)
字　　数:523 千字
版　　次:2024 年 7 月第 4 版
印　　次:2024 年 7 月第 1 次印刷
定　　价:65.00 元

第四版前言

21世纪,健康与财富是幸福的基本内涵,也是人类的永恒追求。"你不理财,财不理你",在当今社会,投资理财观念已经深入人心。当前,我国已进入个人理财时代,个人理财业务已经进入一个高速发展时期,市场前景非常广阔,发展潜力巨大。

投资与理财以资本运营中两个不可分割的组成部分(即投资和理财)及与之相关的问题为研究对象,主要研究投资与理财的基本含义、基本理论、环境、实业投资和金融投资等业务种类、业务操作技巧、法律规范等,是一门理论性和实践性都较强的金融专业和财会专业的基础课程,也是为了使金融专业和财会专业本科生适应社会主义现代化建设需要、适应在投资与理财的基本知识和操作技能方面的需要而设置的一门课程。

投资与理财课程的教学要求是:在教学过程中应坚持理论分析与实例、案例分析相结合的方法,通过课堂讲授与讨论相结合的方式启发学生思考问题,使学生能真正理解和掌握该学科的基本内容;掌握投资与理财的基本理论、基本知识、基本方法、基本技能和计算机操作技能;掌握该领域所需的职业基础知识和专业知识,了解相关的专业发展动向;掌握财务、投资、理财、金融管理等方面的实践知识;熟悉我国有关财务和金融管理的方针、政策和法规,以及相关的国际法规和国际惯例。

《投资与理财》教材深入浅出地介绍了投资与理财课程所要求掌握的基础知识以及各种操作分析技巧。教材内容涉及经济学、管理学(财务管理、会计学)、金融学和税务学等多个学科,所涉及的金融理财工具涵盖股票、债券、基金、期货、黄金、外汇等十几种,每种理财方式自成一章,集知识性、趣味性、技术性、操作性于一体。教材一共由三个框架组成,即理论篇、理财实务篇、综合理财规划篇,根据各个知识点分为18个章节。

与同类教材相比,由于本教材是专门针对金融、财会专业本科生而编写的,因此本教材是以实践操作为主、以投资理财的理论知识为辅的一本专业性教材。本书让学生从每章的"操作方法"中学习每种投资理财工具的操作流程,从每章的"策略与技巧"中学习每种投资方式的技能技巧,真正做到理论联系实践。

本书编写过程中借鉴了投资理财时事报道的大量内容,结合我国当前的具体情况,查找了大量的资料,并走访了许多专业的投资理财人士。为了增强实用性,每章均有"学习目标""案例导入""案例分析""本章小结"和"复习思考题";为了增强趣味性,每章还贯穿了许多著名投资人的经典话语及理财小故事。大部分章节都有综合案例，这些案例生动逼真，对于提高学生的应用和分析能力大有裨益。与此同时，本书用通俗易懂的语言介绍了在投资理财方面的前沿研究成果，充满了时代感。

本次修订紧跟国家职业教育政策、紧贴职业教育一线需求，以投资与理财课程为核心，以新媒体技术为载体，编著"互联网＋职业教育"的新形态一体化教材。在修订过程中，我们融入了习近平新时代中国特色社会主义思想，并贯彻党的二十大精神，以投资与理财课程标准为依据，以学科核心素养为主线，促进财经类学生全面发展，以培养高素质劳动者和技术技能人才。本教材配备对应的精品在线课程网站，具有完整的数字化教学资源。

本次修订根据最新经济形势，新增了投资理财的设计与规划实训操作内容，归入第十八章第三节；同时，重新加入了前一版已经删除的税务筹划章节，并对知识点做了更新，删减了一些与当前经济环境相悖的章节。

本次修订主要由黄侃梅负责所有章节的教学目标、教学案例、题库以及新增的理论内容的编写，引入黄侃梅和赵疏敏老师的理实一体化教学视频，并联合北京慕华信息科技有限公司的学堂在线平台进行新形态新媒体课程设计。在此对每位参与的工作人员表示感谢。

本书既可作为高等院校有关专业的本科和专科教学参考书，同时也是会计、金融、财务管理工作者理想的自学读物。

为了方便教师的教学，出版社备有教师教学用的课件，如有需要，请致电或电子邮件联系。联系人：李成军；电话 021－65903669；电子邮箱：littlelcj2@163.com。如需学习投资理财课程，可以参见学堂在线的投资理财精品在线课程网站 https://www.xuetangx.com/course/shzq0203bt7653/18104083? channel＝i. area. recent_search，课程内容包括课程大纲、章节微课、章节案例、章节习题、章节讲义、实践操作、虚拟仿真平台、学生理财活动作品等。

编 者

2024 年 3 月

目 录

理论篇

第一章 投资与理财概述 / 3
第一节 投资与理财的内涵 / 4
第二节 投资理财业的历史发展 / 6
第三节 投资理财的主要工具 / 12
第四节 投资理财的人生规划 / 14
课后阅读 / 20

第二章 投资与理财的财务基础 / 21
第一节 货币的时间价值 / 22
第二节 风险的计量与管理 / 30
课后阅读 / 36

理财实务篇

第三章 自主创业 / 41
第一节 自主创业的内涵及意义 / 42
第二节 自主创业操作流程 / 44
第三节 创业计划书的制订与编写 / 48
课后阅读 / 53

第四章 消费支出 / 54
第一节 消费支出概述 / 55
第二节 消费支出规划方案的制订与技巧 / 56

课后阅读 / 63

第五章　储蓄理财 / 64
第一节　储蓄概述 / 65
第二节　储蓄投资的操作程序 / 71
第三节　储蓄理财的策略与技巧 / 75
课后阅读 / 85

第六章　股票投资 / 86
第一节　股票概述 / 87
第二节　股票投资分析 / 94
第三节　股票投资的操作程序 / 108
第四节　股票投资的策略与技巧 / 114
课后阅读 / 132

第七章　债券投资 / 133
第一节　债券概述 / 134
第二节　债券投资的风险管理 / 137
第三节　债券投资的操作程序 / 140
第四节　债券投资的策略与技巧 / 142
课后阅读 / 149

第八章　基金投资 / 151
第一节　基金投资概述 / 152
第二节　证券投资基金的设立、发行和交易 / 159
第三节　证券投资基金的操作程序 / 169
第四节　基金投资的策略与技巧 / 171
课后阅读 / 184

第九章　保险理财 / 185
第一节　风险控制与保险概述 / 186
第二节　保险的分类与主要保险品种 / 190

第三节　保险理财的操作流程　/ 204
第四节　保险理财计划的制订与技巧　/ 212
课后阅读　/ 224

第十章　外汇投资　/ 226

第一节　外汇投资概述　/ 227
第二节　外汇交易的分析方法　/ 236
第三节　外汇交易操作方法　/ 242
第四节　外汇交易策略与实战技巧　/ 250
课后阅读　/ 254

第十一章　期货投资　/ 255

第一节　期货交易概述　/ 256
第二节　期货投资理财操作流程　/ 263
第三节　期货投资理财的策略与技巧　/ 266
课后阅读　/ 276

第十二章　信托投资　/ 278

第一节　信托投资概述　/ 279
第二节　个人信托投资业务的种类　/ 285
第三节　信托投资理财的操作与技巧　/ 293
课后阅读　/ 298

第十三章　黄金投资　/ 301

第一节　黄金与黄金投资概述　/ 302
第二节　黄金价格波动分析　/ 308
第三节　我国商业银行个人黄金零售业务品种　/ 311
第四节　黄金投资理财操作方式与技巧　/ 314
课后阅读　/ 323

第十四章　房地产投资　/ 324

第一节　房地产投资概述　/ 325

第二节　房地产理财计划的制订与技巧 / 333
课后阅读 / 345

第十五章　税务筹划 / 346
第一节　税务筹划概述 / 347
第二节　税务筹划策略与技巧 / 357
课后阅读 / 363

第十六章　养老规划 / 364
第一节　退休计划 / 365
第二节　遗产规划 / 369
课后阅读 / 378

综合理财规划篇

第十七章　新金融投资与理财 / 381
第一节　互联网金融理财 / 382
第二节　众筹理财 / 388
课后阅读 / 392

第十八章　投资与理财的设计与规划 / 394
第一节　制定理财策划方案 / 395
第二节　个人理财规划报告书的构成 / 398
第三节　理财规划报告的评估 / 412
第四节　综合理财规划案例分析 / 415
课后阅读 / 417

附录 / 418

参考资料 / 422

理 论 篇

第一章　投资与理财概述

学习目标

1. 知识目标

(1)理解投资理财的内涵和意义；

(2)了解国内外投资理财业的历史发展过程；

(3)了解投资理财的主要工具；

(4)理解投资理财的主要准备以及投资理财的人生规划的内涵。

2. 技能目标

(1)能够正确分辨投资与理财的区别；

(2)能够理解理财目标的内涵；

(3)能够根据自身的情况进行理财的各项准备,并能判别各种理财规划的特点。

3. 思政目标

(1)理解并运用专业理论,探讨家庭理财工具的理性选择,树立正确的投资理财观念；

(2)了解党的二十大报告中的"规范财富积累机制",理解共同富裕的内涵,掌握理财与家庭和国家经济、社会发展的关系,培育政治认同的学科核心素养。

案例导入

国外一位富豪开着豪车到一家银行贷款,奇怪的是,他的贷款金额只有 1 万元,期限为半个月。既然是贷款,那无论如何都要有抵押或者证明,这位富豪没有选择证明,而是将自己的豪车用作抵押,半个月后,富豪来银行还款,并支付了贷款利息 30 元。负责办理这笔业务的银行职员非常好奇,富豪为什么会贷这么点款呢? 出于好奇,便向富豪询问原因,富豪呵呵一笑,答道:"像你们这种 30 元就可以将车停半个月的'停车场',在这附近可是找不到的!"

理财点评:理财很多时候需要转换思维,其宗旨就是让自己的每一分钱都发挥出最大价值。

本章导语：本章主要阐述了投资理财的内涵和意义、国内外投资理财业的历史发展、投资理财的主要工具，以及投资理财的主要准备与人生规划，并概括性介绍了理财规划的一般流程。本章相当于全书的引言，展示了全书与理财规划设计有关的各种理财工具及理财准备，能使读者对全书的学习有个清晰的脉络。

投资理财宣传片中英版

关键词：投资理财业、投资理财规划、理财规划流程

第一节　投资与理财的内涵

一、什么是投资与理财

21世纪，最常见的词汇不外乎"投资"(investment)、"理财"(finance)，二者几乎已经成为当今世界最流行的词语。尤其是"理财"一词，它最早见诸20世纪90年代初期的报端。随着我国股票、债券市场的扩大，商业银行零售业务日益丰富和居民总体收入逐年上升，"投资""理财"概念逐渐走俏。虽然目前并没有针对"投资与理财"比较全面且严格统一的定义，但民众对其基本内涵的认识是一致的。

讲座1-投资理财基础知识1

投资是指货币转化为资本的过程。投资可分为实物投资和证券投资。前者是以货币投入企业，通过生产经营活动取得一定利润的投资；后者是以货币购买企业发行的股票和公司债券，间接参与企业利润分配的投资。"投资"这个名词在金融和经济方面有数个相关的意义，它涉及财产累积，以求在未来得到收益。从技术上说，这个词意味着"将某种物品放入其他地方的行动"。从金融学角度讲，相较于投机而言，投资的时间段更长一些，更趋向于为了在未来一定时间段内获得某种比较持续稳定的现金流收益，是未来收益的累积。

理财即对财产（包含有形财产和无形财产）的经营，是指个人或机构根据自己当前的实际经济状况，设定想要达成的经济目标，在限定的时限内采用一类或多类金融投资工具，通过一种或多种途径达成其经济目标的计划、规划或解决方案。

总之，投资理财是根据需求和目的将有形的、无形的、流动的、非流动的、过去的、现在的、未来的包括遗产、遗嘱及知识产权等在内的所有资产和负债，进行积极主动的策划、安排、置换、重组等，使其达到保值和增值的综合、系统、全面的经济活动。

简言之，投资是手段，理财是目的。投资与理财实质上是用投资的手段达到管理财产的目的。同时，投资与理财是现代商业社会的一种基本生存技能，每个人都应该了解和掌握。

二、投资理财的种类

"投资理财"可以按照不同的标准分类。

按照主体或范围的不同,投资理财可以分为个人或家庭理财、机构投资者理财、公司理财以及国家理财。本书所说的"投资理财"主要是针对个人理财而言的,其他理财可以参照个人理财方式。

按照理财工具(手段)的不同,投资理财可以分为金融(含金融衍生物)理财和非金融理财。前者主要包括储蓄、债券、股票、基金、保险、外汇、期货、期权和信托等,后者主要包括黄金、房产、收藏、典当、自主创业、税务筹划等。当然这两种分类也不是绝对的,比如,黄金类投资理财就含有金融类的黄金期货、黄金延期交收等其他非理财方式;房产投资虽然是非金融投资理财,但也有房产期权投资,属于金融投资理财;自主创业依据创业的类型也不一定就单独划为非金融理财。

需要说明的是,投资理财工具是基于理财者的立场而言的,而对于银行、基金管理公司、证券机构等来讲,则表现为"理财产品"。比如,国泰君安期货公司旗下各种类型的"期货",对国泰君安期货公司而言是开发出的"产品",而对个人及家庭理财者而言则是投资理财的工具或手段,具体表现为选择、买卖这种"产品"。换言之,同一事物,立场不同,功能不同,称谓也有所差异。

三、投资理财的作用与目的

投资理财并非全新的概念。早在两千多年前,孔子就说过:"君子爱财,取之有道。"君子爱财,更应治之有道。这里的"治"就是理财的意思。

理财规划师国家职业标准创始人、理财规划师专业委员会秘书长、北京东方华尔金融咨询有限责任公司总裁刘彦斌先生就说过:"理财的最终目的是实现财务自由,让生活幸福和美好。"所谓财务自由,是指不用靠主动型收入(或称"时间型收入"),仅靠被动型收入即可达到自己希望的生活水平,即不需要靠出售自己的时间来换取报酬就可以维持期望的生活水平。当一个人达到财务自由时,可以在选择生活方式时充分地实现自己的意愿,将时间花在自己认为有意义或感兴趣的事上,而不必顾及金钱上的压力。

人的一生,从出生、幼年、少年、青年、中年直到老年,各个时期都需要用钱。具体来说,对于个人来说,理财要应对一生六个方面的需要:第一,应对恋爱和结婚的需要;第二,应对提高生活水平的需要;第三,应对赡养父母的需要;第四,应对抚养子女的需要;第五,应对意外事故的需要;第六,应对养老的需要。

由此可见,钱财事实上是制约生活质量的重要因素,但不是唯一因素。客观地看待钱财,才能正确地回答投资理财的作用与目的:

1. 投资理财有利于平衡收支,使生活无忧。

2. 投资理财有利于减少通货膨胀对财富的侵蚀。

有人认为,钱放在银行就是理财。然而,现实又是如何呢？请看通货膨胀对购买力的影响(见表1.1)。

表1.1　　　　　　　　　通货膨胀对购买力的影响

几年后	通货膨胀率(%)						
	1	2	3	4	5	7.5	10
3	97	94	91	89	86	79	73
6	94	89	83	78	74	63	53
9	91	83	76	69	63	50	39
12	89	79	69	61	54	39	28
15	86	74	63	54	46	31	21
实际购买力(%)							

从表1.1不难看出,如果我们的资金不做任何投资增值,那么当平均通货膨胀率达到4%时,15年后我们的购买力就只有原来的54%；而当平均通货膨胀率达到7.5%时,15年后我们的购买力就只有原来的31%。

现在银行的利率无法抵御2%以上的通货膨胀,因此,如果坚持用储蓄的方式做长期投资,经过漫长的等待,我们得到的很可能是财产的巨额缩水。

3. 投资理财有利于改善生活品质。财富能让生活更加幸福和美好,良好的生活品质是建立在对财富无忧的基础上的。

4. 投资理财有利于保障财务安全。理财的最终目的是实现财务自由,财务不安全肯定是不自由的。财务不安全,企业会经营不善,甚至亏损倒闭；个人会没有自由感,没有地位,甚至无法在社会上生存。

5. 投资理财有利于造福父母和子女,有利于自身安度晚年,有利于维持家庭和谐。家庭是社会的细胞,和谐家庭建设好了,必将有助于构建社会主义和谐社会。

思政案例1-1

袁隆平的金钱观

总之,无论哪一种投资理财,其目的是基本一致的,即通过对所有资产和负债的有效管理实现保值、增值。

第二节　投资理财业的历史发展

投资理财不仅是一门职业,而且是一门门槛较高的职业。具体来说,投资理财业主要是指投资策划、理财策划、合理的避税、财务的管理、资产的投资配置等。

一、投资理财业的萌芽

个人投资理财最早在美国兴起,并首先在美国发展成熟。美国的投资理财萌芽于

20世纪30年代的保险业,它是当时保险推销员推销产品的一种手段。1929年10月股票价格暴跌,保险的"社会稳定器"功能促使保险公司的地位空前提高,同时大危机使人们萌生了对个人生活的综合设计和资产运用设计方面的需求。在这种背景下,一些保险推销员在推销保险商品的同时,也提供一些生活规划和资产运用的咨询服务,这些保险营销员被称为"经济理财员"。这就是理财策划的萌芽,尽管不成熟,但已显现出很强的生命力。

二、国际投资理财业的发展

国际投资理财业的发展主要是指美国理财业的发展,因为美国是首先进行投资理财策划的国家。继美国之后,日本和德国等国的投资理财业也蓬勃发展起来。

(一)起源期

虽然20世纪30年代已有了投资理财业的萌芽,但直到20世纪60年代末,投资理财规划才首先在美国出现。早期的理财规划(FP)停留在财务顾问的基础上,没有形成其特有的理论和统一的操作程序。因此,不但客户不清楚,就连一些从事财务顾问服务的人员也不清楚理财规划与财务顾问的区别。

随着个人金融资产膨胀化、金融市场自由化、人口结构老龄化,人们对理财的需求也随之增加。基于客户对理财规划的需求,银行、保险公司、证券公司等金融机构开始引进理财系统。同时,会计师事务所等一些专业机构也开始引进理财系统。

(二)发展期

1969年是美国理财业发展标志性的一年,这一年美国创立了首家理财团体机构——国际理财规划师协会(International Association for Financial Planning,IAFP),它是一家以普及理财知识、促进理财发展为目的的社会团体。1972年,美国创立了理财教育机构——国际金融理财学院(College for Financial Planning),并创立了注册理财规划师(Certified Financial Planners,CFP)标志。1973年,该学院的首批42名毕业生获得了CFP资格证书,并由该批毕业生设立了旨在建立和维护理财的专业权威性、在世界上推广理财资格活动的团体——注册理财规划师协会(Institute of Certified Financial Planners,ICFP)。1985年,注册理财规划师协会在社会各界的支持下,设立了注册理财规划师标准与实践委员会(International Board of Standards and Practices for Certified Financial Planners,IBCFP),后改为注册理财规划师标准委员会(Certified Financial Planners Board of Standards,CFP Board)。

经过了20世纪70—80年代的发展,美国开始出现真正意义上的投资理财业界和较为完善的投资理财制度。此外,围绕个人财产的管理及运用的时代背景发生了重大变化,突出表现在个人中小企业融资膨胀、金融自由化浪潮兴起、老龄化社会来临等方面。这一系列因素促使人们对理财的需求急剧增加。金融自由化改革后,金融商品迅速增加、金融风险加大,人们迫切需要理财师的帮助。这就推动了理财业的空前发展,理财师的地位不断提升。

（三）考验期

1987年10月19日的"黑色星期一"①使投资者损失达1万亿美元。理财师由于提出的投资方案遭到重创而丧失了信用,社会地位直线下降,投资理财业迎来了最艰难的时期。

（四）成熟期

尽管如此,其后的一段时间,投资理财业的热心者开始考虑改革理财制度,将理财的工作重心转移到生活规划上来,如退休后养老年金的安排等。注册理财规划师标准委员会开始重视后续教育和严格遵守伦理规定的问题,这一点直到现在也没有改变。2000年1月,IAFP和ICFP合并,成立新的理财组织金融理财协会（Financial Planning Association,FPA）,其目的是为投资理财提供一个有机的活动空间,使投资理财业朝着健康的方向发展。

《2001年美国职业评估调查》资料显示,在250个职业中,理财师超越网站经理、精算师等,成为全美排名第一的理想职业。美国的理财业经过1987年低谷后的调整恢复,目前已成为认知度和社会地位相当高的专门职业。可以说,美国的投资理财业进入了成熟期,同时也说明国际投资理财业进入了成熟期。

三、国际投资理财业的商业运营

（一）理财的模式

美国的理财模式代表了国际的理财模式,可分为两种模式:独立经营型FP（主要在咨询公司、理财师事务所、会计师事务所、税务师事务所、律师事务所从业,也称为"独立理财体系"）和企业型FP（主要在金融机构内部从业,也称为"机构内部理财体系"）。在机构内部理财体系中,理财通常被作为促进本机构商品销售的手段或仅提供给VIP客户;在独立理财体系中,理财被作为其本身的业务。

两种理财模式的区别在于:在机构内部理财体系中,理财策划、咨询等通常免费,但策划内容通常与本机构的业务相关,因此,独立公正难以保证;独立理财体系由于没有自身的产品兜售,因此相对公正,但其理财策划、咨询通常要收费。目前,约有2/3的理财师在专业理财事务所从业,或者是隶属于会计师事务所等社会中介机构,属于独立经营型FP。另外的1/3在银行、证券公司、保险公司等金融机构从业,属于企业型FP。

（二）理财师的商业活动

根据CFP Board的现状调查,典型的CFP实务者除持有CFP资格外,一半以上的人

---

① "黑色星期一"是指1987年10月19日（星期一）的股灾。当日全球股市在纽约道琼斯工业平均指数带头暴跌下全面下跌,引发金融市场恐慌,随后带来20世纪80年代末的经济衰退。

同时持有证券、保险或者其他两个以上的资格。例如,作为投资顾问在解答投资咨询并获得报酬时,必须持有联邦认可的投资顾问资格。尽管理财师以理财规划为主业,但在实际的商业运营中,在做生活规划的同时,还伴随有金融商品的推销,或者是税务、会计咨询等,因此,几乎所有的理财师提供的服务都是由两种以上的综合型服务组成的。

四、国内投资理财市场现状及前景

国内投资理财市场刚刚起步,与国际投资理财业还有一定的距离。尽管如此,由于理财需求市场潜力巨大,因此具有良好的发展前景。

(一)国内投资理财市场是一块诱人的"蛋糕"

1. 金融机构的竞争压力

红色理财专家
郑义斋

以商业银行为主的金融机构属于企业型FP,其主要投资理财领域集中在公司客户方面,零售客户所受的重视程度远不及规模大、实力强的公司客户。但是,随着我国资本市场的迅速发展,投融资脱媒现象日益突出。2015年3月10日傍晚,中国人民银行下调金融机构存贷款利率约0.25个百分点,半年内三度降息。因此商业银行依靠存贷差为利润主要来源的经营空间日渐缩小,而利润高、风险分散的个人金融业务作为新的利润增长点,逐渐成为商业银行重点发展的理财业务领域。国外同业的实践经验证明,个人投资理财服务对象不仅能带来相当可观的综合经济效益,还能拉动其他多项业务的快速增长。在过去几年里,发达国家的个人银行业务利润率一直高达30%~50%,并在稳定银行收益方面具有重要作用,其中,个人投资理财业务更是其最重要的核心竞争力。随着我国对国内银行业的保护期的结束,外资金融机构逐步进入,对高端零售客户的争夺将进入白热化阶段。外资银行从人力成本等各方面考虑,不会迅速增设机构,因而国内高端个人投资理财市场是外资银行的战略市场,私人企业主、高级管理人员等富有阶层都是其争夺的目标。此外,外资银行在个人金融业务的开展方面积累了丰富的经验,比较容易建立全面掌握银行业务、具备投资市场知识、懂得营销技巧与客户心理的较高素质的银行理财团队,为高端个人客户提供个性化的金融服务。中资银行在如此竞争压力之下,必然要重新审视自己的业务发展战略,由产品导向向客户导向转变,开拓新的服务渠道和手段,联手保险、基金、证券、信托等众多非银行金融机构开展个人投资理财业务,力求在竞争中不处于劣势。

2. 国内居民的投资理财需求潜力巨大

中国居民收入的迅速增长以及消费的不断升级产生了旺盛的金融服务需求。随着中国经济的持续稳定增长,城镇居民的人均可支配收入从1995年的4 283元增长到2022年的4.93万元,增长了接近9倍。同时,我国城镇居民家庭恩格尔系数呈下降趋势，已经从20世纪初的0.538下降到2019年年末的0.276①，住房、汽车、教育、养老、健康等已经成为居民重要的支出项目，这给商业银行个人金融业务、保险公司各类业务的发展提供了广阔的空间。

国民财富的增长以及较富裕群体的逐步壮大产生了新的金融需求。2023年招商银行发布的《2023中国私人财富报告》显示，当前中国已有316万高净值人群，他们可投资资产超过1 000万元人民币。从2020年到2022年，高净值人群的数量和财富年均复合增速都在10%左右。

与高净值人群日益增长形成鲜明对比的是，普通老百姓的教育、医疗、住房、养老等支出中个人负担的比例却不断上升。这为居民家庭未来的经济生活增添了许多不确定因素。为了保证未来所必需的开支，居民必须在不断扩大资产规模的同时，将决策跨度逐渐从现期效用过渡到跨期效用乃至整个生命周期。在此背景下，居民对金融资产的收益性、流动性和安全性的需求也日益凸显，以追求长期稳定的投资收益，从而实现整个生命周期效用的最大化。面对日益复杂的法律法规体系和金融投资环境，以及层出不穷的金融产品，受专业知识匮乏和时间精力的局限性等因素的影响，居民对于如何应用和管理手中的财富，显得无所适从。中国社会调查事务所的专项问卷调查显示，74%的被调查者对个人投资理财服务感兴趣，41%的被调查者表示需要个人投资理财服务。显然，消费者对于投资理财服务有着现实的渴望与需求。

据2019年发布的全球财富管理报告，中国已经成为继美国、日本之后极具机会与潜力的财富管理市场，其财富管理总资产占全球的16%。展望未来，持续高涨的私人理财需求、大势所趋的数字化浪潮、不断涌现的行业创新，将加速推动国内私人理财行业的变革、转型与发展。个人金融理财这块巨大的"蛋糕"将越来越诱人。

（二）国内的投资理财业是不成熟的市场

国内的投资理财业发展才起步，目前正处在理念的导入期，存在如下问题：

1. 金融机构分业经营导致理财服务范围狭窄

由于目前我国金融业实行的是分业经营模式②，银行不能涉足证券、保险、基金等业务，只能代销基金公司、保险公司等的产品，而且对这些产品的适用性无法考证。作为构成金融市场的三大分市场，银行、保险、证券都在忙着为各自的客户理财，与理财

---

① 2020年、2021年、2022年的全国城镇居民家庭恩格尔系数分别为0.292、0.286、0.295。

② 西方国家按金融体系可分为两块：一块是大陆系国家，如德国、法国等，20世纪至今一直实行混业经营；另一块是以美国为代表的国家，包括英国、加拿大等，经历了混业—分业—混业的转变。中国金融业经营模式的转变与美国相似。在1992年以前，我国实行的是混业经营体系。1992年前后，由于出现了房地产热和证券投资热，大量银行资金通过同业拆借等方式纷纷涌入热门行业，加大了泡沫程度。因此，从1993年起，国务院明确了我国金融业实行分业经营的基本思路和框架。1995年以后陆续颁布的《商业银行法》《证券法》《保险法》等法规，为我国实行分业经营的金融体系提供了基本的法律依据和准则。金融业分业经营由此确立，并一直延续到今天。但从未来发展趋势看，混业经营是大势所趋。

密切相关的三个市场处于相对分离状态,客户资金一般只能在各自的体系内循环,而无法利用其他两个市场实现增值;同时理财机构不能代客直接投资,个人投资理财业务最核心的部分无法实现,也就很难体现出个人投资理财的价值和魅力。投资理财服务需要金融领域产品的全面、丰富和最优化组合,但分业经营的现状使得投资理财业务在政策的鸿沟面前显得非常苍白和脆弱。

2. 金融机构投资理财服务仅停留在表面层次

目前国内的个人投资理财业务与成熟市场相比,更多的是形似,还没有达到神似。某些调查就尖锐地指出,高收入的年轻人对外资金融机构的个人金融服务普遍持接受态度,而对国内的同类服务却无法认同。他们抱怨,国内各类个人投资理财服务,大多"没有提供足够的信息、建议、沟通""自动服务功能不够完善""服务态度不够好"并且"没有给人能够相信的感觉"。即使是中资银行开设的理财中心,实际上更多地停留在"银行的理财中心目前只能为内地客户提供外币的存款和抵押贷款业务服务"这种理财理念和简单地将银行自有和代理的个人金融产品进行整合并打包销售的层面上,而没有针对客户的需要进行个性化的设计和产品创新。这些理财中心大多刚起步,其服务人员只能彬彬有礼地告知其"贵宾客户"可以享受诸如不用排队等候、优先办理存取款业务、代办各种缴费业务等一站式服务。其所做的理财规划书大同小异,针对性不强。不能不说,国内的一些理财规划服务炒作和宣传的成分更多。

3. 缺乏规范的社会投资分析评价体系

个人投资理财业务及其产品不仅是金融机构内部的问题,而且是一个社会性的系统问题。目前,我国投资行业还不成熟,诚信机制尚未健全,投机成分相对较浓。例如,证券、期货、黄金、房地产投资较大程度上靠捕风捉影的"小道消息",而缺乏对某一行业、企业周边环境、现状及发展趋势等的系统总结。其他风险稳定但利润率较低的投资渠道也没有得到充分重视,研究更少。金融机构要想开展相关服务,就会发现这些渠道缺乏足够的分析资料,以致无法评价和推荐。而国外的专业金融机构有更庞大和完善的社会分析网络,无时无刻不在向大众灌输正确的投资理财观念,这也迫使专业机构必须拿出真本事,否则根本无法接到委托。例如,2002年8月的《财富》杂志制作了一个"安排退休投资之路"的专题,除了涉及股票市场投资外,还有地产和生活策划等相关内容,给退休生活以全盘的考核,完全打破了纯粹资金管理的界限。更精彩的是,其中有一篇实战研究列举了9个活生生的例子,论述他们如何做出成功部署,过着逍遥的退休生活。单这样一个杂志专题的信息量和专业程度,就已经让国内绝大多数提供个人理财的金融机构汗颜了。

4. 专业人才匮乏

投资理财业的发展使得社会对人才的需求更加迫切。这里所谓的人才,是指全才,而不是单独一个领域的人才。个人投资理财服务涉及面广,不仅仅限于金融产品的投资分配、资金运用的合理规划,还包括帮客户处理税务问题,以及房地产投资、证券投资、收藏品投资等诸多方面。国内金融机构普遍缺乏既熟悉银行业务,又精通证券交易、期货、黄金、保险以及其他领域知识的全能型通才,显然无法满足客户个性化、多样化的投资理财需求,无法为客户规避风险,实现资产的保值、增值。另外,中国市场有其特殊性,个人投资理财业务的从业人员仅仅具备丰富、扎实的金融理财知识远远不够,还必须对国家政策和市场环境及其变化趋势具有敏锐的洞察力、准确的判断力。值得庆幸的是,国内银行业已经开始重视专业理财从业人员的培养。可以预见,银行中出现许多持有各类专业资格证书的理财师将成为一种不可阻挡的趋势。

5. 信息系统问题

对客户的细分和管理以及产品投入产出的研究,都需要强大、先进的信息系统作为后盾。国内商业银行的信息系统目前仍以业务处理、数据保存为主,较少考虑对产品和客户信息的分析整合功能。银行如果无法了解真正能为其带来利润的客户是谁、收益究竟是多少,就难以准确测算银行收益和评估客户价值,也就无法真正实现客户服务的差异性和产品开发的针对性。另外,信息来源渠道的缺乏使得数据原始积累不足。国外的个人信用体系已经非常成熟,例如,在美国,每个人都有一个被称为"第二身份证"的个人综合账户,记录了个人银行资金往来状况、纳税情况等。根据个人综合账户,银行可以详尽了解个人的资产状况、投资偏好等必要的信息,并投其所好,提供针对性的理财服务。但在国内,个人征信制度建立较晚,2018年才初步建立,整个社会的信用环境尚在进一步完善中,制约了银行向更深层次拓展理财服务。

6. 产品创新落后于市场需求

目前国内的金融机构所提供的理财产品,与国外同业相比,普遍功能落后,整合度较低。理财新品的开发无论在速度上还是在功能上均滞后于市场需求,各商业银行推出的理财产品大多仅是将原有的银行存贷款产品及中间业务重新组合,或在服务上做一些提升,在观念和内容上有实质性突破的产品并不多,对已有产品的功能深度挖掘和宣传推动不够。真正有一些创新的产品,实际了解的客户并不多。即使有客户购买了创新产品,他们也往往由于无法得到及时、准确的跟进指导而不能使产品得到灵活运用,从而无法最大限度地从产品中获益。

思政案例1-2

理财业务违法违规处理

第三节 投资理财的主要工具

一、商业银行的投资理财业务

目前,按照管理运作方式不同,商业银行的投资理财业务分为理财顾问服务和综合理财服务。[①]

理财顾问服务,是指商业银行向客户提供的财务分析与规划、投资建议、个人投资产品推介等专业化服务。在理财顾问服务活动中,客户接受商业银行提供的理财顾问服务管理和运用资金,并承担由此产生的收益和风险。不过,商业银行为销售储蓄存款产品和信贷产品等进行的产品介绍、宣传和推介等一般性业务咨询活动,不属于理财顾问服务之列。

综合理财服务,是指商业银行在向客户提供理财顾问服务的基础上,接受客户的委托和授权,按照与客户事先约定的投资计划和方式进行投资和资产管理的业务活动。在综合理财服务活动中,客户授权银行代表客户按照合同约定的投资方向和方式管理投资和资产,投资收益与风险由客户与银行按照约定方式承担。

二、非银行机构的投资理财服务介绍

随着我国市场经济体制的确立和经济的发展,特别是金融业的发展,百姓非银行的投资理财工具越来越多。就目前而言,主要的投资理财工具包括如下几种:(1)保障型,如传统保险;(2)保本型,如储蓄;(3)收入型,如分红类保险、债券、基金;(4)成长/投资型,如股票、房地产、万能投资保险;(5)投机型,如期货、彩票、外汇;(6)收藏型,如邮票、纪念币、古董字画。

微课

讲座1-
投资理财基础
知识2

以上分类法并不绝对,比如投机型不一定只有期货、彩票、外汇,保本型的储蓄在银行机构也比较常见等。

西方理财专家常把各种投资工具以金字塔的形式表现出来,越接近金字塔底层的风险越低,但获利能力越小;越靠近塔尖,风险越高,但获利的可能性越大。

目前,国内普通家庭投资组合现实与理论上的合理组合分配差异如图1.1所示。

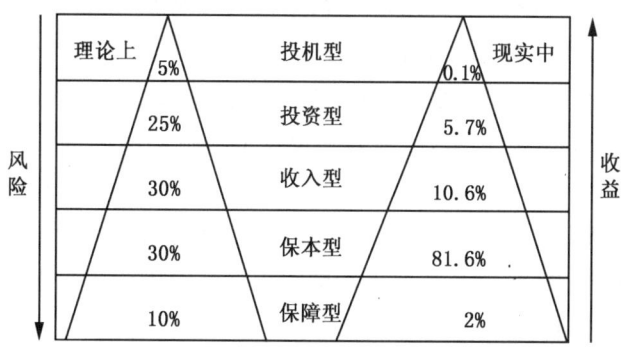

图1.1 投资组合现实与理论上的差异

---

① 由中国银行业监督管理委员会于2005年9月24日公布的《商业银行个人理财业务管理暂行办法》规定。

虽然个人理财师应根据客户对风险的偏好和承受能力对资金的运用进行合理分配，但从图1.1可见，我国目前普通家庭的投资理财分配方案与理论上的合理方案相比，保障型投资太低而保本型投资太高。

第四节　投资理财的人生规划

投资理财的人生规划又称个人理财规划。但是，个人理财规划的前提是做好投资理财的相关准备。

一、投资理财的主要准备

（一）观念的准备

观念是行动的先导，思路决定出路。真正谈到投资理财，人们一般想到的不是投资，而是赚钱。实际上理财的范围很广，理财是理一生的财，即个人一生的现金流量与风险管理。它包含以下观念：

第一，理财是理一生的财，不是只解决燃眉之急。

第二，理财是现金流量管理，每个人一出生就需要用钱（现金流出），也需要赚钱产生现金流入。因此，不管现在是否有钱，每个人都需要理财。

第三，理财也涵盖了风险管理。人身风险、财产风险和市场风险，都会影响现金流入（收入中断风险）或现金流出（费用递增风险）。

根据上述定义，我们不难发现，中国人的传统观念至少在下述几个方面有别于现代的投资理财观念：

1. 节俭生财。节俭是一种美德，但如果现在还秉持节俭的理财习惯，那么实在是滞后于时代发展了。节俭本身并不生财，不能增大资产规模，而仅仅是减少支出，这会影响现代人生活质量的改善。俗话说，理财的关键是开源节流，节俭虽然符合后面一项，但仅依靠节俭一般不会成为富翁。

2. 理财是富人、高收入家庭的专利，要先有足够的钱，才有资格谈投资理财。事实上，影响未来财富的关键因素，是投资报酬率的高低与时间的长短，而不是资金的多寡。

3. 理财投资是投机活动。投机是投机取巧，是用损人利己的行为谋取不义之财，而投资是"以钱赚钱"活动，两者有着本质区别。当然，投资与投机就像孪生兄弟，相伴而生，有投资必有投机。

4. 只有把钱放在银行里才是理财。目前，储蓄仍是大部分人传统的投资理财方式。根据中央银行报告，截至2018年年末，国内居民储蓄存款余额达72.44万亿元。应该说，在人们的传统观念中储蓄理财最安全、最稳妥，但是鉴于目前利率（投资报酬率)处于较低的水平,把钱存进银行从短期看好像是最安全的,长期而言却可能并非如此。

(二)知识的准备

投资理财具有一定的专业技术性,需要了解和掌握一些投资理财的相关知识。因此,真正的投资理财也是一门高深的艺术。

目前,投资理财所需要的基本知识主要包括财务会计知识、金融知识、税收知识、管理学知识和某些专门知识,如房地产、彩票、古玩字画等知识。此外,还应了解国际与国内的相关经济政策与宏观经济趋势。

(三)心理的准备

投资理财的心理准备主要是了解一个人的风险承受能力和理财产品取向,以便选择合适的投资理财工具。这些可以借助于心理测试。

一般来说,按照对风险的承受能力不同,可以把人的个性分为保守型、谨慎型、平衡型、进取型和投机型,每一种类型的投资理财方式有所区别。

(四)操作的准备

进入投资理财的实战阶段之前,还要做好操作前的具体准备工作。第一,要摸清"家底",在保证个人和家庭正常开支、安全运转的前提下,确定可用于投资理财的额度。第二,确定投资理财目标,结合自己的个性类型,选择合适的投资理财工具以及具体的投资理财产品。第三,审时度势,结合自己的经济分析,确定最佳的投资理财时机。第四,所有的准备工作离不开具体的金融或非金融机构,因此,投资者必须对各类著名的证券、期货、银行以及相关专业理财机构有所了解。

二、投资理财规划

制作一个完备的投资理财人生规划,个人理财师应从客户的角度从以下几个方面展开。

(一)事业规划

事业是人的价值体现。个人对自己的事业要有规划,或选择去公司工作,或选择个人自主创业等。

(二)投资规划

这里的"投资规划"主要是指金融投资,而不是对于个人/家庭的自用资产(比如住宅和汽车)的投资,它在个人/家庭总投资中所占比例在自用资产投资结束以后会逐步提高。也就是说,对于个人/家庭所拥有的资金,要考虑先还贷(房贷和车贷),如果还有余额,就可以用于金融投资。但是,为了谨慎起见,在进行金融投资前,应该预留一部分资金作为紧急备用金。

(三)居住规划

"衣食住行"是人生最基本的四大需要,其中"住"又是四大需要中期限最长、所需资金数额最大的一项。在个人理财规划中,与"住"相对应的是居住规划。大部分消费者购买住房都是自住,但住宅也可作为一种长期投资。消费者购买住宅可以从三个方面来考虑:自己居住、对外出租获取租金收益、投机获取资本利得。国外大部分国家税法规定,购买房地产的支出可以在一定程度上作为应税所得额抵扣的一部分。因此,国外消费者购买住宅主要考虑如何合理避税。显然,不同的购买目的会对应不同的规划方案。

(四)教育投资规划

教育投资是一种人力资本投资。从内容上看,教育投资可分为两类:客户自身的教育投资和对子女的教育投资。自身的教育投资非常重要,它不仅可以提高个人的文化水平与生活品位,更重要的是,它可以使受教育者在现代社会激烈的竞争中占据有利位置。对子女的教育投资又可分为基础教育投资和高等教育投资。大多数国家的高等教育不属于义务教育的范畴,因而,对子女的教育投资通常是所有教育投资项目中花费最高的一项。

(五)个人风险管理和保险规划

人的一生很可能会面对一些不期而至的"纯粹风险"(与"投机风险"相对应)。根据风险损害对象的不同,这些风险分为人身风险、财产风险和责任风险。为了规避、管理这些风险,人们可以通过购买保险来满足自身的安全需要。除了专业的保险公司按照市场规则提供的商业保险之外,由政府的社会保障部门提供的包括养老保险、医疗保险、失业保险在内的社会保险以及雇主提供的雇员团体保险,也都是个人/家庭管理纯粹风险的工具。随着保险市场竞争的加剧,保险产品除了具备基本的转移风险、减小损失的功能之外,还具有融资、投资功能。个人风险管理和保险规划的目的在于,通过深入分析客户的经济状况和保险需求,帮助客户选择合适的保险产品并确定合理的期限和金额。

(六)个人税收规划

依法纳税是每个公民的法定义务,纳税人出于对自身利益的考虑,都希望将自己的税负合理地降到最低。因此,如何在合法的前提下尽量减少税负,就成为每一个纳税人十分关注的问题。

(七)退休规划

"夕阳无限好,只是近黄昏。"人们一旦退休,作为收入主要部分的工薪收入会戛然而止,而退休以后几十年的光景如何度过,将成为每个人都要面对的现实问题。因此,退休计划可谓人生最重要的财务规划。在人口老龄化日趋严重的大背景下,政府很难完全、无限度地支持退休民众的生活,企业也无法向员工提供终身确定给付的员工福利。中国尽管有养儿防老的传统观念,但随着社会的进步,这种养老模式可能也难以延续。因此,现代社会退休金的筹措可能主要还是靠自己。规划越早,退休时相对越轻松。退休计划是一个长期的过程,不是简单地通过在退休之前存一笔钱就能解决。个人在退休前的几十年就要开始确定目标,进行详细的规划,否则可能会面对退休后生活水平急剧下降的困境。

(八)遗产规划

遗产规划是将个人财产从一代转移给另一代,从而尽可能地实现个人为其家庭(也可能是他人)所确定的目标而进行的一种合理的安排。在西方,税收最小化通常是遗产计划的一个重要动机,但节税并不是遗产规划的唯一目标。

对于理财师而言,遗产规划的主要目标是帮助客户高效率地管理遗产,并将遗产顺利地转移到受益人的手中。这里的高效率包括两个方面:一方面,个人理财规划要帮助客户在最短的时间内完成遗产规划;另一方面,理财师有责任帮助客户最大化减少遗产处理过程中的各种费用,比如遗产税(中国关于遗产税的立法目前正在讨论中)。另外,为了保证遗产规划顺利进行,理财师还应当建议客户订立一份合法有效的遗嘱。由于处理遗产涉及很多专业的法律问题,因此,理财师往往需要与注册律师携手工作。

三、理财规划的一般流程

第一步,收集个人/家庭信息。

理财方案是否适合个人家庭实际情况,取决于是否详细了解个人家庭的财务信息、非财务信息及个人家庭的期望目标。回顾资产状况,包括存量资产和未来收入的预期,知道有多少财可以理,这是理财规划最基本的前提。

第二步,分析个人/家庭的风险偏好和理财目标。

分析客户的风险承受能力、投资偏好以及投资需求,评估客户的主观行为。通过客户的投资需求设定理财目标,需要从具体的时间、金额和对目标的描述等来定性和定量地理清理财目标(包括短期目标和长期目标)。

第三步,分析个人/家庭财务状况。

对个人家庭财务状况的分析主要包括个人家庭资产负债表的分析、个人家庭现金流量表的分析以及财务比率的分析等方面。

第四步,制订理财方案。

在制定理财规划方案时要综合考虑每一个具体项目的规划,运用专业知识,结合个人/家庭的实际情况,形成系统的理财方案。值得注意的是,这一步需要进行战略性的资产分配。在所有的资产里做资产分配,然后选择投资品种、投资时机。理财规划的核心就是资产和负债相匹配的过程。

第五步,执行理财方案。

根据制订的理财方案,按照规划一步步执行。

第六步,持续关注。

随着内外环境的变化,应对理财方案持续跟进与修正,使个人/家庭更好地适应环境,达到预定的理财目标。定期对理财方案进行反馈和评估,不定期开展信息服务和方案调整。

思政案例1-3
迈向共同富裕的三大途径

讨论思考:

请根据以上案例思考:如何通过投资理财实现全民共同富裕?如何使全民达到七个"有所"?

理财实训导论-项目1　　理财实训导论-项目2　　理财实训导论-项目3　　理财实训导论-项目4　　理财实训导论-项目5

 本章小结

1. 投资与理财实质上是用投资的手段来达到管理财产的目的。按照主体或范围的不同,投资理财可以分为个人或家庭理财、机构投资者理财、公司理财以及国家理财;按照理财工具(手段)的不同,投资理财可以分为金融(含金融衍生物)理财和非金融理财。

2. 个人投资理财最早在美国兴起,并首先在美国发展成熟。国际投资理财业经历了起源、发展、考验、成熟四个阶段。我国投资理财市场是一块诱人的蛋糕,前景非常广阔。

3. 投资理财的主要工具分为商业银行的投资理财工具与非商业银行的投资理财工具,其中,非商业银行的投资理财工具有股票、债券、基金、外汇、黄金、期货等。

4. 要进行投资理财的人生规划,前提是要进行投资理财的相关准备。投资理财规划需要进行事业规划、投资规划、居住规划、教育投资规划、个人风险管理和保险规划、个人税收规划、退休规划和遗产规划。

5. 理财规划的一般步骤包括:收集个人/家庭信息、分析个人/家庭的风险偏好和理财目标、分析个人/家庭财务状况、制订理财方案、执行理财方案、持续关注。

知识结构图

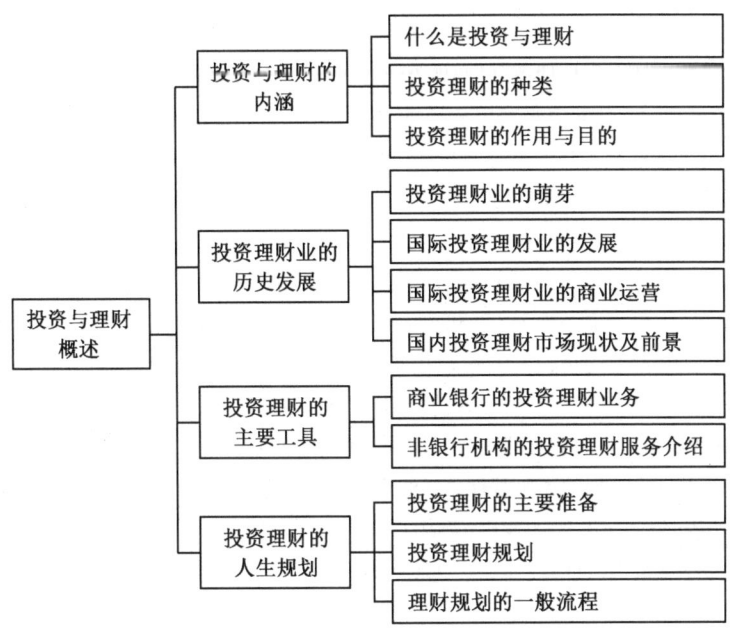

复习思考题

1. 什么是投资与理财的内涵？
2. 投资理财分为哪些种类？
3. 简述国际投资理财业的发展状况。
4. 通过资料的收集与分析，讨论国内投资理财市场的现状及其前景。
5. 如何进行投资理财的人生规划？

第一章 习题

第一章 习题答案

 **课后阅读**

注册理财规划师及其资格认证

随着我国金融服务业的发展，金融机构不断推出产品创新和服务创新。个人理财成为金融机构竞争的主要策略。在金融机构由"以产品为中心的模式"向"以客户需求为中心"的顾问式服务模式的转型中，个人理财业务能力将决定金融机构的市场竞争力。因此，银行、证券公司、保险公司、投资公司等金融机构迫切需要专业的个人理财规划师并对其从业人员进行专业的理财培训。注册理财规划师（CFP）是一种权威理财规划资质。在国外，只有获得 CFP 资格的人员才能从事个人理财业务。

CFP 在国际上称为注册金融策划师，是国际上金融理财领域最权威和流行的一种职业资格。注册金融策划师的主要职责是为个人提供全方位的专业理财建议，保证财务独立和金融安全。

国外的注册金融策划师年收入都在 10 万美元以上。有专家预言，注册金融策划师会继注册会计师、注册资产评估师和注册税务师之后，成为新一代的职场新贵。

在美国，金融策划这一行业虽然存在了很长时间，但直到 1969 年国际理财规划师协会成立，才开始酝酿对从业者进行正规的证照管理。1985 年，经过全美认证机构委员会（National Commission for Certifying Agencies，NCCA）的授权，美国注册理财规划师标准委员会正式成立。作为一个非营利性的职业资格管理机构，它的目标是通过建立和维护个人理财领域的职业标准、成立或授权专门的金融策划学院负责职业培训、组织职业资格考试并颁发 CFP 资格证书等手段，为社会公众提供服务。经过多年的实践，美国 CFP 标准委员会主要从以下四个方面（即"四 E"准则）对金融策划师的职业认证提出要求：教育及后续教育（Education & Continuing Education）、考试（Examination）、工作经验（Experience）、职业道德（Ethic）。目前"四 E"准则已成为国际公认的个人理财职业认证的经典准则。

注册金融策划师的专业知识涵盖财务规划的过程、客户需求分析、职业道德和法律监管、保险、投资、税务及财产规划等方面，内容广、难度大，即便是已经获得注册会计师或证券分析师从业资格的专业人员，也需要系统地学习其他领域的大量知识。

目前"理财规划师"已列入国家职业大典，理财规划师国家职业标准也正式发布。为了满足金融服务业的需要，需要培养既符合国际金融发展新理念，又适应中国国情，既精通金融理论，又擅长营销实践的个人理财专业人才。2005 年 8 月 26 日，中国已经成为美国注册理财规划师协会会员，改变了以往不能开展注册金融策划师考试及注册程序的局面。

第二章　投资与理财的财务基础

📅 学习目标

1. 知识目标

(1)理解时间价值的含义以及货币时间价值产生的原因；

(2)了解单利和复利、现值与终值的区别；

(3)了解风险和危险的联系和区别；

(4)了解风险的各种分类。

2. 技能目标

(1)准确判断货币时间价值的类型，会选用正确的公式计算；

(2)灵活运用三种方法计算货币时间价值，即公式法、查表法、虚拟仿真软件法；

(3)能区分各种年金并掌握计算方法；

(4)掌握各种风险计量的方法以及风险管理的方法。

3. 思政目标

(1)树立财富积累机制的可持续性观念，破除一夜暴富思想，理解党的二十大提出的"勤劳致富，促进机会公平"；

(2)理解积累的重要性，及量变与质变的关系；

(3)树立正确的金钱利益观，学会利用"利滚利"的优点，并规避其弊端。

(4)勇于面对艰难险阻，并树立忧患意识。

📰 案例导入

从前，有一位富翁准备了一大袋黄金放在床头，这样他每天睡觉时就能看到黄金，摸到黄金。但是有一天，他开始担心这袋黄金随时会被歹徒偷走，于是就跑到森林里，在一块大石头底下挖了一个大洞，把这袋黄金埋在洞里面。这个富翁隔三岔五就会到森林里埋黄金的地方，看一看、摸一摸他心爱的这袋黄金。有一天，一个歹徒尾随这位富翁，发现了大石头底下的黄金，第二天就把这袋黄金给偷走了。富翁发觉自己埋藏已久的黄金被人偷走之后，非常伤心。正巧森林里有一位长者经过此地，他问了富翁伤心欲绝的原因之后，就对这位富翁说："我有办法帮你把黄金找回来！"话一说完，这位森林长者立刻拿起金色的油漆,把埋藏黄金的这颗大石头涂成黄金色,然后在上面写下了"一千两黄金"的字样。写完之后,森林长者告诉这位富翁:"从今天起,你又可以天天来这里看你的黄金了,而且再也不必担心这块大黄金被人偷走。"富翁看了眼前的场景,半天都说不出话来……

理财点评:别以为这个森林长者的脑袋有问题,因为在森林长者的眼里,如果金银财宝没有拿出来使用,那么藏在洞穴里的一千两黄金,与涂成黄金样的大石头就没什么两样。因此守财奴只知道死守着钱在银行,不让金钱流动,其价值和石头没什么两样。

本章导语:本章主要讲述了货币的时间价值的含义以及有关的计算问题,如何计量与管理风险。学习完本章的内容,读者能掌握投资理财学的财务基础方面的知识。本章是整本书的重点,后面各个章节的理财计算方法都与本章的知识点相关。

关键词:时间价值、风险价值、货币幻觉、单利、复利、现值、终值、年金、风险、报酬

货币的时间价值和风险的计量与管理是投资理财学的两大基石。时间价值是投资与理财的第一原则,风险价值是投资与理财的第二原则。因此,在进行投资与财务规划之前,必须对货币的时间价值和风险价值有透彻的理解和掌握。

第一节 货币的时间价值

货币的时间价值不管是在经济学中,还是在实际生活中,都是一个不容忽视的问题。下面具体阐述货币的时间价值。

一、货币的时间价值的概念

"今天的1元钱比将来的1元钱有价值"揭示了等量资金在不同时点上的价值量不相等的道理,即货币的时间价值。因此,货币的时间价值是指货币经历一段时间的投资和再投资所增加的价值,也称为资金的时间价值。本杰明·弗兰克说,"钱生钱,并且所生之钱会生出更多的钱",这就是货币的时间价值的本质。

二、货币的时间价值的产生

货币的时间价值产生的最直接原因就是通货膨胀。其实,当货币的贴现率跟不上通货价格的增长时,就出现了通货膨胀;当货币的贴现率超过了通货价格的增长时,就出现了通货紧缩。从经济学的角度看,只有货币的贴现率与通货价格的增长同步时才是最理想的状态,但实际上这种理想状态根本不存在,因为只要存在货币,通货膨胀就会发生;只要通货膨胀发生,货币就必然存在时间价值。

资料卡 2-1　通货膨胀与货币的时间价值

让我们想象整个经济。一年内工人以人民币衡量的名义工资上涨 5%，所以实际工资——购买力发生变化的工资——也就保持不变。这样一来，许多工人都觉得被通货膨胀给欺骗了，他们可能认为，既然名义工资一年之内上涨了 5%，那么如果没有通货膨胀率，他们的实际工资就会真正得到提高。很不幸，他们错了，这被经济学家称为货币幻觉，即实际数量与名义数量相混淆。他们的名义工资在一年内上涨 5% 的唯一原因是有 5% 的通货膨胀率。如果没有通货膨胀，他们的名义工资根本就不会提高。

经济学家斯蒂格利茨强调，通货膨胀反映了经济中更深层次的问题，如政策失误或石油冲击等，所以通货膨胀率是重要的宏观经济指标。通货膨胀是宏观经济研究的重要问题之一，消除通货膨胀、实现物价稳定是各国宏观经济政策的重要目标。

三、货币的时间价值的计算

微课

理财实训-
计算基础1-
项目1和2

（一）单利

单利是利率的计算方式之一，它指仅在原有本金上计算利息，对本金所产生的利息不再计算利息。计算公式为：

利息＝本金×利率×期限

【例 2.1】 某客户将 100 000 元投资于 3 年期的凭证式国债，年利率为 3%，其到期连本带息可收回 109 000 元（100 000＋100 000×3%×3）。

（二）复利

复利的计算是对本金及其产生的利息一并计算，即把上期末的本利和作为下一期的本金，在计算时每一期本金的数额是不同的，俗称"利滚利"。复利被称为"世界第八大奇观"，因为它揭示了财富快速增长的秘密。以一年 12 个月计，每月盈利 1%，可累计盈利 12.68%；每月盈利 5%，可累计盈利 79.59%；每月盈利 10%，可累计盈利 213.84%。由于复利机制在不断起作用，很低的月均盈利水平也可以创造出可观的累计盈利。如果累计的周期增加，或者每个周期缩短，其复利效应将更加明显。善于运用复利机制可以创造投资奇迹。在前例中，如该客户将 10 万元投资于年复利企业债券，预期年收益率同样为 3%，3 年后该客户连本带息可收回 109 272.70 元[100 000×(1＋3%)^3]。

（三）名义利率与实际利率

简单地说，实际利率是表面的利率减去通货膨胀率，即实际利率＝名义利率－通货膨胀率（可用 CPI 增长率来代替）。

一般银行存款及债券等固定收益产品的利率都是按名义利率支付利息,但如果在通货膨胀环境下,储户或投资者收到的利息回报就会被通货膨胀侵蚀。实际利率与名义利率存在下述关系:

1. 当计息周期为1年时,名义利率和实际利率相等;计息周期短于1年时,实际利率大于名义利率。

2. 名义利率不能完全反映资金时间价值,实际利率才真实地反映了资金的时间价值。

3. 以 r 表示实际利率,i 表示名义利率,p 表示价格指数,当通货膨胀率较低时,名义利率与实际利率之间的关系可以简化为:$r=i-p$。

(四)投资的72定律

该理论可用于计算在特定利率之下资金翻倍所需的年数。方法很简单,只需将72除以利率(%),即可得出投资价值翻倍所需的大约年数。用该定律计算得出的结果与精确值十分接近(见表2.1)。公式为:$t=0.72/i=72/100i$。

表 2.1　　　　　　　　　资金翻倍的年数

利率(%)	4	5	6	7	8	10	12	18
72定律(年)	18	14.4	12	10.29	9	7.2	6	4
精确值(年)	17.67	14.21	11.9	10.24	9.01	7.27	6.12	4.19

【例2.2】 投资10万元本金,年复利8%,使本金达到20万元大约需要9年。

(五)复利终值与现值的计算

由于不同时间单位货币的经济价值不同,因此不同时间单位的货币收入只有换算到相同时间单位时才具有可比性。货币在未来特定时点的价值被称为终值(future value),它通常是把现在或未来某些时点之前多次支付(收入)的现金额,按照某种统一利率[或称"贴现率"(discounting rate)]计算出的在未来某一时点的值。未来的货币收入在当前时点上的价值就是现值(present value)。将终值转换为现值的过程称为"折现"(discounting)。

微课

理财实训-
计算基础-
项目3

复利终值的计算是指一定量的本金按复利计算若干期后的本利和。计算公式为:终值=本金×(1+利率)^期限,即 $F=P \cdot (1+i)^n$,其中 $(1+i)^n$ 称为"复利终值系数",可表示为 $(F/P, i, n)$。因此,以上公式也可表示为:$F=P(F/P, i, n)$。该系数可通过查询"1元复利终值系数表"(见附录1)获得。

【例2.3】 在年收益率为5%的情况下,目前投资10 000元,30年后将增至多少元?

$$F=P \cdot (1+i)^n = P(F/P, i, n) = 10\,000 \times 4.321\,9 = 43\,219(元)$$

复利现值是指为取得将来一定本利和(终值),按复利计算现在所需要的本金。计算公式为:现值＝终值×(1＋利率)⁻期限,即 $P=F\cdot(1+i)^{-n}$,其中 $(1+i)^{-n}$ 称为"复利现值系数",可表示为$(P/F,i,n)$。因此,以上公式也可表示为:$P=F(P/F,i,n)$。该系数可通过查询"1元复利现值系数表"(见附录2)获得。

【例2.4】 如果年收益率为5%,某客户想在10年后获得500 000元,那么他现在要投资多少元?

$P=F\cdot(1+i)^{-n}=F(P/F,i,n)$
$=500\ 000×(1+5\%)^{-10}$
$=500\ 000×0.613\ 9=306\ 950(元)$

(六)年金

年金(annuity)是指每年都发生的等额现金流量形式,它的特征是在一定时期内,每次收付款的时间间隔相同、收付的金额相等。在投资理财领域中,年金主要的表现形式有零存整取、住房按揭的分期还款、养老保险等。年金按其每次收付发生的时点不同,可分为普通年金、预付年金、递延年金、永续年金等。

微课

理财实训-
计算基础-
项目4

1. 普通年金

普通年金(ordinary annuity)又称后付年金,是指一定时期内每期期末等额收付的系列款项。

(1)普通年金终值的计算

普通年金终值是指每期期末收付款项的复利终值之和,即最后一次支付的本利和。其计算公式为:

普通年金终值＝每期固定金额×[(1＋利率)^期限－1]/利率

即 $F_a=A\cdot[(1+i)^n-1]/i$,其中$[(1+i)^n-1]/i$ 被称作"年金终值系数",可表示为$(F_a/A,i,n)$。因此,以上公式也可表示为:$F_a=A(F_a/A,i,n)$。该系数可通过查询"1元年金终值系数表"(见附录3)获得。

【例2.5】 某客户每年存入1 800元,存25年,年利率为8%。如果在每年年末存入,则期末金额为多少?

$F_a=A\cdot[(1+i)^n-1]/i=A(F_a/A,i,n)=1\ 800×[(1+8\%)^{25}-1]/8\%=1\ 800×73.105\ 9=131\ 590.62(元)$

(2)普通年金现值的计算

年金现值是指一定时期内每期期末收付款项的复利现值之和,即为在每期期末取得相等金额的款项,现在需要投入的金额。其计算公式为:

普通年金现值＝每期固定金额×[1－(1＋利率)⁻期限]/利率

即 $P_a=A\cdot[1-(1+i)^{-n}]/i$,其中$[1-(1+i)^{-n}]/i$ 被称作"年金现值系数",可

表示为$(P_a/A,i,n)$。因此,以上公式也可表示为:$P_a=A(P_a/A,i,n)$。该系数可通过查询"1元年金现值系数表"(见附录4)获得。

【例2.6】 某客户希望在未来10年中,每年年底从其银行存款中支取10 000元,在这段时间他能够用这笔资金生息8%(贴现率),在开始支取存款前,它需要在账户存入多少钱?

$P_a=A \cdot [1-(1+i)^{-n}]/i=A(P_a/A,i,n)=10\,000\times[1-(1+8\%)^{-10}]/8\%=10\,000\times 6.710\,1=67\,101(元)$

2. 预付年金

预付年金(annuity due)是指一定时期内每期期初等额收付的系列款项,亦称"即付年金"或"先付年金"。

(1)预付年金终值的计算

预付年金终值是其最后一期期末时的本利和,是各期收付款项的复利终值之和。其计算公式如下:

预付年金终值=每期期初固定金额×{[(1+利率)^(期限+1)-1]/利率-1}

即$F_a=A \cdot \{[(1+i)^{n+1}-1]/i-1\}$,其中$[(1+i)^{n+1}-1]/i-1$被称作"预付年金终值系数",它是在普通年金终值系数的基础上,期数加1,系数减1所得的结果,可表示为$[(F_a/A,i,n+1)-1]$。因此,通过查询"1元年金终值系数表"(见附录3)得$(n+1)$期的值,然后减去1便可获得对应的预付年金终值系数。

【例2.7】 某客户采用定期定额投资法于每半年开始时投资10 000元,年利率在6%左右(每半年复利一次),5年后该客户投资账户的资金将达到多少金额?

本例中,复利是按每半年算的,故在计算时利率与期限的标准应统一按每半年一次计,则有:

$F_a=A \cdot [(F_a/A,i,n+1)-1]=10\,000\times[(F_a/A,6\%/2,5\times 2+1)-1]=10\,000\times(12.807\,8-1)=118\,078(元)$

【例2.8】 某客户拟为即将出世的孩子筹措教育金,计划6年内教育金累计至20万元,并采用每年初投资于基金市场的形式,年投资回报率预计为6%,请问每年年初的投资金额为多少?

解:因为$F_a=A \cdot [(F_a/A,i,n+1)-1]$

$200\,000=A \cdot [(F_a/A,6\%,6+1)-1]$

$200\,000=A \cdot (8.393\,8-1)$

所以$A=27\,049.69$(元),即该客户应于每年年初投资27 049.69元。

(2)预付年金现值的计算

预付年金现值是在复利计息方法下,各期期初等额收付款项的现在总价值。其计算公式如下:

预付年金现值＝每期期初固定金额×{[1－(1＋利率)$^{-(期限-1)}$]/利率＋1}

即 $P_a=A\cdot\{[1-(1+i)^{-(n-1)}]/i+1\}$，其中 $[1-(1+i)^{-(n-1)}]/i+1$ 被称作"预付年金现值系数"，它是在普通年金现值系数的基础上，期数减1，系数加1所得的结果，可表示为 $[(P_a/A,i,n-1)+1]$。因此，通过查询"1元年金现值系数表"（见附录4）得 $(n-1)$ 期的值，然后加1便可获得对应的预付年金现值系数。

【例 2.9】 某客户希望在未来10年中，每年年初从其银行存款中支取10 000元，在这段时间他能够用这笔资金生息8%，在开始支取存款前，它需要在账户存入多少钱？

$P_a=A\cdot[(P_a/A,i,n-1)+1]=10\,000\times[(P_a/A,8\%,10-1)+1]=10\,000\times(6.246\,9+1)=72\,469(元)$

3. 递延年金

递延年金(deferred annuity)是指在最初若干期没有收付款项的情况下，后面若干期等额的系列收付款项，是普通年金的特殊形式。凡不是从第一期开始的普通年金都是递延年金。例如，某人购置房产，前3年不用付款，从第4年年末分4年等额还本付息100万元，此处前3年叫递延期。

(1) 递延年金终值的计算

递延年金终值可转化为普通年金计算。与 n 期普通年金的付款时间及递延期 m 相关。其计算公式为：

递延年金终值＝每期固定金额×[(1＋利率)$^{期限-递延期}$－1]/利率

即 $F_a=A\cdot[(1+i)^{n-m}-1]/i$，其中 $[(1+i)^{n-m}-1]/i$ 被称作"递延年金终值系数"，可表示为 $(F_a/A,i,n-m)$。该系数可通过查询"1元年金终值系数表"（见附录3）获得。

【例 2.10】 某公司发行一种15年期的债券，利率为5%，前5年不偿还本息，从第6年开始每年年末还本付息200元。到第15年年末每张债券共还本付息多少金额？

$F_a=A\cdot[(1+i)^{n-m}-1]/i=A\cdot(F_a/A,i,n-m)=200\times(F_a/A,5\%,15-5)=200\times12.577\,9=2\,515.58(元)$

(2) 递延年金现值的计算

递延年金现值是自若干时期后开始每期收付款项的现值之和。计算递延年金现值可先计算出 n 期的普通年金现值，然后减去前 m 期的普通年金现值。其计算公式为：

递延年金现值＝每期固定金额×{[1－(1＋利率)$^{-期限}$]/利率－[1－(1＋利率)$^{-递延期}$]/利率}

即 $P_a=A\cdot\{[1-(1+i)^{-n}]/i-[1-(1+i)^{-m}]/i\}=A\cdot[(P_a/A,i,n)-$

$(P_a/A,i,m)]$

另外,计算递延年金现值还可先将此递延年金视为 $n-m$ 期普通年金,求出在第 $m+1$ 期期初的现值,然后再折算到第一期期初。其计算公式为:

递延年金现值=每期固定金额×{[1−(1+利率)^−(期限−递延期)]/利率}×(1+利率)^−递延期

即 $P_a = A \cdot \{[1-(1+i)^{-(n-m)}]/i\} \cdot (1+i)^{-m} = A \cdot (P_a/A,i,n-m) \cdot (P/F,i,m)$

【例 2.11】 某客户拟在年初存入一笔资金,以便能在第 6 年年末起每年取出 1 000 元,至第 10 年年末取完。在银行存款利率为 5% 的情况下,该客户应在最初一次存入银行多少钱?

方法一,第一个计算公式:$P_a = A \cdot [(P_a/A,i,n)-(P_a/A,i,m)] = 1\,000 \times [(P_a/A,5\%,10)-(P_a/A,5\%,5)] = 1\,000 \times (7.721\,7 - 4.329\,5) = 3\,392.20$(元)

方法二,第二个计算公式:$P_a = A \cdot (P_a/A,i,n-m) \cdot (P/F,i,m) = 1\,000 \times (P_a/A,5\%,5) \cdot (P/F,5\%,5) = 1\,000 \times 4.329\,5 \times 0.783\,5 = 3\,392.16$(元)

两种方法计算结果大致相同,即该客户需在最初一次存入约 3 392 元。

4. 永续年金

永续年金(perpetuity annuity)是指无限期等额收付的特种年金,为普通年金的特殊形式,即期限趋于无穷的普通年金,又称"终身年金"。如存本取息、公司股票中不能赎回的优先股红利支付、养老保险金的支付等。由于永续年金持续期无限,没有终止的时间,因此没有终值,只有现值。永续年金的现值可以通过普通年金现值的计算公式推导出来:

$P_a = A \cdot [1-(1+i)^{-n}]/i$,当 $n \to \infty$ 时,$(1+i)^{-n}$ 的极限为零。

因此,上式可写成:$P_a = A/i$。

【例 2.12】 某种证券无到期日,投资者持有该种证券每年可得 200 元的收益,这种回报也将无限期持续下去,当利率为 6% 时,这种证券的价值有多大?

$P_a = A/i = 200/6\% = 3\,333.33$(元)

有关年金的计算涉及一系列现金收付问题,人工计算量比较大,费时费力,目前可以通过电脑软件中的函数或编程语言解决这些计算问题。常用的软件是 Excel,比如可以通过 Excel 中的 PMT 函数解决每期等额收付的年金问题,用 PV 函数解决根据固定利率计算的贷款或投资的现值问题,用 FV 函数解决根据固定利率计算投资的未来值问题,用 NPER 函数解决某项目投资的总期数问题。在图 2.1、图 2.2、图 2.3、图 2.4 中,最后一个 Type 是类型,表示现金流的支付时间,0 或不填表示期末支付,1 表示期初支付。在图 2.2、图 2.3 和图 2.4 中的 PMT 都表示年金,如用正数表示收入,用负数表示付出。

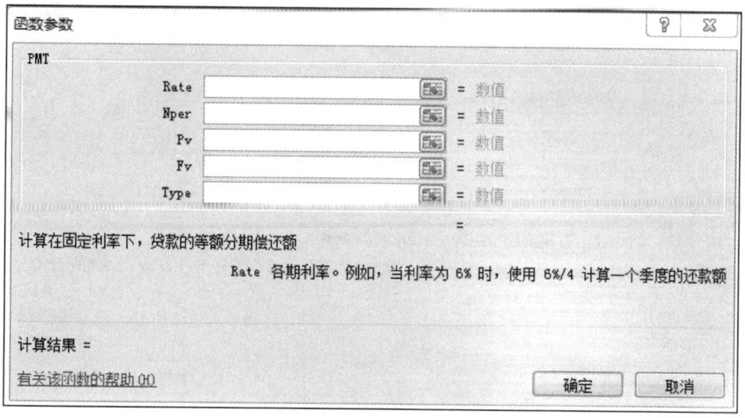

图 2.1　PMT 函数

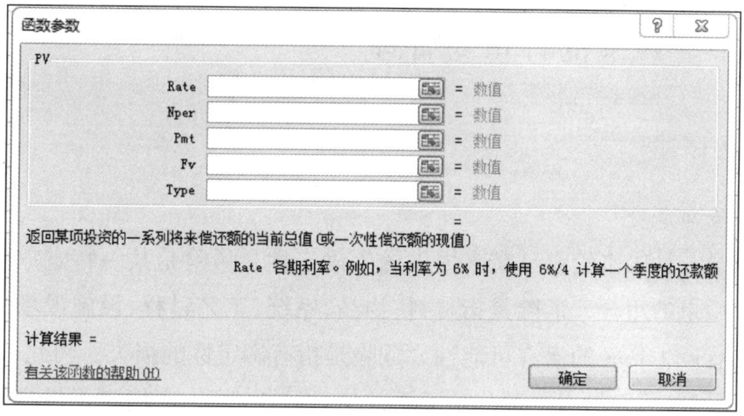

图 2.2　PV 函数

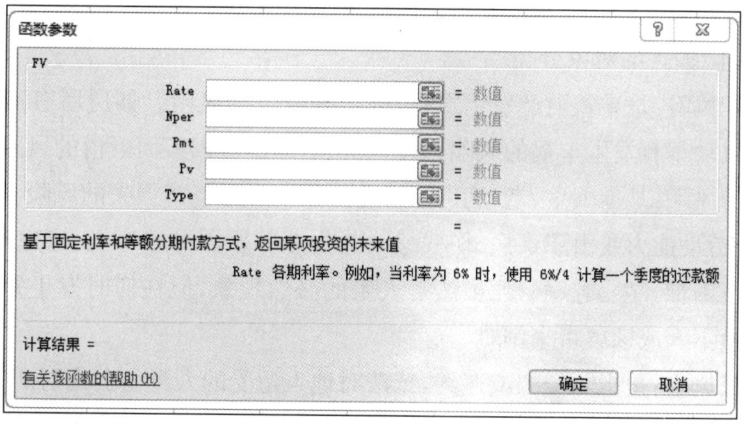

图 2.3　FV 函数

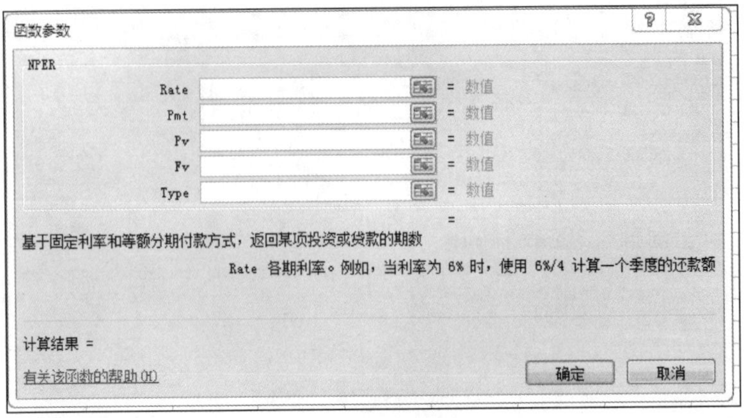

图 2.4 NPER 函数

第二节　风险的计量与管理

一、风险概述

(一)风险与危险

风险就是一种未来给自己带来损失的不确定性。风险是某一特定危险情况发生的可能性和后果的组合。危险是指材料、物品、系统、工艺过程、设施或场所，对人、财产或环境具有产生伤害的潜在可能性。危险是指有确定性的损失。因此，风险的范围比危险广。另外，风险的另一部分是正面效应，即"机会"。人们对于机会，需要识别、衡量、选择和获取。投资与理财，必须学会管理风险，同时还要识别、衡量出"机会"。

(二)风险的分类

风险有很多种分类法，具体分类法如下。

1. 按风险损害的对象分类

(1)财产风险：是导致财产发生毁损、灭失和贬值的风险。如房屋有遭受火灾、地震的风险，机动车有发生车祸的风险，财产价值有因经济因素而贬值的风险。

(2)人身风险：是指因生、老、病、死、残等原因而导致经济损失的风险。例如，因为年老而丧失劳动能力或由于疾病、伤残、死亡、失业等原因导致个人、家庭经济收入减少，造成经济困难。生、老、病、死虽然是人生的必然现象，但在何时发生并不确定；一旦发生，将给本人或家属带来困难。

(3)责任风险：是指因侵权或违约，依法对他人遭受的人身伤亡或财产损失担负赔偿责任的风险。例如，汽车撞伤了行人，如果属于驾驶员的过失，按照法律责任规定，就必须对受害人或家属给付赔偿金。又如，根据合同、法律规定，雇主对其雇员在从事工作范围内的活动中造成的身体伤害应承担经济给付责任。

(4)信用风险：是指在经济交往中，权利人与义务人之间由于一方违约或犯罪而造成对方经济损失的风险。

2. 按风险的性质分类

(1)纯粹风险：是指只有损失可能而无获利机会的风险，即造成损害可能性的风险。其所致结果有两种，即损失和无损失。例如，交通事故只可能给人民的生命财产带来危害，而绝不会有利益可得。在现实生活中，纯粹风险是普遍存在的，如水灾、火灾、疾病、意外事故等都可能导致巨大损害。但是，这种灾害事故何时发生、损害后果有多大，往往无法事先确定，于是，它就成为保险的主要对象。人们通常所称的"危险"，就是指这种纯粹风险。

(2)投机风险：是指既可能造成损害，也可能产生收益的风险。其所致结果有三种：损失、无损失和盈利。例如，证券价格的下跌一般会使投资者蒙受损失，证券价格不变则无损失，但是证券价格的上涨却可使投资者获得利益。

(3)收益风险：是指只会产生收益而不会导致损失的风险，例如，接受教育可使人终身受益，但受教育的得益程度是无法精确计算的，而且，这也与不同的个人因素、客观条件和机遇有密切关系。

3. 按损失的原因分类

(1)自然风险：是指由自然现象或物理现象所导致的风险。如洪水、地震、风暴、火灾、泥石流等所致的人身伤亡或财产损失的风险。

(2)社会风险：是指由于个人行为反常或不可预测的团体的过失、疏忽、侥幸、恶意等不当行为所致的损害风险。如盗窃、抢劫、罢工、暴动等。

(3)经济风险：是指在产销过程中，有关因素变动或估计错误而导致的产量减少或价格涨跌的风险等。如市场预期失误、经营管理不善、消费需求变化、通货膨胀、汇率变动等导致经济损失的风险等。

(4)技术风险：是指伴随着科学技术的发展、生产方式的改变而发生的风险。如核辐射、空气污染、噪声等风险。

(5)政治风险：是指由于政治原因，如政局的变化、政权的更替、政府法令和决定的颁布实施，以及种族和宗教冲突、叛乱、战争等引起社会动荡而造成损害的风险。

(6)法律风险：是指由于颁布新的法律和修改原有法律等原因而导致经济损失的风险。

4. 按风险涉及的范围分类

(1)特定风险：是指与特定的人有因果关系的风险。即由特定的人所引起，而且损失仅涉及个人的风险。例如，盗窃、火灾等都属于特定风险。

(2)基本风险：是指其损害波及社会的风险。基本风险的起因及影响都与特定的人无关,至少是个人所不能阻止的风险。例如,与社会或政治有关的风险、与自然灾害有关的风险,都属于基本风险。

(3)特定风险和基本风险的界限,对某些风险来说,会因时代背景和人们观念的改变而有所不同。例如,失业过去认为是特定风险,而现在认为是基本风险。

5. 按照投资组合中的风险分类

(1)系统性风险:是指对整个金融市场的所有金融资产都产生影响的风险。这种风险是由宏观性因素决定的,它作用时间长、涉及面广,往往使整个金融资产发生剧烈的价格变动。这类风险难以通过分散投资的方法加以规避,又称为不可控风险。最常见的系统性风险是股票市场的风险,这种风险可以通过股指期货的套期保值交易来规避。

(2)非系统性风险:是针对特定的个别金融资产而产生的风险。这种风险通常与公司的微观因素有关。投资者通常可以采取分散化的投资组合方式将这类风险的影响降低到最低程度。因此,非系统性风险又可称为可控风险。

(三)风险与收益

风险与收益正相关,高风险高回报,低风险低回报。因此,我们可以根据资产或项目收益的历史数据来判断其风险水平。详细方法见下面风险的计量。

二、风险的计量

(一)报酬的概念

1. 报酬

报酬(return)是指一项投资的收入加上该项投资的市价的变化,也可以称为收益。

【例2.13】 某投资者购买了价值为1 000美元的ABC公司的股票。1年后这些股票的市值上升到1 042美元,在这1年中,投资者收到现金股利50美元。那么该项投资的报酬应为92美元[50+(1 042-1 000)]。

2. 报酬率

报酬率(percentage return)是指把报酬比上这项投资的初始市价,即报酬占投资的初始市价的百分比。

上例中的报酬率应为:92/1 000=9.2%。

报酬率的计算公式为:

$$R=\frac{D_t+(P_t-P_{t-1})}{P_{t-1}}$$

(二)风险与报酬率

用报酬率来定义风险,即风险是指对一项投资预期报酬的不确定性。不同证券所具有的违约风险、流动风险、期限、纳税等特征构成了各种证券报酬的不确定性,这种不确定性越大,其风险也越高。一般认为,国库券是无风险证券,其他证券的风险可以用国库券作为参照。比如,普通股就是一种有风险的证券。

(三)用概率分布来计量风险

通常用报酬率的方差、标准差来计量风险。借助概率分布(probability distribution)的概念,风险是指与随机变量取值相联系的一系列概率值。实际报酬率即随机变量。

我们用概率分布衡量实际报酬率,即偏离预期报酬率的程度。

分布越离散,预期报酬率的不确定性越大,风险越大。反之,分布越集中,偏离程度越小,预期报酬率的不确定性越小,风险越小。

预期报酬率可以用期望报酬率(expected return)表示,它是指各种可能的报酬率按其概率加权平均得到的报酬率,公式如下:

$$\overline{R} = \sum_{i=1}^{n} X_i P_i$$

实际报酬率对预期报酬率的偏离程度用标准差表示,它是指各种可能的报酬率与期望报酬率离差平方的加权平均数的开平方,权数为概率,公式如下:

$$\sigma = \sqrt{\sum_{i=1}^{n} (R_i - \overline{R})^2 (P_i)}$$

其中,σ^2 是方差,公式为 $\sigma^2 = \sum_{i=1}^{n} (R_i - \overline{R})^2 (P_i)$

【例2.14】 AB公司和AC公司普通股报酬率的概率分布如下,据此计算期望报酬率和报酬率标准差。

	概 率	0.15	0.20	0.30	0.20	0.15
报酬率	AB公司	−20%	5%	20%	30%	40%
	AC公司	0%	5%	10%	15%	60%

期望报酬率为:

$\overline{R}_{AB} = 16\%$

$\overline{R}_{AC} = 16\%$

报酬率方差为:

$\overline{\sigma}_{AB}^2 = 0.0349$

$\overline{\sigma}_{AC}^2 = 0.0364$

报酬率标准差为:

$\overline{\sigma}_{AB} = 0.1868$

$\overline{\sigma}_{AC} = 0.1908$

当期望报酬率不同,即投资规模不同的时候,直接用标准差作为衡量风险的标准,很可能会造成误解(见表2.2)。

表2.2　　　　　AB、AC、AD三个公司股票的期望报酬率和标准差的比较

	AB公司	AC公司	AD公司
期望报酬率	16%	16%	25%
标准差σ	18.68%	19.08%	23.43%
方差系数CV	1.17	1.19	0.94

AD公司的风险大于AB公司和AC公司的风险吗?

期望报酬率不同时,直接比较标准差没有意义。在衡量风险的时候还需要考虑期望报酬率。用概率分布的标准差比上期望报酬率,所得比值即方差系数(coefficient of variation)。公式如下：

$$CV=\frac{\sigma}{R}$$

方差系数的意义为单位期望报酬率所含的风险。

方差系数越大,相对风险也就越大,所以用它来衡量风险更为合理。因此,AC公司的风险最大,AD公司的风险最小。

三、个人风险的管理

人们为了避免生活中的诸多风险或者减少这些风险可能带来的损失,必须采用必要的个人风险管理手段。通常情况下,对风险的管理主要有以下五种手段：

(一)风险回避

风险回避(risk avoidance)是指采取措施直接回避风险,或者不去做可能导致风险的事,从而避免某种风险的发生以及由此带来的损失。风险回避是一种简单,同时也比较彻底的风险管理方法。但是,有时消极地回避风险也意味着放弃利益。而且有时在回避某种风险时,有可能产生其他新的风险。此外,有些风险是无法回避的。在很多情况下,回避风险虽然能限制风险的范围,却不可能杜绝一切风险。例如,有的人害怕乘飞机,怕飞机失事,出门就选择汽车、火车、轮船等其他交通工具。虽然这能够在一定程度上避免飞机失事的风险,但仍然存在汽车碰撞、火车出轨、轮船沉没的风险。因此,风险回避是一种消极的风险处理手段。

(二)风险控制

风险控制(risk control)是指人们在面临潜在的风险时,采取措施控制风险,即在风险发生之前,减少风险发生的条件,降低风险发生的概率;在风险发生之后,采取有效的措施,将风险可能造成的损失减少到最低限度。比如,安装汽车失窃报警器,减少失窃的可能;在易燃的物品旁边贴上小心火烛的警示标志,防止火灾的发生;安装避雷

针以防雷击等。

(三)风险保留

风险保留(risk retention)是指自己承担风险可能带来的损失。许多人自己承担风险,并不是因为他们不知道这些风险的存在,而是他们认为自己有福气,绝对出不了事。他们常常会说:"这种事情是不会轮到我的。"他们不曾考虑的是,这种事情一旦发生,往往会在出险后给其带来更为严重的打击。另外,在风险回避或者转移的成本太高时,或者是风险损失的大小在自己的经济承受能力范围内时,人们也常常自己承担风险。这种处理风险的方式常常发生在没有较好的办法处理风险时。

风险保留是一种自保险(self insurance),这种处理办法比较方便和简单。例如,人们常常自己承担由于感冒或者是牙痛等小疾病所带来的医疗费用。但是,在风险所导致的损失较大或者无法预测的时候,这种方式的效果就会大打折扣。

(四)风险转移

风险转移(risk transfer)是指将风险及其可能造成的损失转移给他人。一般来说,风险转移的方式可以分为非保险转移和保险转移。

非保险转移是指通过订立经济合同,将风险以及与风险有关的财务结果转移给别人。在经济生活中,常见的非保险风险转移有租赁、互助保证、基金制度等。保险转移是指通过订立保险合同,将风险转移给保险公司(保险人)。个体在面临风险的时候,可以向保险人缴纳一定的保险费,将风险转移。一旦预期风险发生并且造成了损失,则保险人必须在合同规定的责任范围内进行经济赔偿(详见第九章)。

(五)风险分散

风险分散(risk diversification)是指设法将同一种风险分散给相关的多个个体,从而使每个个体承担的风险相对减少,比如通常所说的"不能把鸡蛋放在同一个篮子里";或者是将具有不同风险的多个个体,按照一定的目标与规则排列组合,使之相互呼应与补充,从而提高每个个体的应对风险能力,以此降低收益的不确定性,减少风险。

本章小结

1. 货币的时间价值是指货币经历一定时间的投资和再投资所增加的价值,也称为资金的时间价值。
2. 货币的时间价值产生的最直接原因就是通货膨胀。
3. 单利、复利、名义利率与实际利率、投资的 72 定律、复利的终值与现值以及年金的计算都体现了货币的时间价值。
4. 风险与危险不同。风险就是一种未来给自己带来损失的不确定性。风险是某一特定危险情况发生的可能性和后果的组合。危险是有确定性的损失。

5. 风险有多种分类法,但不管如何分类,风险都与收益正相关,高风险高回报,低风险低回报。
6. 我们用报酬、报酬率、概率分布计量风险。
7. 对风险的管理主要有以下5种手段:风险回避、风险控制、风险保留、风险转移和风险分散。

知识结构图

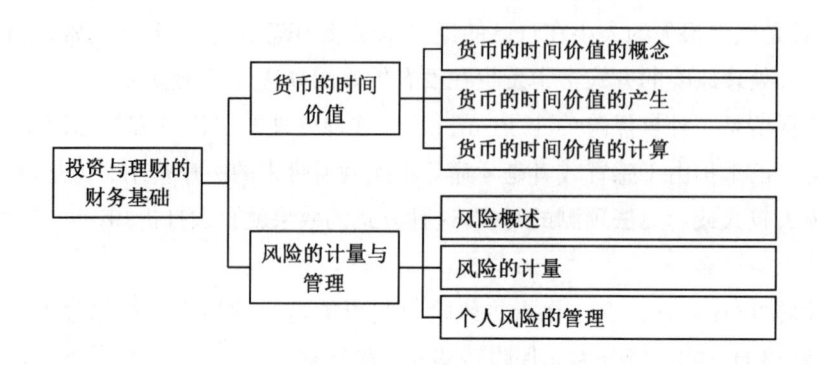

```
                            ┌── 货币的时间价值的概念
                 ┌─货币的时间─┼── 货币的时间价值的产生
                 │  价值      └── 货币的时间价值的计算
投资与理财的─────┤
财务基础         │            ┌── 风险概述
                 └─风险的计量─┼── 风险的计量
                   与管理     └── 个人风险的管理
```

复习思考题

1. 什么是货币的时间价值?
2. 某人向银行借入半年期年利率为6%单利的短期借款50 000元,到期的本利和为多少?
3. 某人从银行一次借入100万元,投资建一个项目。该项目建设期为5年,银行规定复利计息,年利率为10%,则至建设期满的本利和为多少?

第二章 习题

第二章 习题答案

课后阅读

货币幻觉

在美国经济学家欧文·费雪看来,普通人对于货币存在一种认知上的不足,这种不足被他称为"货币幻觉"。在20世纪20年代出版的经典著作《货币幻觉》中,费雪就描述了一种景象:绝大多数人仅仅从货币面值判断购买力,却往往容易陷入通货膨胀而不自知,而这种不自知会导致通货膨胀被轻视或者忽视。

一个经典的案例是,一件衣服去年卖100美元,在过去的1年中,通货膨胀上升了50%,如果今年店主以130美元的价格卖出这件衣服,到底是亏了还是赚了? 经济学家给出的答案是,由于通货膨胀上升了50%，去年100美元的购买力在今年必须花费150美元来实现，因此即使获得了看似更多的130美元，但实际购买力还是下降了。仅仅关注纸币的面值，而忘记了通货膨胀对购买力的影响，这就是一种经典的关于货币的"幻觉"。

在笔者看来，政府任性"发钱"则带来了另一种货币幻觉——消费者觉得自己瞬间"有钱"了，同时也会自我暗示这样的"发钱"会成为常态。但不幸的是，"发钱"不仅带来了物价的上升，也带来了有意愿就业人口的萎缩，最终成为恶性通货膨胀的诱因。而由于通货膨胀上升，政府也不能再随便"发钱"，经济也因此大概率再次陷入衰退。"发钱"的背后存在另一个理论魅影——现代货币理论（MMT），目前市面上流行的关于现代货币理论的著作由美国经济学者兰德尔·雷出版，但这一理论却有着更加广泛的学术基础。从某种程度上说，"发钱"是希望激起大家对于未来收入的增长预期，从而可以在较长时间内促进消费增长，以此来推动经济发展。从这个角度而言，现代货币理论又与费雪的"货币幻觉"有着一定的共识，即货币可以作为载体来影响消费者的预期并改变其消费行为。

理财实务篇

第三章　自主创业

学习目标

1. 知识目标

(1)了解自主创业的基本内涵与意义;

(2)了解自主创业的基本流程;

(3)了解创业计划书的意义以及创业计划书的编制内容;

(4)了解创业板的基本概念以及创业板上市的流程。

2. 技能目标

(1)能对自己自主创业进行综合评估;

(2)能独立进行市场调查分析;

(3)能根据自己的创意独立撰写创业计划书;

(4)掌握自主创业的各项流程并能独自操作。

3. 思政目标

(1)培养学生的团队合作能力;

(2)树立全面的创业教育观;

(3)培养学生的创新能力,提高学生的综合素养。

案例导入

管道的故事

两个年轻人,一个叫柏波罗,一个叫布鲁诺,他们找到了为村子取水的工作。柏波罗想到了在村子和水源之间修建管道的办法,邀请布鲁诺与他一起修建,但布鲁诺不赞同,依然选择用肩挑手扛的方法工作。柏波罗每天用一半的时间去工作,拿着一半的工钱,去疏通管道。布鲁诺每天按时上下班,做着跟原来一样的工作,日子过得逍遥自在。柏波罗付出了很多努力,挖掘了很多坚硬的地方,终于修建好了管道,并因此获利。而提桶供水的布鲁诺,却因为年老并且技术单一,面临被淘汰的命运。柏波罗的梦想是修建更多的管道,建造管道的王国,于是他再次邀请布鲁诺与他一起,布鲁诺没有犹豫,加入了柏波罗的团队。

理财点评：我们都生活在一个"提桶"的世界里：干一天的活儿拿一天的工钱，干一个月的工作领一个月的薪水。无论你是年收入不到1万元的洗碗工，还是年薪过百万元的管理人员，你都是用一份时间去换一份金钱。如果你被解雇，或因患病、受伤无法继续工作，你的收入就会马上停止。不提桶，就没有收入！如何摆脱时间换金钱的陷阱，如何获得真正的财富？保障只有管道！

本章导语：本章主要讲述个人事业规划的方式之一（即自主创业）的基本内涵与意义、操作方法，以及掌握创业计划书的编制等问题。本章的学习有助于读者进行未来的创业规划设计，也与投资理财规划之中的第一个规划（即事业规划）有直接关系。

音频

美国理财师苏茜的创业故事

关键词：自主创业、创业计划书、创业板

如前所述，自主创业是实现个人人生价值最有效的方式，同时也是事业规划最直接的方式，更是投资理财最根本的手段。

第一节 自主创业的内涵及意义

一、自主创业的内涵与魅力

创业一般是指创办企业特别是小企业，从广义上看，还包括劳动者个体与合伙创办的项目和工商业等。自主创业顾名思义，是自己开创工作环境，它是与就业模式相对的一种工作形式。自主创业者就是用自己的劳动和社会资源获得财富的人。

创业是财富的源泉，也是最具魅力和最根本的投资理财手段之一：第一，创业可独立自主地行使一系列决策权，创业者可以真真正正地过把"老板"瘾；第二，创业者可充分享受自由支配时间的个性化生活；第三，创业者按自己的意愿营造经营环境，组织团队，充分展示自己的才能；第四，创业者可独自享用自己的劳动成果，在获得财富的同时，也获得精神享受；第五，自主创业是缓解就业问题的良药。然而，自主创业也是一把"双刃剑"，要付出艰辛的劳动，面临并承担各种风险。

二、我国自主创业的四次潮流

中国第一次自主创业高潮，是在改革开放初期（1978—1985年），创业主体是无业人员。他们通过前期积累和小商品贸易，成为改革开放的第一批领头人。第二次自主创业高潮是在1990—1996年，创业主体是国家公务人员，及科技领域的高素质人才，俗称"下海"。这期间各行各业的精英纷纷要求以自己的能力获取财富，成就了一大批轻工业和改制企业。中国第三次自主创业高潮是1999—2005年，以互联网行业的兴

起为标志。互联网技术的兴起与普及,是互联网行业创业的基础,中国的阿里巴巴、百度、搜狐等著名网站都在这一时期成功创业。此外,由于国企改制,减员分流,导致一部分人失去工作而被迫创业。这一期间的创业主体人群有两类:一类是网络精英,另一类是下岗人群。这一阶段的明显特征是行业细化,创业手段多样。现阶段,中国已经迎来第四次自主创业潮,自主创业者的主体可能是大量高校毕业生。

三、我国大学生自主创业的意义

大学生群体作为社会上最具有活力和创造力的一个群体,具有较高的文化素质和技能水平,有较强的自主意识,蕴含着巨大的创业潜力,最有可能成为创业型人才。自主创业有利于应届毕业生寻求更加广阔的就业途径,也有利于广大学生更加积极主动地适应社会主义市场经济,更有利于社会人力资源的合理配置。大学生自主创业是时代发展的必然。大学生自主创业就是改变就业观念,利用自己的知识、才能和技术,以自筹资金、技术入股、寻找合作等方式创立新的就业岗位。即毕业生不做现有就业岗位的竞争者,而是为自己、为社会更多的人创造就业机会。在大学生整体就业形势不太好的前提下,大学生自主创业不仅解决了自己的就业问题,还可以为别人提供就业岗位。学业和创业其实是一种相互促进的关系,在大学生的创业实践中,如果有针对性地选择适合的创业项目,完全能"鱼"和"熊掌"兼得。

资料卡 3-1　大学生自主创业成功案例——卖鸡蛋

复旦大学计算机专业的一名毕业生 2002 年开始创业——卖鸡蛋。十几年来,他充分运用在校所了解的创业知识,进行了多项创新,并获得了成功。第一项创新是成功开发鸡蛋的"身份证"。他运用计算机知识,开发出"阿强"鸡蛋的"网上身份查询系统",消费者凭鸡蛋上的卡片可以查出鸡蛋是哪只鸡在什么地方生的、卫生条件如何,等等。第二项创新是重新包装,打造品牌。第三项创新是推出"头窝鸡蛋",满足了人们吃到营养最足的头窝鸡蛋的需要。第四项创新是在推销中运用他所学到的计算机知识。

资料卡 3-2　大学生创业失败案例——两个月就关张的食品杂货店

　　大学生小刘毕业后一直想自己做老板,看到邻居在小区里开了一个食品杂货店且收益不错,颇为心动。于是,小刘租了小区内一个库房作为店面,筹集了1万多元钱做启动资金,进了一些货品,开了一家食品杂货店。但是经营了2个月后,小刘的食品杂货店就撑不住了,不得不关张。为什么同样是食品杂货店,邻居可以干得红红火火,小刘的店就经营惨淡呢?原来,小刘为了突出自己食品杂货店的特色,没有像邻居一样进茶、米、油、盐等大众用品,而是将经营范围锁定在沙司、奶酪、芝士等一些西餐调味食品上。但是小区里的居民对她的货品需求少,加之店面的位置在小区边缘,而且营业时间不固定,生意不红火。

四、自主创业者的个人素质

自主创业者需要具备以下素质:
(1)需要更新就业观念,培养朝气蓬勃的创业精神。
(2)需要提高创业能力,更快、更多地培养创业型人才。
(3)需要加强扶持帮助,营造有利于创业的环境。
(4)要有长期打持久战的心理准备。
(5)不要被别人的意见左右。
(6)可适当借鉴前辈或他人成功的经验,但不能盲目照搬照抄。
(7)要有激情和想象力。
(8)创业者一定要有吃苦耐劳的准备,并要有失败后绝不退缩、东山再起、不达目的誓不罢休的斗志。
(9)要学会客观看待创业同伴的优点和缺点。
(10)要注意团结同伴。
(11)要不断地学习。

第二节　自主创业操作流程

一、自我评估

根据个人实际情况,全面客观地分析评估:
(1)是否有创业的欲望?是否觉得自己适合做老板?
(2)确定要创业之前,能否用语言清晰地表达自己的创业构想?
(3)创业意向是否得到了家人的理解与支持?

(4)创业有风险,是否做好了相应的心理准备?能承受的最大风险是多少?

(5)自己的创业想法是否经得起时间的考验?一个星期、一个月甚至半年之后,对于自己创业还会这样兴奋吗?

(6)在创业之初,你是否具备很好的人际关系网?办企业的过程,实际上就是一个组织供应商、承包商、咨询专家、雇员的过程。为了找到合适的人选,应该有一个服务于你的个人关系网。

(7)在创业过程中,你的潜在回报是什么?

二、市场调查和预测

有了创业的愿望和自我初步评估之后,就要深入细致地进行有关的市场调查,并预测相应的市场前景。

(一)宏观市场调查与预测

事实上,不仅国与国之间的宏观市场环境是不同的,即使同一个国家不同地区的宏观市场环境也是不同的。例如,我国就存在南北之间的地理气候差异和东西之间的经济、科技差异,并且几乎所有地区都存在历史文化差异。所以,创业者准备将目标市场定位在某一地区时,对本地区的政治、经济、科技、文化、地理等因素的了解就显得尤为重要。

在进行宏观市场调查时,创业者要详细考察目标市场所在地有关创业以及创业所在行业的政策、法律、法规,例如,对于创业及创业项目是否有优惠政策或措施、是否有法律法规禁止进入的事项等;考察在市场所在地的经济科技水平下,创业具有多大的发展空间,例如,当地的经济发展水平、消费水平、科技水平等能否为创业提供广阔的市场和相关支持;考察当地历史文化长期积累的社会环境对于自己创业所在行业的接受程度,例如,当地人的消费习惯和偏好如何、多少人可以成为自己的现实消费者和潜在消费者等;此外,还要考察当地的地理和气候对于自己的创业有什么影响,例如,一般情况下在险峻崎岖的山区销售自行车未必能赚大钱,而在热带地区销售羽绒服也并非明智的选择。

(二)产品调查

创业者总是以一种产品或服务进入某个目标市场,创业者必须了解自己的产品以及产品所在行业的状况,深入调查目前市场的容量和产品在当地的消费方式、增长情况。在调查产品时,一般需要了解以下信息:

(1)了解同类产品在目标市场中销售的具体数字和品牌、规格、来源、生产厂家、价格,并根据当地的有关统计数据,了解过去和现在发生的变化,预测将来可能发生的变化。

(2)了解当地市场有关产品的消费变化,主要调查当地同类产品的生产数量和可能发生的变化、当地产品的销售数量、当地的经济收入水平、消费习惯等,在此基础上分析产品今后可能出现的消费变化趋势。

(3)调查同类产品在当地的年消费量、消费者数量和产品的消费方式、产品消费范围的大小、消费频度、产品用途,以及具有哪些竞争性代用品等因素。

三、制订创业计划书

制订创业计划书的过程,也是自主创业经济可行性论证的过程。计划可以根据实际情况适当简化。内容则应包括目标描述、投资方向和规模、投资区域和经营地点、市场预测和投资前景分析、计划中的不确定因素和相应的敏感分析、风险分析和实施步骤等。创业计划可以自己编制,也可请专业人员代为编制。

创业计划制订出来之后,要在一定范围内征求意见并对积极合理的建议予以采纳,然后在综合各方面意见的基础上,修订完善创业计划意向书。

四、创业的具体准备工作

创业计划制定完善后,就可据以启动相关的准备工作。主要包括以下几个方面:

(1)充分把握好启动的时机,利用好"天时"因素,拟订创业计划的启动日期和拟开业日期。

(2)根据计划,确定经营场所的具体地点并着手落实,以确保"地利"。

(3)根据精干、高效原则,初步物色相关工作人员和创业启动阶段的助手。

(4)筹措足够的创业启动资金。

(5)了解办理相关手续的部门、地点和程序,按时办理相关手续,做到手续齐全、合法经营。

(6)根据具体情况,进行必要的宣传。

五、实施创业计划

计划的各项准备工作到位后,就要下定决心,马上行动并持之以恒,绝不半途而废。

六、初创企业创业板上市

创业板,又称二板市场,是与主板市场不同的一类证券市场,其主要针对解决创业型企业、中小型企业及高科技企业等的需要进行融资和发展而设立。创业板与主板市场相比,上市要求往往更加宽松,主要体现在成立时间、资本规模、中长期业绩等的要求上。由于目前新兴的二板市场上市企业大多趋向于创业型企业,因此现在又多称为创业板。

(一)上市条件

发行人是依法设立且持续经营 3 年以上的股份有限公司(有限公司整体变更为股份公司可连续计算)。

1. 主体资格

(1)股票经证监会核准已公开发行。

(2)公司股本总额不少于 3 000 万元;公开发行的股份达到公司股份总数的 25% 以上;公司股本总额超过 4 亿元的,公开发行股份的比例为 10%以上。

(3)公司最近 3 年无重大违法行为,财务会计报告无虚假记载。

2. 企业要求

(1)注册资本已足额缴纳,发起人或者股东用作出资的资产的财产权转移手续已办理完毕。发行人的主要资产不存在重大权属纠纷。

(2)最近 2 年内主营业务和董事、高级管理人员均没有发生重大变化,实际控制人没有发生变更。

(3)应当具有持续盈利能力。

(二)上市程序

1. 董事会决议

发行人董事会应当依法就本次发行股票的具体方案、本次募集资金使用的可行性及其他必须明确的事项做出决议,并提请股东大会批准。

2. 股东大会批准

发行人股东大会应当就本次发行股票做出决议。

3. 保荐人保荐

发行人应当按照中国证监会有关规定制作申请文件,由保荐人保荐并向中国证监会申报。

4. 交易所受理

交易所收到注册申请文件后,5 个工作日内做出是否受理的决定。注册申请文件受理后,未经中国证监会或者交易所同意,不得改动。

5. 交易所审核

交易所设立独立的审核部门,负责审核发行人公开发行并上市申请;设立行业咨询专家库,负责为创业板建设和发行上市审核提供专业咨询和政策建议;设立创业板上市委员会,负责对审核部门出具的审核报告和发行人的申请文件提出审议意见。交易所应当自受理注册申请文件之日起在规定的时限内形成审核意见。

6. 交易所接受社会监督

交易所应当提高审核工作透明度,接受社会监督。

7. 中国证监会注册审核

中国证监会依法履行发行注册程序，发行注册主要关注交易所发行上市审核内容有无遗漏，审核程序是否符合规定，以及发行人在发行条件和信息披露要求的重大方面是否符合相关规定。中国证监会在 20 个工作日内对发行人的注册申请做出予以注册或者不予注册的决定。中国证监会的予以注册决定，自做出之日起 1 年内有效，发行人应当在注册决定有效期内发行股票，发行时点由发行人自主选择。

8. 注册失败

交易所认为发行人不符合发行条件或者信息披露要求，做出终止发行上市审核决定，或者中国证监会做出不予注册决定的，自决定做出之日起 6 个月后，发行人可以再次提出公开发行股票并上市申请。

第三节　创业计划书的制订与编写

一、创业计划书的意义

不管是初出茅庐的大学毕业生，还是正在寻求资金的风险企业，创业计划书就是企业的名片。创业计划书的好坏，往往决定了投资交易的成败。

对初创的风险企业来说，创业计划书的作用尤为重要，一个酝酿中的项目，往往很模糊，应通过制订创业计划书，把正反理由都写下来，然后再逐条推敲。这样创业者就能对这一项目有更清晰的认识。可以这样说，创业计划书首先是把计划中要创立的企业推销给创业者自己。此外，创业计划书还能帮助把计划中的风险企业推销给风险投资家。公司编写创业计划书的主要目的之一就是为了筹集资金，因此，创业计划书必须说明：

（1）创办企业的目的——为什么要冒风险，花精力、时间、资源、资金创办风险企业？

（2）创办企业需要多少资金？为什么要花这么多的钱？为什么投资人值得为此注入资金？

对已建的风险企业来说，创业计划书可以为企业的发展定下比较具体的方向和重点，从而使员工了解企业的经营目标，并激励他们为共同的目标而努力。更重要的是，它可以使企业的出资者以及供应商、销售商等了解企业的经营状况和经营目标，说服出资者（原有的或新来的）为企业的进一步发展提供资金。

二、怎样写好创业计划书

为了确保创业计划书能"击中目标"，创业者应做到以下几点。

（一）关注产品

在创业计划书中，应提供所有与企业的产品或服务有关的细节，包括企业实施的所有调查。在创业计划书中，企业家应尽量用简单的词语来描述产品，因为商品及其属性的定义对企业家来说是非常明确的，但其他人却不一定清楚它们的含义。制订创业计划书的目的不仅是要出资者相信企业的产品会在世界上产生革命性的影响，同时也要使他们相信企业有证明它的论据。创业计划书对产品的阐述，要让出资者感到："噢，这种产品是多么美妙、多么令人鼓舞啊！"

（二）敢于竞争

在创业计划书中，创业者应细致分析竞争对手的情况。然后再讨论本企业相对于每个竞争者所具有的竞争优势。创业计划书要使其读者相信，本企业不仅是行业中的有力竞争者，将来还会是确定行业标准的领先者。在创业计划书中，企业家还应阐明竞争者给本企业带来的风险以及本企业所采取的对策。

（三）了解市场

首先，创业计划书要给投资者提供企业对目标市场的深入分析和理解。其次，创业计划书应包括一个主要的营销计划，计划中应列出本企业打算开展广告、促销以及公共关系活动的地区，明确每一项活动的预算和收益。再次，创业计划书中还应简述企业的销售策略，尤其应关注销售中的细节问题。

（四）表明行动的方针

企业的行动计划应该是无懈可击的。创业计划书应该明确下列问题：企业如何把产品推向市场？如何设计生产线？如何组装产品？企业生产需要哪些原料？企业拥有哪些生产资源？还需要哪些生产资源？生产和设备的成本是多少？企业是买设备还是租设备？此外，应解释与产品组装、储存以及发送有关的固定成本和变动成本的情况。

（五）展示管理队伍

把一种思想转化为一个成功的风险企业，其关键因素就是要有一支强有力的管理队伍。管理者的职能就是计划、组织、控制和指导公司行动以实现目标。在创业计划书中，应首先描述整个管理队伍及其职责，然而分别介绍每位管理人员的特殊才能、特点和造诣，细致描述每个管理者将对公司所做的贡献。创业计划书中还应明确管理目标以及组织机构。

（六）出色的计划摘要

创业计划书中的计划摘要十分重要。它将从计划中摘录出与筹集资金最相关的细节，包括对公司内部基本情况、公司能力及局限性、公司竞争对手、营销和财务战略、公司管理队伍等情况的简明而生动的概括。如果公司是一本书，它就像是这本书的封面，做得好就可以吸引投资者。它会令风险投资家有这样的印象："这个公司将会成为行业中的巨人，我已等不及要去读计划的其余部分了。"

三、创业计划书的内容

(一)计划摘要

计划摘要列在创业计划书的最前面,它浓缩了创业计划书的精华。计划摘要涵盖了计划的要点,便于读者在最短的时间内评审计划并做出判断。

计划摘要一般包括公司介绍、主要产品和业务范围、市场概貌、营销策略、销售计划、生产管理计划、管理者及其组织、财务计划、资金需求状况等内容。

摘要应尽量简明、生动,特别要详细说明自身企业的不同之处以及企业获取成功的市场因素。如果企业家了解他所做的事情,摘要仅需2页纸就足够了。

(二)产品(服务)介绍

在评估投资项目时,投资人最关心的问题之一就是,风险企业的产品、技术或服务能否以及会在多大程度上解决现实生活中的问题;或者是,风险企业的产品(服务)能否帮助顾客节约开支,增加收入。因此,产品介绍是创业计划书中必不可少的一项内容。产品介绍通常应包括以下内容:产品的概念、性能及特性;主要产品介绍;产品的市场竞争力;产品的研究和开发过程;发展新产品的计划和成本分析;产品的市场前景预测;产品的品牌和专利。

在产品(服务)介绍部分,企业家要对产品(服务)做出详细的说明,说明要准确,也要通俗易懂,使不是专业人员的投资者也能明白。一般来说,产品介绍都要附上产品原型、照片或其他材料。

(三)人员及组织结构

有了产品之后,创业者第二步要做的就是组织一支有战斗力的管理队伍。企业管理的好坏,直接决定了企业经营风险的大小。而高素质的管理人员和良好的组织结构则是管理好企业的重要保证。因此,风险投资家会特别注重对管理队伍的评估。

企业的管理人员应该是互补型的,而且要具有团队精神。一个企业必须具备负责产品设计与开发、市场营销、生产作业管理、企业理财等方面的专门人才。在创业计划书中,必须对主要管理人员加以阐明,介绍他们所具有的能力,他们在本企业中的职务和责任,他们过去的详细经历及背景。此外,还应对公司结构做简要介绍,包括:公司的组织机构图;各部门的功能与责任;各部门的负责人及主要成员;公司的薪酬体系;公司的股东名单,包括认股权、比例和特权;公司的董事会成员;各位董事的背景资料。

(四)市场预测

当企业要开发一种新产品或向新的市场扩展时,首先就要进行市场预测。在创业计划书中,市场预测应包括以下内容:市场现状综述;竞争厂商概览;目标顾客和目标市场;本企业产品的市场地位;细分市场和特征等。风险企业对市场的预测应建立在严密、科学的市场调查基础上。风险企业所面对的市场,本来就有更加变幻不定、难以捉摸的特点。因此,风险企业应尽量扩大收集信息的范围,重视对环境的预测并采用科学的预测手段和方法。创业者应牢记,市场预测不是凭空想象出来的,对市场错误的认识是企业经营失败的最主要原因之一。

(五)营销策略

营销是企业经营中最富有挑战性的环节。影响营销策略的主要因素有:(1)消费者的特点;(2)产品的特性;(3)企业自身的状况;(4)市场环境方面的因素。最终影响营销策略的则是营销成本和营销效益因素。在创业计划书中,营销策略应包括以下内容:(1)市场机构和营销渠道的选择;(2)营销队伍和管理;(3)促销计划和广告策略;(4)价格决策。由于产品和知名度低,创业企业很难进入其他企业已经稳定的销售渠道。因此,企业不得不暂时采取高成本、低收益的营销战略,如上门推销、大打商品广告、向批发商和零售商让利,或交给任何愿意经销的企业销售。

(六)制造计划

创业计划书中的生产制造计划应包括以下内容:产品制造和技术设备现状;新产品投产计划;技术提升和设备更新的要求;质量控制和质量改进计划。

在寻求资金的过程中,为了增加企业在投资前的评估价值,创业者应尽量使生产制造计划更加详细、可靠。

(七)财务规划

财务规划需要花费较多的精力来做具体分析,一般包括以下内容:(1)创业计划书的条件假设;(2)预计的资产负债表、预计的损益表、现金收支分析、资金的来源和使用。流动资金是企业的生命线,因此企业在初创或扩张时,对流动资金需要预先有周详的计划,并在进行过程中严格控制。损益表反映的是企业的盈利状况,它是企业在一段时间运作后的经营结果。资产负债表反映在某一时刻的企业状况,投资者可以用资产负债表中的数据所得到的比率指标衡量企业的经营状况以及可能的投资回报率。

可以说,一份创业计划书概括地提出了在筹资过程中创业者需要做的事,而财务规划则是对创业计划书的支持和说明。

四、检查

在创业计划书写完之后,创业者最好再检查一遍,看看该计划书能否准确回答投资者的疑问,以争取投资者对本企业的信心。通常可以从以下几个方面检查计划书:

(1)创业计划书是否显示出你具有管理公司的经验?如果缺乏能力管理公司,那么一定要明确说明,你已经雇了一位经营大师来管理。

(2)创业计划书是否显示了你有能力偿还借款?要保证给预期的投资者提供一份完整的比率分析。

(3)创业计划书是否显示出你已进行过完整的市场分析?要让投资者坚信你在计

划书中阐明的产品需求量是真实的。

（4）创业计划书是否容易被投资者领会？创业计划书应该备有索引和目录，以便投资者可以较容易地查阅各个章节。此外，还应保证目录中的信息流是有逻辑的和现实的。

本章小结

1. 自主创业顾名思义，是自己开创工作环境，它是与就业模式相对的一种工作形式。它是事业规划最直接的方式，是投资理财最根本的手段。

2. 自主创业有利于应届毕业生寻求更加广阔的就业途径，也有利于广大的学生更加积极主动地适应社会主义市场经济，更有利于社会人力资源的合理配置。大学生自主创业是时代发展的必然。

3. 自主创业有5个操作流程：自我评估、市场调查和预测、制订创业计划书、创业的具体准备工作、实施创业计划。

4. 创业计划书的好坏往往决定了投资交易的成败。因此，制订创业计划书非常重要。

5. 为了确保创业计划书能"击中目标"，创业者应做到以下几点：关注产品、敢于竞争、了解市场、表明行动的方针、展示你的管理队伍、出色的计划摘要。

6. 创业计划书的内容包括计划摘要、产品（服务）介绍、人员及组织结构、市场预测、营销策略、制造计划、财务规划。创业计划书编制完成后要注意检查。

知识结构图

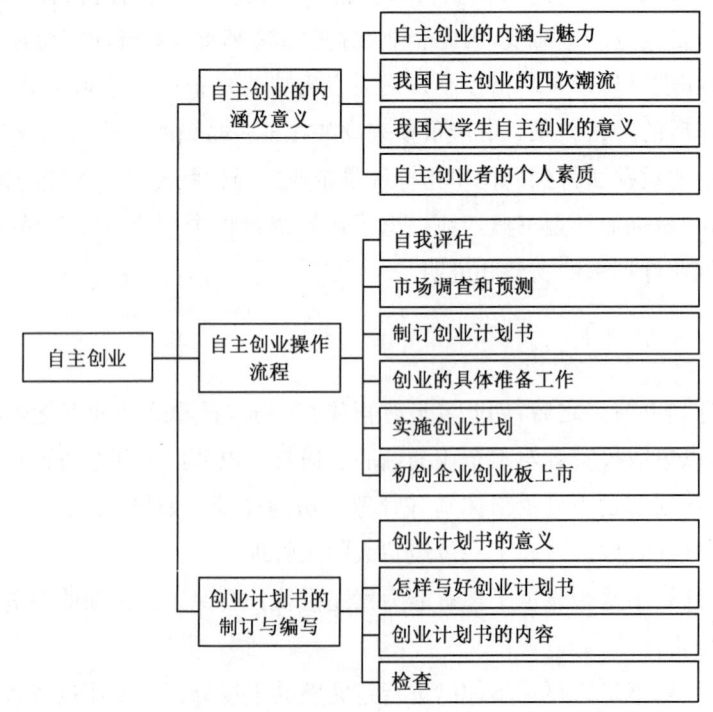

自主创业
- 自主创业的内涵及意义
  - 自主创业的内涵与魅力
  - 我国自主创业的四次潮流
  - 我国大学生自主创业的意义
  - 自主创业者的个人素质
- 自主创业操作流程
  - 自我评估
  - 市场调查和预测
  - 制订创业计划书
  - 创业的具体准备工作
  - 实施创业计划
  - 初创企业创业板上市
- 创业计划书的制订与编写
  - 创业计划书的意义
  - 怎样写好创业计划书
  - 创业计划书的内容
  - 检查

复习思考题

假设要求你在 3 个月内创建一家小店,拟投资 5 万元,请你制订一份简单的创业计划。

第三章 习题

第三章 习题答案

课后阅读

当前自主创业的 10 大投资热点

1. 开发电商平台或 App,招募商家入驻,实现订单管理、支付、物流等功能。
2. 开发共享经济平台或 App,招募资源提供者和使用者,实现预订、支付、评价等功能。
3. 开发在线教育平台或 App,招募教师和学生,实现课程管理、支付、评价等功能。
4. 开发健康管理平台或 App,招募医生和用户,实现健康档案管理、预约挂号、在线咨询等功能。
5. 开发人工智能应用,测试和优化人工智能算法并推广。
6. 开发区块链应用,测试和优化区块链算法并推广。
7. 开发社交媒体平台或 App,实现用户注册、信息分享、互动交流等功能。
8. 开发云计算平台,测试和优化云计算算法并推广。
9. 开发智能家居应用,测试和优化智能家居算法并推广。
10. 开发虚拟现实应用,测试和优化虚拟现实算法并推广。

第四章　消费支出

学习目标

1. 知识目标

(1)理解消费支出及消费支出规划的定义；
(2)理解家庭消费的三种模式；
(3)理解各种消费心理。

2. 技能目标

(1)掌握家庭消费支出规划方案的制订技巧；
(2)能防范并处理债务危机；
(3)合理制定三大消费支出规划方案，提高自己参与经济生活的能力。

3. 思政目标

(1)克服消极的消费心理因素；
(2)树立正确的消费观念，做一名理智的消费者；
(3)理解保护环境与绿色消费的关系；
(4)理解勤俭节约与绿色低碳生活的关系。

案例导入

从前有兄弟两个，老大家里很富，老二家里很穷。有一天老二去找老大借钱，老大知道老二有花钱大手大脚的毛病，便提出了一个要求："你拿那两只桶去打水，打满一桶水回来我就借钱给你。"老二看了看两只桶，打水桶是有底的，装水桶却没有底。老二每次打满一桶水，都在装水桶里流得一干二净。怎么办呢？老二换了个方式，把装水桶换成打水桶，虽然每次只能打上来一点点，但是一天下来还是打满了一桶水。这时老大来了，对老二说："明白这里面的道理了吧？"老二略有所思地点点头，说："打水桶有底，但装水桶没底，永远也打不满一桶水；而装水桶有底，打水桶没底，却能一点点地积满一桶水，原来这和攒钱、花钱是一样的道理呀！"于是，老二不但借到了钱，而且慢慢成了有钱人。

理财启示：过去人们收入少，却很少有月光族，多数人都会精打细算、量入为出，从而都略有积蓄；而现在人们收入翻了不知多少倍，很多人却月月花光，甚至刷信用卡当

"负翁"。这就和故事中的老二一样,挣钱用的是有底的打水桶,而攒钱用的是没有底的装水桶,开支无度,花钱如流水,这样再多的钱也会分文不剩。因此,月光族应给自己的水桶装个"底",每月采用基金定投或零存整取等方式强制攒钱,花钱的时候有计划,有限度,这样才能和老二一样成为有钱人。

本章导语:本章主要讲述消费支出规划的定义、家庭消费的三种模式,以及三大消费支出规划方案的制订技巧。本章有助于读者养成正确的消费观念,同时也是理财规划设计当中非常重要的一个内容。本章还是第十四章房地产投资、第十七章新金融投资与理财的基础。

关键词:消费支出、消费支出规划、债务计划、消费信贷

第一节　消费支出概述

一、消费支出及消费支出规划的内涵

消费支出是指个人和家庭用于生活消费以及用于个人消费的全部支出,包括购买商品支出以及享受文化服务和生活服务等非商品支出。

消费支出规划是指,在一定的财务资源下,合理设计家庭消费水平和消费结构,合理安排家庭支出,做到理性消费、适度消费,最终实现稳步提高生活质量的目标。家庭消费支出规划是理财业务不可或缺的内容,如果消费支出缺乏计划或者消费计划不得当,则家庭很可能支付过高的消费成本,严重者甚至会导致家庭出现财务危机。一般来说,家庭消费支出包括住房支出、汽车消费支出、信用卡消费支出等。而家庭消费支出规划主要包括住房消费规划、汽车消费规划、子女教育消费规划以及信用卡与个人信贷消费规划等。

"开源节流"是保证家庭财富增长的重要原则。但在收入一定的情况下,做好消费支出规划,实现"节流",对一个家庭的财务状况具有重大影响。在不存在借贷市场和投资市场的情况下,大部分家庭除了日常生活开销外,都会主动节约一部分现金以备不时之需。但这种节约模式,却让人们感到消费自由受到限制,影响生活质量的提高。而长期积累起来的货币,如果遇到通货膨胀等,则可能导致实际购买力的下降,从而降低家庭消费能力。因此,只有树立正确的消费观念,制订合理的安排家庭支出计划,才能节省成本,保持财务状况稳健。

二、家庭消费的三种模式

投资者应从整体上把握好收入、消费支出、借贷和投资的关系,树立合理的消费观念,从经济角度达到自身的生活目标,最终赢得财务自由。

家庭消费模式主要有以下三种类型：

(一)收大于支的消费模式

这是最理想的消费模式。在该模式下，家庭的收入大于支出，达到了财务安全的目标，同时有一定的结余资金可用于投资。如果投资得当，未来投资收入可以覆盖家庭消费支出，就可以达到财务自由的状态。

(二)收支相抵的消费模式

在该模式下，家庭消费大体上等于收入，没有多少结余可用来投资，假如有初始投资并且收益持续增长，则需要很长时间才能达到财务自由。如果初期没有投资，则这种消费模式几乎不可能达到财务自由。

(三)支大于收的消费模式

该种模式以"月光族""啃老族"等为代表。由于"月光族""啃老族"的消费支出一直大于收入，为了维持原有消费水平，他们只能消耗家庭原始财富积累，长此以往，家庭必将陷入财务危机。

第二节 消费支出规划方案的制订与技巧

一、债务计划的削减

(一)减债计划

债务是前期超额消费支出引起的必然产物。如果不能合理地安排债务偿还，则不但会影响个人或家庭的财务状况，而且会影响人的情绪，导致生活质量下降。

对于减债计划，应先确定债务的持续时间，后计算每个月应当偿还多少债务：

$$月还本金额 = 当前负债/债务拟还清月数$$

收支余额已扣除利息支出，可用来投资以满足未来理财目标或偿还负债本金。还债时应优先偿还利率高或临近到期的借款。通货紧缩期间即使借款利率低，但实质利率不低，此时投资风险大，债务未还清时可不急于投资。

(二)债务危机的防范及处理

应控制负债增长的速度，不要让债务越滚越大。尽快偿还本金，降低债务余额，减少复利效果的影响。尤其是信用卡或现金卡负债，卡债年利率高达18.25%(月利率0.05%)。应制订偿债计划，明确计划偿还期限。

迟缴在个人征信系统会留下信用瑕疵记录，个人以后购房、找工作时均会受到影响。如果过了催缴期限，银行会力求保全债务，如要求父母代缴、扣押1/3薪水或查封个人名下房产。此时可出面与银行沟通偿债方式，如实告知债权银行自己当前的收入情况、可供处理的财产与总共负担的债务，在自己仅保留基本生活费的情况下，预计还债期间多久、每个月可还每家银行多少债务、利息如何计算等。

二、住房消费方案的制订

(一)住房支出的分类

随着住房商品化政策的推行,住房支出在家庭消费支出结构中所占的比重越来越大。人们对如何科学规划住房支出越来越关心,相关的理财需求也逐步增加。

根据目的不同,住房支出可分为住房消费和住房投资两类(见图4.1)。住房消费,是指居民为取得住房提供的庇护、休息、娱乐和生活空间的服务而进行的消费,这种消费的实现形式可以是租房,也可以是买房。按照国际惯例,住房消费价格常常用租金价格来衡量(对于自有住房则用隐含租金来衡量)。住房投资,是指将住房看成投资工具,通过住房价格上升来应对通货膨胀、获得投资收益。在国外住房投资有时还被用来避税。不过按照我国目前的税收制度,住房投资避税的作用不大。大多数家庭在购买住房时消费目的和投资目的并存。

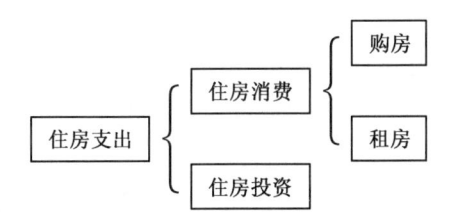

图 4.1 住房支出的划分

(二)购房目标

购房目标主要包括客户家庭计划购房时间、希望居住的面积和环境与届时房价三大要素。

1. 购房面积

目前市面上不同建筑面积的商品房种类繁多,选择住房应把握以下几个原则:一是不必盲目求大。二是无须一次到位。三是需要量力而行。当然,购房面积的大小应取决于客户的资金及还贷能力。

2. 购房环境需求

房价取决于两个因素:一是区位,二是面积。房子大小主要取决于居住人数。但区位的单价相差很大,同样一笔钱,较好地段的房子房价较高,购买的面积也相应较小;而地段差的房子房价较低,购买的面积会相应较大。地段差的房子,往往离工作地点较远,生活较为不便,虽然住房面积大,但是交通成本大幅增加,消耗在路上的时间成本也增加,不能达到最优的理财效果。因此必须要综合考虑购房者的负担能力以及环境需求问题,包括所居住社区的生活质量、上班的距离、子女上学、配套设施等。

购房规划流程见图4.2。

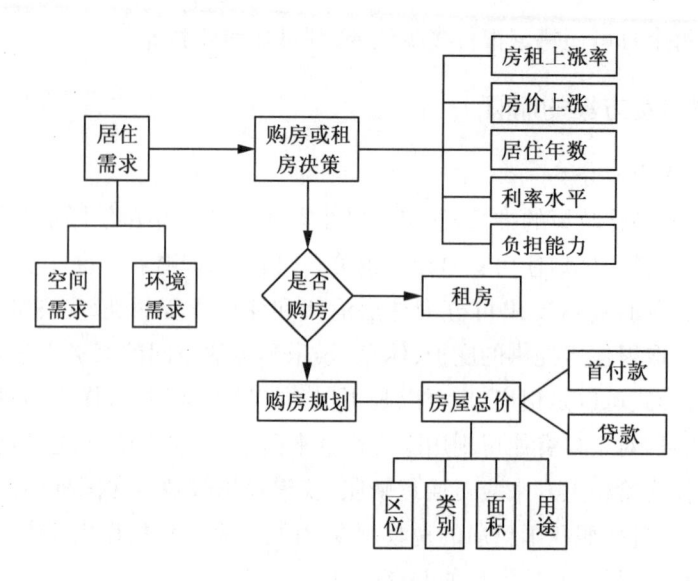

图 4.2　购房规划流程

3. 租房的选择

在租房与买房之间,有一部分人群会选择租房,适宜租房的人群有以下几种:(1)刚刚踏入社会的年轻人。(2)工作地点与生活范围不固定者。(3)储蓄不多的家庭。(4)不急需买房且辨不清房价走势者。

租房的优点不言而喻,比如在财务状况一定的情况下,能使用更多的居住空间,能更加轻松地应对经济状况的变化,也不用考虑房价下跌的风险,等等。但租房也存在一定的不足,如面临非自愿搬离的风险、无法按照自己的期望装修房子、房租上涨、无法运用财务杠杆追求房价差价利益等。因此,选择租房还是购房,需要人们结合自身的财务情况和需求情况,根据房地产市场的形势变化而定。

三、汽车消费方案的制订

近年来,随着收入的快速增长,及消费者越来越年轻化,汽车支出需求快速增长。相较于房屋,汽车较为便宜,但是对于一般家庭而言,购买汽车仍然是一笔较大的开支,需要合理筹划。据统计显示,购车缴纳费用几乎占到购车款的 15%～20%,而且这些费用中大部分是按年收取的,这意味着购车之后每年将有一笔不小的现金流出。如果没有稳定充足的收入来源,这笔现金流出就会给家庭带来一定的负担。

(一)自筹经费购车与贷款购车的决策

银行大多规定,贷款买车人必须购买指定经销商的汽车,并提供银行认可的财产抵押、质押或第三方保证。个人汽车消费贷款首付金额高、贷款期限短、每月需偿还本息太高,也使许多人觉得贷款买车心里不踏实,他们普遍认为贷款价格不能比一次性付款贵太多。而打算贷款买车的人也普遍感到手续烦琐,既要提供身份证、户籍证明、职业和收入证明,又要接受资信评估调查、提供担保所需要的证明,不仅浪费时间,还要付出一笔额外的费用。

虽然贷款有不少烦琐的程序,但其确实很吸引人。汽车不同于房产,它没有增值功能。如果客户对投资较为擅长,也可以考虑通过贷款买车的方式,节省资金,进而投资获利。采取银行贷款的方式不但有利于增加资金使用率,而且支付的利息比全款购车付出的机会成本更小。总之,要根据自身的情况决定是否贷款。

(二)个人汽车消费贷款

个人汽车消费贷款是银行向申请购买汽车的借款人发放的人民币担保贷款。个人汽车消费贷款遵循"部分自筹、有效担保、专款专用、按期偿还"的原则。汽车消费贷款一般不得异地发放,要求借款人、贷款人、汽车经销商、保险人和担保人必须在同一城市。

申请贷款的个人必须具有有效身份证明且具有完全民事行为能力;具有正当的职业和稳定合法收入来源或足够偿还贷款本息的个人合法资产;个人信用良好;在贷款行开立个人账户,能够支付规定的首期付款;能提供贷款行认可的有效担保。

1. 还款方式

按照本金和利息组合的不同,个人汽车消费贷款有等额本息和等额本金两种还款方式。等额本息法每期还款额相同,但固定的还款额中本金逐期递增而利息逐期递减。等额本金是在还款期内把贷款数总额等分,每月偿还同等数额的本金和剩余贷款在该月所产生的利息的还款方式。在该方式下,每月的还款本金额固定不变,但利息随时间的推移越来越少,贷款人起初还款压力较大,但每月还款数逐渐递减。

按照还款期限的长短,个人汽车消费贷款有按月还款和按季还款两种方式。按月法是以月为单位分割还款期;按季法则是以每个季度为一个还款期。目前最常用的是按月等额本息还款方式,由于这款组合每月还款本息相等,便于记忆,又有利于统筹安排财务支出,故而成为大部分购车借款人的首选。其次为按月等额本金还款法,这款组合其本金逐月减少的速度要比前一种快,相应地,除去的还款本息总额也比前一种多,所以适合期初还款能力强或者有提前还款意愿的借款人。

按照每个还款年度的还款趋势,个人汽车消费贷款可以分为递增法和递减法两种方式。递增法表示在按月还款和按季还款的基础上逐年递增还款,递减法则相反。由此,可组合出按月等额本息年度递增法、按月等额本息年度递减法、按月等额本金年度递增法、按月等额本金年度递减法、按季等额本息年度递减法、按季等额本息年度递增法等8种还款方式。常见的还款方式见表4.1。

"智慧型"还款是一种较新的还款方式。智慧型汽车信贷消费产品,无须找人担保,无须当地户籍就可直接贷款购车。其每期的支出小于传统还款方式,而且最后一期的支付有多重选择,较为灵活便捷。

2. 银行与汽车金融公司贷款比较

银行和汽车金融公司是汽车贷款的两种主要选择。两种贷款各有优势。

表 4.1　　　　　　　　　　　四种主要还款方式比较

还款方式	等额本息	等额本金	等额递增	等额递减
缴款方法	每月偿还固定的金额,含本金和利息	每月偿还金额不固定,含本金与利息。初期利息所占比率较高,然后逐月递减	每个时间段内还款额相同,下一时间段的还款额按一个固定金额递增	在每个时间段内月还款额相同,下一个时间段的还款额按一个固定金额递减
缴款负担	每月相同	初期较重,逐月减轻	逐月递增	逐月递减
全期偿付利息总额	较多	较少	较多	较少
其他优缺点	每月付款金额相同,容易做资金规划,但全期支付总利息较多	每月付款金额不同,不易做规划,前期负担重,但有越还越轻松、所付利息少的优点	初期负担轻,但是全期所付利息较多	初期负担重,后期负担轻,全期所付利息少
适用对象	收入处于稳定状态的家庭,如公务员、教师等	经济能力充裕、初期能负担较多还款、想省息的购车者	目前收入一般、还款能力较弱,但未来收入预期会逐渐增加的人群,如毕业不久的年轻人	目前还款能力较强,但预期收入将减少,或者目前经济很宽裕的人,如中年人士或未婚的白领人士

在车型涵盖范围方面,银行贷款涵盖范围很广,可囊括所有在售车型。而汽车金融公司相对涵盖范围较窄,需咨询申请贷款的公司与哪些汽车经销商、哪些汽车品牌有合作。

在贷款手续方面,银行贷款手续复杂,所需资料多且审批时间长,同时外省户口者想申请车贷比较困难。而汽车金融公司往往方便快捷,并且持外省户口的消费者在一定条件下也可以申请汽车贷款。

在贷款利率方面,银行车贷的利率比较低,在央行基准车贷利率基础上没有上浮。有些银行为了吸引客户还根据客户的诚信资质,将首付比例降低、贷款年限拉长、贷款利率下浮。而汽车金融公司的利率相对较高,不过无须支付担保费。

在还款方式方面,银行汽车贷款还款方式相对单一,一般贷款期限在1年以内(含1年)的,借款人可采取到期一次偿清贷款本息或分期还款的方式。贷款期限在1年以上的,借款人必须采取分期还款方法。而汽车金融公司的还款方式多样,各家金融公司针对其客户的情况会制订不同的还款方式,最大限度地满足申请者的还款需求。

四、消费信贷方案的制订

个人综合消费贷款是银行向借款人发放的用于指定消费用途的人民币担保贷款,具有消费用途广泛、贷款额度较高、贷款期限较长等特点。

贷款额度由银行根据借款人资信状况及所提供的担保情况最终确定。贷款期限在1年以内的,可采用按月还息,按月、按季、按半年或一次还本的还款方式;期限超过1年的,采用按月还本付息方式。银行以转账方式向借款人指定个人结算账户发放贷款。

(一)信用卡信贷

信用卡信贷是以贷记卡为载体开展的消费信贷。

1. 信用卡、准贷记卡和借记卡的比较

信用卡、准贷记卡和借记卡的一个共同特点是,持卡人不必为刷卡消费付任何手续费,但三者在使用上有很大区别。信用卡可以免息透支,准贷记卡透支要支付利息,而借记卡不能透支。信用卡可以在国外透支外币消费,回国后用人民币结算。准贷记卡和借记卡本质上都是储蓄卡,因此均可支取现金而不付手续费,而银行却严格限制用信用卡支取现金,国内和国外支取现金的手续费率分别为 1% 和 3%。

2. 信用卡信贷的特点

信用卡可以"先消费,后还款",此外,信用卡还具有记账的功能。

(二)大额耐用消费品信贷

大额耐用消费品信贷对象是具有当地户口,有稳定的职业、收入和固定居所,年龄在 20~55 周岁,无不良信用记录,具有完全民事行为能力的自然人。个人大额耐用消费品指的是单价在 3 000 元以上(含 3 000 元)、正常使用寿命在 2 年以上的家庭耐用商品,如家用电器、电脑、家具、健身器材、乐器等(不包括汽车、房屋)。这种贷款的期限分为 6 个月、1 年、2 年、3 年四个档次。

(三)互联网消费信贷

随着电商服务的快速发展,互联网金融信贷已经越来越普及,目前市面上比较流行的信贷种类有阿里巴巴的花呗、京东白条等。

互联网消费信贷一般遵循先消费、后付款的支付模式。在互联网金融模式下,资金供求双方可以通过网络平台自行完成信息甄别、匹配、定价和交易,无传统中介、无交易成本、无垄断利润。一方面,金融机构可以避免开设营业网点的资金投入和运营成本;另一方面,消费者可以在开放透明的平台上快速找到适合自己的金融产品,削弱了信息不对称程度,更省时省力。

1. 互联网消费信贷的风险

互联网消费信贷存在较大的风险:首先是信用风险大。现阶段中国信用体系尚不完善,互联网金融的相关法律还有待完善,互联网金融违约成本较低,容易诱发恶意骗贷、卷款跑路等风险。

其次是网络安全风险大。互联网安全问题突出,网络金融犯罪问题不容忽视。一旦遭遇黑客攻击,互联网金融的正常运作会受到影响,危及消费者的资金安全和个人信息安全。

2. 互联网消费信贷的选择技巧

(1)看清公司资质

正规小额贷款公司营业执照名称中必含"小额贷款"字样,且可以登录企业信用信息公示系统查证。正规小额贷款公司"只贷不存"。

(2)审核是否过于宽松

信用贷款需要借款人提供的贷款资料较少,但是也不会过于宽松,手续太过简单。

(3)没有拿到贷款前,不要支付任何费用

正规贷款公司都是在发放贷款后收取利息、手续费等费用。

(4)看贷款利率的高低

利率过低不靠谱,利率过高就是高利贷。由于信用贷款未要求借款人提供任何抵(质)押物作担保,因此贷款利率一般都高于抵押贷款。

本章小结

1. 消费支出规划是指,在一定的财务资源下,对家庭消费水平和消费结构进行设计,合理安排家庭支出,做到理性消费、适度消费,最终实现稳步提高生活质量的目标。

2. 购房目标主要包括客户家庭计划购房时间、希望居住的面积和届时房价三大要素。

3. 按照本金和利息组合的不同,有等额本息和等额本金两种还款方式。等额本息法每期还款额相同,但固定的还款额中本金逐期递增而利息逐期递减。等额本金是在还款期内把贷款数总额等分,每月偿还同等数额的本金和剩余贷款在该月所产生的利息,这样由于每月的还款本金额固定,而利息越来越少,贷款人起初还款压力较大,但是随时间的推移每月还款数也越来越少。

4. "智慧型"还款是一种较新的还款方式。智慧型汽车信贷消费产品,无须找人担保,无须当地户籍就可直接贷款购车。每期的支出小于传统还款方式,而且最后一期的支付有多重选择,较为灵活便捷。

5. 互联网消费信贷的兴起,使得广大消费者有了新的选择,但要注意防范风险。

知识结构图

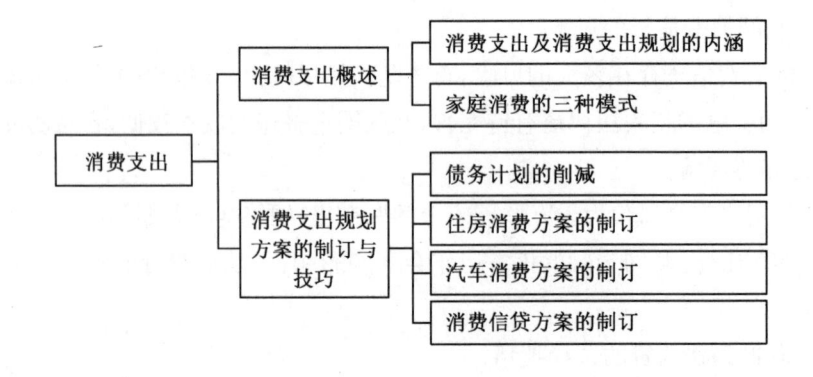

```
                    ┌─ 消费支出概述 ─┬─ 消费支出及消费支出规划的内涵
                    │                └─ 家庭消费的三种模式
        消费支出 ───┤
                    │                 ┌─ 债务计划的削减
                    │  消费支出规划    ├─ 住房消费方案的制订
                    └─ 方案的制订与 ──┤
                       技巧            ├─ 汽车消费方案的制订
                                       └─ 消费信贷方案的制订
```

复习思考题

1. 家庭消费的模式主要有哪些？
2. 住房支出包括哪些？
3. 请结合个人实际，设计一个消费支出规划。

第四章
习题

第四章
习题答案

课后阅读

不合理消费例子

1. 畸形消费，即消费内容过多、过快，向高档型消费倾斜；
2. 豪华型消费，即追求不切实际的奢侈、气派；
3. 炫耀消费，即把高档消费当作现实社会优越感和满足虚荣心的手段；
4. 悬空消费，即追求一种脱离经济社会发展以及个人消费承受能力的消费；
5. 情绪化消费，即把对消费品的占有、享乐作为弥补精神空虚的手段。

第五章　储蓄理财

📅 **学习目标**

1. 知识目标

(1)掌握储蓄的基本概念；

(2)了解储蓄的不同类型；

(3)理解"利滚利"的内涵；

(4)理解信用卡的优缺点。

2. 技能目标

(1)掌握储蓄投资的各种操作程序；

(2)学会在不同的情形下运用不同的储蓄技巧理财。

3. 思政目标

(1)养成良好的储蓄习惯；

(2)培养科学理财意识和理财风险意识；

(3)学会正确使用信用卡,增强信用意识、法律意识和自我防范意识。

📰 **案例导入**

一个爱下象棋的国王棋艺高超,从未遇到过敌手。为了找到敌手,他下了一份诏书,说不管是谁,只要下棋赢了国王,国王就会答应他任何一个要求。

一个年轻人来到皇宫,要求与国王下棋。紧张的激战后,年轻人赢了国王,国王问这个年轻人要什么奖赏,年轻人说他只要一点小奖赏：

就是在他们下棋的棋盘上放上麦子,棋盘的第一个格子中放上一粒麦子,第二个格子中放进前一个格子的数量的一倍的麦子,接下来每一个格子中放的麦子数量都是前一个格子的一倍,一直将棋盘每一个格子都摆满。

国王想都没想,就答应了他的要求。但很快国王就发现,即使将自己国库所有的粮食都给他,也不够他所要求的百分之一。

因为从表面看,年轻人的要求起点很低,从一粒麦子开始,但是经过很多次的翻倍,就迅速变成庞大的数字。这就是复利的魔力。虽然起点微不足道,但是通过复利可以达到人们难以想象的程度。复利不是数字游戏,而是告诉我们有关投资和收益的哲理。

理财启示:人们追求财富的过程,不是短跑,也不是马拉松式的长跑,而是在更长甚至数十年的时间跨度上的耐力比赛。只要坚持追求复利的原则,即使起步的资金不太大,也能因为足够的耐心加上稳定的"小利"而很漂亮地赢得比赛。曾经有人问过爱因斯坦:"世界上最强大的力量是什么?"他的回答不是原子弹爆炸的威力,而是"复利";著名的罗斯柴尔德金融帝国创立人梅尔,更是夸张地称复利是世界上第八大奇迹。

本章导语:本章主要阐述储蓄的基本概念、储蓄的不同类型、储蓄投资的操作程序,以及在不同的情形下运用不同的储蓄技巧理财的策略和技巧。本章内容虽然是一种传统的理财方式,但储蓄理财与保险理财、养老规划等有着密切的联系。

关键词:储蓄理财、教育储蓄、利息、利息所得税、利滚利

第一节 储蓄概述

一、储蓄产品的概念

储蓄实际就是指个人或企事业单位将现金存放在银行及其他经中国人民银行批准的可以吸收存款的金融机构,以期实现资金的安全性和部分或全部流动性及时间价值的一种资产保全和增值的资金运用行为。目前全球对储蓄服务的界定有两种:

(一)收费型

大部分发达国家对储蓄余额在一定量下收取相当比率的手续费和资金保管费,如花旗银行对个人客户在存款 2 000 美元以下每月收取 5 美元的服务费,这种储蓄类似于国内的保管箱业务。

(二)免费型

中国内地的银行对储蓄都是免费的,诸如花旗银行、汇丰银行之前对储蓄收费的试验被本土的行规击败。

二、储蓄产品的分类

储蓄产品的分类方法有以下几种:

(1)按储蓄的行为主体,储蓄产品可分为居民储蓄和企业储蓄。

(2)按储蓄的币种,储蓄产品可分为人民币储蓄和外币储蓄,其中外币储蓄又可以分为外钞储蓄和外汇储蓄。

(3)按存款的目的,储蓄产品可分为普通存款和特殊目的存款。特殊目的存款包

含教育储蓄、银证通储蓄、住房储蓄、代发工资储蓄等。

(4) 按期限或存取的权限,储蓄产品可分为活期储蓄和定活两便储蓄。

①活期储蓄。一般银行要求最低账户余额为 1 元,上不封顶,每年 6 月 30 日结息。其优点是通存通兑、随存随取,但对 2 万元以上的取款需事先通知;缺点是利率较低。

②定活两便储蓄。即存期可以固定或不固定,是介于定期和活期储蓄之间的一种储蓄产品,可以随时存取,最低金额为 50 元,利率一般按定期存款利率的 60% 或同活期存款利率确定。其优点是随时存取、通存通兑,利率较活期储蓄为高。

③整存整取定期存款。分为 3 个月、6 个月、1 年、2 年、3 年、5 年 6 种,本金一次存入、一次支取,50 元起存,利率固定,利随本清。优点是利率较高;缺点是在营利性和流动性之间只能选其一。

④通知存款。需事先通知方可取款的一种约定式储蓄方式,本金一次存入,5 万元起存,按通知的期限分为 1 天通知和 7 天通知两种。

⑤大额定期存单(CD)。票面金额、存期、利率均固定的一种具有债券性质的储蓄,按是否可转让分为可转让 CD 和不可转让 CD。

三、储蓄类衍生理财金融产品

这类产品主要是指从储蓄直接演变或依托储蓄而开发的且不同于传统储蓄的金融产品。

(一) 通存通兑

通存通兑是在本地开户的储蓄账户在同城其他网点或异地都可以存取现金、转账的一种方式。

(二) 定活存款自动转存

这是浦东发展银行开发的一种储蓄产品。即在每月的 25 日对账户余额超过 2 000 元的头寸以 500 元为单位自动转存为定期存款,期限可确定为 3 个月或 1 年。当出现取现或转账、消费等支取行为而活期存款余额不足时,即可按照"后进先出"的原则再以 500 元为单位转存为活期,这一产品具有一定的自动理财功能,较为有效地实现了为客户创造最大价值的储蓄理财目标。

(三) 代理业务

代理业务主要指代发工资、委托收款(针对个人客户时是狭义上的托收,即将存款人在异地的存款转存到本地账户的一种理财行为)、委托取款、代支各种生活费用(如水费、电费、煤气费、电话费等)。

(四) 存款证明

由于存款人的需要,如出国的资金证明和财产登记等的需要,经存款人申请,账户行开出资金余额的证明书。一般只有定期存款或 CD 可以,但现在也有部分银行以活期存款为依据开出存款证明,当然活期存款账户在证明开出前需冻结,直至证明有效期满。

(五)教育储蓄

这是银行针对教育规划专门开发的一种储蓄产品。开户人一般被限定为小学四年级及以上的学生,分期零星存入,最低账户余额为 50 元,最高为 2 万元,在为实现教育目标需要资金时可一次性支取,免征利息税。

(六)实时转账业务

这是在通存通兑产品基础上开发的产品,即在具有收款人账户信息时,可通过现金直汇或账户资金转账的方式实现资金的同城或异地不同机构开户人之间资金的实时汇划。不同银行对于实时转账手续费的标准有所不同,具体费用取决于转账金额、转账渠道以及银行间的合作关系。

(七)电话银行、网上银行业务

目前主要提供账户信息查询、证券实时或委托交易、外汇买卖、电话或网上其他交易的资金汇划、个人和企业电子资信认证等增值服务。它是由于传统储蓄业务成本过高(平均每笔费用为 11.81 元),而利用现代通信技术开发的基于传统储蓄业务的创新银行业务方式(电话银行每笔成本为 4.85 元,网上银行每笔业务成本仅为 1.09 元)。

(八)银证转账、银期转账

银证转账是银行为客户进行证券交易而开立的证券交易资金账户,在客户需要交易时进行资金的实时汇划业务。银期转账,又叫全国集中式银期转账服务,是指银行和期货公司在双方系统联网的基础上,为期货投资者提供的自助式的资金转账服务,实现资金在本人银行结算账户与期货保证金账户之间定向实时划转。

(九)住房储蓄

住房储蓄是针对客户的住房计划而进行的特定储蓄,也是一种"先存后贷、以存定贷、存贷结合"的住房融资模式。客户和银行事先签订协议,客户将资金存入银行,银行必须将资金应用于住房类项目,客户需购房时,在享受利率优惠的同时,享有该存款行贷款的优先权和贷款利率的优惠。目前提供此种专项储蓄业务的有 2004 年 2 月在天津成立的中德住房储蓄银行。

(十)外汇兑换、买卖业务

开立外币储蓄账户的存款人可以要求将外币按照指示价格兑换成人民币,或将人民币按指示价格兑换成外币,外钞兑换最高限额每年为 50 000 美元,这是针对个人客户而言;对具有进出口贸易权或外汇交易权的企业客户,在开立外汇账户后其账户余额会受到一定的限制,以防止企业过度积累外汇资金。不过具体的政策和比例会根据不同国家或地区的金融监管机构的规定而有所不同。而对没有开立外汇账户权限的企业,他们若有外汇需求,只能实时兑换或购汇或结汇。目前国内大部分银行把外钞和外汇交易同等定价,对两种外币账户也同等看待,但也有个别银行和地方不是这样,银行如广东发展银行,地方如北京、广州等,都明文规定两种账户要区别看待。

(十一)存单质押贷款业务

即以未到期的定期存单或CD作为质押物申请贷款的业务。它以客户自己或他人的资金所有权为质押物,特别适合满足客户的短期资金需求,充分保障了客户资金的流动性,也保障了一定水平的营利性。

四、储蓄存款的利息与利息所得税

(一)利息概述

利息是资金所有者由于向借款人出借资金而取得的报酬,它来自生产者使用该笔资金发挥营运职能而形成的利润的一部分,是货币资金在向实体经济部门注入并回流时带来的增值额。银行的储蓄存款利息,特指储户在银行存款达到一定时期和具有一定数额的存款后,银行按国家规定的利息率支付给储户超过本金的那部分资金。

1. 利息出现的原因

归纳起来,利息的出现有如下原因:

(1)延迟消费:当放款人把金钱借出时,就等于延迟了对消费品的消费。根据时间偏好原则,消费者会偏好现时的商品多于未来的商品,因此在自由市场会出现正利率。

(2)预期的通货膨胀:大部分经济会出现通货膨胀,这代表一定数量的金钱在未来可购买的商品会比现在少。因此,借款人需向放款人补偿此段时间的损失。

(3)代替性投资:放款人有选择地把金钱放在其他投资上。由于存在机会成本,放款人把金钱借出,等于放弃了其他投资的可能回报。借款人需与其他投资竞争这笔资金,补偿放款人的损失。

(4)投资风险:借款人随时有破产、潜逃或欠债不还的风险,放款人需收取额外的金钱,以保证在出现这些情况时,仍可获得补偿。

(5)流动性偏好:人们会偏好其资金或资源可随时获取以方便使用,而不是需要花费时间或金钱才可获得。利率也是对此方面的一种补偿。

2. 我国存款利息计算的有关规定

(1)存款的计息起点为元,元以下的角分不计利息。利息金额算至分位,分以下尾数四舍五入。除活期储蓄在年度结息时并入本金外,各种储蓄存款不论存期多长,一律不计复息,即我国银行实行的是规定存期内的单利制度。

(2)逾期支取的定期储蓄存款超过原定存期的部分,除约定自动转存外,按支取日挂牌公告的活期储蓄存款利率计算利息。

(3)定期储蓄存款在存期内如遇利率调整,仍按存单开户日挂牌公告的相应定期储蓄存款利率计算利息。

(4)活期储蓄存款在存入期间遇有利率调整,按结息日挂牌公告的活期储蓄存款利率计算利息。

(5)到期支取定期存款,按开户日挂牌公告的整存整取定期储蓄存款利率计付利息。

(6)提前支取定期存款,按支取日挂牌公告的活期储蓄存款利率计付利息。部分提前支取的,提前支取的部分按支取日挂牌公告的活期储蓄存款利率计付利息,其余部分到期时按开户日挂牌公告的整存整取定期储蓄存款利率计付利息,部分提前支取以一次为限。

(7)大额可转让定期存款到期时,按开户日挂牌公告的大额可转让定期存款利率计付利息。不办理提前支取,不计逾期利息。

(8)存期的计算遵循"算头不算尾"的规定,即从存款当日起计息,算至取款的前一天为止。也就是说,存入日应计息,取款日不计息;每月按30天计算,即不论大月、小月、平月、闰月,每月均按30天计算存期;到期日如遇节假日,储蓄所不营业的,可以在节假日前一日支取,按到期计息,手续按提前支取处理。

3. 利息具体计算方法

(1)计算活期储蓄利息:每年结息一次,7月1日利息并入本金起息。未到结息日前清户者,按支取日挂牌公告的活期储蓄存款利率计付利息,利息算到结清前一天止。计算公式为:

$$利息 = 本金 \times 利率 \times 存期$$

在本金、利率确定的前提下,要计算利息,需要知道确切的存期。在现实生活中,储户的实际存期很多不是整年整月的,一般都带有零头天数,这里介绍一种简便易行的方法,可以迅速准确地算出存期,即以支取日的年、月、日分别减去存入日的年、月、日,其差数为实存天数。这种方法既适用于存款时间都是当年的,也适用于存取时间跨年度的,很有实用价值。

【例5.1】 支取日为2014年6月20日,存入日为2011年3月11日,支取日一存入日=3年3个月9天,按储蓄计息对于存期天数的规定,换算天数为:3×360+3×30+9=1 179(天)。

(2)计算零存整取的储蓄利息:到期时以实存金额按开户日挂牌公告的零存整取定期储蓄存款利率计付利息。逾期支取时其逾期部分按支取日挂牌公告的活期储蓄存款利率计付利息。

零存整取定期储蓄计息方法有几种,一般家庭宜采用"月积数计息"方法。计算公式为:

$$利息 = 月存金额 \times 累计月积数 \times 月利率$$

其中:累计月积数=(存入次数+1)÷2×存入次数。

据此推算一年期的累计月积数为(12+1)÷2×12=78,依此类推,3年期、5年期的累计月积数分别为666和1 830。储户只需记住这几个常数,就可按公式计算出零存整取储蓄利息。

【例5.2】 某储户2015年3月1日开立零存整取户,约定每月存入100元,定期1年,开户日该储种利率为月息1.75‰,按月存入至期满,其应获利息为:100×78×1.75‰=13.65(元)。

(3)计算整存零取的储蓄利息:与零存整取储蓄相反,采用该方法,储蓄余额由大到小反方向排列,利息的计算方法和零存整取相同。计算公式为:

$$每次支取本金=本金÷约定支取次数$$

$$到期应付利息=[(全部本金+每次支取本金)÷2]×支取本金次数×每次支取的时间间隔×月利率$$

(4)计算存本取息的储蓄利息:储户于开户的次月起每月凭存折取息一次,以开户日为每月取息日。储户如有急需,可向开户银行办理提前支取本金(不办理部分提前支取),按支取日挂牌公告的活期储蓄存款利率计付利息,并扣除每月已支取的利息。逾期支取时,其逾期部分按支取日挂牌公告的活期储蓄存款利率计付利息。该储种的利息计算方法与整存整取定期储蓄相同,在算出利息总额后,再按约定的支取利息次数平均分配。计算公式为:

$$每次支取利息数=(本金×利率×存期)/支取利息次数$$

【例5.3】 某储户2018年6月1日存入1万元存本取息储蓄,定期3年,利率年息为1.55%,约定每月取息一次,计算利息总额和每次支取利息额为:

利息总额=10 000×3×1.55%=465(元)

每次支取利息=465÷36=12.92(元)

(5)计算定活两便的储蓄利息:定活两便储蓄具有定期或活期储蓄的双重性质。存期3个月以内的按活期计算,3个月以上的按同档次整存整取定期存款利率的6折计算。存期在1年以上(含1年),无论存期多长,整个存期一律按支取日定期整存整取一年期存款利率打6折计息。因定活两便储蓄不固定存期,支取时极有可能出现零头天数,出现这种情况,适用于日利率来计算利息。计算公式为:

$$利息=本金×存期×利率×60\%$$

【例5.4】 某储户2019年2月1日存入定活两便储蓄1 000元,2019年6月21日支取,应获利息为多少元?

先算出这笔存款的实际存期为140天,应按支取日定期整存整取3个月利率[年息1.35%,日息0.001%(1.35%÷360)]打6折计算。应获利息=1 000×140×0.001%×60%=0.84(元)。

(6)计算个人通知存款的利息:其计算方法是一次存入,一次或分次支取。1天通知存款需提前1天通知,按支取日1天通知存款的利率计息;7天通知存款需提前7天通知,按支取日7天通知存款的利率计息。不按规定提前通知而要求支取存款的,则按活期利率计息,利随本清。计算公式为:

$$应付利息=本金×相应利率×存期$$

(二)利息所得税

利息税是"储蓄存款利息所得个人所得税"的简称,主要是指对个人在中国境内存储人民币、外币而取得的利息所得征收的个人所得税。

征收利息税的理由有两点:一是为了抑制储蓄的过快增长,"把储蓄赶出去",刺激居民消费和投资;二是为了缩减贫富差距。

利息所得税的计算公式为:

$$应纳税额=全额利息×适用税率$$

利息税的计算过程中,税率调整前后必须分段计算利息税。例如,储蓄存款在1999年10月31日前滋生的利息所得,不征收个人所得税;储蓄存款在1999年11月1日至2007年8月14日滋生的利息所得,按照20%的比例税率征收个人所得税;储蓄存款在2007年8月15日后滋生的利息所得,按照5%的比例税率征收个人所得税;自2008年10月9日起滋生的利息所得,暂免征收利息所得税。

对个人的教育储蓄、住房公积金、医疗保险金、基本养老保险金、失业保险基金的存款利息所得,免征个人利息所得税。

第二节 储蓄投资的操作程序

一、储户开户及存取款手续

储户第一次到银行等金融机构储蓄,需要开立一个存款账户,简称开户。开户时由储户填写储户存款开户单(定期)或存款凭条(活期),取款时也由储户填写取款凭条。储户自填存取款凭条具有许多好处,主要包括:避免了由别人代填而造成听错或写错的可能;万一存款被冒领,有助于从笔迹上查找;有助于储户记住账户,万一存折丢失,能及时、准确地提供情况,办理挂失;有利于为储户保密,避免由他人代填而泄露账号、户名等。

储户预留在银行储蓄分户账上的姓名印章底样叫作预留印鉴,其目的是取款时核对印章与印鉴,以保障存款安全。预留印鉴取款时,要凭存单(折)和预留印鉴的姓名印章取款,二者缺一不可。密码是在银行电脑上根据工作人员提示设定的,此密码储户要自己熟悉,便于记忆。

办妥存款手续后,银行会将存款单或存折交给储户,经核对无误后,应妥善保管并注

资料卡

闲话古人的储蓄秘诀

意以下事项：不要对自己储蓄存单(折)的内容心中无数；不要将存单(折)放在破衣服、烂被子或墙壁内；不要将存单(折)放在小孩容易拿到的地方；不要在存单(折)上乱涂乱画；不要将存单(折)抵债；不要将存单(折)与身份证、户口本、私章放在一起；不要将存单(折)经常携带在身上；不要将存单到期不取或不转存；活期存折不要经常开户、销户。

二、储蓄存款种类的选择

如前所述，储蓄存款种类很多且各有特点，究竟应该选择哪一种呢？这要根据储户的实际情况确定。具体选择标准有两条：一是随时取用方便；二是利息收益高。活期储蓄最能满足随时用钱的需要，但是收益也最低；定期存款收益较高，但提前支取会面临收益损失。鱼和熊掌可兼得吗？这就需要储户根据自己的情况选择或科学组合。

(一)如何确定存款的期限

储蓄投资虽然简单，但若想获取最佳利息收益，还需掌握一定的操作方法，这主要就是存款期限的选择和搭配。主要考虑三个方面的因素：动用存款本金的时间；利率水平的高低及变动趋势；除储蓄存款外是否具有其他应急资金来源。

1. 动用存款本金的时间

一般而言，在不考虑利率的情形下，不动用存款本金的时间较长，通常可以考虑选择1年以上的定期储蓄存款。因为存款期限越长，利率越高，获取利息就越多。因此，在利率水平不变的前提下，一笔同额的存款，连续存3个1年期(其1年到期后自动转存2次)与该笔存款一次存3年期相比，后者的收益高于前者。

2. 利率水平的高低及变动趋势

随着金融体制改革的不断深入，利率作为有效的货币政策工具，其调节经济的作用日益突出。存贷款利率会经常变动调整，因此确定存款期限时，还应考虑利率水平的高低及变动趋势。

在利率水平较高时，应将一定时期内基本不动用的资金进行储蓄，通常选择较长期限的储蓄品种，如3年期或5年期的定期储蓄。这样，即使利率下调，原先存入的长期的定期存款仍然按存入日的利率计息，不受利率下调的影响。

在利率水平较低并有可能调高利率时，一般不宜选择太长期限的储蓄品种，以免在利率调高时损失利息收入。

但是，如果无法确定低利率将会持续多久，也不宜将大笔结余资金存很短的期限，因为无论什么时候，期限长的存款利率总要高于期限短的存款利率。若低利率持续时间较长，不断转存短期(1或3个月)定期储蓄存款，就会导致利息的损失。因此，当无法确定低利率将会持续多久时，一般应考虑6个月至1年期。

3. 除储蓄存款外，是否具有其他应急资金来源

所谓应急资金，是指个人或家庭急需用的资金。身边的现金、信用卡和活期存折

上的资金、可以随时出售转让的国库券等，都可以作为应急资金的来源。其中，现金和能在 ATM(自动取款机)上取现金的信用卡存款流动性最好。

如果应急资金较多，那么对于准备用于储蓄的资金，可以选择较长期限的定期存款。如无其他应急资金来源、资金来源不足，或变现不方便，则宜将可能急需用的部分资金存入信用卡账户，或选择期限较灵活的定活两便存款。

4. 存期组合的选择

综合以上三点，如果想要存的定期存款年期属于银行的一个种类，就可直接存该固定年期。例如，想要存款的期限为 5 年，就直接存 5 年期整存整取定期存款，不必分为 5 个 1 年期或 1 个 2 年期、1 个 3 年期。如果银行定期存款种类中没有你想要存的年期，就要进行不同年期的组合。组合时应遵循的原则是：所选储蓄种类的年限相差最大。例如，想要存 6 年，就应选择 1 个 5 年期、1 个 1 年期，而不是 1 个 1 年期、1 个 2 年期、1 个 3 年期。

另外，在组合过程中，如果不考虑利率变动的影响，则各种类的选择不存在排列的先后问题。例如存 6 年，先存 1 个 5 年期再存 1 个 1 年期，与先存 1 个 1 年期后存 1 个 5 年期是无差别的，其投资效果完全相同。再比如，你想存一个 7 年期的定期储蓄，选择 1 个 5 年期和 2 个 1 年期定期，比选择 2 个 3 年期和 1 个 1 年期定期利息要高。但如果预计利率会下降，就应先存期限长的，再存期限短的；反之，若预计利率会上升，则应先存期限短的，再存期限长的。

(二)同一期限中不同储蓄种类的选择

存款期限大致确定以后，期限相同的存款方式不止一种，又该如何选择呢？这就需要根据每个人存款的金额、动用金钱的次数以及应急资金等巧妙选择储蓄种类。既然选择储蓄作为一种投资工具，就要考虑以最小投入换取最大收益。

以 3 年期存款为例，目前有整存整取定期储蓄存款、存本取息定期储蓄存款和个人通知存款三种。从利息收益率来看，整存整取定期储蓄存款利率最高。存本取息定期储蓄存款虽然利息比整存整取定期储蓄存款利息低，但其优点是每月可取利息。因此，对那些有大宗存款并以存款利息作为部分生活来源的人来说，存本取息定期储蓄存款是一种较为理想的储蓄方式。

在选择各种储蓄组合时，要结合每个人的实际情况斟酌确定，以下可供参考。

1. 活期储蓄存款

活期存款包括信用卡存款、活期储蓄、个人支票存款、定活两便存款、个人通知存款。这些储蓄品种的好处是期限较灵活、存取较方便，不足之处是利率水平较低。从便利程度看，以信用卡储蓄与活期储蓄最佳。尤其是信用卡，它可以在任何设置 ATM 的场所使用，也可以在众多消费场所使用，最适合那些日常开销较大以及薪水划入信用卡的工薪阶层存储日常备用金和小额应急资金。但对那些薪水较高的人来说,存储在信用卡上的资金较多,虽然取用方便,但利息损失也较大。因此,这部分多余的钱,应该以整存整取定期储蓄存款方式存入银行。

有的储户为防备计划外支出的需要,喜欢把一定数量的钱存成活期。其实,备用的钱可储"定活两便",存入时不约定存期,而需用时支取,不用时取息,"定活两便"的利率一般为同期利率的 60%。

2. 整存整取定期储蓄存款

整存整取定期储蓄存款的优点是利率较高,存款期限的长短期档次多(有 3 个月、6 个月、1 年、2 年、3 年、5 年 6 个档次),起存点低;缺陷是即使只提前 1 天支取,都会按活期计息,利息损失较大。没有特殊用途的资金、闲置较长时间的资金,都可考虑选择整存整取定期储蓄,因为其利率水平要高于其他储蓄品种的利率。

另外,不论存期长短,如存款后容易忘记取款日期或用款日期可能晚于存款到期日,也可以考虑选择整存整取定期储蓄,因为它可计逾期利息,储蓄机构还会为储户办理自动转存手续。例如,某储户存了一笔 1 年期的整存整取定期储蓄,2 年以后他去取款,储蓄机构会按他当时存入期的 1 年期利率支付 2 年期的利息,即支付 2 份 1 年期利息。如果该储户在满 15 个月时去取款,则储蓄机构会支付给他 1 年期定期利息加上 3 个月的活期利息。在第二种情况下,该储户在 1 年期满时,应到储蓄机构办理转存 3 个月的手续,这样在 1 年期满后,即可重新按 3 个月定期利率计息。

因为具有利率较高、期限档次较多以及可以自动转存等特点,所以,那些存款期限较长或存款取用期不确定的存款,如子女的教育金、婚嫁金、养老金,以及准备用于购买大件耐用消费品的存款,准备用于旅游、度假和明确用途的应急资金,都可以选择整存整取定期储蓄存款方式。

3. 大额定期储蓄存款

大额定期储蓄存款的优点是利率高,起存点高,无 1 年以上的长期存款档次。由于大额定期储蓄存款的利率最高,因此金额达到起存点以上的存款,可考虑这种方式。在期限的确定上,要尽可能与取用日吻合,当无法吻合或无法确定时,宁取短不取长。例如,一笔 1 万元的资金,用款期可能在 7 个月以后,也可能在 1 年以后,此时,如无其他可调剂应急的资金来源,宁可选存半年期限,若半年后仍未用,可根据当时情况,续存 3 个月或转存半年。

4. 其他

如果每月收入较低,但又必须为将来的生活积累大额资金,就可以选择零存整取定期储蓄,这样每月只需存入较小的固定数额,期末会得到一个满意的结果。

资料卡 5-1　同钱同期不同息

同样的钱数、同样的存期,能得到不同的利息吗?回答是肯定的。

假设你手中有 1 万元,计划 5 年内不动用,请看以下两种存法:

1. 存入"整存整取"5 年期,以中国银行 2022 年 5 年期利率 2.75% 计算,5 年后可得利息 1 375 元。1 万元就变成了 11 375 元。

2. 存本取息与零存整取相结合的"利滚利"储蓄方式。具体方法是:将本金 10 000 元按"存本取息"存入 5 年,按中国银行 2022 年 5 年期存本取息计算,每月可取利息 22.92 元(10 000×2.75%×5÷60)。在第一个月取利息时,同时开设一个"零存整取"5 年期户头(2022 年中国银行零存整取 5 年期利率为 1.55%),专门将每月的 22.92 元利息逐月存入。5 年后,零存整取户头上的本利和为 1 429.18 元(1 375+22.92×1 830×1.55%÷12)。加上存本取息户头上的本金,您就可取回 11 429.18 元,比前一种方法多得利息 54.18 元。

第三节　储蓄理财的策略与技巧

一、如何降低和避免利息损失

储蓄无疑是家庭理财中运用最为广泛的工具,而存款的利息收入也被认为是最安全和稳定的投资收益。那么,怎样存款才能使利息尽可能多,同时在遇到急事取款时又可减少利息损失呢?

(一)12 张存单法

有些白领可能有自己的存钱计划,每个月都会攒下一笔钱,这时比较好的存款方法是月月存储法,称 12 张存单法。这个方法不仅有利于帮助普通白领筹集资金,也能发挥储蓄的灵活性。其做法是,根据个人的经济实力,每月节余不定数目的资金,选择一年期限开一张存单,当存足 1 年后,手中便有 12 张存单。在第一张存单到期时,取出到期本金与利息,和第二年所存的资金相加,再存成一年期定期存单。依此类推,则时时手中有 12 张存单。这样所有闲钱都享受定期款的利息,而一旦急需,也可支取到期或近期的存单,减少利息损失。

(二)四分存储法

如持有 10 万元,则可分存成 4 张定期存单,每张存单的资金额呈梯形状,以适应急需时不同的数额,如将 10 万元分别存 1 万元、2 万元、3 万元、4 万元这 4 张 1 年期定期存单。此种存法,假如在 1 年内需要动用 1.5 万元,就只需支取 2 万元的存单。

这样就可避免10万元全部存在一起,需取小数额却不得不动用"大"存单的情况,也就减少不必要的利息损失。

(三)阶梯存储法

假设持有6万元,可分别用2万元存1～3年期的定期储蓄各一份。1年后,可用到期的2万元,本息合计再开一个3年期的存单,依此类推,3年后持有的存单则全部为3年期,只是到期的年限不同,依次相差1年。这种储蓄方式可使年度储蓄到期额保持等量平衡,既能应对储蓄利率的调整,又可取3年期存款的较高利息。这是一种适于筹备教育基金与婚嫁资金等的中长期投资存款方法。

(四)组合存储法

这是一种存本取息与零存整取相组合的储蓄方法。以50 000元为例,可以先存入存本取息储蓄户,在1个月后,取出存本取息储蓄的第一个月利息,再开设一个零存整取储蓄户,然后将每月的利息存入零存整取储蓄。这样,不仅得到存本取息储蓄利息,而且其利息在存入零存整取储蓄后又获得了利息。

(五)尽量存定期法

现在很多企业和机关以及事业单位都把工资打入工资卡,变成活期储蓄。对每月的节余,不少人听之任之,其实这是不太明智的做法。因为在所有存款种类中,活期存款是利息最低的,2022年中国银行活期利率为0.3%。1万元存满1年,利息才30元;而如果存定期1年,则有利息175元。[①] 其实很多人的存款都是长时间不动用的,因此,存款尽量选定期。

(六)尽量选择长期限法

即使定期存款也有很大差别,整存整取定期储蓄的利息就比零存整取、存本取息高。而在选择存款品种上也有讲究,期限越长的品种利息越高,因为期限越长,年利率越高。可以做一下比较:同样5万元,打算存10年。目前最长的定期存款为5年期(2022年中国银行5年期利率为2.75%),如果存2个5年定期,则10年后本息合计为63 750元,而其余各种存法的利息就都没有这么多;如存3个3年期和1个1年期,本息为63 250元,利息少500元;如果存1个5年期、1个3年期和2个1年期,本息则为61 875元,利息也要少1 875元。假如全部存活期则本息只有51 500元,利息相差12 250余元。

需要说明的是,长期存款计划并不是一成不变的。因为目前是低利率时期,银行利率水平处于谷底,如果存期太长,一旦银行升息,以前的存款利息并不跟着调整利息,则得不偿失。比较好的做法是选择3年期的存款,利率(2022年中国银行3年期利率为2.75%)既不低,又可以机动处理。当然,如果碰上高利率时期,则存款期限越长越好。

(七)定活两便选择法

对不少按月领薪的普通白领来说,更多的是平日里节余的小储蓄。即使存满10

---

① 2022年中国银行1年期利率为1.75%。

年,利息也有限,而且可能会随时动用,如果全都存为长期的定期存款,碰上急用,就会面临利息损失。这种情况下,比较好的存法并不是现在流行的定活两便,因为定活两便存款即使存够半年,按 2022 年中国银行半年期利率 1.55% 打 6 折只有 0.93%。比较灵活的做法是存成 3 个月定期,并和银行约定到期自动转存。2022 年中国银行 3 个月期利率是 1.35%,远远高于定活两便。如果突遇急事,损失的不过是 3 个月的利息,而存满 1 年,与一年期整存整取相差也不大。

(八)办理存单抵押贷款

按银行规定,如果储户临时用款日期较短或支取日至原存单到期日的时间已过半,则储户可以用原存单作为抵押,办理小额贷款手续。这样既解决了资金急需的问题,又减少了利息损失。

(九)储蓄理财与其他理财方式投资组合

理财专家指出,理财目标在 2 年以下的,可采用短期国债、人民币理财产品、稳健收益型的基金等方式;3 年左右的可以采用相似期限的国债、人民币理财产品或有明确风险控制的保本基金等方式;5～10 年及以上的,可以根据风险承受能力,采用股票型基金、平衡型基金等方式。

二、如何降低存款本金的损失

存款本金的损失,主要是在通货膨胀严重的情况下,如存款利率低于通货膨胀率,即会出现负利率,存款的实际收益小于 0,此时若无保值贴补,存款的本金就会发生损失。储户可根据自己的实际情况,分别采用不同措施,以减轻损失。

(1)如无特殊需要或缺乏有把握的高收益投资机会,不要轻易将已存入银行一段时间(尤其是存期过半)的定期存款随意取出。因为即使在物价上涨较快、银行存款利率低于物价上涨率而出现负利率时,银行存款还是按票面利率计算利息的。如果不存入银行,又不买国债或进行别的投资,现金放在家里,那么连名义利息(银行支付的存款利息)都没有,损失将更大。

(2)若存入定期存款一段时间后,遇到比定期存款收益更高的投资机会,如国债或其他债券的发行等,此时,储户可将继续持有定期存款与取出存款改作其他投资这两者的实际收益做一番计算比较,从中选取总体收益较高的投资方式。例如,1995 年 3 年期凭证式国债发行时,因该国债的利率为 14%,高于当时 5 年期银行存款的利率,于是,有部分投资者便取出原已存入银行的 3 年期或 5 年期定期存款,去购买 1995 年 3 年期的国债。对于那些存期不足半年的储户来说,这样做的结果是收益大于损失。但对于那些定期存单即将到期的储户来说,用提前支取的存款购买国债,损失将大于收益。因为尽管 3 年期和 5 年期的定期存款的利率低于 3 年期国债,但到 1996 年 7 月为止,保值贴补率仍保持在 5% 以上,定期存款的利率与保值贴补率两者相加,其收益率仍远远高于1996年3年期国债14.5%的收益率。因此,对于那些手中的定期存单即将到期(或存期已满1年)的储户来说,不经过仔细计算,就盲目地提前取出定期存款,改作其他投资,实际结果往往得不偿失。例如,一名储户拿着1993年5月15日存入的整存整取3年期定期存单1万元到银行要求提前支取,购买1995年3年期国库券,银行工作人员为他算了一笔账:如不考虑保值因素,按存入日10.80%的年利率计算,该储户到期时应得利息3 240元;购买国库券,到期应得利息4 200元。该储户如提前支取,只能按活期储蓄利率和22个月的存期计算利息,实得578.6元[(12+10)×2.63‰×10 000]。把这几个数字比较一下,买国库券虽比存满3年期多得利息960元,可是提前支取却要少得利息2 661.4元。

(3)对于已到期的定期存款,应根据利率水平及利率走势、存款的利息收益率与其他投资方式收益率的比较,并将储蓄存款与其他投资方式在安全、便利、灵活性等方面综合比较,结合每个人的实际情况(如工作性质、灵活掌握投资时间的程度、对风险的承受能力等)重新选择。

(4)在利率水平较高,或当期利率水平可能高于未来利率水平,即利率水平可能下调的情况下,对于那些不具备灵活投资时间(如每天早出晚归的上班族)的人来说,继续转存定期储蓄是较为理想的。因为在利率水平较高或利率可能下调的情况下,存入较长期限的定期存款意味着可获得较高的利息收入,因为利息收入是按存入日的利率计算的,在利率调低前存入的定期存款,在整个存期内都是按原存入日的利率水平计付利息的,所以可获得较高的利息收入。

由于利率与有价证券的价格成反比,因此,在利率水平较高,或利率有可能调低的情况下,金融市场上有价证券(如股票、国债、企业债券)往往处于价格较低、收益率相对较高的水平,如果利率下调,将会进一步推动股票、债券价格的上升。因此,在利率可能下调的条件下,那些具有一定投资经验,并能灵活掌握投资时间的投资者,也可将已到期的存款取出,有选择地购买一些债券和股票,待利率下调、债券和股票价格上升后再抛出,以获得更高的投资收益。当然,利率下调并不意味着所有有价证券都会同步同幅地上升,其中有些证券升幅较大,有些升幅较小,甚至可能不升。投资者应认真分析选择。

(5)在市场利率水平较低或利率有可能调高的情况下,对于已到期的存款,可选择其他收益率较高(如国债)的方式投资,或可选择期限较短的储蓄品种继续转存(不同期限转存,如3年期定期存款期满后改存半年定期存款,需要到储蓄机构办理手续),以等待更好的投资机会,或等存款利率上调后,再将到期的短期定期存款,改存期限较长的储蓄品种。

(6)对于那些收入不高,对利率的变化及走势不了解,或信息迟缓、风险承受能力又很低的离退休老人来说,选择较长期限的定期储蓄存款,是较为理想和明智的,因为3年期或5年期的定期储蓄存款不仅安全性好,且存取方便,绝大部分储蓄机构还为到期的定期存款提供自动转期服务,储户不会因到期忘记提取或转存而影响利息收入。

总之,只要储户根据利率的水平及变动趋势的分析判断,并结合本人的实际情况,较好地选择投资方式与储蓄品种,就能够在一定程度上规避利率波动的风险,争取获取较高的收益。

三、利用信用卡省钱的技巧

信用卡储蓄是活期储蓄存款的一部分,无论卡中有无存款,只要看中商品,就能刷卡购买,这就是具有透支功能的银行信用卡的好处。其实,信用卡除了简单的透支功能外,如果运用得好,它不仅能省钱,还可赚钱。

(1)借记卡存钱赚利息,信用卡透支省利息。

(2)方便且能积分。

(3)轻松记账且能指导消费。

(4)灵活调高信用额度。

(5)先消费后还款,享有免息缴款期,可自主分期还款(有最低还款额)。

(6)加入 VISA、MASTER 等国际信用卡组织可以全球通用。

所以,使用信用卡,并不是简单地支出。懂得利用其各项功能,通过适当的负债,来换取资金的周转获利,才是掌握了投资理财的诀窍。

资料卡 5-2　如何计算免息期

所谓免息期,是指客户在零余额(或信用卡内余额低于商品价格)后存款的缓冲期。

信用卡的免息期可以有 50 天,最长的有 56 天,但不是随便用卡就可以享受这么长的免息期,各银行的免息期时间会不同。大多数银行的免息期一般不少于 50 天。

还要注意免息期只有在使用信用卡消费时才可以享受,如果使用信用卡套现,则预借的现金不能免息,银行会收取利息,日利率为 0.05%,按日计算,直到还清为止。一些持卡人的消费时间不同,享受免息期的时间也不同。

假如某客户账单日是 10 月 10 日,最后还款日是 11 月 4 日,还款日一般是结账日的后 24 天左右。

(1)如果该客户 10 月 11 日消费,则免息期多长?

11 月 10 日才结账,12 月 4 日是最后还款日,这样可享受最长 55 天免息期(10 月 11 日至 12 月 4 日)。

(2)如果该客户 10 月 9 日消费,则免息期多长?

10 月 10 日就结账,11 月 4 日就还,免息期为 27 天(10 月 9 日至 11 月 4 日)。

四、外汇储蓄误区

外汇储蓄已成为大众不可或缺的理财产品,尤其深得有海外背景的白领家庭的钟爱。进行外汇储蓄的时候,我们是否留意它的误区了呢?

受国家外汇政策及国际货币市场的影响,制约外汇投资收益的各种因素相对复杂,因此我们必须深入了解外汇储蓄的误区。

(一)误区一:储蓄收益与存期成正比

人们通常认为储蓄存款存期越长,利息收入也就越高,但对于小额外币存款而言并没有这么简单。与人民币存款相同,我国小额外币存款也有活期和定期之分,不同的是,小额外币定期存款分为1个月、3个月、6个月、1年和2年这5个档次,而且其利息定价也相对灵活。1年期存款利率,由中央银行定上限;而2年期存款利率,则完全由商业银行自主确定,中央银行不再限制利率上限。不难看出,在中央银行连续提高短期小额外币存款利率上限的同时,各家银行如果不及时相应调整2年期存款利率,就很可能出现2年期利率反而没有1年期利率高的"利率倒挂"现象,事实证明,这种情况确实出现过。由此可见,外币储蓄存期长,不一定利息就高。

(二)误区二:利率统一规定,存哪儿都一样

2004年11月18日起,中央银行不再公布美元、欧元、日元、港元2年期小额外币存款利率上限,改由商业银行自行确定并公布。既然存款利率由银行自己说了算,自然就会出现定价不一的情况。以美元为例,表5.1中显示了2023年几家商业银行执行的2年期存款利率。通过此表不难看出,各银行之间存款利率各有不同。在此提醒储户,外币储蓄利率并不统一,一定得睁大眼睛"货比三家"。

表 5.1　　　　　　　　各银行2年期美元定期存款利率表

银行名称	中国工商银行	中国银行	中国农业银行
利率(%)	0.8	0.75	0.8

注:此数据来自各商业银行网站。

(三)误区三:盲目跟风结汇

许多人见人民币升值,意识到手中的外汇会因此而缩水,于是盲目结汇,结果越存越亏,损失了收益。定期存款利息的计算公式为:本金×存期×年利率。再以美元为例,某储户在华夏银行有10 000美元活期存款,目前暂时没有支出需求,故考虑将其存为定期存款。现在他有两种选择[①]:

(1)将美元结汇,办理人民币定期存款。忽略活期利息,按6.575的汇率计算,

[①] 本案例选用的外汇利率取自华夏银行。

10 000 美元可换得 65 750 元人民币,再以此作为本金选择 1 年期定期存款自动转存 6 个月的形式,到期税后收益本息合计为 66 329 元[65 750×1×(1+0.8%)×(1+0.15%/2)]。

(2)保留美元,将活期转为小额外币协议存款,存期 18 个月,利率 3.95%,到期税后收益为 10 592.5 美元[10 000×(1+0.5)×3.95%+10 000],不考虑汇率的变化,以 6.575 计,折合人民币为 69 645.688 元。

显然,储户如果选择第二种储蓄方法,到期将多获收益 3 316.69 元。

(四)误区四:不分钞户、汇户

我国外汇储蓄账户按性质划分,又可以分为现钞账户(钞户)和现汇账户(汇户)。简单来说,存入外币现钞而开立的账户就是现钞账户,从境外汇入或持有外汇汇票则只能开立现汇账户。在符合外汇管理规定的前提下,汇户中的外汇可以直接汇往境外或转账,而钞户则要经过银行的"钞变汇"手续之后才可办理,无形中增加了手续费;另外,如果兑换成人民币,则钞户汇率要低于汇户汇率。因此,建议储户尽量保留汇户中的外汇,如需外汇现钞,则用多少取多少,以免不必要的风险和损失。

五、提前支取定期存款的技巧

在定期储蓄中经常会因各种原因需要提前支取存款,但是根据规定,定期储蓄提前支取只能按活期利率计算利息,损失是不可避免的。但是,我们可以运用一些技巧,使利息损失减少到最低程度。下面几种方法可以考虑采用。

(一)办理部分提前支取

银行规定,定期存款的提前支取可分为部分和全额提前支取两种,储户可根据自己的需要,办理部分提前支取,这样剩下的部分存款仍可按原有存单存款日、原利率、原到期日计算利息。比如,某储户手头有 1 张金额为 2 万元的 1 年期定期存单,在其已存入半年时,该储户急需用钱 1 万元,如采取部分提前支取 1 万元的方法,就比全额提前支取减少利息损失 72.5 元。设 1 年期定期存款年利率为 1.75%,活期储蓄年利率为 0.3%,到期收益为 72.5 元[(20 000−10 000)×(1.75%−0.3%)×180/360]。

(二)办理存单抵押贷款

因急用需全额提前支取 1 年期以上的定期储蓄存单,而支取日至原存单到期日已过半或较短,此种情况下,可以用原存单作抵押办理小额贷款手续,这样也可减少利息损失。比如,某储户有定期 2 年存款 1 万元,现已存了 1 年,这时急需用款 1 万元,如申请抵押贷款用期 1 年(因距离存单到期日还有一年),就比提前支取多收益 55 元。设 2 年期定期储蓄年利率为 3%,1 年期流动资金贷款年利率为 5.1%。到期收益为 55 元[10 000×(3%×2−0.35%×1−5.1%×1)]。

(三)提前支取定期储蓄款去转投利息更高的投资方式时,应先核算利息的得失而后行

如果拿着 1993 年 5 月 15 日存入的整存整取 3 年期定期存单 1 万元到银行要求提前支取购买国库券,就应该算一笔账:由前述"如何降低存款本金的损失"部分可知,提前购买国库券得不偿失,损失利息 2661.4 元。因此不宜提前支取。

六、避免利息税的几种投资技巧

许多领域投资都要收取利息税,目前有几种投资不收利息税,可达到增加投资收益的目的。

(一)国债

国债属于风险几乎为零的投资品种,国债的利率略高于同期的银行存款,并且免征利息税。所以,将较长一段时间不用的存款转为购买国债是比较划算的。

(二)教育储蓄

《个人所得税实施办法》第五条规定,教育储蓄免征个人所得税。教育储蓄为零存整取定期储蓄存款,最低起存金额为 50 元,本金合计最高限额为 20 000 元。

开户对象为在校四年级(含四年级)学生,开户时储户与金融机构约定每月固定存入的金额,分月存入,存期分为 1 年、3 年、6 年,只有凭存折和非义务教育的录取通知书原件,或学校开具的证明原件支取到期存款才能免税。

(三)人民币理财产品

人民币理财产品是否需要缴纳利息税,各家银行的规定有所不同,具体就看理财产品协议中的规定。以 2004 年中国光大银行推出的阳光理财 B 计划二期产品为例,1 年期理财收益为 2.8%,3 年期理财收益为 3.3%,5 年期收益 4.2%,收益率分别为同期定期存款(整存整取)的 1.41 倍、1.31 倍和 1.5 倍,其理财收益不用缴纳利息税。

(四)货币型基金

货币型基金是指一种开放式投资基金,主要投资于到期期限在 1 年以内的国债、金融债、中央银行票据和 AAA 级企业债、可转债等短期债券,以及债券回购、同业存款、商业票据等流动性良好的短期金融工具。目前,申购与赎回货币型基金时不用支付手续费。

(五)购买保险

购买部分险种不但能获取高于银行存款的收益,而且可规避利息税。另外,现在许多保险公司推出了分红保险,既有保险作用,又能参与保险公司的投资分红。同时,购买的保险产品都附加有保单借款功能,即以保单质押的项目,根据保单当时的现金价值 70%～80%的比例向保险公司贷款。这样既解决了保户临时急需用钱的麻烦,又避免了退保时带来的损失。

（六）金融债券

根据《个人所得税法》的规定，个人取得的国家发行的金融债券的利息免征个人所得税。

（七）将存款转入股票账户

按照有关政策规定：个人股票账户的保证金统一由证券公司集中管理，由银行以证券公司的名义开具专户，不作为个人的一般储蓄账户，因此，证券保证金的利息（按活期储蓄存款利率计算）不用缴纳个人所得税。

居民将手中的活期存款转入股票保证金账户，不但可照常获取利息，若申购新股成功，还能赚取一笔可观的利差。如此一来，存款不用投到风险较大的股票二级市场，又可赚取银行活期利息收入，相当划算。

本章小结

1. 储蓄实际上就是指个人或企事业单位将现金存放在银行及其他经中国人民银行批准的可以吸收存款的金融机构，以期实现资金的安全性和部分或全部流动性及时间价值的一种资产保全和增值的资金运用行为。储蓄分为收费型和免费型两种。

2. 储蓄类产品有很多种分类方法，储蓄类衍生理财金融产品不同于储蓄类普通产品。

3. 利息是资金所有者由于向储户借出资金而取得的报酬，它来自生产者使用该笔资金发挥营运职能而形成的利润的一部分。

4. 利息的出现有五个方面的原因：延迟消费、预期的通货膨胀、代替性投资、投资风险和流动性偏好。

5. 储蓄投资的操作程序分几个方面：储户开户及存取款手续、储蓄存款如何办理异地托收以及储蓄存款种类的选择。

6. 储蓄理财的策略与技巧通过几个方面来分析：如何降低和避免利息损失；如何降低存款本金的损失；利用信用卡省钱的技巧；外汇储蓄误区；提前支取定期存款的技巧；避免利息税的几种投资技巧。

知识结构图

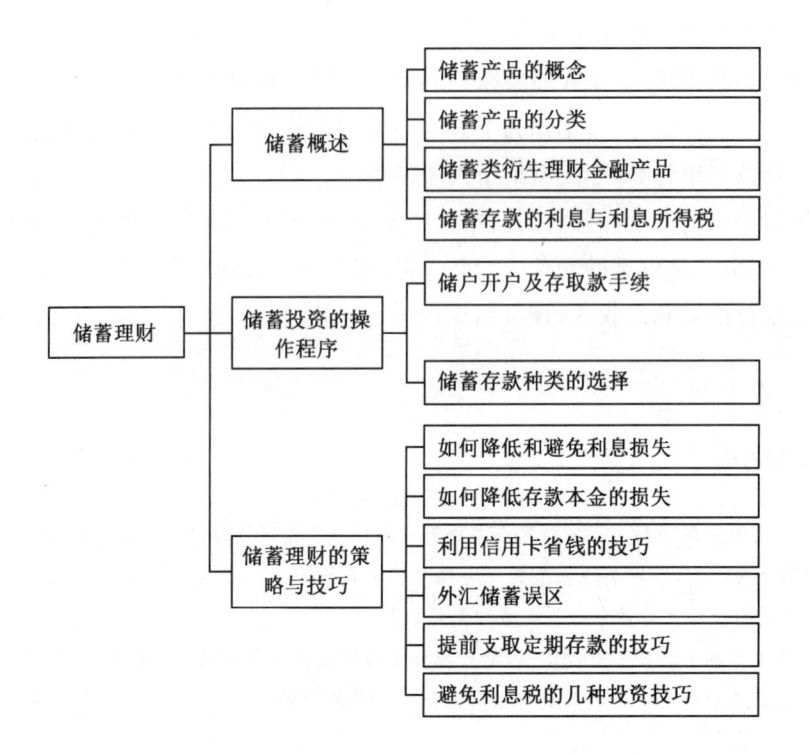

```
                    ┌─ 储蓄概述 ──┬─ 储蓄产品的概念
                    │            ├─ 储蓄产品的分类
                    │            ├─ 储蓄类衍生理财金融产品
                    │            └─ 储蓄存款的利息与利息所得税
                    │
    储蓄理财 ───────┼─ 储蓄投资的操作程序 ─┬─ 储户开户及存取款手续
                    │                      └─ 储蓄存款种类的选择
                    │
                    └─ 储蓄理财的策略与技巧 ─┬─ 如何降低和避免利息损失
                                             ├─ 如何降低存款本金的损失
                                             ├─ 利用信用卡省钱的技巧
                                             ├─ 外汇储蓄误区
                                             ├─ 提前支取定期存款的技巧
                                             └─ 避免利息税的几种投资技巧
```

复习思考题

1. 因为存期越长，利息越高，所以存款时应选择最长的存期，这种说法对吗？为什么？
2. 如何根据自己的实际情况合理地选择储蓄种类？
3. 增加储蓄利息和减少利息损失有哪些技巧？如何运用这些技巧？
4. 外汇储蓄应防止哪些误区？

课后阅读

小心复利与单利的陷阱

我们经常问,现在银行的存款利率是多少? 这个利率指的是单利,银行每年按这个利率计算利息,但是只在存款到期时才和本金一并支付给你。比如,现在存 1 000 元的 5 年期定期存款,假设银行利率是 2.88%,5 年的利息总和就是 144 元(1 000×2.88%×5),那么 5 年后得到的本息总共是 1 144 元。

与此相对,还有一种支付利息的方法,那就是复利,即利息在每年的年末就支付给你,而不是存款到期后才一并支付,这样,上一年得到的利息在下一年就成了本金,在以后的每年中都可以得到利息,也就是通常所说的"利滚利"。我们还是用上面例子,按复利的方式算一算。

时间	年初本金(元)	年利率	本年所得利息(元)	年末本息和(元)
第一年	1 000	2.88%	28.8	1 028.8
第二年	1 028.8	2.88%	29.63	1 058.43
第三年	1 058.4	2.88%	30.48	1 088.99
第四年	1 088.9	2.88%	31.36	1 120.27
第五年	1 120.27	2.88%	32.36	1 152.53

显然,按复利计息可以多得到 8.53 元(1 152.53−1 144)的利息。你可能会说,确实不一样,不过只差几元钱而已,没什么大不了的。可千万不要小看这一点差异,在利率比较高、期限比较长的情况下,这个差别会大得惊人。不信的话,我们来看一个比较极端的例子:

假定一名年轻人,从现在开始每年存下 1.4 万元,如此持续 40 年,平均每年有 20% 的投资收益率,那么 40 年后,他能积累多少财富呢? 按一般猜的数量,在 200 万至 800 万元,最多也不超过 1 000 万元,但是依照计算复利的公式,正确的答案应该是 1.028 1 亿元,不要以为自己眼花,确实是"亿"——一个众人不敢想象的数量级! 而按单利计算,40 年后的本利总和还不到 300 万元! 看到复利的厉害了吧。

老百姓存钱,一般都认为,哪种存款的利率高,就存哪种。但是,在单利制度下存款期限的不同往往会造成一些误会。比如 1 年期存款利率 10% 与 8 年期存款利率 14.3%,哪个更划算? 要是折合成复利,其实它们完全是一样的,惊讶吧,这就是时间的魔力。因此在选择存款的种类时,千万要计算一下,究竟哪个更合适您,不能简单考虑银行公布的利率。其实银行各种存款的利率折合成复利,一般不会相差太大,您只需要考虑对您合适的时间段,例如 1 年后要用的钱就不要存 5 年期或定活两便,避免提前支取造成的损失或者利息损失。

对于债券也是同样的道理,例如 1996 年发行的 3 年期国债就是单利形式的,10 年期国债就是复利形式的,二者比较的时候,一定要折合成复利来比较,否则差之毫厘可能就会失之千里了。

第六章　股票投资

📅 学习目标

1. 知识目标

(1)掌握股票投资的基本概念；

(2)了解股票的基本特征以及股票的投资收益；

(3)理解沪港通、深港通与沪伦通的基本内涵。

2. 技能目标

(1)掌握股票投资的操作流程；

(2)学会运用基本面分析法与技术分析法分析股票市场的价格走势；

(3)掌握股市投资理财的各种策略与技巧。

3. 思政目标

(1)提升学生民族自尊心和自豪感,牢固树立四个自信；

(2)聚焦强国之路的资本市场,践行社会主义核心价值观；

(3)遵守投资行业职业道德,经世济民,诚信服务。

📖 案例导入

"鳄鱼法则"原意是假定一只鳄鱼咬住你的脚,如果你用手试图挣脱你的脚,鳄鱼便会同时咬住你的脚与手。你愈挣扎,就被咬得更多、更紧。所以,如果鳄鱼咬住你的脚,则唯一的办法就是牺牲一只脚。

理财启示:在投资市场中的鳄鱼法则是:当你发现自己的交易背离了市场的方向,必须立即止损,不得有任何延误,不得存有任何侥幸。

本章导语:本章主要讲述了股票投资的基本概念、股票的基本特征以及股票的投资收益,同时阐述了股票价格未来趋势判断的基本面分析法与技术分析法,同时介绍了股市投资理财的各种策略与技巧。读者需要注意的是,从本章起,已经进入理财规划的投资规划阶段的学习。投资规划是理财规划的一个重要部分,理财规划的其他各个规划的实现都离不开投资规划的设计。而股票是进行投资规划的重要的金融工具之一,读者切记,单纯的股票操作并不是理财。

关键词：股票、股票价格指数、基本面分析、技术分析、沪伦通、沪港通、深港通

第一节　股票概述

一、股票的概念与基本特征

股票是一种由股份公司发行的、证明投资者在公司的股东权利和投资入股份额，并据以获得股利收入的有价证券。股票的持有人就是股东，在法律上拥有股份公司的一部分所有权，享有一定的经营管理上的权利与义务，同时承担公司的经营风险。它的基本特征为：

（一）不可返还性

购买股票是一项无确定期限的投资，不允许投资者中途退股。投资者购买了股票以后，如果需要将有价证券兑换为现金，则只能通过股票的流通市场，在不同的投资者之间进行证券交易来实现，而不可要求发行公司返还。

（二）价格波动性

股票价格受社会诸多因素影响，股价经常处于波动起伏的状态。正是这种波动，使投资者有可能实现短期获利的希望。

（三）投资风险性

股票一经买进就不能退还本金，股价的波动意味着持有者的盈亏变化。上市公司的经营状况直接影响投资者获取收益的多少。一旦公司破产清算，首先受到补偿的不是投资者，而是债权人。

（四）流动性

股票虽不可退回本金，但流通股可以随意转让出售或作为抵押品。

（五）有限清偿责任

投资者承担的责任仅仅限于购买股票的资金，即便是公司破产，投资者不负清偿债务的责任，不会因此而倾家荡产，最大损失也就是股票形同废纸。

（六）公司决策的参与性

股票投资者是公司的权益投资者，即公司的股东。在公司对重大事件进行决策时，需要通过股东代表大会投票表决，只有在获得了法定支持率水平的情况下，决策的结果才能够付诸实践。

二、股票的价值

（一）面值

面值即股票的票面价值，股票以股份公司的资本总额划分成若干股，每一股代表

的资本额就是面值,单位是"元/股"。

(二)市值

市值即股票上市后在市场上的价格,有发行价格和交易买卖价格之分。

(三)股权

股权即股票拥有者按股额比例行使的权利与义务。

(四)股息

股息即股份公司按股额的比例支付给股东的收入。

(五)红利

红利即股份公司经营获利后,每年按股额分给股东的经济利益。

三、股票的种类

(一)按股东的权利划分,股票可分为普通股、优先股及两者的混合等

普通股是股票中最普通、最重要的股票种类。普通股的收益完全依赖于公司盈利的多少,因此风险较大,但享有优先认股、盈余分配、参与经营表决、股票自由转让等权利。优先股享有优先领取股息和优先得到清偿等优先权利,但股息是事先确定好的,不因公司盈利多少而变化,一般没有投票及表决权,而且公司所有权在必要的时间收回。优先股还分为参与优先和非参与优先、积累与非积累、可转换与不可转换、可回收与不可回收几大类。

(二)按股票持有者划分,股票可分为国家股、法人股、个人股

三者在权利和义务上基本相同。不同点是国家股的投资资金来自国家,不可转让;法人股的投资资金来自企事业单位,必须经中国人民银行批准后才可以转让;个人股的投资资金来自个人,可以自由上市流通。

(三)按票面形式划分,股票可分为有面额、无面额及有记名、无记名四种

有面额股票在票面上标注出票面价值,一经上市,其面额往往没有多少实际意义;无面额股票仅标明其占资金总额的比例。我国上市的都是有面额股票。记名股将股东姓名记入专门设置的股东名簿,转让时须办理过户手续;无记名股的名字不记入名簿,买卖后无须过户。

(四)按享受投票权益划分,股票可分为单权、多权及无权

每张股票仅有一份表决权的股票称为单权股票;每张股票享有多份表决权的股票称为多权股票;没有表决权的股票称为无权股票。

(五)按有无表决权划分,股票可分为表决权股票和无表决权股票

并非所有的股票持有者都有表决权。表决权股票有普通表决权股票、多数表决权股票和限制表决权股票三种。仅持有无表决权股票在公司没有表决权。

(六)按发行范围划分,股票可分为 A 股、B 股、H 股和 F 股四种

A 股是在我国国内发行、供国内居民和单位用人民币购买的普通股票;B 股是专供境外投资者在境内以外币买卖的特种普通股票,2001 年 2 月 19 日后,境内居民也可购买;H 股是我国境内注册的公司在中国香港发行并在香港联合交易所上市的普通股票;F 股是我国股份公司在海外发行上市流通的普通股票。

四、股票投资收益

股票投资收益是投资者投资行为的报酬。一般情况下,股票投资的收益主要有两大类:一类是货币收益;另一类是非货币收益。货币收益是投资者购买股票后在一定时期内获得的货币收入。它由两部分组成:一是投资者购买股票后成为公司的股东,他以股东的身份,按照持股的多少,从公司获得相应的股利,包括股息、现金红利和红股等,在我国的一些上市公司中,有时还可得到一些其他形式的收入,如配股权证的转让收入等;二是因持有的股票价格上升所形成的资本增值,即投资者利用低价买进、高价卖出所赚取的差价利润,这正是目前我国大部分投资者投资股票的直接目的。非货币收益的形式多种多样,例如,投资者购买股票成为股东后,可以参加公司的股东大会,查阅公司的有关数据资料,获取更多的有关企业的信息,在一定程度上参与企业的经营决策,在企业重大决策中有一定的表决权,这在一定程度上可满足投资者的参与感;大额投资者购买到一定比例的公司股票后,可以进入公司的董事会,影响甚至决定公司的经营活动。

衡量一项股票投资收益的多少,一般用投资收益率来说明,即投资收益与最初投资额的百分比率。计算股票的收益,通常有股票收益率和持有期收益率两种类型。

股票收益率又称为本期股利收益率,即股份公司以现金派发股利与本期股票价格的比率,用公式表示为:

$$本期股利收益率 = \frac{年现金股利}{本期股票价格} \times 100\%$$

公式中,本期股票价格是指证券市场上该股票的当日收盘价,年现金股利是指上一年每一股股票获得的股利,本期股利收益率表明以现行价格购买股票的预期收益。

持有期收益率是指投资者买入股票持有一定时期后又卖出该股票,在投资者持有该股票期间的收益率,用公式表示为:

$$持有期收益率 = \frac{出售价格 - 购买价格 + 现金股利}{购买价格} \times 100\%$$

投资者要提高股票投资的收益率,关键在于选择购买何种股票以及在何时买进或抛出股票。

五、股票价格指数

股票价格指数简称股价指数,是由证券交易所或金融服务机构编制的表明股票行市变动的一种供参考的指示数字。由于股票价格起伏无常,投资者必然面临市场价格风险。对于具体某一种股票的价格变化,投资者容易了解;而对于多种股票的价格变化,要逐一了解,既不容易,也非常麻烦。为了适应这种情况和需要,一些金融服务机构就利用自己的业务知识和熟悉市场的优势,编制出股票价格指数,公开发布,作为市场价格变动的指标。投资者据此就可以检验自己投资的效果,并用以预测股票市场的动向。同时,新闻界、公司老板乃至政界领导人等也以此为参考指标,来观察、预测社会政治和经济发展形势。因此,股票价格指数也是股票投资者从事投资不可缺少的信息,又称为反映经济情况的"晴雨表"。总之,股票价格指数是描述股票市场总体价格水平变化的指标。它选取有代表性的一组股票,把它们的价格进行加权平均,通过一定的计算得到。各种指数的具体股票选取和计算方法是不同的。

根据股价指数反映的价格走势所涵盖的范围,一般将股票价格指数划分为综合指数、成分指数和分类指数。综合指数是把所有的股票即刻价格加权平均,比如沪市的上证指数、深市的综合指数。成分指数是把某些有代表性的股票的即刻价格加权平均,比如沪市的30指数、深市的成分指数、北交所的北证50成分指数。分类指数就是对某个行业的全体股票进行加权平均的指数,比如金融指数、地产指数。投资者不论介入何种股票,都要确定它与股指是同步还是相悖。

世界各地的股票市场都编有各自的股价指数,较有影响的除道琼斯指数外,还有美国的标准普尔股价指数、英国伦敦《金融时报》股价指数、日本的日经指数及中国香港的恒生指数等,这些指数都是成分指数。

我国大陆(内地)主要的股价指数包括上证综合指数、上证成分指数(简称"上证180指数")、深圳综合指数、深圳成分股指数(简称"深成指")、北交所的北证50成分指数、创业板指数、科创板指数等。

六、股票的发行与股票的流通

股票的发行是指股份有限公司出售股票以筹集资本的过程。股票的流通即股票的交易。

(一)股票的发行价格

当股票发行公司计划发行股票时,就需要根据不同情况,确定一个发行价格以推销股票。一般而言,股票发行价格包括面值发行、时价发行、中间价发行和折价发行等。

1. 面值发行

即按股票的票面金额为发行价格,又称为平价发行。采用股东分摊的发行方式时一般按平价发行,不受股票市场行情左右。由于市价往往高于面额,因此以面额为发行价格能够使认购者得到因价格差异而带来的收益,使股东乐于认购,又保证了股份公司顺利实现筹措股金的目的。

2. 时价发行

即不是以面额,而是以流通市场上的股票价格(即时价)为基础确定发行价格。这种价格一般都是时价高于票面额,二者的差价称为溢价,溢价带来的收益归该股份公司所有。时价发行能使发行者以相对少的股份筹集到相对多的资本,从而减轻负担,同时还可以稳定流通市场的股票时价,促进资金的合理配置。按时价发行,对投资者来说也未必吃亏,因为股票市场上行情变幻莫测。如果该公司将溢价收益用于改善经营,提高了公司和股东的收益,将使股票价格上涨;投资者若能掌握时机,适时按时价卖出股票,收回的现款就会远高于购买金额。

3. 中间价发行

即股票的发行价格取票面额和市场价格的中间值。这种价格通常在时价高于面额、公司需要增资但又需要照顾原有股东的情况下采用。中间价的发行对象一般为原股东,在时价和面额之间采取一个折中的价格发行,实际上是将差价收益的一部分归原股东所有,另一部分归公司所有,用于扩大经营。因此,在进行股东分摊时要按比例配股,不改变原来的股东构成。

4. 折价发行

即发行价格低于票面额。折价发行有两种情况:一种是优惠性的,通过折价使认购者分享权益。例如,公司为了充分体现对现有股东优惠而采取搭配增资方式时,新股票的发行价格就为票面价格的某一折扣,折价不足票面额的部分由公司的公积金抵补。现有股东所享受的优先购买和价格优惠的权利就称为优先购股权。若股东自己不想用此权利,就可以将优先购股权转让出售。这种情况有时又称为优惠售价。另一种情况是该股票行情不佳,发行有一定困难,发行者与推销者共同议定一个折扣率,以吸引那些预测行情要上浮的投资者认购。由于各国规定发行价格不得低于票面额,因此,这种折扣发行需经过许可方能实行。

(二)股票的发行方式

股票在发行前,上市公司与股票的代理发行证券商签订代理发行合同,确定股票发行的方式,明确各方面的责任。股票代理发行的方式按发行承担的风险不同,一般可分为包销和代销两种。

1. 包销

包销是由代理股票发行的证券商一次性将上市公司新发行的全部或部分股票承购下来,并垫支相当于股票发行价格的全部资本。如果上市公司股票发行的数量太大,一家证券公司包销有困难,还可以由几家证券公司联合起来包销。

2. 代销

代销是由上市公司自己发行,中间只委托证券公司代为推销。证券公司代销证券,只向上市公司收取一定的代理手续费。

包销和代销各有利弊。包销能使上市公司在短期内筹集到大量资金,但股票的价格低,从而不免使上市公司丧失了部分应有的收获。代销对上市公司来说,虽然相对于包销可能获得更多的资金,但整个筹款时间可能很长,从而不能使上市公司及时得到所需的资金。

(三)股票发行的条件

在股票发行工作开始前,不但要确定股票的发行价格,还要选择一定的发行方式。股票发行方式有公募发行与私募发行两种。

公募发行又称公开发行,是指发行人通过中介机构向不特定的社会公众广泛发售股票。在公募发行情况下,所有合法的社会投资者都可以参加认购。为了保障广大投资者的利益,各国对公募发行都有严格的要求,如发行人要有较高的信用,并符合证券主管部门规定的各项发行条件,经批准后方可发行。私募又称不公开发行或内部发行,是指面向少数特定的投资人发行股票的方式。私募发行的对象大致有两类:一类是个人投资者,如公司老股东或发行机构自己的员工;另一类是机构投资者,如大的金融机构或与发行人有密切往来关系的企业等。私募发行有确定的投资人,发行手续简单,可以节省发行时间和费用。其不足之处是投资者数量有限,流通性较差,而且不利于提升发行人的社会信誉。

不管是公募发行还是私募发行,股票发行人必须是具有股票发行资格的股份有限公司。

股份有限公司发行股票,必须符合一定的条件。我国《股票发行与交易管理暂行条例》对新设立股份有限公司公开发行股票,原有企业改组设立股份有限公司公开发行股票、增资发行股票及定向募集公司公开发行股票的条件分别做出了具体的规定。以新设立股份有限公司公开发行股票为例,其发行股票的条件为:

(1)公司的生产经营符合国家产业政策。

(2)公司发行的普通股只限一种,同股同权。

(3)发起人认购的股本数额不少于公司拟发行的股本总额的35%。

(4)在公司拟发行的股本总额中,发起人认购的部分不少于人民币3 000万元,但是国家另有规定的除外。

(5)向社会公众发行的部分不少于公司拟发行的股本总额的25%,其中公司职工认购的股本数额不得超过拟向社会公众发行的股本总额的10%;公司拟发行的股本总额超过人民币4亿元的,证监会按照规定可酌情降低向社会公众发行的部分的比例,但是,最低不得少于公司拟发行的股本总额的 15%。

(6)发行人在近 3 年内没有重大违法行为。

(7)证监会规定的其他条件。

(四)股票的流通

1. 股票流通的概念

股票的流通就是股票的交易,如果把股票的发行市场称为一级市场,那么股票的流通市场就是二级市场,是一个交易股票的市场,包括场内交易市场和场外交易市场。场内交易市场又称交易所市场,它是指证券交易市场中有组织、有固定地点,并能够使证券集中、公开、规范交易的场所,是一个有形的市场。而场外交易市场又称柜台市场、店头市场,是相对于证券交易所市场而言的。它是投资者通过证券商营业柜台或无形交易完成交易活动的市场,是一个分散的、无固定场所的无形市场。本章节所述的股票投资理财,事实上就是指在股票流通市场进行投资分析、买卖股票的行为。

2. 股票交易的费用

股票交易费用是指投资者在委托买卖股票时应支付的各种费用和税收,通常包括委托手续费、佣金、过户费和印花税等。

(1)委托手续费。指投资者在办理委托买卖股票时,按规定向证券公司缴纳的手续费,主要用于通信、设备、单证制作等方面的开支。该费用的收取一般按委托的笔数计算,无统一标准,一般在 1 元以下。目前,许多证券公司出于竞争的考虑,不再收取此费用。

(2)佣金。指投资者在委托买卖股票成交后按成交金额的一定比例支付的费用,是证券公司为客户提供证券代理买卖服务而收取的报酬。该费用由证券公司经纪佣金、证券交易手续费及证券交易监管费等组成。佣金的收费标准因交易品种、交易场所的不同而有所差异。从 2023 年 8 月 28 日起,A 股、B 股的交易佣金实行最高上限向下浮动制度,证券公司向客户收取的佣金不得高于证券成交金额的 0.3%,也不得低于代收的证券交易监管费和证券交易所手续费。各证券公司一般收取万分之三。证券交易监管费收取万分之 0.2,证券交易所手续费收取万分之 0.341。A 股、证券投资基金每笔交易佣金不足 5 元的,按 5 元收取;B 股每笔交易佣金不足 1 美元或 5 港元的,按 1 美元或 5 港元收取。

(3)过户费。指委托买卖股票成交后,买卖双方为变更股权登记所支付的费用。这笔收入属于证券登记结算公司,由证券公司在同投资者清算交割时代为扣收。2023 年 8 月 28 日起,上交所 A 股的过户费为成交票面金额的 0.1%,起点为 1 元;深交所 A 股交易免收过户费;北交所的过户费按成交金额的 0.001% 收取,并且双边收取。

(4)印花税。印花税是我国根据国家税法规定,在 A 股、B 股成交后对买卖双方投资者按照规定的税率分别征收的税金。我国税收制度规定,股票成交后,国家税务机关应向成交双方分别收取印花税。为保证税源,现行的做法是由证券公司在同投资者办理交割过程中代为扣收印花税,然后在证券公司同结算公司的清算、交割中集中结算,最后由结算公司统一向征税机关缴纳。2023年8月28日起,我国A股、B股交易印花税计收标准为成交金额的万分之5,并且只在出让股票时收取。

第二节 股票投资分析

证券投资分析方法有基本面分析与技术面分析两种。两种方法各有千秋。基本面分析能够比较全面地把握证券价格的中长期走势,应用起来也相对简单。而技术分析更注重短线分析,同时预测的精确度相对较高。两种方法对于股票、债券、基金、外汇、期货等金融工具价格变化的分析都有作用,本章主要分析股票价格的变化。

一、基本面分析

股票投资基本面分析,是指股票投资分析人员通过对宏观经济指标、经济政策走势、行业发展状况、产品市场状况、公司销售和财务状况等的分析,用以评估股票价格的涨跌以及投资价值。

(一)宏观经济分析

宏观经济分析探讨各经济指标和经济政策对股票价格的影响。

1. 宏观经济运行分析

(1)第一个指标即国内生产总值(GDP)的变动对证券市场的影响。

①持续、稳定、高速的 GDP 增长会使证券市场呈现上升走势,从而引起股票价格上升。

②高通货膨胀下 GDP 增长必将导致未来的"滞胀"(通货膨胀与增长停滞并存)。最终导致证券市场下跌。相应地,股票价格也会下跌。

③宏观调控下的 GDP 减速增长:这种好的形势将使证券市场呈平稳渐升的态势。因此,股票价格会逐渐上升。

④转折性的 GDP 变动:分为两种,即 GDP 由负增长逐渐减缓并呈现向正增长转变以及 GDP 由低速增长转向高速增长。第一种表明恶化的经济环境逐步得到改善,证券市场走势将由下跌转为上升。第二种表明低速增长中,经济结构得到调整,经济的"瓶颈"制约得以改善,新一轮经济高速增长已经来临,证券市场将伴之以快速上涨之势。此时,股票价格会出现相应的变化。

(2)第二个指标即经济周期与股价波动的关系。

经济总是处在周期性运动中;经济景气时首先上涨的股票,往往在衰退时首先下跌。具体来说,经济周期与股价变动的关系是:复苏阶段,股价回升;高涨阶段,股价上涨;危机阶段,股价下跌;萧条阶段,股价低迷。经济周期通过下列环节影响股票价格:经济周期变动→公司利润增减→股息增减→投资者心理变化→供求关系变化→股票价格变化。

(3)第三个指标即通货膨胀对证券市场的影响。

①通货膨胀对股票市场的影响:通货膨胀初期,物价上涨,生产受到刺激,企业利润增加,股价因此看涨。但持续增长的通货膨胀使企业成本增加,而高价格下需求下降,企业经营恶化。特别是政府此时不得已采取严厉的紧缩政策,企业资金周转失灵,一些企业甚至倒闭,股市在恐慌中狂跌。

②通货膨胀对债券市场的影响:通货膨胀提高了债券的必要收益率,从而引起债券价格下跌;适度通货膨胀下,人们企图通过投资债券实现资金保值,从而使债券需求增加,价格上涨;未预期的通货膨胀增加了企业经营的不确定性,降低了还本付息的保证,从而使债券价格下跌;过度通货膨胀将使企业经营发生困难甚至倒闭,同时投资者将资金转移到实物资产和交易上寻求保值,债券需求减少,债券价格下降。

2. 宏观经济政策分析

(1)财政政策。

财政政策是政府依据客观经济规律制定的指导财政工作和处理财政关系的一系列方针、准则和措施的总称。财政政策的中长期目标是资源的合理配置和收入的公平分配。财政政策手段主要包括国家预算、税收、国债、财政补贴、财政管理体制、转移支付制度等。总的来说,从紧的财政政策将使得过热的经济受到控制,证券市场也将走弱,而宽松的财政政策将刺激经济发展,证券市场将走强。

(2)货币政策。

货币政策是指政府为实现一定的宏观经济目标所制定的关于货币供应和货币流通组织管理的基本方针和基本准则。货币政策主要通过调控货币供应量保持社会总供给与总需求的平衡;通过调控利率和货币总量控制通货膨胀,保持物价总水平的稳定;调节国民收入中消费与储蓄的比例;第四,引导储蓄向投资的转化并实现资源的合理配置。

货币政策工具又称货币政策手段,一般分为以下三大政策工具:第一,法定存款准备金率;第二,再贴现政策;第三,公开市场业务。

货币政策分为从紧的货币政策和宽松的货币政策。从紧的货币政策的主要手段是:减少货币供应量,提高利率,加强信贷控制。宽松的货币政策的主要手段是:增加货币供应量,降低利率,放松信贷控制。从总体上说,宽松的货币政策将使得证券市场价格上扬促使股价上涨,从紧的货币政策将使得证券市场价格下跌,相应的股票价格下跌。

(3)收入政策。

收入政策是国家为实现宏观调控总目标和总任务而在分配方面制定的原则和方针。着眼于短期供求总量均衡的收入总量,调控通过财政、货币政策来进行,因而收入总量调控通过财政政策和货币政策的传导,对证券市场产生影响。

3. 国际金融市场环境分析

(1)按照经营业务的种类划分,国际金融市场可以分为货币市场、证券市场、外汇市场、黄金市场和期权期货市场。

(2)国际金融市场的剧烈动荡主要通过人民币汇率预期影响证券市场。一般而言,汇率上浮,即本币升值,不利于出口而有利于进口;汇率下浮,即本币贬值,不利于进口而有利于出口。汇率变化对股价的影响要视对整个经济的影响而定。若汇率变化趋势对本国经济发展影响较为有利,则股价会上升;反之,则股价会下降。具体来说,汇率变化对那些在原材料和销售两方面严重依赖国际市场的国家和企业的股票价格影响较大。

(3)在分析 B 股证券市场时,这是一个必须重视的基本因素。

(二)行业分析

行业分析是介于宏观经济分析与公司分析之间的中观层次的分析。

所谓行业,是指由于产品(包括有形与无形)在很大程度上的可相互替代性而处于一种彼此紧密联系的状态,并且由于产品可替代性的差异而与其他企业群体相区别的企业群体。

1. 行业划分的方法

(1)我国国民经济行业的分类。国民经济被划分为 13 个门类:农、林、牧、渔、水利业;工业;地质普查和勘探业;建筑业;交通运输、邮电通信业;商业、公共饮食业、物资供销和仓储业;房地产管理、公用事业、居民服务和咨询服务业;卫生、体育和社会福利业;教育、文化艺术及广播电视业;科学研究和综合技术服务业;金融保险业;国家机关、党政机关和社会团体;其他行业。

(2)我国证券市场的行业划分。上海证券市场为编制新的沪市成分指数,将全部上市公司分为 5 类,即工业、商业、地产业、公用事业和综合类。深圳证券市场将在深市上市的全部公司分成 6 类,即工业、商业、金融业、地产业、公用事业和综合类。北京证券市场通过北交所主要服务于创新型中小企业,重点支持先进制造业和现代服务业等领域的企业,其行业主要分布于机械设备、生物医药、信息服务、化工、交运设备等。

2. 行业市场结构分析

行业的市场结构随该行业中企业的数量、产品的性质、价格的制定和其他一些因素的变化而变化。由于市场结构的不同,行业基本上可分为 4 种市场类型:完全竞争、垄断竞争、寡头垄断和完全垄断。

大多数行业处于完全竞争和完全垄断这两种极端情况之间,往往既有不完全竞争的特征,又有寡头垄断的特征,而且很多行业的产品都有替代品,当一种商品的价格过高时,消费者就会转向价格较低的商品。通常竞争程度越高的行业,其商品价格和企业利润受供求关系影响较大,因此该行业的证券投资风险就越大;而垄断程度较高的行业,其商品价格和企业利润受控制程度较大,证券投资风险就较小。

3. 经济周期与行业分析

根据与国民经济总体的周期变动关系的密切程度,可以将行业分为三类:

(1)增长型行业。增长型行业的运动状态与经济活动总水平的周期及其振幅无关,经常呈现出增长形态。

(2)周期型行业。周期型行业的运动状态直接与经济周期相关。当经济处于上升阶段时,这些行业会紧随其扩张;当经济衰退时,这些行业也相应跌落。

(3)防御型行业。防御型行业产品需求相对稳定,并不受经济周期处于衰退阶段的影响。

4. 行业生命周期分析

一般而言,行业的生命周期可分为四个阶段,即初创阶段(也称幼稚期)、成长阶段、成熟阶段和衰退阶段。

(1)初创阶段。

在此阶段,产品研发费用高,市场需求狭小,这些创业公司在财务上可能不但没有盈利,反而普遍亏损、面临很大的投资风险。因此,这类企业更适合投机者而非投资者。

(2)成长阶段。

在此阶段,新行业的产品经过广泛宣传和消费者的试用,逐渐以其自身的特点赢得了大众的欢迎或偏好,市场需求开始上升,新行业也随之繁荣起来。由于市场前景良好,投资于新行业的厂商大量增加,产品也逐步从单一、低质、高价向多样、优质和低价方向发展,因而新行业出现了生产厂商和产品相互竞争的局面。这一阶段被称为投资机会时期。于是,竞争加剧,优胜劣汰。最终市场的需求日趋饱和。生产厂商不能单纯地依靠扩大生产量、提高市场份额来增加收入,而必须依靠追加生产、提高生产技术、降低成本,以及研制和开发新产品来争取竞争优势,战胜竞争对手和维持企业的生存。

由于市场需求基本饱和,产品的销售增长率减慢,迅速赚取利润的机会减少,整个行业开始进入稳定期。

(3)成熟阶段。

行业的成熟阶段相对较长。在这一时期,在竞争中生存下来的少数大厂商垄断了整个行业的市场,每个厂商都占有一定比例的市场份额。由于彼此势均力敌,市场份额比例发生变化的程度较小。厂商与产品之间的竞争手段逐渐从价格手段转向各种非价格手段，如提高质量、改善性能和加强售后维修服务等。行业的利润由于一定程度的垄断达到了很高的水平，而风险却因市场比例比较稳定，新企业难以打入成熟期市场。在此阶段，行业增长速度降到一个更加适度的水平。在某些情况下，整个行业的增长可能会完全停止，其产出甚至下降。但是，由于技术创新的原因，某些行业或许实际上会有新的增长。

(4)衰退阶段。

这一时期出现在较长的稳定阶段后。由于新产品和大量替代品的出现，原行业的市场需求开始逐渐减少，产品的销售量也开始下降，某些厂商开始向其他更有利可图的行业转移资金。因而原行业出现了厂商数目减少、利润下降的萧条景象。当正常利润无法维持或现有投资折旧完成后，整个行业便逐渐解体了。

5. 行业投资决策原则

(1)结合国家经济结构的变迁，选择有发展潜力的行业投资。从总的趋势来看，各国经济结构都沿着由劳动密集型行业占主导向资本密集型、技术密集型行业占主导，由制造初级产品的行业占主导逐渐向制造中间产品、最终产品的行业占主导的方向前行。经济结构的动态变化造成了有些行业上升、有些行业衰落。投资者应该根据发展趋势，识别出有发展潜力的行业。

(2)结合投资者的不同类型，选择处于生命周期不同阶段的行业投资。风险与收益的"如影相随"造成每一个投资决策都是风险与收益的一种组合，符合不同类型投资者的风险偏好。在行业生命周期的不同阶段，风险和收益的特征也有所不同，投资者应结合资金来源的性质、资金可使用的周期以及投资理念的差异等具体情况选择。

(3)结合国家行业政策导向的变化，选择投资政策重点支持的行业。国家通过经济政策对某一行业实施扶持，常常意味着这一行业有更快的发展机会，对某一行业进行限制则意味着该行业未来发展的空间缩小。国家的行业政策具有显著的导向作用，在把握经济结构演进趋势的基础上正确理解国家的行业政策，能更好地提高投资收益。

(三)公司分析

公司分析是基本面分析的重点，无论什么样的分析报告，最终都要落实在某个公司证券价格(主要是指股票价格)的走势上。

1. 公司基本面分析

从行业地位分析、区位分析、产品分析以及公司的经营管理能力与成长性分析入手。行业地位分析即分析公司在本行业中的地位。区位分析即分析公司的地理位置及经济发展状况。产品分析包括如下几个方面：

(1)分析产品的竞争能力：技术水平、管理水平、市场开拓能力和市场占有率、资本与规模效益、项目储备及新产品开发能力。

(2)分析产品的市场占有率：可以借助产品的成本优势、技术优势、质量优势分析。

(3)分析产品的品牌。

(4)公司经营管理能力分析与成长性分析：公司经营管理能力分析即分析公司管理人员的素质和能力、公司管理风格及经营理念、公司业务人员素质和创新能力。成长性分析即分析公司经营战略、公司规模及其扩张潜力。

2. 公司财务分析

投资者通过公司的资产负债表、损益表和现金流量表等主要财务报表，分析偿债能力、资本结构、经营效率、盈利能力、投资收益和财务结构等。

主要偿债能力指标有流动比率(反映短期偿债能力)、速动比率(也称酸性测试比率)、利息支付倍数、应收账款周转率和周转天数等。

主要资本结构分析指标有股东权益比率、资产负债比率、长期负债比率、股东权益与固定资产比率等。

主要经营效率分析指标有存货周转率、存货周转天数、固定资产周转率、总资产周转率、股东权益周转率、主营业务收入增长率等。

主要盈利能力分析指标有销售毛利率、销售净利率、资产收益率、股东权益收益率、主营业务利润率等。

主要投资收益分析指标有普通股每股净收益、股息发放率、普通股获利率、本利比、市盈率、投资收益率、每股净资产、净资产倍率。

其他重要因素分析还有投资项目的创利能力、资产重组的方式以及对经营和业绩的影响、关联交易的方式以及对公司业绩和经营的影响、会计和税收政策的变化以及对经营业绩的影响。

(四)其他因素分析

除了上述影响股票价格的一些因素之外，政治因素、投资者心理状况等都会影响股票的价格。

1. 政治因素

政治因素包括四个方面。第一，战争。战争是最有影响的政治因素。战争会破坏社会生产力，使经济停滞、生产衰弱、收入减少、利润下降。因此，大规模的战争会使股票市场受到致命的打击，使股票的价格长期低迷。第二，政权更迭、领袖更替等政治事件。这些事件的爆发都会影响社会安定，进而影响投资者的心理状态和投资行为，从而引起股票市场的大涨大跌。第三，政府重大经济政策的出台、重要法规的发布等，会影响投资者对发展前景的预期，从而引起股票价格的波动。第四，国际社会政治经济的变化。随着社会全球化进程的加快，国家之间、地区之间的政治经济关系更加紧密。因此，国际关系的细微变化都可能引致各国股市的波动。

2. 心理因素

投资理财中有一些常见的心理效应，比如羊群效应、心理账户、过度自信、沉锚（抛锚）效应等，其中最常见的是羊群效应。大多数投资者在对股市抱乐观态度时，会有意无意地夸大市场有利因素的影响，并忽视一些潜在的不利因素，从而脱离上市公司的实际业绩而纷纷买进股票，促使股价上涨；反之，大多数投资者在对股市前景过于悲观时，会对潜在的有利因素视而不见，而对不利因素特别敏感，甚至不顾发行公司的优良业绩大量抛售股票，使得股价下跌。当大多数投资者对股市持观望态度时，市场交易就会减少，股价往往呈现盘整格局。

二、技术分析

（一）技术分析的概念与类型

如果说基本面分析是研究市场运动的原因，那么技术分析就是研究市场运动的效果。它主要通过证券市场的交易价格、走势图和历史数据，得出对股票市场走向的判断。同时，它是一门建立在实证基础上的市场预测方法，借助心理学、统计学等学科的研究方法和手段，通过研究以往的价格和交易量数据，进而预测股市未来的价格走势。技术分析还可进一步分为图表分析和量化分析两个主要类型。

（二）技术分析的假设前提

技术分析的理论基础是基于三项合理的市场假设：市场行为涵盖一切信息；价格沿趋势移动；历史会重演。

第一条假设是技术分析的基础。其主要思想是，影响股票价格的每一个因素（包括内在的和外在的）都反映在市场行为中，从而不必对影响股票价格的因素具体是什么过多关心。任何一个因素对股票市场的影响最终都必然表现在股票价格的变动上。

第二条假设是技术分析最根本、最核心的因素。其主要思想是，股票价格的变动是按一定规律进行的，股票价格有保持原来方向运动的惯性。所以说，"顺势而为"是股票市场上的一句名言，如果股价没有调头的内部和外部因素，就没有必要逆势而为。

第三条假设是从人的心理因素方面考虑的，也是行为金融学最具体的体现。正因为历史会重演，才使技术分析有了操作的依据，即可以通过分析过去的股价或其他投资品种的走势图形，总结容易上涨的和容易下跌的形态，并以此作为以后的操作指南。

（三）技术图表

技术分析起源于对技术图表的分析，因为图表是反映价格走势最直观的形式。大多数技术图表都是以时间为横轴、价位为纵轴来显示价格走势，如柱状图、K线图。也有例外，如点数图。这些都是分析和预测股票价格走势时较为常用的技术图表。

1. 柱状图

柱状图的基本组成部分是一条垂直的线段，代表某一特定时间单位内的价格变动。根据不同的需要，时间单位可以设定为 1 个月、1 天或 1 小时，据此可分别做出月柱状图、日柱状图和小时柱状图。

柱状图的每条线段的顶端表示该时间单位内的最高价，底部表示最低价，左端的小横线表示开盘价，右端的小横线表示收盘价。有时为了简单，也可以省略开盘价（见图 6.1）。

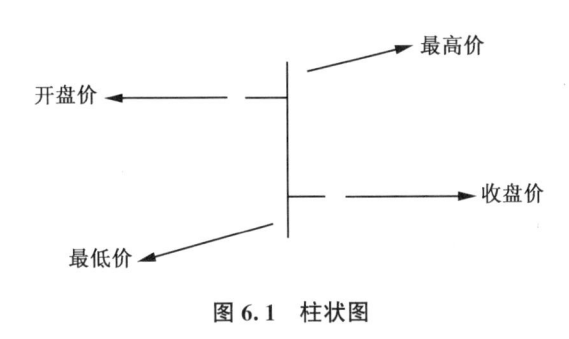

图 6.1　柱状图

2. K 线图

K 线又叫阴阳烛（candle sticks），起源于日本稻米市场买卖记录。每一根 K 线均记录着四项资料——开盘价、最高价、最低价及收盘价，以开盘价及收盘价分别为顶和底画成长方图形（见图 6.2），以红色表示开盘价低于收盘价的状况，称为收红，显示买方的推升力道较强。以黑色长方图形表示开盘价高于收盘价的状况，称为收黑，表示卖方力道较强，将价格向下拉。红色或黑色的部分称为身体（body）。在实体下方的线是由开/收盘价向下延伸至最低价，显示盘中的最低价位，称为下影线（lower shadow）。因为下影线是买方将价格由低处向上推升的痕迹（价格没有收在最低，意味着在该处买方势力强于卖方），因此下影线具有买方力道的意味。同理，在实体上方的线显示盘中的最高价位，称为上影线（upper shadow），具有卖方力道的意味。此处所用的开盘、最高、最低、收盘价位，并不限于日价格，时间大小可以任意选择，最高/低价指该期间内所发生的最高/低价位，而开盘价是指该期间首日的开盘价，收盘价则为该期间最后一日的收盘价位。图 6.3 显示了几种特别形态的阴阳烛的含义。

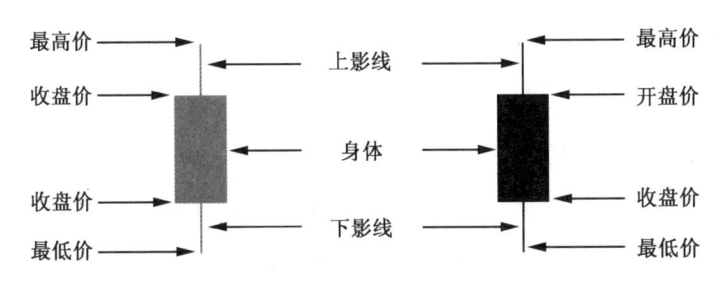

图 6.2　K 线图（阴阳烛）浅析

(1) 以全日最高价收盘，显示买方力道强

(2) 以全日最低价收盘，显示卖方力道强

(3) 十字星：收盘价等于开盘价，多空交战，市况可能逆转；长下影线显示支撑力道强劲

(4) 十字星：收盘价等于开盘价，多空交战，市况可能逆转；长上影线显示阻力强大，不利上升

(5) 一价到底，市场极不活跃，后市走势不明；如果是受涨跌幅所限，则显示买方(涨停)/卖方(跌停)获得压倒性胜利

(6) 长下影线，显示支撑力道强劲

(7) 长上影线，显示阻力强大，不利于上升

(8) 或 大阳线/大阴线，代表市场买卖一方占据明显优势，通常会出现大的趋势

图 6.3　几种特别形态的阴阳烛

3. 点数图

与柱状图不同，点数图去掉了时间因素，分析纯粹的价格运动过程。点数图以价格为基本单位，含有两个重要参数：其中一个参数是每格代表的价位实际变动幅度，另一个是确定价格走势转向的格数。根据参数在每一格内填入特定的符号，"×"表示价格上升，"○"表示价格下降。只要价格继续按原来的方向变化，填入的符号都在同一列上，每当价格变化突破一格所代表的水平，就在同一列上增加一个符号。如果价格方向发生变化，则需要判断其变化是否达到了预先确定的转向的格数，如果没有达到，就忽略这一变化；如果超过，新的符号就应在右面相邻处新起一列开始填入。由于这种特殊的填法，在同一列中，要么全是"×"，要么全是"○"（见图 6.4），由点数图的"○""×"转向可以确定买卖点，由"○"转"×"可买入，由"×"转"○"可卖出。

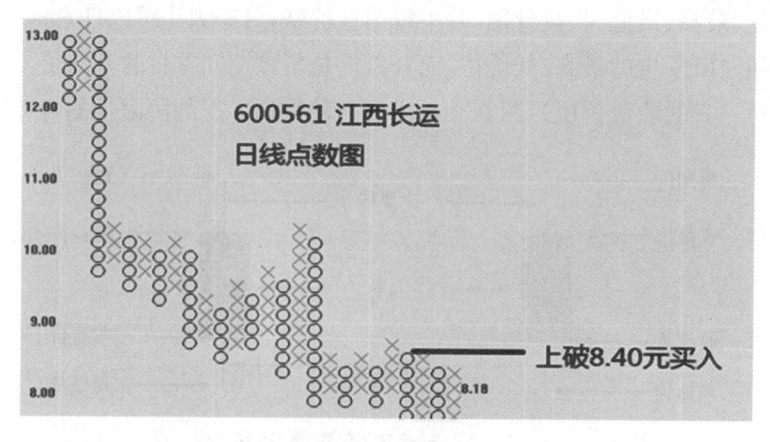

图 6.4　点数图

引入转向格数这一参数可以"过滤"掉那些次要的价格波动,使主要的价格走势更为清晰,买卖信号更为准确。因此,在点数图中,这两个参数的设置十分重要,选取不同的参数会使相同的价格走势表现为不同的图形。

一般来说,每格代表的价格波动幅度越小,转向的格数越少,图中所反映的价格波动就越多、越细微,其灵敏度就越高;反之,则灵敏度越低。不同灵敏度的图适用于不同的分析目的,中长期价格走势分析一般倾向于采用灵敏度低的图,而短期走势分析则倾向于采用灵敏度高的图。

(四)技术分析的主要内容

1. 发现趋势

与技术分析有关的交易格言中,出现频率最高的可能会是:"趋势是您的朋友。"趋势有上升趋势、下降趋势及横盘整理之分(见图6.5)。找到主导趋势将帮助投资者统观市场全局导向,并且能赋予其更加敏锐的洞察力,特别是当更短期的市场波动搅乱市场全局时。每周和每月的图表分析最适合用于识别较长期的趋势。一旦发现整体趋势,投资者就能在希望交易的时间跨度中选择走势。这样,投资者能够在涨势中买跌,并且在跌势中卖涨。

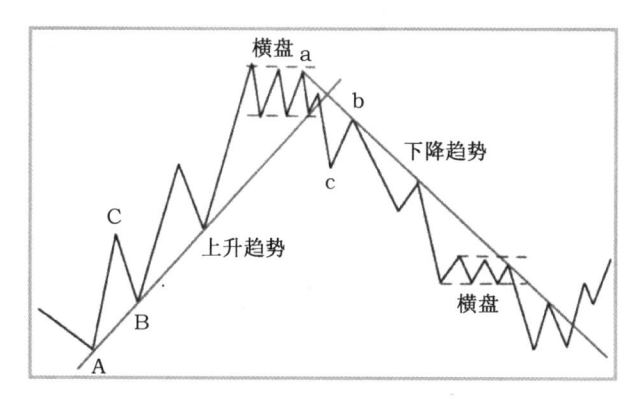

图 6.5 趋势分类

2. 支撑和阻力

支撑位和阻力位是图表中经受持续向上或向下压力的点。支撑位通常是所有图表形态(每小时、每周或者每年)中的最低点,而阻力位是图表中的最高点(见图6.6)。当这些点显示出再现的趋势时,它们即被识别为支撑位和阻力位。

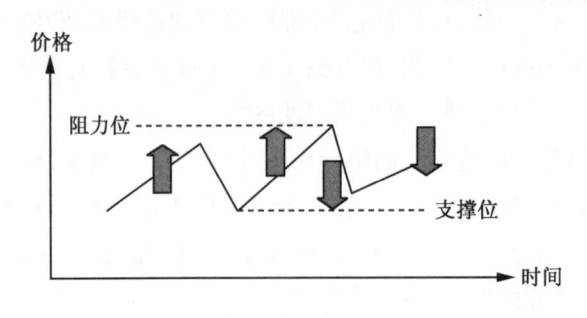

图 6.6 支撑和阻力

一般来说,只要价格最终未能有效突破支撑或阻力位,那么触及的次数越多,这些阻力位或支撑位也就越有效、越重要。一旦被价格走势突破,它们就会趋向于成为反向障碍。因此,在涨势市场中,被打破的阻力位可能成为对向上趋势的支撑;然而在跌势市场中,一旦支撑位被打破,它就会转变成阻力。

3. 趋势线和趋势通道

趋势线在识别市场趋势方向方面是简单而实用的工具。上升趋势线(upward trendline)是指在一个上升趋势中,将一系列波谷相连所得到的一根直线。下降趋势线(downward trendline)是指通过连接两个或更多下降趋势中的波峰点而绘成的一根直线。上升趋势线可以看成一条支撑线,因为所有的价格都在线的上方波动,每一次价格下探都获得上升趋势线的支撑;而下降趋势线可以看成一条阻力线,因为所有的价格都在线的下方波动,每一次价格回升都遇到下降趋势线的阻力(见图 6.7)。图 6.8 为趋势线和趋势通道的 K 线图表示。

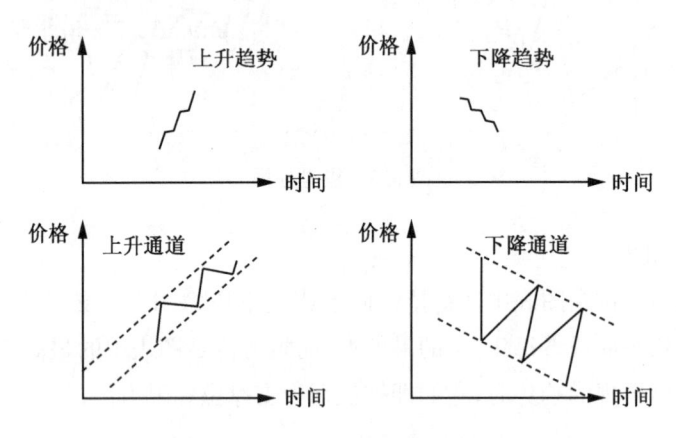

图 6.7 趋势线和趋势通道的图形

图 6.8　趋势线和趋势通道的 K 线图

有时价格会沿着一个趋势在两条平行线之间运动。在这两条平行线中，一条是基本的趋势线，另一条是通道线（channel line），两条平行线之间的区域被称为趋势通道（trend channel），价格在通道中沿着趋势发展。确定一个趋势通道，首先是确定基本的趋势线，然后沿着第一个波峰或波谷延伸出一条与趋势线相平行的直线，即通道线。通常通道线被价格波动触及两次以上，就可以基本确定有效。与趋势线相同，趋势通道持续时间越长，被价格触及并反弹的次数越多，这个通道就越重要、越可靠。

在实际交易中，交易员顺应趋势操作，可在通道线处获利平仓，甚至可以建立与原来相反的头寸。不过这种交易策略风险较大。价格在通道线和趋势线之间运动，如果价格未能接近通道线即向趋势线方向运动，则表明原趋势已转弱甚至有可能突破原有的趋势线，是值得注意的转势信号。

价格走势突破趋势通道有两种情况：一种是突破通道线，另一种是突破趋势线。价格走势穿越通道线，表明原有趋势会增强。价格走势突破趋势线后，价格开始出现反弹甚至反转。通道线是由趋势线发展而来的，因此趋势线所产生的价格转势信号更为可靠，也更为重要。

4. 移动平均线

如果投资者相信技术分析中"趋势是您的朋友"这一信条，那么移动平均线（moving averages，MA）将使其获益匪浅。将过去一段时间——如若干天或若干周——的收盘价之和除以天数，得出一个平均值，然后在图表坐标上标出与该平均值相对应的点，连接这些点即成为移动平均线。移动平均线显示了在特定周期内某一特定时间的平均价格。它们被称为"移动"，因为它们依照同一时间度量，且反映了最新平均线（见图 6.9）。

移动平均线的不足之处在于，它们滞后于市场，与实际价格走势之间存在一定的"时滞"。计算平均值时选取时段的数量多少会给移动平均线带来不同的影响。选取

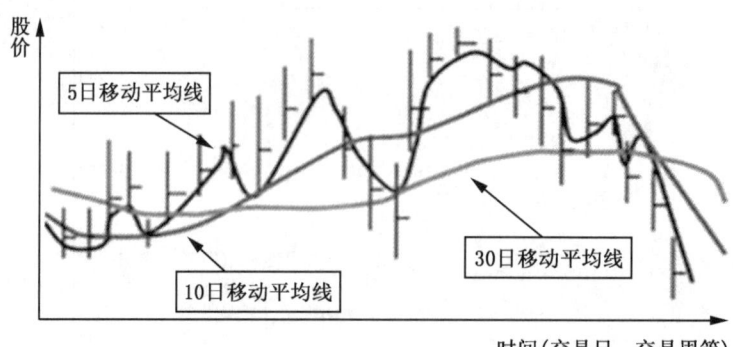

图 6.9 移动平均线

较多的时段,移动平均线会变得平缓,"时滞"较大,对价格的反应也较为迟钝,被称为"慢速移动平均线";选取较少的时段,移动平均线会变得曲折,更为接近实际价格走势,"时滞"较小,对价格的反应也较为灵敏,被称为"快速移动平均线"。为解决这一问题,使用 5 天或 10 天的较短周期移动平均线,将比 40 天或 200 天的移动平均线更能反映出近期价格动向。

移动平均线也可以通过组合两种不同时间跨度的平均线加以使用。无论是使用 5 天和 20 天的移动平均线,还是 40 天和 200 天的移动平均线,买入信号通常在较短期平均线向上穿过较长期平均线时被察觉。与此相反,卖出信号会在较短期平均线向下穿过较长周期平均线时被提示。

移动平均线与实际价格之间的"时滞"无法消除,移动平均线总是在价格变化后才做出反应。因此,用移动平均线来证实已产生的趋势具有较好的效果,但它需要配合其他技术分析工具才能预测未来价格走势。

5. 随机指数(KD线)

随机指数是期货和股票市场常用的技术分析工具。随机指数在设计中综合了动量观念、强弱指数和移动平均线的一些优点,在计算过程中主要研究高低价位与收盘价的关系,即通过计算当日或最近数日的最高价、最低价及收盘价等价格波动的真实波幅,反映价格走势的强弱势和超买超卖现象。随机指数作为股市的中短期技术工具,颇为实用和有效(KD线见图 6.10)。

随机指数运用法则:

(1)%K 值在 80 以上、%D 值在 70 以上是超买的一般标准;%K 值在 20 以下、%D 值在 30 以下是超卖的一般标准。

(2)当%K 值大于%D 值(尤其是经过一段长期的跌势)时,%K 值从下向上穿破%D 值时是买进信号;当%D 值大于%K 值(尤其是经过一段长期的升势)时,%K

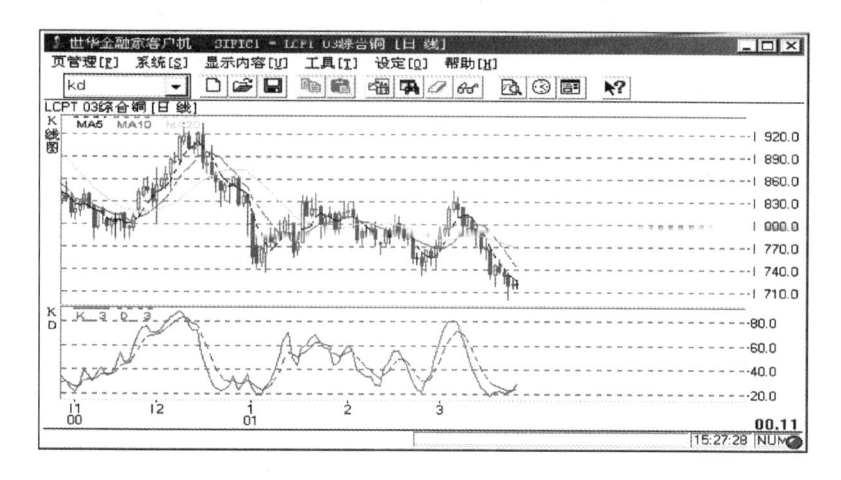

图 6.10 KD 线

值从上向下突破%D 值时是卖出信号。

(3)%K 值和%D 值交叉突破 80 以上时,不仅反映超买程度,还是反映卖出的信号,并且比较准确;%K 值和%D 值交叉突破 20 以下时,不仅反映超卖程度,还是反映买进的信号,并且也比较准确;但在 50 左右发生这种交叉而走势陷入盘整时,可视买卖为无效。

(4)%K 值和%D 值在使用中配合%J 值指标,效果会更好,其公式为:%J=3K-2D,就是求%K 值与%D 值的最大偏离度,当%J 大于 100 为超买,当%J 小于 10 为超卖,所以常统称为 KDJ 值,在实践中有重要的意义。

(5)%K 值跌到 0 时常会反弹到 20~25,短期内还会回落,接近 0 时市场会开始反弹;%K 值涨到 100 时常会反弹到 70~80,短期内还会回落,接近 100 时市场也会开始反弹。

6. 指数平滑移动平均线指标(MACD)

MACD 称为异同移动平均线,是查拉尔·阿佩尔(Geral Appel)于 1979 年提出的,利用收盘价的短期(常用为 12 日)指数移动平均线与长期(常用为 26 日)指数移动平均线之间的聚合与分离状况,对买进、卖出时机做出研判的技术指标。MACD 的变化代表着市场趋势的变化,不同 K 线级别的 MACD 代表当前级别周期中的买卖趋势(MACD 见图 6.11)。

指数平滑移动平均线(MACD)的运用法则:

(1)MACD 金叉:DIF 由下向上突破 DEA,为买入信号。

(2)MACD 死叉:DIF 由上向下突破 DEA,为卖出信号。

(3)MACD 绿转红:MACD 值由负变正,市场由空头转为多头。

(4)MACD 红转绿:MACD 值由正变负,市场由多头转为空头。

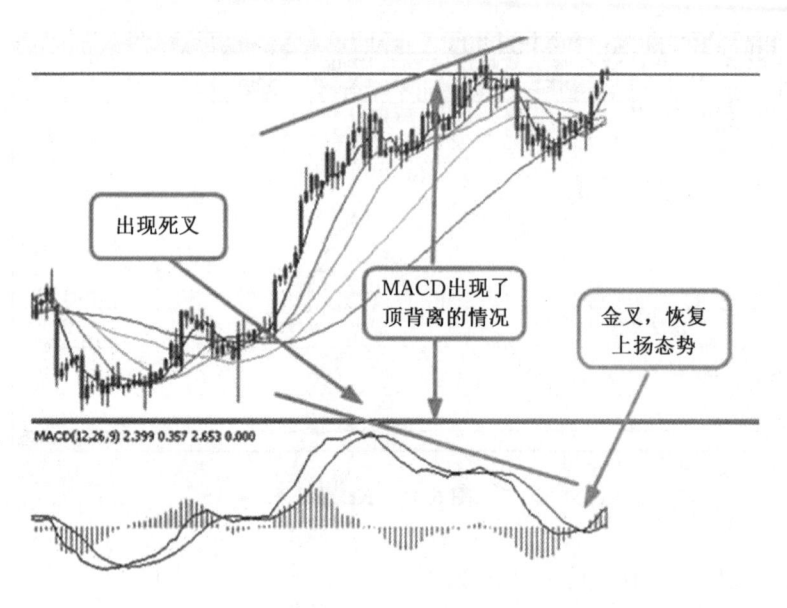

图 6.11 MACD 的运用

（5）DIFF 与 DEA 均为正值，即都在零轴线以上时，大势属多头市场，DIFF 向上突破 DEA，可作为买入信号。

（6）DIFF 与 DEA 均为负值，即都在零轴线以下时，大势属空头市场，DIFF 向下跌破 DEA，可作为卖出信号。

（7）当 DEA 线与 K 线趋势发生背离时为反转信号。

（8）DEA 在盘整局面时失误率较高，但如果配合 RSI 及 KDJ 指标可适当弥补缺点。

第三节　股票投资的操作程序

股票投资交易，主要是指投资者通过经纪人在交易所买卖股票的交易，要经过证券经纪关系的确立、开户、委托买卖、竞价成交、清算与交割交收、股权过户等程序。

一、证券经纪关系的确立

投资人自己不能到交易所买卖股票，必须在证券公司开设的证券交易柜台或通过电话和网络买卖股票；简言之，就是通过证券经纪商买卖股票。证券经纪商是证券交易的中介，是独立于买卖双方的第三者，它与客户之间不存在从属或依附关系。但是，要开展经纪业务，证券经纪商首先必须与客户建立具体的代理委托关系。在证券经纪业务中，这种代理委托关系的建立表现为开户和委托两个环节。

按我国现行的做法，投资者入市买卖股票之前，必须与证券公司签订证券交易委托代理协议书，这是接受具体委托之前的必要环节，经过这个环节就意味着证券经纪商与投资者之间建立了经纪关系。

一、开户

投资者买卖股票，必须开立证券账户与资金账户。证券经纪商应对客户交付的股票和资金按户分账管理，如实进行交易记录，不得做虚假记载。

（一）证券账户

开立证券账户是投资者进行证券交易的先决条件。证券账户是证券登记机构为投资者设立的，用于准确记载投资者所持有的证券种类、名称、数量以及相应权益和变动情况的一种账册。

1. 证券账户的种类

证券账户按交易场所可分为上海证券账户、深圳证券账户和北京证券账户，三个账户分别用于买卖上海证券交易所、深圳证券交易所和北京证券交易所挂牌的证券。证券账户按用途可分为人民币普通股票账户、人民币特种股票账户、证券投资基金账户和其他账户。人民币普通股票账户简称A账户，其开立者仅限于国家法律法规和行政规章允许买卖A股的境内投资者。人民币特种股票账户简称B股账户，它是专门用于为投资者买卖人民币特种股票而设置的。证券投资基金账户简称基金账户，是为了方便投资者买卖证券投资基金而专门设置的，该账户也可以用来买卖上市的国债。

2. 开立证券账户的基本原则

第一，合法性。合法性是指只有国家法律允许进行证券交易的自然人和法人才能到指定机构开立证券账户。对国家法律法规不允许开户的对象，结算公司及其代理机构不得予以开户。

第二，真实性。真实性是指投资者开立证券账户时所提供的资料必须真实有效，不得以虚假身份开立证券账户。

3. 开立证券账户的程序

自然人开立的账户为个人账户。个人投资者应持有效身份证件先到各地证券登记公司或被授权的开户代理处办理证券账户的开户手续。开户之前，先填写自然人证券账户注册申请表。每个身份证可以开3个证券账户，身份证号码与证券账户号码（股东卡号）一一对应，不允许重复开户。代理开户的还需提供代理人的身份证，并需代办人签名。

法人申请开立证券账户时，必须填写机构证券账户注册登记表，并提交有效的法人身份证明文件及复印件或加盖发证机关确认章的复印件、法定代表人证明书、法定代表人的授权委托书、法定代表人的有效身份证明文件及复印件和经办人的有效身份证明文件及复印件等。

证券公司和基金管理公司开户,还需提供中国证监会颁发的证券经营机构营业许可证和证券账户自律管理承诺书。

(二)资金账户

资金账户是证券经纪商为投资者设立的账户,用于记录证券交易的币种、余额和变动情况的专用账户。

投资者必须选择一家具有交易所会员资格的、可以从事证券经营业务的证券营业部作为自己证券交易的经纪商,持证券账户及有效身份证件办理资金账户的开设手续,并缴纳一定数量的资金作为保证金。代理开户的经办人还应提供委托人签署的授权委托书和委托人的身份证。开立了资金账户,就可以委托买卖股票了。

三、委托买卖

委托买卖是指证券经纪商接受投资者委托,代理投资者买卖股票,从中收取交易佣金的行为。委托买卖是证券经纪商的主要业务。

投资者办理委托买入证券时,必须将委托买入所需款项全额存入其交易结算资金账户;办理委托卖出证券时,必须是其证券账户中实有的股票、基金或债券足额交给证券经纪商。

(一)委托指令

按委托价格分类,委托指令可分为市价委托、限价委托、停止损失市价委托和停止损失限价委托等。

(二)委托的形式

投资者发出委托指令的形式有柜台委托和非柜台委托两大类。

(三)委托的基本要素

以委托单为例,委托指令的基本要素包括证券账号、日期、品种、数量、价格、时间、有效期、签名及其他内容。

(四)委托的受理

证券营业部在收到投资者委托后,应审查委托人身份、委托内容、委托卖出的实际证券数量及委托买入的实际资金余额,经审查符合要求后,才能接受委托。

1. 验证

验证主要是审查证券委托买卖的合法性和同一性。验证的合法性审查包括投资主体的合法性审查和投资程序的合法性审查。同一性审查是指委托人、证件与委托单之间的一致性的审查,包括委托人与所提供的证件一致及证件与委托单一致两方面。

2. 审单

主要是审查委托单的合法性及一致性。证券营业部业务员首先应审查该项委托买卖是否属于全权委托,包括对买卖证券的品种、数量、价格的决定是否做全权委托;其次要审查记名证券是否办妥过户手续;再次是审查是否采用信用交易方式。

3. 查验资金及证券

投资者在买入证券时,证券营业部应查验投资者是否有足够的资金;而在卖出证券时,必须查验投资者是否有足够的证券。

证券营业部审查完毕后,即可在委托单上注明受托时间,由经办人员签字盖章后,作为正式受托。

(五)委托执行

证券营业部接受客户买卖证券的委托,应当根据委托书载明的证券名称、买卖数量、出价方式、价格幅度等,按照交易规则代理买卖证券;买卖成交后,应当按规定制作买卖成交报告单交付客户。

1. 申报原则

证券营业部接受投资者委托后应按"时间优先、客户优先"的原则申报竞价。

2. 申报方式

申报方式包括有形席位申报和无形席位申报。

(六)委托撤销

1. 撤单的条件

在委托未成交之前,委托人有权变更和撤销委托。证券营业部申报竞价成交后,买卖即告成立,成交部分不得撤销。

2. 撤单的程序

在委托未成交之前,委托人变更或撤销委托,在证券营业部采用有形席位申报的情况下,证券营业部柜台业务员须即刻通知场内交易员,经场内交易员操作确认后,立即将执行结果告知委托人。而在证券营业部采用无形席位申报的情况下,证券营业部的业务员或委托人可直接将撤单信息通过电脑终端告知证券交易所电脑主机,办理撤单。对委托人撤销的委托,证券营业部须及时将冻结的资金或证券解冻。

四、竞价成交

证券市场的市场属性集中体现在竞价成交环节上,特别是在高度组织化的证券交易所内,会员经纪商代表众多的买方和卖方按照一定规则和程序公开竞价,达成交易。正是这种竞价成交机制使证券市场成为公开、公平、公正的市场,也使市场成交价成为合理公正的价格。

(一)竞价原则

证券交易所内的证券交易按"价格优先、时间优先"的原则竞价成交。

1. 价格优先

价格优先原则表现为:价格较高的买进申报优先于价格较低的买进申报,价格较低的卖出申报优先于价格较高的卖出申报。

2. 时间优先

时间优先原则表现为:同价值申报,依照申报时序决定优先顺序,即买卖双方申报价格相同时,先申报者优先于后申报者。其先后顺序按证券交易所交易主机接受申报的时间确定。

(二)竞价方式

目前,证券交易所一般采用两种竞价方式,即集合竞价方式和连续竞价方式。

所谓集合竞价,是指对一段时间内接收的买卖申报一次性集中撮合的竞价方式。集合竞价时间为:交易日上午9:15—9:25(产生开盘价),下午2:57—3:00(产生收盘价)。

集合竞价结束、交易时间开始时,即进入连续竞价,直至收盘。我国目前规定,每个交易日9:30—11:30、13:00—14:47为连续竞价时间。连续竞价阶段的特点是,每一笔买卖委托输入电脑自动撮合系统后,当即判断并进行不同的处理;能成交者予以成交;不能成交者等待机会成交;部分成交者则让剩余部分继续等待。按照我国目前的有关规定,在无撤单的情况下,委托当日有效。

连续竞价时,成交价格的确定原则为:(1)最高买入申报与最低卖出申报价值相同,以该价格为成交价;(2)买入申报价格高于即时揭示的最低卖出申报价格时,以即时揭示的最低卖出申报价格为成交价;(3)卖出申报价格低于即时揭示的最高买入申报价格时,以即时揭示的最高买入申报价格为成交价。

根据现行制度规定,无论买入或卖出,股票(含A、B股)、基金类证券在一个交易日内的交易价格相对上一交易日收盘价格的涨跌幅度不得超过10%(创业板、科创板、北交所股票第6日后不超过20%,北交所涨跌幅不超过30%),另外ST股票价格涨跌幅比例为5%。但主板和北交所股票、基金在上市首日及创业板、科创板前5日无涨跌幅限制。涨跌幅价格的计算公式为(计算结果四舍五入至价格最小变动单位):

$$涨跌幅价格 = 前收盘价 \times (1 \pm 涨跌幅比例)$$

买卖有价格涨跌幅限制的证券,在价格涨跌幅限制内的申报为有效申报,超过涨跌幅限制的申报为无效申报。

(三)竞价结果

竞价的结果有三种可能:全部成交、部分成交、不成交。

五、清算与交割、交收

(一)清算与交割、交收的概念

清算与交割、交收是整个证券交易过程中必不可少的两个重要环节。

证券清算业务,主要是指在每个营业日中每个证券公司成交的证券数量与价款分别予以轧抵,计算证券和资金的应收或应付净额的处理过程。

在证券交易过程中,买卖双方达成交易后,应根据证券清算的结果在事先约定的时间内履行合约,买方需交付一定款项以获得所购证券。卖方需交付一定证券以获得相应价款。在这一钱货两清的过程中,证券的收付称为交割,资金的收付称为交收。

证券清算和交割、交收两个过程统称为证券结算。

(二)清算与交割、交收的原则

证券清算与交割、交收业务主要遵循两条原则,即净额清算原则和钱货两清原则。

(三)清算、交割、交收的联系与区别

1. 清算与交割、交收的联系

从时间发生及运作的次序来看,先清算后交割、交收,清算是交割、交收的基础和保证,交割、交收是清算的后续与完成,正确的清算结果能确保交割、交收顺利进行;而只有通过交割、交收,才能最终完成证券或资金收付,从而结束交易总过程。

从内容上看,清算与交割、交收都分为证券与价款两项。在清算中,各类证券按券种分别计算应收应付轧抵后的结果,价款则统一以货币单位计算应收应付轧抵净额;交割、交收时,同样分证券与价款两部分,习惯上称证券交割与资金交收。

从处理方式来看,证券公司都通过证券登记结算公司为对手办理清算与交割、交收,即证券登记结算公司作为所有买方的卖方和所有卖方的买方,与之进行清算与交割、交收。投资者一般由证券经纪商代为办理清算与交割、交收,而证券公司之间、各投资者之间,均不存在相互清算与交割、交收问题。

2. 清算与交割、交收的区别

两者最根本的区别在于:清算是对应收应付证券及价款的轧抵计算,其结果是确定应收应付净额,并不发生财产实际转移;交割、交收则是对应收应付净额(包括证券与价款)的收付,发生财产实际转移(虽然有时不是实物形式)。

(四)我国目前的交割、交收方式

我国目前的证券交易交割、交收方式有两种,即T+1交割、交收与T+3交割、交收。

1. T+1交割、交收

这是指达成交易后,相应的证券交割与资金交收在成交日的下一个营业日完成。这种交割、交收方式目前适用于我国的A股、基金、债券、回购交易等。

2. T+3 交割、交收

这是指达成交易后，相应的证券交割与资金交收在成交日的第三个营业日完成。目前，我国对 B 股（人民币特种股票）实行 T+3 交割、交收。

六、股权过户

所谓股权（债权）过户，简言之，即股权（债权）在投资者之间转移。股权过户有交易性过户、非交易性过户以及账户挂失转户。

交易性过户是指由于记名证券的交易使股权（债权）从出让人转移到受让人从而完成股权（债权）过户。

股权（债权）非交易性过户，是指符合法律规定和程序的因继承、赠与、财产分割或法院判决等原因而发生的股票、基金、无纸化国债等记名证券的股权（或债权）在出让人、受让人之间的变更。受让人需凭法院、公证处等机关出具的文书到证券登记结算公司或其代理机构申办非交易过户，并根据受让总数按当天收盘价缴纳规定标准的印花税。

账户挂失转户是指由于实行无纸化流通，证券账户一旦遗失，即可按规定办理挂失手续。在约定的转户日，证券登记结算公司主动办理转户手续。

在证券交易所上市的股票均属于记名股票，因此卖出股票的原持有人需将股票过户给现买进股票人持有。现持有人经过户即成为该股票发行公司的新股东。由于我国目前实行无券化交易，所有股票集中在证券交易所统一保管，因此在成交后，委托者无须再办理手续，计算机系统会自动完成股票过户手续。

第四节 股票投资的策略与技巧

本节股票投资的策略与技巧适用于主板、创业板以及科创板的所有股票。

一、股票选择的策略与技巧

思政案例6-2
资本市场发生
深刻变革

（一）选股的原则

综合起来，选股的原则包括：选择龙头行业股；选择成长股；选择价值低估股；选择政策支持股；选择资源稀缺股；选择熟悉公司股；选择蓝筹股；选择热门股。

（二）不同类型投资者的选股技巧

由于证券市场的风险既有不可分散的风险，也有可分散的风险，因此投资者不应把所有的资金投资在一只股票或一个板块的股票上，而应选择风险相关程度较低的多个证券品种组成投资组合。根据投资组合中高风险股票所占比重,我们可将投资者分成激进型、稳健型和进取型。

1. 激进型投资者选股

若投资组合中高风险证券所占比重较大,说明投资者的投资姿态是激进型的。

激进型投资者的目标是尽量在最短的时间内使其投资组合的价值达到最大。因此,其投资对象主要是振幅较大的股票。在选择激进型股票时,投资者通常运用技术分析法,认真分析市场多空双方的对比关系、均衡状态等情况,而不太注意公司基本面的因素,并以此为依据做出预测,选择具有上升空间的股票。一般而言,激进型股票的选择有几条标准可作为参考:以往表现较为活跃;最好有市场主力介入;有炒作题材配合;量价关系配合良好;技术指标发出较为明显的信号。激进型投资的优点是重视技术分析的运用,往往能在短期内取得较大的收益,缺点是忽略了基本面分析,是一种不太全面的分析方法,因此,预测正确的概率通常不会很高,风险系数较大。

2. 稳健型投资者选股

如果投资组合中无风险或低风险的比重较大,那么投资者的投资姿态是稳健型的。

稳健型投资者都很强调本期收入的稳定性和规则性,因此,通常都选择信用等级较高的债券和红利高而且安全的股票。选股时应把安全性当作首要的参考指标。具体可注意以下几个方面:公司盈利能力较为稳定;股票市盈率较低;红利水平较高;股本较大。为了兼顾本期收入的最大化,稳健型投资者可将股票、基金和债券融合在一起,共同组成投资组合。另外,证券投资基金作为一种由专家管理的金融工具,也不失为一种较好的投资对象。

3. 进取型投资者选股

进取型是介入激进型和稳健型之间的一种投资心态,通俗地讲,就是要在风险尽可能小的前提下,使利润达到最大化。当然,其风险系数要高于稳健型投资者,而低于激进型投资者。

进取型投资者在选择股票时,可以采用基本面分析法,深入了解各公司的产品经营特点、需求状况、竞争地位以及管理水平等情况,并以此对各公司的盈利和红利做出预测,从而根据各股票的内在价值与市场价格的对比,选择价格被低估的股票。可参考以下几点分析:盈利和红利的增长潜力较大;预期收益率较高;盈利增长率也较高。进取型投资最大的优点在于:注重基本面分析,如果投资者预测经济将由危机转为复苏,就应加大高风险证券在投资组合中的比重,即转成激进型投资者;若投资者预测经济将由繁荣走向衰退,则应提高低风险证券在投资组合中的比重,从而转为稳健型投资者。

(三)不同股票的选股技巧

1. 低价潜力股的选股技巧

股票价格低,意味着风险较小。低价股炒作成本较低,较容易控制筹码,因此容易引起庄家兴趣。由于基数小,因此低价股上涨时获利的比率就更大,获利空间与想象空间均很大,如果同时具有较好的群众基础,此类低价股就会成为黑马股。

选择有潜力的低价股可参考以下原则:(1)盈利收益稳定。(2)行业准入标准高。(3)市场潜力大。但是,低价并非一定就好,如果上市公司亏损太多,扭亏为盈的可能性不太大,这样的低价股还是不买为好。

2. 新上市股票的选股技巧

新股上市第一天没有涨跌幅限制,因此被广大投资者关注。但新股上市第一天投机成分非常大,若选不好股,不但不能获利,还会产生很大损失。投资者在选择新股时,应注意以下几点:(1)应关注公司基本面情况,重点关注公司所属行业、大股东实力和募集资金投向。(2)分析新股上市定价在当时的环境下是否合理。(3)关注上市后首日的换手率。如果首日换手率接近60%,炒作的主力资金就有疯狂拉高股价、使价格脱离成本区的可能。

比如,2023年8月9日盟固利(301487)在深交所创业板上市。上市首日,盟固利的发行价为5.32元,市盈率为29.02倍,开盘就跳到了20元左右,涨幅超过了300%,随后一直风平浪静。但从下午两点半开始,盟固利的股价像是"打了鸡血",一路飙涨至202.15元,最大涨幅一度逼近3 700%。盟固利的主营业务为锂电池正极材料的研发、生产和销售,主要产品为钴酸锂和三元材料,公司主要客户多为锂电池行业头部企业。但公司基本面业绩表现一般,不宜长期持有。

3. 强势产业股的选股技巧

强势产业股常常是引领大市的主角,具有市场的指标作用。选择强势产业的领头股,常能领先于大市获利。多头行情中的领头股,即使在大市趋势反转时,通常也能成为抗跌的好股票。

若想正确选择强势产业的个股,投资者首先应该了解整个国家的经济形势与产业政策,明确哪些行业是当下经济周期中的强势产业、哪些是夕阳产业、哪些是国家产业政策扶持的上市公司,还应参考世界产业发展的趋势,关心国内外经济动态,培养对未来的前景观念。投资者对于前景看好的尖端产业,尤其是具有高科技和高附加值的产业,需要具备长远的眼光。

已经持有股票的投资者,应该及时掌握产业动向,经常审视各类产业股票的表现形态,适时将弱势产业的股票换为强势产业的股票,同时应注意各产业之间的联动性,某一行业中的几种指标股出现强势劲头,就会带动其他同类个股。

如新能源汽车龙头是比亚迪,将享受新能源汽车市场红利。锂电子龙头是宁德时代,该公司也是全球锂电子龙头。汽车玻璃龙头是福耀玻璃,其业绩增长很稳健……

4. 成长股的选股技巧

成长股代表的公司是处于迅速发展中的股份公司,公司业绩与股价紧密相关,公司的成长性越好,股价上涨的可能性就越大。

选择成长股应该注意以下几点:

(1)该公司的产品或服务有充分的市场潜力,至少几年内营业额会大幅成长;

(2)为了进一步提高总体销售水平、发现新的产品增长点,该公司管理层决心继续开发新产品或新工艺;

(3)与其他公司的规模相比,该公司的发展非常好;

(4)该公司有高人一筹的销售组织,可实现较高的利润率;

(5)该公司每股收益增长与公司成长同步,并保持较高水平的成长;

(6)该公司能将利润的较大比例用于再投资而不是给股东分配红利,以促进可持续发展。

比如,持续的相对较高的净资产收益率是挑选成长股时的首要条件,它能说明增长是可持续的,该企业与其他同类企业相比具有核心竞争力。成长股需要具备的第二个条件是高增长。持续高增长的基本前提是行业空间足够大,行业本身也处于较快增长阶段则更具优势。比如美股的苹果(AAPL)、亚马逊(AMZN)和奈飞(NFLX)就是典型的成长股。

5. 投机股的选股技巧

投机股是指那些被投机者操纵而使股价暴涨暴跌的股票。投机者通过买卖投机股可以在短时间内赚取相当可观的利润,同时也要承担相当大的风险。

投机股的买卖策略是:(1)选择优缺点并存的公司股票。当这类公司的优点被大肆渲染时,股价容易暴涨;当其弱点被广为传播时,股价又极易暴跌。(2)选择市值较小的股票。市值较小的股票,炒作所需资金较少,主力机构一旦介入,就会使股价大幅度波动,投资者在这种大幅度波动中能赚取可观的利润。(3)选择新上市的股票。新股容易被投机者操纵而使股价出现大幅波动,投资者便可从中捕捉获利机会。(4)选择题材股票。主力机构运作有收购题材、送配股和分红题材、业绩题材等的股票时,投资者可借机获利。一般投资者要对投机股票持谨慎态度,不要盲目跟风,以免被高位套牢。

2015年3—5月,业绩平庸的暴风科技(300431)创下了暴富神话,自3月24日登陆创业板以来,暴风科技上演了连续涨停的神话。其上市首日开盘价仅9.43元,但短短1月有余,其股价一路飙升,最高达278元,其间涨幅接近30倍。当然投机股不能盲目乐观,5月14日,暴风科技涨停神话终结,连跌两日。2020年9月21日,暴风科技进入退市整理期交易,30个交易日后,公司股票被摘牌,曾经的400亿元市值也归于零。

6. 热门股的选股技巧

股市上有句话：新手求稳妥，老手炒热门。所谓热门股，就是指在特定时间内走红的股票。股票品种很多，其股性正如人的性格一样千差万别，既有活跃分子，又有信奉沉默是金的冷门股。热门股炙手可热，光顾的人众多，自然容易掀起波澜；冷门股交易清淡、门可罗雀，自然难有作为。投资者在选股过程中应有所取舍，总体应弃冷趋热，重点从近期热门股中挑选，排除一大堆交投清淡的冷门股。

由于热门股具有不断交替的特性，因此没有一只热门股可以永远走红，它在主宰股市一段时间后必然会退化。投资者在选择热门股时，应该关注两个方面：(1)要预测出哪一类股票在最近一段时间内会走红；(2)要尽可能提早判断当前的热门股是否会退化、何时退化。

判别是否属于最近热门股的有效指标是换手率。换手率高，说明近期有大量的资金进出而且流动性良好。投资者可将近期每天换手率连续超过1%的个股列入备选对象，再根据一些辅助规则，从中精选出最佳品种。

一只股票成为热门股会有以下先兆：不利消息甚至利空消息出现时股价并不下跌，利好消息公布时股价大涨；股价不断攀升，成交量也随之趋于活跃；该股所属行业中各种股票价格轮流上涨，形成向上比价的态势。如2023年8月9日在深交所创业板上市的盟固利(301487)就是这样一只热门股，让盟固利如此疯狂暴涨的主因之一是其当前热门的"锂电池"概念。

操作中可利用以下几个辅助规则：

(1)换手率能否维持较长时间。若在较长的一段时间内保持较高的换手率，说明资金进出量大，热度较高，一些个股仅仅有一两天成交量突然放大，其后重归沉寂，并不说明该股股性已转强。

(2)从走势形态、均线系统做辅助判断。换手率高，有可能为资金流入，也有可能为资金流出。一般来说，出现较高换手率的同时均线系统保持空头排列、重心下移，表明资金从该股流出，后市以跌为主。

(3)从价量关系上来判断。一些热门股在上涨过程中保持较高的换手率，此时继续追涨风险较大。投资者可重点关注那些近期一直保持较高换手率，而股价涨幅较有限的个股，根据量比价先行的规律，其成交量先行放大，股价通常很快跟上量的步伐，即短期换手率高，表明短期上行能量充足。

但是要注意，热门股涨得快，跌得也快，其价格往往脱离公司业绩。因此，在选择购买这类股票时应慎重，最好不要买进太多，更不要全仓买入。

7. 大盘股的选股技巧

大盘股是指发行在外的流通股份数额较大的上市公司股票。目前，A股市场流通盘在 20 亿股以上的可称为大盘股。大盘股的长期价格走向与公司的盈余密切相关,其短期价格的涨跌与利率的走向呈反向变化:当利率升高时,其股价降低;当利率降低时,其股价升高。

在股市里待过的投资者差不多已经形成了这样一种观念:小盘股好炒,大盘股股性呆滞。在选股时,投资者往往钟情于小盘股。从企业基本面来看,它似乎有一定的道理,小盘股的成长空间比较大,扩张性比较强,而且比较容易被收购、重组;但是,中国的大企业与国际上的知名大企业相比,规模和管理水平都有不小差距,企业的成长空间还很大。事实上,小型企业(小盘股)经营风险较大,未来有很大的不确定性;而大企业(大盘股)有较强的实力,经营风险较小,前景比较确定。当然,最重要的是要看大企业是如何变大的,如果是经过在市场上多年的摸爬滚打、靠自己的实力发展壮大的企业,那是市场筛选出来的优秀企业,由于有了资金、市场经验、人才等方面的成功积累,企业的投资价值较大,而投资风险较小;如果是依靠政府行政手段的支持,拔苗助长、拼凑出来的大企业,那么未来风险会很大。

大盘股的买卖策略是:(1)关注历史价位。大盘股在过去的最低价和最高价,具有较强的支撑和阻力作用,投资者要把其作为股票买卖时的重要参考依据。(2)关注利率变动。当投资者估计短期内利率将升高时,应抛出股票等待利率真的升高后,再买入。(3)关注经济景气程度。投资者要在经济不景气后期低价买进股票,而在业绩明显好转、股价大幅升高时予以卖出。

比如,宝钢股份(600019)是一只大盘股,宝钢是一家从事钢铁行业的公司,是我国最大的钢铁企业之一。自与武钢合并以来,2019 年 1－9 月,宝钢钢材产量达 3 535 万吨,同比增长 25 万吨;根据公司三季报披露,正式员工劳动效率提升 5.3%,其中管理人员提升 7.1%;累计成本削减 47.7 亿元,超额完成年度目标;期间费用同比下降 21 亿元,其中财务费用同比下降 18 亿元(汇兑损失及利息费用减少);期末有息负债 485 亿元,同比下降 36%。由于钢铁行业景气度提升,而公司作为钢铁行业龙头,综合竞争力较强,持续降本增效,后期盈利有望回升,因此宝钢股份后市迎来了一波行情。

8. 中小盘股的选股技巧

小盘股就是发行在外的流通股份数额较小的上市公司的股票。一般不超过 1 亿股的流通股票都可视为小盘股。中盘股的流通盘介于大盘股与小盘股之间。

中小盘股由于股本少,容易成为大户的炒作对象。中小盘股股价的涨跌幅度较大,其股价受利多、利空消息影响的程度也较大盘股敏感得多,所以经常成为大户争夺的目标。从资本市场的操作现实来看,中国的小盘股之所以好炒,是因为所需资金量比较少,用相对少的资金量就可以达到控股目标。

因此,投资者在买卖中小盘股时,不要盲目跟风、听信未证实的传言,要学会自己研究判断。在市盈率较低的价位买进股票后,不要跟风卖出股票,要学会耐心等待股价走出低谷;而股票到了高价区,切忌贪心,要见好就收。

(四)不同市况下的选股技巧

1. 经济不景气时怎样选股

在经济不景气时,各个行业普遍低迷,上市公司也是如此。热门股或获利甚佳个股代表的公司,这时大多出现负增长,甚至有大幅度的亏损。此时可考虑选择以下公司的股票:(1)经营正常的公司。(2)财务结构正常的公司。(3)产品有竞争力的公司。(4)固定资产较多的公司。(5)管理正规、劳资关系融洽的公司。总之,在经济不景气时,选择股票的出发点不在于短期获利,而更应着眼于经济复苏时的收益。

2. 牛市中怎样选股

牛市中,大盘整体呈上升趋势,此时是投资股市的大好时机。牛市中买卖股票的策略主要有以下几种:(1)追涨策略。追涨某一板块或某一品种市场的领头羊。当其首次跳空高开高走,成交量开始明显放大时,为追进的最佳时机。(2)跟庄策略。散户选股时,要根据大趋势和题材衡量。如果基本面较好,个股题材独特,当成交量明显放大、价格开始高开高走时,可果断跟庄。股价在低位盘整时间较长、突然向上突破前期高点时跟庄最好。(3)买套策略。在牛市中,股价大致沿着"上涨—回调—上涨"的趋势运行。应在下跌时主动买套。在牛市时主动买套只是暂时的,往往只是短暂的被套,随着股价上涨,不但可以顺利解套,还能轻松获利。(4)换股策略。即在股价轮番上涨过程中,将持有的已上涨股票变现,转而购进涨幅较小或尚未上涨股票的投资策略。投资者应把握市场节奏,不断地在各种股票间转换,才能在股市的轮番上涨期间获利。(5)守仓策略。守仓是指不关注短期股价涨跌而长期持股不卖,待股价升到最终获利时才了结。这是牛市中获利的重要方法。但是,只有在适当的低位并确认股市进入了上升时期,才可以选择守仓策略。如果投资者在股价处于高位时仍然守仓,就会坐失盈利良机。

3. 熊市中怎样选股

股市的规律是熊市持续时间长,牛市持续时间短。有许多投资者不愿染指熊市,生怕被套牢,其在熊市来临前及时清仓抽身离场,待股市反转再重新入市。也有些人看形势不妙忍痛割肉离场,当然也有一些来不及清仓且被高位套牢的投资者。熊市真的如此可怕,没有一线光明吗?当然不是。熊市虽然总体向下,但跌中见涨,如果能掌握一些熊市中买卖股票的技巧,则照样可以获利。在熊市中买卖股票与牛市有所不同,需要精挑细选目标股。可供挑选的目标股有以下三类:(1)超跌股。因为大市反弹时,这种超跌股票反弹会较高,切忌选择已呈熊态的高位庄股,这种庄股大多以高台跳水的方式结束行情,使妄图捡便宜的人深套其中,长久不能自拔。(2)弹性好的股。熊市选股时尽量考虑弹性好的,少碰那些跌不多、涨不多的"死"股。(3)题材股。尤其在缺乏热点的熊市,题材股会更加吸引市场目光,促使投资者跟风买入。对于此类庄家利用信息不对称来炒作的股票,散户应快进快出,而不能对股价上涨空间有太多幻想。

二、股票买卖时机选择的策略与技巧

(一)买入股票的基本原则

1. 制定"目标买价"

股票投资以"低价买进、高价卖出"为原则。但投资者经常会因股价低时还想更低、股价高时又怕太高而错过买入机会。为了避免这种情形,投资者应制定适合个人资金实力和风险承受能力的目标买价。有了目标价,才会避免投资的冲动性和盲目性,不论是做短线还是做长线,操作起来都会增加方向感。

普通投资者可参考以下步骤制定合理的目标价:

第一步,预测公司未来 1~3 年的每股收益。由于普通投资者目前无力对公司未来盈利进行全面合理预测,可使用券商或独立机构的预测结果;需要注意的是,投资者应参考多家券商或独立机构的预测结论,以使预测更全面、更准确。

第二步,选择一种或多种适合自己投资风格的估值方法,如常见的市盈率、市净率等。这些估值方法被称为相对估值方法,通过比较得出合理的估值水平。以市盈率为例,可通过该股票历史市盈率区间,结合盈利预期判断未来 1~3 年的市盈率。如预期未来 12 个月里公司将进入盈利周期上升阶段,就可选用历史上相同盈利周期时的市盈率倍数作为预测值;如果盈利前景不佳,就可采用历史上同样业绩不佳时的市盈率倍数。动态的市盈率预测也可采用行业平均水平或同类可比公司的市盈率。

有了未来的预测盈利,又有了合理的预期市盈率,把这两个数乘起来就得到目标价了。

2. 分批买入

在没有较大把握或资金不够充裕的情况下,最好不要一次买进,而是分两三次买进。这样可以分散风险,获得相应的投资报酬。具体的操作方法可分为两种:(1)买平均高法。即在第一次买入后,待股价升到一定价位再买入第二批,等股价再上升一定幅度后买入第三批。(2)买平均低法。也叫向下摊平法,即投资者在第一次买入股票后,待股价下降到一定价位再买入第二批,等股价再次下降一定幅度后买入第三批(甚至更多批)。只有等股价回升并超过分批买入的平均成本后,投资者才能获利。

【例 6.1】 在某只股票股价为 20 元的时候第一批买进 1 000 股,股价涨到 22 元时第二批买入 800 股,涨到 25 元时第三批买入 600 股,三次买入的股票平均成本为 21.91 元[(20×1 000+22×800+25×600)÷(1 000+800+600)]。当股价超过这个平均成本时,投资者即可抛出获利。

3. 注重价格与成交量

相对低的价位是买入股票的基础,而成交量是真实反映股票供求关系的关键因素。如果股价在相对低位止跌企稳,成交量温和放大,则后市向好的可能性较大。作为一名涉"市"不深的投资者,如果能利用成交量的变化并结合股价的波动发现购买时机,会使操作更有胜算。

4. 遵循供求规律

股市上的需求力量会引导股价。一般股价遵从"需求先行,供给跟进"的原则上下波动。需求增加时,供给会随之增加,但是供给增加的幅度慢于需求增加的幅度。例如,某只股票看起来会持续上涨,投资者纷纷买进,此时供给还没有跟上,导致供不应求、股价上涨。之后由于股价涨到一定程度,一些投资者认为可以高价卖出,于是纷纷抛出,导致供给过大、股价下降。

股票的价格波动与其他普通商品类似,都会经过供需平衡→需求增长→需求高峰→供给过多→需求下降→供需平衡的过程。投资者千万不要在需求高峰(即成交量最多时)买进,因为此时很有可能买到最高价的股票。因此,当投资者在看到证券公司强力推荐或相关报刊不断报道时贸然买进,往往会造成损失。

5. "天灾"时买入

所谓"天灾",是指上市公司遇到台风、地震、水灾、火灾等自然灾害,导致公司的生产经营遭到严重破坏,造成一定的经济损失,使该公司股票价格急剧下降,甚至出现股价暴跌。

在一般人心目中,往往把天灾造成的损失无限扩大。其实损失往往并不像人们想象的那么严重,况且一般的公司均可获得保险公司的合理赔偿,因此,损失也就有所减小。但是大多数人的恐慌抛售使股价大幅下跌,从而给精明的投资者提供了买入的机会。此时大量买入股票,等到天灾过后,一切恢复正常,股价就会顺理成章地回升,盈利可期。因此,当发生"天灾"时,投资者应该谨慎观察,认真研究,然后做出是否买入的决定。

6. 投资性买入

投资性买入是指当某只股票具有投资价值后买进该股票。此时并非股价的最低点,也会存在风险,但即使被套牢,坐等分取的股息红利也能与储蓄或其他的债券投资收益相当。另外,投资价值区域内的股票,即使被套,时间一般也不会太长。

7. 追涨

追涨是一种顺势操作方法,通常是指投资者顺势而为,见涨抢进,以图在更高的价位上卖出获利。这种做法在大势反转向上及市场做多时,大多能轻易获得利润;但在行情末期一旦抢到最高价而不能出手,就会出现亏损加重的局面,因而风险也较大。

追涨的方法主要有四种,即追涨强势股、追涨龙头股、追涨涨停股、追涨成功突破股。

投资者在追涨时要明白,追涨的高收益中同时暗藏着高风险,追涨对投资者的短线操作能力、趋势研判的准确度、准备追涨个股的熟悉程度以及投资者看盘经验和条件都有极高的要求。选择追涨时要注意:(1)当市场整体趋势处于调整格局中的反弹行情中时,不宜追涨;(2)股价上行至前期高点的成交密集区时,需仔细观察该股是否具有突破前期股价阻力位的成交量,再决定是否追涨;(3)当盘中热点转换频率过快,热点炒作持续性不强,缺乏有凝聚力、号召力的龙头板块时,千万不能追涨;(4)在追涨热门板块时,要注意选择领涨股,不宜选择跟风股票;(5)前期涨幅过大,当前成交量很大而股价却不再上涨的个股,不宜追涨,这时庄家出货的概率很大;(6)当市场趋势发展方向不明朗,或投资者无法清晰认识未来趋势的发展变化时,不要盲目追涨。

8. 买跌策略

买跌策略是指投资者购买股价正在下跌的股票的投资方法。股价总是处于涨跌循环中,选择那些股价跌入低位的成长股,风险小、收益大。这是买跌方法受到投资者青睐的重要原因。这种方法要深入研究股票的内在素质,只有在认定该股具有上涨潜力后才能购买,不能轻易购买业绩、成长性、前景不乐观的股票。买跌时应掌握一定技巧。当股价处于上涨趋势时,每一次下跌回调都是买入时机;当股价处于下跌趋势时,一定要等股价有相当幅度的下跌(一般为30%~50%),并止跌企稳后再买入。

9. 补仓策略

补仓是指在所购买的股票跌破买入价之后再次购买该股票的行为。补仓的作用是以更低的价格购买该股票,使单位买入成本下降,以期在之后反弹时抛出,将补仓所赚取的利润弥补高价位买入的损失。

补仓的好处在于,原先高价买入的股票,由于跌得太深,难以回到原来价位,通过补仓,股票价格无须上升到原来的高价位,就可实现平仓离场。补仓的风险是,虽然可以摊薄成本价,但股市难测,补仓之后可能继续下跌,扩大损失。补仓的前提是:(1)跌幅比较深,损失较大;(2)预期股票即将上升或反弹。

【例6.2】 2014年2月14日,以11元买入"苏宁云商"1 000股。5月15日,该股已跌至6.23元。这时投资者预期该股将会上升或反弹,再买入1 000股。两笔买入的平均价=[(11×1 000)+(6.23×1 000)]÷(1 000+1 000)=8.165(元),如果该股反弹到8.165元或以上,通过这次补仓,就可以实现平仓或盈利。如果没有后期的补仓,股价必须反弹到11元才能回本。但如果股价在6.23元的价位上继续下跌到5元,那么补仓将扩大损失至230元[(6.23−5)×1 000]。

在补仓之前需要考虑以下5个问题:(1)市场整体趋势是处于牛市、熊市,还是牛熊转换期间? 如果是处于熊市末期的调整阶段,坚决不能补仓;如果是处于牛市初期的调整阶段,则可以积极补仓。(2)目前股市是否真正见底? 大盘是否确实没有下跌空间？如果大盘已经企稳，可以补仓；否则，就不能补仓。(3)手中的股票是否具有投资价值或投机价值？如果有，可以主动补仓；反之，则不宜补仓。(4)投资者手中持有股票的现价是否远低于自己当初的买入价？如果与自己的买入价相比，现在跌幅已深，可以补仓；如果目前套得不深，则应考虑止损或换股。(5)需要补仓的股票中的获利盘有多少？通过分析筹码分布，有较多获利盘的个股不宜补仓，获利盘较少的可以补仓。

补仓操作中的技巧有如下几点：(1)弱势股不补。那些大盘涨它不涨、大盘跌它跟着跌的弱势股，不宜补仓。(2)补仓的时机。最适宜补仓的时机有两个，一是熊牛转折期，在股价极度低迷时补；二是在上涨趋势中，补仓买进上涨趋势明显的股票。因此，投资者在补仓时必须重视个股的内在趋势。(3)补仓未必买进自己持有的股票。补仓的关键是，所补的股票要取得最大的盈利，大多数情况下，补仓是买进自己已经持有的股票，由于对该股的股性较为熟悉，获利的概率自然会大一些。但补仓时应跳出思维定式，自己没有持有但有盈利前景的股票也可以补仓。(4)补仓的数量。补仓的数量要看投资者是以中长线操作还是以短线操作为主。如果是短线操作，那么补仓买进股票的数量需要与原来持有的数量相等，且必须为同一股票，这样才能方便卖出。如果是中长线操作，则没有补仓数量和品种的限制。(5)补仓力求一次成功。尽量不要分段补仓、逐级补仓，因为投资者资金有限，无法经受多次摊平操作，并且补仓是对前一次错误买入行为的弥补，本身不应再成为第二次错误的交易。所谓逐级补仓，是在为不谨慎的买入行为"埋单"，多次补仓、越买越套必将使自己陷入无法自拔的境地。

10. 顺势法

顺势法是指投资者的操作与大市节奏一致，当股市上涨时就顺势买进，当股市下跌时便顺势卖出，且操作持续时间的长短与股票涨或跌的时间长度大致吻合。股市上有句话："不做死多头，不做死空头，要做老滑头"，就是对顺势而为的生动描述。

投资者要成功实施顺势法，首先要能够认识和判断股市变动的三个趋势：(1)长期趋势，其时间可持续1年以上。一个长期趋势包括上涨的多头市场和下降的空头市场。(2)中期趋势，其时间一般会持续2周至3个月，股价的反弹或回档幅度至少应达到前一次上涨或下降幅度的1/3。(3)短期趋势，也可称为日常波动，一般是指股票价格在2周以内的变化。

上述三种趋势组成了股市的股价波动过程。具体而言，一个长期趋势由若干个中期趋势组成，而一个中期趋势又由若干个短期趋势组成；如此循环往复，变动不已。

实施顺势法应注意：(1)一般来说，中长期趋势比较容易预测，趋势越短，越难预测。因此，相对来说，更应注意股价波动的长期和中期趋势，而不应太多注意短期趋势。(2)如果是长期投资，则可在长期上升趋势的底部和中部选择买入，买入后在股价上涨到顶部时即可择机抛出获利。只要对长期趋势正确预测，不论股价在达到高段前有多少中期性回落,都应坚定股价会反弹的信心,等待理想的卖出时机与价位。(3)如果是中期投资,则当股价在中期波动的底部时考虑买进。因为股价中期波动的上涨距离一般较短,如果在股价上涨了一段时间后才买入,则很可能会碰到股价反转。(4)可利用股价长期下跌趋势中的中期波动进行买卖操作,即在中期波动的底部买进,高位卖出,从而获利。(5)如果是短期投资,因难以预测短期趋势,就应该争取在中期上升趋势中进行短期的买卖操作。这样,即使出现预测失误,也可以持有一段时间,等待股价的反弹回升,将短期投资中期化,从而减少损失进而获利。

(二)买入股票的时机

1. 根据消息面判断买入时机

第一,大市上升趋势初期出现利好消息,应及早介入。

第二,大市上升趋势中期出现利好消息,应逢低买入。

第三,大市下跌趋势初期出现利好消息,可抢反弹,并注意快进快出,设好止损位。

第四,大市下跌趋势中期出现利好消息,可少量介入抢反弹,并注意设好止损位。

第五,大市下跌趋势末期出现利好消息,可及时介入。

第六,大市上升趋势中期出现利空消息,应逢低买入。

第七,大市下跌趋势末期出现利空消息,可逢低买入。

2. 根据成交量判断买入时机

第一,股价上升且成交量稳步放大时买入。

第二,低位突然放量时买入。

第三,低位放巨量时买入。

第四,缩量整理时买入。

第五,巨量打开跌停板时买入。

第六,放量使股价冲过前期高点时买入。

第七,股价回升时成交量大于前期顶部成交量时买入。

3. 根据趋势线判断买入时机

第一,股价向上突破下降趋势线时买入。

第二,股价回调不跌破上升趋势线并止跌回升时买入。

第三,股价向上突破下降通道的上轨时买入。

第四,股价向上突破上升通道的上轨时买入。

第五,股价向上突破水平压力线时买入。

第六,股价回落至水平支撑线时买入。

(三)卖出股票的基本原则

总的来说,卖出可以分为三种情况。一是止损。比如,设置8%的理论止损位,实践操作中具体在什么价位止损出局还应该结合其他方面的因素综合把握。二是获利了结。俗话说，"一鸟在手胜过十鸟在林"，账面上的盈利并不是"真金白银"。只有把股票卖出，才能最终实现盈利。投资者应该学会在股票还处于上升通道，对别人还比较有吸引力的时候卖出。晚卖不如早卖，任何人也不能总是恰好在最高位卖出股票，也不要因为卖出后股价继续上涨而懊悔不已。三是换筹调仓。当我们发现一只更有潜力的好股票而没有富余资金时，应该卖出手中表现最差的一只股票来换筹调仓，以提高资金的使用效率。

根据一般的经验，投资者卖出股票的原则有如下几点：

1. 目标价位法

目标价位法是指买入股票时已制定好了盈利目标价位，一旦股价达到该目标价位，便抛出股票的操作原则。

很多投资者在卖出股票后，见其价格又继续上涨，总是很心痛；或者在买入股票后，价格稍一震荡，或者听到一些传闻，便急于"割肉"，或者只赚了很少便抛售，而股价却最终涨到目标价位。与之相反，一些投资者见股价涨到目标价位时不卖出，期待股价再涨，结果不涨反跌。前者是投资者对自己的判断信心不足，后者却是投资者贪心过大。为了避免上述情况，投资者应制定"目标卖价"。

制定"目标卖价"是一种预测过程，不应追求以最高价卖出，而应根据股价比买价上涨了几成来决定卖价，至于到底几成，完全要根据股票性质及投资者的个性及态度来确定。一般来说，如果投资的是股价变动较少的股票，则可将目标价位定得低一些；而如果投资的是小型股或投机股，则其目标卖价可定得相对高一些。

2. 顺势探顶法

顺势探顶法是指并不事先给股票确定一个目标价位，而是一直持有股票，直到股价显示见顶迹象时才抛出。采用这一方法通常需要运用技术分析法。当股价持续上升了一段时间后，如果忽然放量大涨，则很可能是最后一批追涨者买入，或是主力拉高出货，后续空间已经不大。此外，股价走势趋缓，后续买盘不足，也是将要见顶的迹象。尤其是股价上升过程中小幅回调后，第二次上涨无法突破前期高点，通常为见顶迹象，必须卖出。

3. 投机性抛出

投机性抛出是指待股价涨到偏离其投资价值、市场投机气氛浓重时卖出的策略。此时股价一般较高，回调可能性较大，选择适时卖出，一方面价差较大，另一方面，即使卖价不是最高价，也会在顶部区域附近。

4. 长线择机脱手

市场中总是充满投机因素，即使是业绩稳定、股息丰厚、股价昂贵的大公司股票，也可能成为投资炒作的对象。做长线并不意味着一直持有。一旦发现股价已超过潜在价值，就可以卖掉，因为被狂热炒作追捧，股价会大幅高于股票内在价值，可能是

30%、50%,甚至是几倍,而股票价格不会长时间大幅度超过其价值,就像它不会长时间低于其价值一样,此时应选择卖出。

5. 适时更换股票

更换股票是指卖掉持有的未来预期悲观的股票,转而投资股价即将走高的股票,从而提高投资收益。在短线操作中,要尽量避免握住一只所谓的热门股不放。热门股中多数为短期热门股,短期涨幅巨大,但涨势很难持续较长时间,适时卖出热门股,转而投资更"便宜"的股票才能使资金不断增值。需要注意的是,"便宜"不是指低价,而是指股价低于股票的内在价值。换股过程中,投资者应学会科学预测个股受欢迎时间的长短。此外,换股中应避免在两只同等知名度的个股之间转换,也不要在同业股票间转换,这样做不仅徒增手续费,还不能保证减少损失或获利。

6. 顺序卖出股票

如果持有若干只股票,则应先卖出股价正在上涨的股票,留下下跌的股票;或者与之相反。这两种方法都是正确的,关键要分析上涨空间有多大,或下跌态势和止损点,并将持有的股票依照分析结果一一排序处理。

另外,手中的股票同时下跌而出现亏损时,最好一次性卖出,尤其是在:(1)股价跌到自己的卖出目标价位时;(2)觉察到自己预测有误时;(3)整个股市出现下跌趋势时。在这些情况下,最好果断出售所有股票,待股价止跌后重新购入新股,较继续持有旧股更能减少损失。

(四)卖出股票的时机

1. 根据消息面判断卖出时机

第一,当大市处于上升趋势末期出现利好消息时;

第二,当大市处于上升趋势初期出现利空消息时;

第三,当大市处于上升趋势末期出现利空消息时;

第四,当大市处于下跌趋势初期出现利空消息时。

2. 根据成交量判断卖出时机

第一,高位出现天量之后卖出;

第二,高位放巨量收长阴时卖出;

第三,高位出现价量背离时逢高卖出;

第四,股价高位平台窄幅整理且成交量萎缩时逢高卖出;

第五,巨量打开涨停板时卖出;

第六,股价多次冲高不过时卖出;

第七,股价在高位出现无量空涨时逢高卖出;

第八,高位利好出台,成交量放大但股价却不升(甚至反跌)时卖出。

3. 根据趋势线判断卖出时机

第一,上升趋势线被股价向下突破时止损。

第二,股价反弹至中期下降趋势线附近时卖出。

三、沪港通、深港通、沪伦通投资策略

沪港通是指上海证券交易所和中国香港联合交易所允许两地投资者通过当地证券公司(或经纪商)买卖规定范围内的对方交易所上市的股票,是沪港股票市场交易互联互通机制。沪港通包括了沪股通和港股通两部分。2014年11月10日证监会宣布沪港通下的股票交易于2014年11月17日开始。2014年11月14日,财政部、国家税务总局、证监会联合公布了沪港通试点及QFII等税收政策。

沪股通,是指投资者委托中国香港经纪商,经由中国香港联合交易所设立的证券交易服务公司,向上海证券交易所申报(买卖盘传递),买卖规定范围内的上海证券交易所上市的股票。

港股通,是指投资者委托内地证券公司,经由上海证券交易所设立的证券交易服务公司,向中国香港联合交易所申报(买卖盘传递),买卖规定范围内的中国香港联合交易所上市的股票。

沪伦通是指上海证券交易所与伦敦证券交易所互联互通的机制。符合条件的两地上市公司,可以发行存托凭证(DR)并在对方市场上市交易。2018年10月12日,证监会正式发布《关于上海证券交易所与伦敦证券交易所互联互通存托凭证业务的监管规定(试行)》,自公布之日起施行。2019年6月17日,沪伦通正式启动。

深港通是指深交所和中国香港联合交易所允许两地投资者买卖规定范围内的对方交易所上市的股票。2016年9月30日,深交所正式发布《深港通业务实施办法》。2016年12月5日,深港通正式开通。2018年5月1日起,深港通每日额度扩大4倍。

(一)沪港通、深港通投资策略

1. 沪港通、深港通开通流程

沪港通对投资者资质的要求为:(1)投资者应当拥有A股账户;(2)账户内的投资资金不低于50万元("现金+股票市值")。

深港通对投资资质的要求为:(1)保证证券账户和资金账户里的资产总额不低于50万元人民币(不包括通过融券交易等融入的资金和证券资产、新三板的市值)。(2)参加证券公司的投资者适当性、风险承受能力等评估,还要通过深港通业务知识测试,分数达70分以上。(3)不存在严重不良诚信记录及禁止从事深港通交易的情形等。

办理时间:周一至周五交易日,下午4:00前。办理流程:个人投资者带本人身份证、股东卡、银行卡,提前电话预约客户经理到营业部办理。

2. 沪港通、深港通交易方式

从交易方式上来说,A股市场上,股票买卖采取T+1的交易方式,意思是当天买进股票当天不能卖出,最早也要隔一天才能卖出。而中国香港则采取T+0的交易方式,当天买入的股票可以当天卖出。不过,买入的股票要2个交易日才能到账确认,也就是所谓的T+2交收。

从交易时间来看,港股每天比A股多交易1.5小时。港股的交易时间为9:30—12:00,以及13:00—16:00。交易时间的差异为市场提供了一定的套利机会。

3. 沪港通、深港通的投资技巧

沪港通、深港通投资机会主要在于低估值和A+H概念中折价率较低的个股。

(1)低估值。

主要指上证180和上证380指数成分股中一些估值较低、业绩优秀的股票,这些股票往往以蓝筹股居多,比如军工、医药、能源领域内的龙头个股。

港股市场和国际市场接轨的时间较长,投资者不管是机构还是个人均比较注重国外市场的价值投资,对于低估值的绩优股较为青睐,其较低估值有望重新修复。

(2)A+H概念中折价率较低的个股。

该折价率主要以当前A股市场上的股价对应港股市场上同一公司的股价后得出,对于折价率较低的个股,存在股价同步的要求。

由于港股市场更为国际化,投资者更为理性,港股市场上个股的价格能够更准确地反映其内在价值,A股市场上同一公司的股价偏低,带来的将会是同步的价格上升行情。

(二)沪伦通投资策略

1. 沪伦通开通方式

按规定,沪伦通参与门槛为连续20个交易日持股市值在300万元以上。上海证券交易所的数据显示,持股市值在300万元以上的账户大约有82万户,占比为2.1%。

没有300万元的投资者,可以通过CDR(中国存托凭证)战略基金投资沪伦通。此前,国内已经设立了CDR战略投资基金。从现有规则看,可以直接参与沪伦通投资。这些基金都是符合沪伦通规定的机构投资者。

对个人投资者而言,投资CDR将不需要单开账户,符合一定条件的投资者通过普通A股账户就可投资CDR。

2. 沪伦通投资者应注意的事项

首先,要考虑到沪伦通开通给A股市场带来的扩容压力。根据"沪伦通规定",沪伦通业务包括东、西两个业务方向。东向业务是指伦敦证券交易所上市公司在上交所挂牌中国存托凭证(CDR)。西向业务是指上交所A股上市公司在伦敦证券交易所挂牌全球存托凭证(GDR)。而在起步阶段,存托凭证的基础证券仅限于股票,东向业务暂不允许伦敦证券交易所上市公司在我国境内市场通过新增股份发行CDR的方式直接融资。而上海证券交易所A股上市公司则可通过发行GDR直接在英国市场融资。

其次，投资者需要做好必要的准备工作。一是对那些来沪市挂牌的伦敦证券交易所上市公司要有必要的了解，切忌盲目买进，盲目投资。投资者在不了解这些公司的情况下，不要买进其在沪市挂牌的CDR，避免出现不必要的投资损失。二是要了解这些挂牌的CDR与正股之间的换算关系，是1股换算1CDR还是2股换算1CDR或是N股换算1CDR，以避免CDR价格与正股股价之间的脱节所带来的投资风险。

最后，要关心伦敦交易所相关CDR所对应的正股股价运行情况。虽然沪伦通解决了两地的时差问题，A股市场的投资者没有必要每天夜晚盯着伦敦证券交易所的股票盘面，但仍然需要关心在沪市挂牌的CDR所对应的正股股价运行情况。毕竟正股股价与CDR价格是一种相互牵制的关系。CDR价格不可能完全脱离正股股价运行，一旦CDR价格与正股之间出现较大的偏差，CDR价格就有必要向正股股价靠拢，因此仍然需要跟踪在伦敦证券交易所挂牌上市的正股。这将是国内投资者投资沪伦通CDR的每天必修课。

本章小结

1. 股票是一种由股份公司发行的、以证明投资者在公司的股东权利和投资入股份额，并据以获得股利收入的有价证券。它的基本特征包括不可返还性、价格波动性、投资风险性、流动性、有限清偿责任、公司决策的参与性等。

2. 股票的价值包括面值、市值、股权、股息、红利。股票有很多种分类方法。

3. 股票投资收益是投资者投资行为的报酬，股票的投资收益用投资收益率来表示。

4. 股票价格指数简称股价指数，是由证券交易所或金融服务机构编制的、表明股票行市变动的一种供参考的指示数字。

5. 股票的发行是指股份有限公司出售股票以筹集资本的过程。股票的流通即股票的交易。

6. 股票投资分析有基本面分析与技术面分析。基本面分析能够比较全面地把握证券价格的中长期走势；而技术分析法更注重短线分析，同时预测的精确度相对较高。

7. 股票投资交易，主要是指投资者通过经纪人在交易所买卖股票的交易，要经过证券经纪关系的确立、开户、委托买卖、竞价成交、清算与交割交收、股权过户等程序。

8. 股票投资的策略与技巧主要侧重于两个方面：股票选择的策略与技巧，以及股票买卖时机选择的策略与技巧。尤其应注意沪港通、深港通、沪伦通投资策略。

知识结构图

```
                        ┌─ 股票的概念与基本特征
                        ├─ 股票的价值
              ┌─ 股票概述 ┼─ 股票的种类
              │         ├─ 股票投资收益
              │         ├─ 股票价格指数
              │         └─ 股票的发行与股票的流通
              │
              ├─ 股票投资分析 ┬─ 基本面分析
              │             └─ 技术分析
              │
   股票投资 ──┤              ┌─ 证券经纪关系的确立
              │              ├─ 开户
              ├─ 股票投资的  ┼─ 委托买卖
              │  操作程序    ├─ 竞价成交
              │              ├─ 清算与交割、交收
              │              └─ 股权过户
              │
              └─ 股票投资的  ┬─ 股票选择的策略与技巧
                 策略与技巧  ├─ 股票买卖时机选择的策略与技巧
                            └─ 沪港通、深港通、沪伦通投资策略
```

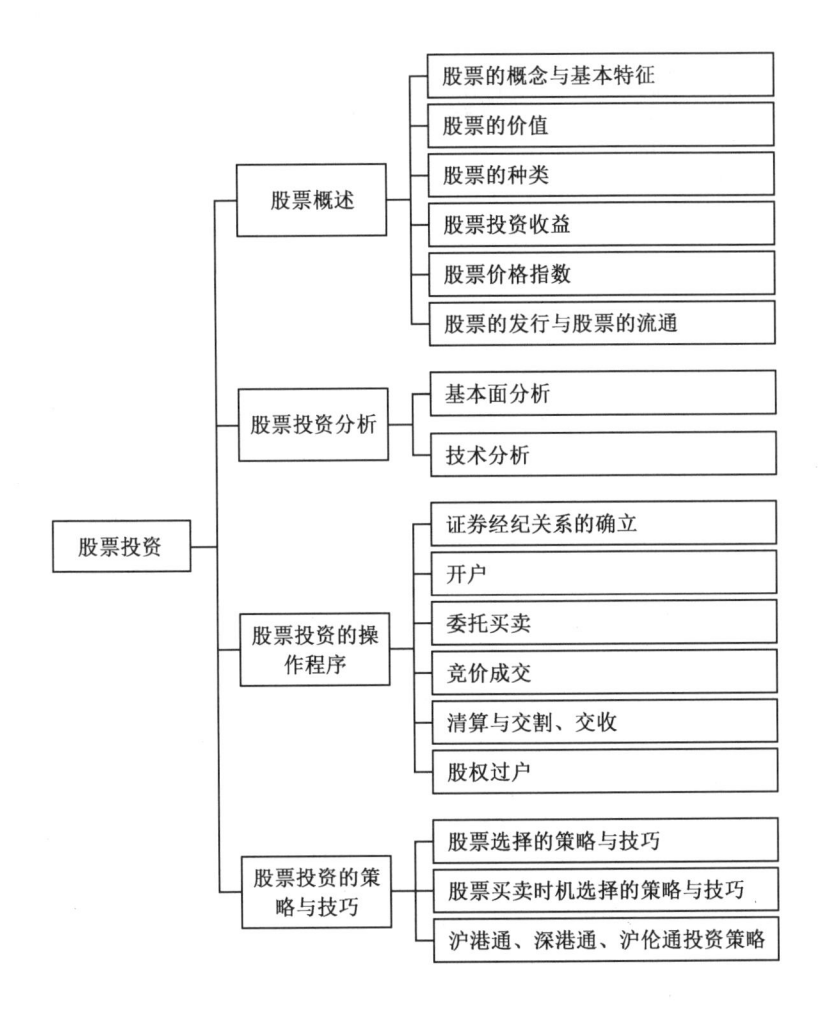

复习思考题

1. 我国证券市场上的股票有哪几种类型？
2. 影响股票价格的因素有哪些？怎样分析股票的大势？
3. 怎样选择股票投资的入市时机？怎样选择股票买卖的具体时机？
4. 怎样选择股票品种？请根据目前生活状况做出选择。

第六章 习题

第六章 习题答案

课后阅读

全球顶尖投资经理人

1. 沃伦·巴菲特(Warren Buffett)——股神
2. 彼得·林奇(Peter Lynch)——投资界的超级巨星
3. 约翰·邓普顿(John Templeton)——全球投资之父
4. 本杰明·格雷厄姆(Benjamin Graham)和戴维·多德(David Dodd)——价值投资之父
5. 约翰·内夫(John Neff)——市盈率鼻祖、价值发现者、伟大的低成本收益型基金经理人
6. 约翰·鲍格尔(John Bogle)——指数基金教父
7. 麦克尔·普里斯(Michael Price)——价值型基金传奇人物
8. 朱利安·罗伯逊(Julian Robertson)——避险基金界的教父级人物
9. 马克·墨比尔斯(Mark Mobius)——新兴市场投资教父

第七章　债券投资

学习目标

1. 知识目标

(1)掌握债券的定义与基本特征；

(2)了解债券的几个重要分类；

(3)理解我国债券市场的主要结构。

2. 技能目标

(1)掌握债券投资的操作流程；

(2)掌握债券的风险管理方法；

(3)掌握债券投资理财的策略与技巧。

3. 思政目标

(1)理解金融市场不是投机家的游乐园，而是真正服务于实体经济的发动机；

(2)聚焦强国之路的资本市场，践行社会主义核心价值观；

(3)遵守投资行业职业道德，经世济民，诚信服务。

案例导入

有两个人相约到山上寻找精美的石头，甲背了满满一筐，乙的筐里只有一块他认为是最精美的石头。甲就笑乙："你为什么只挑一个啊?"乙说："漂亮的石头虽然多，但我只选一块最精美的就够了。"甲笑而不语，下山的路上，甲感到负担越来越重，最后不得已不断地从一筐石头中挑一块最差的扔下，到下山的时候他的筐里结果只剩下一块石头！

理财启示：人生中有许多的东西值得留恋，有的时候你应该学会放弃。理财也一样，股票、债券、基金等，选择一样就要放弃另外一样。

本章导语：本章主要讲述了债券的定义与基本特征，介绍了债券的几个重要分类，债券投资的各种风险及规避管理方法，并阐述了债券投资理财的各种策略与技巧。债券和股票一样是进行投资规划的重要的金融工具之一，但是债券和股票有很多不同。

关键词：债券、债权、地方债、国债计息、债券评级

第一节　债券概述

一、债券及其基本特征

债券是政府、金融机构、工商企业等机构直接向社会借债筹措资金时,向投资者发行,并约定在一定的期限还本付息的债权债务凭证。债券的本质是债权的证明书,具有法律效力。债券购买者与发行者之间是一种债权债务关系,债券发行人即债务人,投资者(或债券持有人)即债权人。

债券有四个基本要素:债券的票面价值;债券的偿还期限;债券的利率,通常是年利率,以百分数表示;债券发行者名称,这一要素指明了债券的债务主体,也为债权人到期追索本金和利息提供了依据。

债券作为一种重要的融资手段和金融工具,具有如下特征:

(1)偿还性。债券一般规定有偿还期限,发行人必须按约定条件偿还本金并支付利息。

(2)流通性。债券一般可以在流通市场上自由转让。

(3)安全性。与股票相比,债券通常规定有固定的利率。债券与企业绩效没有直接联系,收益比较稳定,风险较小。此外,在企业破产时,债券持有者享有优先于股票持有者对企业剩余资产的索取权。

(4)收益性。债券的收益性主要表现在两个方面:一是投资债券可以给投资者定期或不定期地带来利息收入;二是投资者可以利用债券价格的变动,买卖债券赚取差额。

二、债券的分类

(一)按发行主体,可分为政府债券、金融债券和企业债券

(1)政府债券:是政府为募集资金而发行的债券,主要包括国债、财政债券等,其中最主要的是国债。国债因其信誉好、利率优、风险小而又被称为"金边债券"。我国对国债的利息收入免征个人所得税。

(2)金融债券:是由银行和非银行金融机构发行的债券。我国目前金融债券主要由国家开发银行、进出口银行等政策性银行发行。

(3)企业债券:是企业为筹集资金而向投资者发行的债券。企业债券是以公司经营利润作为还本付息担保,其风险高于国债和金融债券,故企业债券的利率会高于前两者。目前我国规定对企业债券的利息收入要征收20%的个人所得税。

(二)按债券形式,可分为实物债券、凭证式债券和记账式债券

(1)实物债券:又称无记名债券。是以实物债券的形式记录债权,券面标有发行年度和不同金额,可上市流通。由于其发行成本较高,实物债券将会被逐步取消。

(2)凭证式债券:是一种储蓄债券,通过银行发行,采用"凭证式国债收款凭证"的形式,从购买之日起计息,但不能上市流通。其票面形式类似于银行定期存单,利率通常比同期银行存款利率高,具有类似于储蓄又优于储蓄的特点。

(3)记账式债券:以记账方式记录债权,通过证券交易所的交易系统发行和交易。由于记账式国债发行和交易均采用无纸化形式,因此交易效率高、成本低,是未来债券发展的趋势。

(三)按计息方式,可分为单利债券、复利债券和贴现债券

(1)单利债券:是指在计算利息时,仅按本金计息的债券。

(2)复利债券:是指在计算利息时,将所生利息计入本金再计息的债券,即复利滚动。

(3)贴现债券:是指在票面上不规定利率,发行时按某一贴现率后的价格(低于票面金额)发行,到期时按面值偿还的债券。

(四)按募集方式,可分为公募债券和私募债券

(1)公募债券:是指向社会公开销售的债券。这种债券不是向指定的少数投资者出售,而是向社会所有可能的投资者出售。因此,其必须遵守信息公开制度,以保护投资者利益。一般其发行时要请有关部门审批,并需经公认的资信评估机构评级。

(2)私募债券:是指仅向发行单位内部或与发行单位有特定关系的投资人发售的债券。私募债券发行的范围较小,不需要公开申报,债券的转让也受到一定限制,流动性较差。

(五)按付息方式,可分为附息债券和零息债券

(1)附息债券:是指债券券面上附有息票,定期(一年或半年)按息票利率支付利息。我国自1993年第一次发行附息国债,它已成为我国国债的第一个重要品种。

(2)零息债券:是指只有在到期日才能领取本金和利息的债券,我国居民手中持有的绝大部分债券是零息债券。

(六)按期限长短,可分为短期债券、中期债券、长期债券

按期限长短,债券可分为短期债券、中期债券、长期债券。

(七)按期内利率变动方式,可分为固定利率债券和浮动利率债券

按期内利率变动方式,债券可分为固定利率债券和浮动利率债券。

(八)特殊类型的债券

特殊类型的债券主要是指可转换公司债券。可转换公司债券是指债券发行单位在发行债券时规定,在一定条件下,可请求将其兑换成某种股票或其他债务(一般情况下均指可按约定条件转换成股票),可以继续持有,在到期日偿还本息。可转换债券具有二重性,它既是固定利率债券,又是潜在的股本。由于可转换债券附有一般债券所

没有的选择权,因此其利率一般低于普通公司债券利率。企业发行可转换债券有助于降低筹资成本。同时,可转换公司债券比股票有优先偿还请求权。但可转换债券在一定条件下可转换成公司股票,因而会影响公司的所有权。

三、我国债券市场的结构

债券市场是由一级市场和二级市场组成的,即债券发行市场和债券流通市场。债券一级市场是指政府机关、金融机构、企业等资金需求者,为筹措资金而发行新债券,通过招投标或通过承销商,将债券出售给投资人所形成的市场,又称发行市场;债券二级市场又称流通市场,是指持有已发行债券的投资人出售变现,或从事债券买卖的投资者进行交易的市场。

目前,我国的债券市场由银行间债券市场、交易所债券市场和银行柜台债券市场三个部分组成,这三个市场相互独立,各有侧重点。在这三个市场中,银行柜台债券市场刚刚兴起,银行间债券市场和交易所债券市场正不断走向成熟(见表7.1)。

表 7.1   我国债券市场现行格局

	银行间债券市场	交易所债券市场	银行柜台债券市场
市场性质	场外交易	场内交易	场外交易
发行券种	记账式国债、金融债、中央银行票据	记账式国债、可转换债券	凭证式国债、记账式国债
交易券种	记账式国债、金融债、中央银行票据	记账式国债、企业债	可转换债券、记账式国债
投资者类型	各类机构投资者	商业银行以外的所有投资者	个人和企业投资者
交易类型	现券交易、质押式回购	现券交易、质押式回购	现券交易
交易方式	一对一询价交易	系统自动撮合	银行柜台双边报价
结算体制	逐笔全额结算	日终净额结算	逐笔全额结算
结算时间	T+0 或 T+1	T+1	T+0

全国银行间债券市场是指依托于中国外汇交易中心暨全国银行间同业拆借中心(简称同业中心)和中央国债登记结算公司(简称中央登记公司)的,包括商业银行、农村信用联社、保险公司、证券公司等金融机构进行债券买卖和回购的市场。其主要职能是:提供银行间外汇交易、人民币同业拆借、债券交易系统并组织市场交易;办理外汇交易的资金清算、交割,负责人民币同业拆借及债券交易的清算监督;提供网上票据报价系统;提供外汇市场、债券市场和货币市场的信息服务等。经过近几年的迅速发展,银行间债券市场目前已成为我国债券市场的主体部分。记账式国债的大部分、政策性金融债券都在该市场发行并上市交易。

银行柜台债券市场的参与主体为在商业银行开户的个人和企业投资者。目前,投资者通过银行柜台债券市场可以投资的债券品种有凭证式国债和记账式国债,其中凭证式国债不能流通转让,其实际投资主体为中老年个人投资者,而记账式国债银行柜台交易的推出可以更好地满足广大个人、企业等投资人的国债投资需求。

交易所债券市场是我国债券场内交易的场所,上海证券交易所和深圳证券交易所均有债券交易业务。目前,沪深交易所债券交易的参与主体为在交易所开立证券账户的非银行投资者,实际交易主体为证券公司、保险公司和城乡信用社等。交易券种为在交易所上市的国债、企业债、可转换债券。交易类型有现券交易和质押式回购交易。

第二节 债券投资的风险管理

一、债券投资的主要风险与相应管理

(一)利率风险

利率风险是指由利率的可能性变化给投资者带来收益损失的可能性。一般而言,市场利率上升,会导致债券价格下降,从而提高债券的实际利率。

对于利率风险,投资者应采取的防范措施是分散债券的期限,长短期配合。如果利率上升,则短期投资可以迅速地找到高收益投资机会;如果利率下降,则长期债券能保持高收益。总之,不要把所有的鸡蛋放在同一个篮子里。

(二)价格变动风险

由于债券的市场价格常常变化,难以预料,当它的变化与投资者预测的一致时,会给投资者带来资本增值;如果不一致,那么投资者的资本必将遭到损失。

对于这类风险,投资者要增强自己对债券价格的预测能力,需要多运用基本面分析与技术分析相结合的方法,来分析债券价格的走势。

(三)通货膨胀风险

通货膨胀风险又称购买力风险,是指因物价上涨、货币购买力降低所产生的风险。投资债券的实际收益率=名义收益率-通货膨胀率(或称价格指数)。当通货膨胀发生,货币的实际购买能力下降时,就会造成即使投资收益在量上增加,有时在市场上能购买的东西却相对减少的现象。

对于这类风险,最好的规避方法就是分散投资,以分散风险,使购买力下降带来的风险能被某些收益较高的投资收益弥补。通常采用的方法是将一部分资金投资于收益较高的投资品种上,如股票、期货等,但这样会增加风险。

(四)企业经营风险

经营风险是指企业因生产、经营等方面的原因,竞争能力减弱,盈利下降,从而给

投资者造成损失。企业的经营是一个动态过程,在评级后,一旦它的经营每况愈下,它的资信等级就会降到不可信的地步,这种情况可能给投资者带来损失。主要表现为:(1)因债券到期无力支付利息及偿还本金而发生的违约风险;(2)因企业亏损、信誉下降而发生的债券价格下跌的风险。

为防范经营风险,投资者在选择债券时一定要对公司进行调查,通过分析其报表,了解其盈利能力和偿债能力、信誉等。由于国债的投资风险小,而公司债券的投资风险较大,因此,投资者需要在收益与风险之间做出权衡。

(五)违约风险

就算企业的经营状况非常好,也不能排除它财务状况不佳的可能性,若真有这种可能,该企业的还本付息能力就会下降,就不能按债市公认的约定偿还本息,这就是企业的违约风险。

违约风险一般是由于发行债券的公司经营状况不佳或信誉不高而带来的风险,因此在选择债券时,一定要仔细了解公司的情况,包括公司的经营状况和公司以往债券的支付情况,尽量避免投资经营状况不佳或信誉不好的公司债券。在持有债券期间,应尽可能了解公司经营状况,以便及时做出卖出债券的抉择。同时,由于国债的投资风险较低,保守的投资者应尽量投资风险低的国债。

(六)转让风险

当投资者急于将手中的债券转让出去时,有时候不得不在价格上打点折扣,或是要支付一定的佣金,因这种付出所带来的收益变动的风险称为转让风险。此风险又称为变现力风险或流动性风险。转让风险的大小,主要取决于减价出售债券时证券市场的供求情况。

为了更好地管理转让风险,投资者应尽量选择交易活跃的债券,如国债等,这些债券易于得到其他人的认同,流动性差的债券最好不要购买。此外,在投资债券之前,投资者也应准备一定的现金以备不时之需,以免债券中途转让带来的损失。

(七)回收性风险

具体到有回收性条款的债券,因为它常常有强制收回的可能,而这种可能又常常是在市场利率下降、投资者按券面上的名义利率收取实际增额利息的时候,投资者的预期收益就会遭受损失,这就是回收性风险。

投资者应在购买债券时看清相应的条款和内容,对于回收可能性较大的债券尽量少投资。对于已经投资的这类债券,应关注公司的现金流和经营状况,如果公司的现金比较充裕,市场利率下降,这类债券的回收性风险就会大大增加。此时,投资者应及时调整自己的投资组合,选择新的投资品种。

(八)可转换风险

这种风险具体是针对可转换债券的。设想原本还本付息是铁板钉钉的一张债权凭证,忽然间转成了股票,股息又是不固定的,股价的变动也比债券频繁且不可测,相对于投资债券来说,投资者的投资收益可能会损失大一些。

为了避免这类债券的风险,最好的方法就是先了解清楚债券类型再选择投资,或者进行分散化投资。

以上8种风险中,价格风险、利率风险和通货膨胀风险统称为系统性风险,其他的都属于非系统性风险。对于风险的具体防范,我们只能在债券交易的实际操作过程中去分析体会。一般来说,风险防范的原则是:对系统性风险的防范,要针对不同的风险类别采取相应的防范措施,最大限度地避免风险对债券价格的不利影响;对非系统性风险的防范,一方面要通过投资分散化来减少风险,另一方面也要尽力关注企业的发展状况,充分利用各种信息、资料,正确分析,适时购进或抛出债券,以避免这种风险。

二、债券评级

从以上债券投资风险分析中可知,企业经营风险、违约风险都与选择一家好的公司有关。那么如何选择这样的公司,其实可以通过债券评级来判断。目前,国际上公认的最具权威性的信用评级机构主要有美国的标准普尔公司和穆迪投资服务公司。

(一)债券评级的目的

债券信用评级的目的主要有两个方面。第一,方便投资者进行债券投资决策。广大投资者尤其是中小投资者由于受时间、知识和信息的限制,无法分析和选择众多债券,由此需要专业机构对准备发行债券的还本付息可靠程度进行客观、公正和权威的评定。第二,减少信誉高的发行人的筹资成本。一般来说,资信等级越高的债券,越容易得到投资者的信任,从而能够以较低的利率出售;而资信等级低的债券,风险较大,只能以较高的利率发行。

(二)政府债券评级依据

政府债券评级依据包括:国家信用情况;发达国家或新兴市场;政局的稳定性;财政收支状况;通货膨胀及币值的稳定性;是否有国际机构的保证。

(三)企业债券评级依据

企业债券评级依据包括:是否有足够的营运资金;是否有稳定的收入来源;是否有抵押或担保品;是否有母公司或银行保证;是否有退票或其他不良记录。

(四)国际通用资信等级

目前,国际通用的资信等级如下:

(1)AAA 最高级,保证偿还本息;

(2)AA 高级,还本付息能力高;

(3)A 中上级,具备较高的还本付息能力,但与上面的级别相比,易受经济变化的影响;

(4)BBB 中级,具备一定的还本付息能力,但需要一定保护措施,一旦有变,偿还能力就会削弱;

(5)BB 中下级,有投机性,不能认为将来有保证,对本息的保证是有限的;

(6)B 下级,不具备理想投资条件,还本付息保证极小,有投资因素;

(7)CCC 级,信誉不好,可能违约,危及本息安全;

(8)CC 级,具有高度投机性,经常违约,有明显缺点;

(9)C 级,等级最低,经常违约,根本不能做真正的投资。

资信等级越高的债券发行者,其发行债券的风险就越小,对投资者来说收益就越有保证;资信等级越低的债券发行者,其发行债券的风险就越大,债券利率一般相对会高一点。

目前,债券的评级在我国还处于发展阶段。按中国人民银行的有关规定,凡是向社会公开发行的债券,都需要由中国人民银行指定的资信评估机构评估。我国证券交易规则规定,企业信用必须在 A 级以上,才有资格向社会公开发行债券。

第三节 债券投资的操作程序

一、债券买卖程序

目前,我国办理的债券买卖主要有两种方式:自营买卖和委托买卖。

自营买卖是指有价证券的经营机构用自己的资金从债券持有者手中买入债券,再向债券购买者出售。证券经营机构直接随行就市与投资者交易债券,风险由经营机构自己承担。

委托买卖是指投资者通过证券经营机构买卖,证券经营机构充当买卖双方的中介,由证券商根据债券的出售人或购买人的委托,按市场价格或者指定价格代委托人买卖债券,成交后由交易机构向双方收取一定的手续费。证券交易所市场债券委托买卖的程序和股票委托买卖的程序差不多,也有开户、委托、成交、清算与交割、过户五个环节。

二、国债计息操作

国债在发行时会注明付息方式,以此可分为附息国债、贴现国债和零息国债。

附息国债,指债券券面上附有息票的债券,是按照债券票面载明的利率及支付方式支付利息的债券。息票上标有利息额、支付利息的期限和债券号码等内容。持有人可从债券上剪下息票,并据此领取利息。附息国债的利息支付方式一般为在偿还期内按期付息,如每半年或一年付息一次。

贴现国债,指国债券面上不附有息票,发行时按规定的折扣率,以低于债券面值的价格发行,到期按面值支付本息的国债。贴现国债的发行价格与其面值的差额即为债券的利息。如投资者以 70 元的发行价格认购了面值为 100 元的 5 年期国债,那么,在 5 年到期后,投资者可兑付 100 元的现金,其中 30 元的差价即为国债的利息,年息平均为 8.57%[100%×30/(5×70)]。美国的短期国库券和日本的贴现国债,都是较为典型的贴现国债。我国发行的贴现国债,期限分别为 3 个月、6 个月和 1 年。

零息国债并非不付息,而是指"到期一次还本付息"。一般凭证式国债付息采取这种方式。

国债过期是没有利息的。目前记名的国债,银行一般会在到期之后自动转到储户的活期存折或银行卡中,从而有活期利息;而早期的凭证式或者再早的无记名式国债过期也不能多得到利息。

若凭证式国债和电子式国债的年利息收入超过 12 万元,虽然需要自行申报个人所得税,但是,在所得税纳税申报表中,有"减免税额"一栏,也就是说,税务局将对此做"减免税额"来处理。

三、债券投资理财的收益率计算

债券投资操作进行到清算与交割环节的时候,投资者最关心的就是债券收益。衡量债券收益的指标是债券收益率。债券收益率是债券收益与其投入本金的比率,通常用年率表示。债券收益不同于债券利息。债券利息仅指债券票面利率与债券面值的乘积。但由于人们在债券持有期内,还可以在债券市场买卖,赚取价差,因此,债券收益除利息收入外,还包括买卖盈亏差价。

决定债券收益率的主要因素有债券的票面利率、期限、面值和购买价格。最基本的债券收益率计算公式为:

债券收益率=(到期本息和-发行价格)/(发行价格×偿还期限)×100%

由于债券持有人可能在债务偿还期内转让债券,因此,债券的收益率还可以分为债券出售者的收益率、债券购买者的收益率和债券持有期间的收益率。各自的计算公式如下:

债券出售者的收益率=(卖出价格-发行价格+持有期间的利息)/(发行价格×持有年限)×100%

债券购买者的收益率=(到期本息和-买入价格)/(买入价格×剩余期限)×100%

债券持有期间的收益率=(卖出价格-买入价格+持有期间的利息)/(买入价格×持有年限)×100%

【例 7.1】 某人于 2014 年 1 月 1 日以 102 元的价格购买了一张面值为 100 元、利率为 10%、每年 1 月 1 日支付一次利息的 2010 年发行的 5 年期国库券,并持有到

2015年1月1日到期,则:

债券购买者收益率=[(100+100×10%−102)/102×1]×100%=7.8%

债券出售者的收益率=[102−100+100×10%×4/100×4]×100%=10.5%

【例7.2】 某人于2010年1月1日以120元的价格购买了面值为100元、利率为10%、每年1月1日支付一次利息的2009年发行的10年期国库券,并持有到2015年1月1日以140元的价格卖出,则:

债券持有期间的收益率=[(140−120+100×10%×5)/120×5]×100%=11.7%

以上计算公式没有考虑把获得的利息进行再投资的因素。把所获利息的再投资收益计入债券收益,据此计算出来的收益率,即为复利收益率。它的计算方法比较复杂,这里从略。

第四节 债券投资的策略与技巧

一、债券投资理财的原则

债券投资理财,既要获得收益,又要控制风险,因此,根据债券收益性、安全性、流动性的特点,债券投资理财的原则总结如下:

(一)收益性原则

不同种类的债券收益大小不同,投资者应根据自己的实际情况选择。例如,国债是以政府的税收作担保,具有充分安全的偿付保证,一般认为是没有风险的投资;而企业债券则存在能否按时偿付本息的风险,作为对这种风险的报酬,企业债券的收益性必然要比政府债券高。当然,实际收益情况还要考虑税收成本。

(二)安全性原则

投资债券相对于其他投资工具要安全得多,但这仅仅是相对的,其安全性问题依然存在,因为经济环境和经营状况有变,债券发行人的资信等级也不是一成不变的。因此,投资债券还应考虑不同债券投资的安全性。例如,就政府债券和企业债券而言,政府债券的安全性是绝对高的,企业债券则有时面临违约的风险,尤其是企业经营不善甚至倒闭时,偿还全部本息的可能性不大,企业债券的安全性不如政府债券。相对于无抵押债券,抵押债券有抵押品作为偿债的最后担保,安全性就相对要高一些。

(三)流动性原则

债券的流动性强,意味着能够以较快的速度将债券兑换成货币,同时债券价值在兑换成货币后不因过高的费用而受损;否则,意味着债券的流动性差。影响债券流动性的主要因素是债券的期限,期限越长,流动性越弱,期限越短,流动性越强。另外,不同类型债券的流动性也不同。比如国债、金融债,在发行后就可以上市转让,故流动性强;企业债券的流动性相对较差。目前,我国的企业债发行后再到交易所申请上市,债券是否上市的流动性差别很大,上市前后债券的流动性差别很大,上市后债券的流动性还受到该债券发行主体资信情况的影响。

二、捕捉最佳买卖时机

债券买卖的时机直接影响着结果,影响投资者的最终利益。所以,选择最佳买卖时机,对于投资者非常重要。

大致来说,在债券价格由上涨转为下跌期间是卖出的好时机,债券价格由下跌转为上涨期间是买进的好时机。具体来说,卖出时机包括:债券涨势已达顶峰、无力再涨;短期趋势中由涨转跌。买进时机包括:价格跌势已达谷底,再也跌不下去了;短期趋势中由跌转涨。

但每一个债券投资者都希望自己能够在债券价格较低时甚至最低点处买进,在债券价格较高时甚至最高点处卖出。但是,受各方面因素的影响,债券价格波动非常快,对投资者来说,债券价格基本上不可能达到最高或最低。

因此,充满理性、稳健的投资者应该是在次高点卖出,在次低点买进。

要准确地把握买卖债券的时机,了解影响债券价格的因素会很有帮助。影响利率的因素有市场利率、供求关系、社会经济发展状况以及政府的政策等。

三、国债投资理财策略与技巧

(一)短期闲置资金不宜选择国债投资

国债安全、回报稳定,但期限较长,一般都在 3 年以上。如果用闲置时间较短的资金投资,宜选择短期的国债品种,但是时间上不能太短,否则不仅不会取得理想的收益,而且会产生损失。不少国债品种规定购买后半年内不得兑现,有的虽然规定可提前兑现,但不支付利息或支付极低的利息,且需缴纳 0.1% 的手续费,其结果是收益远远比不上同期存款利息。在 2004—2005 年,也曾出现过国债热销的现象,其后随着股市井喷,不少国债投资者提前兑现去买股票,利息收入远远不及银行同期存款。

就凭证式国债而言,投资期限在 1 年以内的,还不如选择同期银行储蓄存款。同时,投资者的持有期限越短,相对的"损失"就越大。比如某投资者购买国债,1 个月后提前兑现,按有关规定,购买期限不满半年的不予计息,同时还要支付手续费 10 元,这样算来,投资者绝对亏钱。

(二)凭证式国债提前兑付后转购要算好账

自 2006 年 8 月 19 日直至后来 1 年多时间里,银行连续加息。银行升息的同时,凭证式国债的利率也大幅度提高。例如,同为 3 年期国债,2007 年凭证式(一期)国债

3.39%的票面年利率就比2008年凭证式(二期)国债5.74%的票面利率低2.35个百分点。这种较大利差的存在,导致在1年前购买国债的收益率较大程度地低于现在购买国债的现象。于是,有许多投资者就想提前支取原有的国债之后再购买新的国债。

那么,国债提前支取转存是否划算呢?这就需要仔细计算一番。持有国债时间很短、购买国债的期限又较长的客户,可根据自己所买国债的票面利率、持有时间、兑付所需成本仔细计算得失,然后再决定是否兑付。但一般来说,持有期越长,提前兑付的损失越大,因此,2006年的国债提前兑付意义不大。具体来说,可根据"原国债到期后的收益=转存定期存款收益"这个等式来确定,原有的国债购买了多少天后提前兑付转存才划算。

国债提前兑付后再转投新国债,不亏不赚的临界天数计算公式为:
(投资本金×原国债票面利率×国债期限)=投资本金×(提前兑付时已持期限所对应的年利率÷360天×临界天数)+投资本金×所转存的新国债票面利率÷360天×(360×国债期限—临界天数)—提前兑付手续费

根据以上公式,就可确定不亏不赚的盈亏临界天数。若已购买国债天数大于盈亏临界天数,就不宜提前兑付后再转购新国债;若已购买天数小于盈亏临界天数,就可提前兑付转购新国债,以赚取更多的收益。

(三)选择合理的投资方式

目前,在证券交易所上市的国债大体可分为短线、中线、长线三类。由于短线、中线、长线三类国债收益各异,对于那些熟悉市场、希望获取较大利益的投资人来说,其可以对市场利率走势进行积极的判断,根据市场利率及其他因素的变化,低进高出,赚取买卖差价。对于以稳健保值为目的,又不太熟悉国债交易的投资者来说,其可采取较为稳妥的投资理财策略,在合适的价位买入国债后,一直持有至到期,其间不做买卖操作。

(四)密切关注股市,灵活选择投资国债

在对股市、基金等投资市场信心不足时,国债投资的保本增值特性就成为吸引投资者的重要因素。但许多投资者认为,买了国债,就不用再关心股市的变化,也不用承担股市波动带来的损失了。其实,这种观点是错误的。参照股市走势,有利于记账式国债的投资者做出正确的投资决策,因为股市与债市存在负相关关系,股市下跌,债市价格上涨,反之,债市价格下跌。例如,当2008年第一季度A股大盘一再探底、蓝筹股和基金跌去了大半净值时,债券却经历了自2007年12月以来的一波稳健上涨行情。所以,投资记账式国债应适当关注股市,以便能根据股市走势,及时做出买卖的判断,从而获取最大的投资收益。

(五)国债投资组合

国债是一种投资期限较长的产品,因此,投资组合对科学理财很重要。投资国债最大的风险来自利率风险,尤其是在加息周期下风险更大。投资国债要注意防范利率风险,防范利率风险最好的方式就是讲究投资组合。

如果投资者希望持有流动性较高的投资品种,就不应该选择凭证式国债,因为凭证式国债不能流通转让。如有短期的闲置资金,可购买记账式国债,因为记账式国债为可上市流通的券种,其交易价格随行就市,在持有期间可随时通过交易变现。记账式国债提前兑现时,仅需支付少量交易手续费,仍可享受按票面利率支付的持有期利息,如果价格没有大幅下跌,则投资者不仅不损失原价,也不损失利息。记账式国债根据不同的年限,有不同的付息方式,一般中长期记账式国债采用年付或半年付,这些利息可用来再投资,相当于复利计息,这对于长期国债来说也是一笔不小的投资收益。记账式国债的价格完全由市场供需及市场利率决定,并呈反方向变动。如果在低价位购买记账式国债,则既享受了价差又享受了高利率。相比凭证式国债,记账式国债更加灵活,价格强势时可以赚价差,价格弱势时可以像凭证式国债一样持有到期,享受利息,可谓进可攻、退可守。不过,如果在银行加息预期比较强烈的背景下,记账式国债相比凭证式国债和银行储蓄就失去了优势。

对收益稳定性要求较高的投资者,如有 3 年以上或更长时间的闲置资金,可购买中长期国债,这是因为国债的期限越长,利率越高。一个合理的投资组合能保证收益的稳定性。例如,将资金分为 3 等份,分别投资于期限为 2 年、3 年、5 年三种不同类别的债券,这样既可分散利率上升的风险,又可取得相对平均和稳定的收益。

四、地方债投资理财技巧

(一)地方债个人投资的开通

2018 年,央行、财政部和银保监会三部门联合发布了《关于在全国银行间债券市场开展地方政府债券柜台业务的通知》(下称《通知》)。《通知》明确,在银行间债市发行的地方债将向个人投资者开放。这意味着,地方政府债券成为继记账式国债、政策性银行债券和国家开发银行债券后又一类可开展银行间债券市场柜台业务的品种。

《通知》明确,经发行人认可的已发行地方债以及发行对象包括柜台业务投资者的新发行地方债券可以在银行间债券市场开展柜台交易。同时对开展定向承销方式发行的地方政府债开展柜台业务进行了规范,提出应当优先向地方债发行人所在地的投资者开展上述柜台业务。

(二)地方债投资优势

与此前地方债只在银行间债券市场和交易所债券市场发行,主要面向银行保险等机构投资者不同,个人购买通过银行柜台发行的地方债有如下好处:

一是投资门槛相对较低,起投金额仅 100 元;

二是认购方式便利快捷,部分银行还开通了网上银行、手机银行认购的功能,投资

者足不出户,便可轻松完成认购;

三是利息收入享受税收优惠,个人和机构投资者投资地方债取得的利息收入可免征所得税和增值税;

四是流动性强,地方债上市交易后在交易时段可以随时买卖,交易资金实时到账。

(三)地方债风险防范

虽然地方债投资有很多好处,但既然是投资,就存在风险。尽管地方债具有较高的安全性,但未来出现违约的可能性依旧存在,因此投资者要特别注意以下几点:

第一,理性投资,切忌盲目跟风。虽然地方债有当地政府信用作为保障,投资风险相对较低,但仍应密切关注当地政府的财政能力和募集资金用途,做出理性判断。在投资地方债时,个人应关注当地政府的财政实力,优选经济实力较强的地方债。同时应弄清地方债的还款来源主要是当地的何种收入,避免投资信息披露不全的债券。

第二,分散风险。在投资地方债的时候,要考虑避免"把鸡蛋放进同一个篮子",采取分散投资策略将有利于在发生风险时减少损失。

第三,做好风险防控,尽量规避可能的风险因素导致的不必要损失。比如关注自身资产的流动性管理,选择匹配自身需求的期限,理性选择投资标的。

五、债券投资理财的其他技巧

债券投资理财的其他技巧包括以下几个方面:

(1)利用时间差提高资金利用率。一般债券发行都有一个发行期,如半个月的时间。如果在此段时期都可买进,则最好在最后一天购买;同样,在到期兑付时也有一个兑付期,则最好在兑付的第一天去兑现。这样,可减少资金占用的时间,相对提高债券投资的收益率。

(2)利用市场差和地域差赚取差价。上海证券交易所和深圳证券交易所交易的同品种国债之间是有价差的。利用两个市场之间的市场差,有可能赚取差价。同时,利用各地区之间的地域差低买高卖,也可以赚取差价。

(3)卖旧换新技巧。在新债券发行时,提前卖出旧债券,再连本带利买入新债券,所得收益可能比旧债券到期才兑付的收益高。这种方式有一个条件:必须比较卖出前后的利率高低,估算是否划算。

(4)选择高收益债券。债券是介于储蓄和股票、基金之间的一种投资工具,相对安全性比较高。所以,在债券投资的选择上,不妨大胆地选购一些收益较高的债券,如企业债券、可转让债券等。特别是风险承受力比较高的家庭,更不要只盯着国债。

(5)在同期限情况下(如3年、5年),可选择储蓄或国债时,最好购买国债。

(6)不要将应急的现金储备来购买债券;购买债券的资金占长期投资理财的比例不宜过高;如果很信任债券,则最好把资金分散投到几种债券上。

本章小结

1. 债券是政府、金融机构、工商企业等机构直接向社会借债筹措资金时,向投资者发行,并约定在一定的期限还本付息的债权债务凭证。债券具有偿还性、流通性、安全性、收益性等特征。

2. 债券有多种分类方法。债券市场是由一级市场和二级市场组成的,即债券发行市场和债券流通市场。

3. 债券的主要风险有利率风险、价格变动风险、通货膨胀风险、企业经营风险、违约风险、转让风险、回收性风险、可转换风险。这 8 种风险中,价格风险、利率风险和通货膨胀风险统称为系统性风险,其他风险属于非系统性风险。对风险有相应的管理方法。

4. 目前,国际上公认的最具权威性的信用评级机构主要有美国的标准普尔公司和穆迪投资服务公司。债券的评级在我国还处于发展阶段。我国证券交易规则规定,企业信用必须在 A 级以上,才有资格向社会公开发行债券。

5. 债券的买卖是指投资者通过证券经营机构进行买卖,证券经营机构充当买卖双方的中介,由证券商根据债券的出售人或购买人的委托,按其市场价格或者指定价格代委托人买卖债券,成交后由交易机构向双方收取一定的手续费。其主要程序包括开户、委托、成交、清算与交割、过户。

6. 国债在发行时会注明付息方式,分别是附息国债、贴现国债或者是零息国债。每种国债的计息操作都不一样。

7. 衡量债券收益的指标是债券收益率。债券收益率是债券收益与其投入本金的利率,通常用年率表示。债券收益不同于债券利息。

8. 债券投资理财的原则包括收益性原则、安全性原则、流动性原则。

9. 充满理性、稳健的债券投资者应该是在次高点卖出,在次低点买进。

10. 国债投资理财需注意:短期闲置资金不宜选择国债投资;凭证式国债提前兑付后转购要算好账;选择合理的投资方式;密切关注股市,灵活选择投资国债;国债投资组合,同时要提高地方债投资理财技巧。

11. 债券投资理财的其他技巧有:利用时间差提高资金利用率;利用市场差和地域差赚取差价;卖旧换新的技巧;选择高收益债券;同期限情况下(如 3 年、5 年)最好购买国债;不要将应急的现金储备用来购买债券。

知识结构图

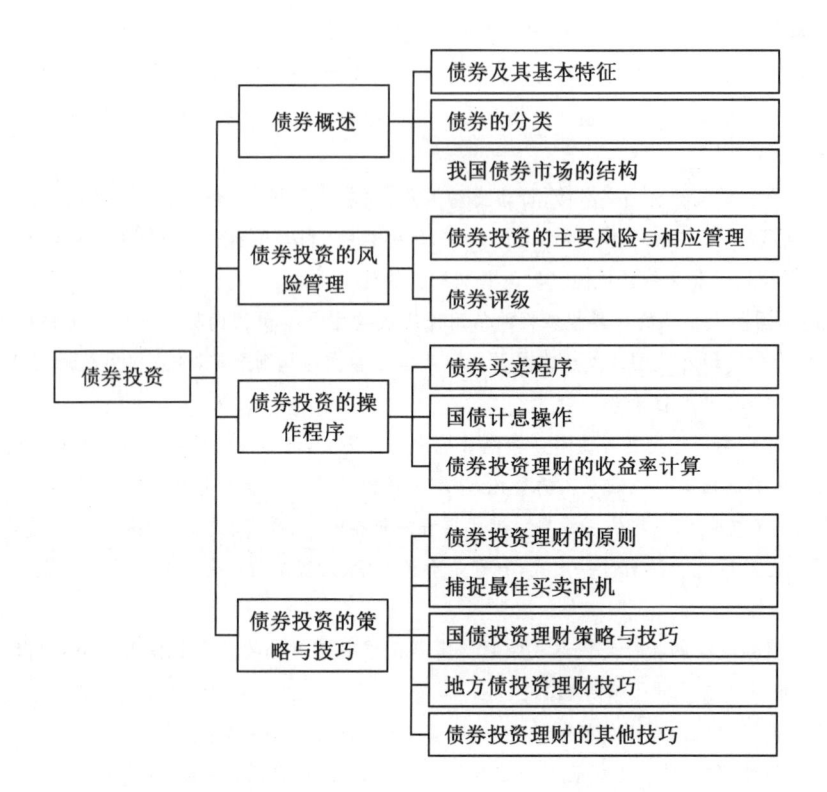

债券投资
- 债券概述
  - 债券及其基本特征
  - 债券的分类
  - 我国债券市场的结构
- 债券投资的风险管理
  - 债券投资的主要风险与相应管理
  - 债券评级
- 债券投资的操作程序
  - 债券买卖程序
  - 国债计息操作
  - 债券投资理财的收益率计算
- 债券投资的策略与技巧
  - 债券投资理财的原则
  - 捕捉最佳买卖时机
  - 国债投资理财策略与技巧
  - 地方债投资理财技巧
  - 债券投资理财的其他技巧

复习思考题

请根据债券的基础知识以及债券的投资技巧，结合自己的实际，说明如何购买债券。

第七章 习题

第七章 习题答案

课后阅读

穷人思维和富人思维的区别在于我们对财富的理解

一、眼光不同

所谓的眼光,就是指个人对创造财富的理解。"穷人思维"一般会认为只要踏踏实实工作就行了,不要想那些莫须有的事情,更不要不切实际地去创业,老老实实本本分分工作就是最好的事。而"富人思维"则不然,这类人总是不满足于现状,虽然也会踏踏实实工作,但是,他们的眼光中总是充满商机,创业在他们的大脑中形成了一种惯性,总是用发展的眼光看问题,但不会盲目创业,盲目投资。

二、穷人更倾向于考虑当下的利益,而富人更倾向于考虑未来

穷人思维:以省钱为第一要义;富人思维:会权衡金钱带来的隐形价值。

假如你要去一个 5 公里外的目的地,没有特别方便的路线。如果坐公交:需要先走 15 分钟,再等车 5 分钟,坐车 10 分钟,下车走 10 分钟,一共 40 分钟,一共花费 2 元;如果打车:平均等 5 分钟,车子开 10 分钟,一共 15 分钟,花费 15 元。

你会如何选择?

绝大多数人一般会毫不犹豫地选择坐公交,毕竟坐公交能比打车省 13 元。但很遗憾的是,这正是穷人思维的第一个重要特点:以省钱为第一要义,而忽视了为省钱而付出的代价。

那富人是怎么思考问题的呢?

他会想:打车确实比坐公交多花 13 元,但:(1)舒适度高;(2)风险相对小:遇到意外事件的概率小;(3)省下了 25 分钟。这三点,每点都很重要。在大多数情况下,这三点的隐形价值总和是大于 13 元的。

舒适度高,往往会带来更好的心情;风险小,会规避很多不必要的损失;而最后一点:省下 25 分钟,看起来不重要,但其实是最为关键的。对于拥有穷人思维的人来说,25 分钟是不足为道的,又没人给自己发工资,浪费就浪费了。但对于有富人思维的人来说,25 分钟是很有价值的,它虽然不能直接产生金钱效益,但它的价值往往比 13 元更高。

穷人思维:业余时间,要么用来浪费,要么用来赚钱;富人思维:业余时间是用来"投资"的。

在很多穷人眼里,时间是不值钱的,尤其是工作外的时间,他们都用来看电视、看小说,享受生活。稍微有点上进心的人,可能觉得时间都用来消耗不太好,他们可能会去找点零工,挣点零花钱,这种行为当然很不错,但依然没有脱离穷人思维。

那富人是怎么做的呢?他们会更多地用时间做对未来有意义的"投资"。投资金钱:了解金融市场,寻找钱生钱的手段;投资人脉:结识各领域的大牛,互通信息和观点;投资自己:学习行业知识,让自己更有竞争力。他们做的很多事情,是不会马上有收益的,回报周期很长,但他们愿意这么做。一方面,他们非常清楚自己时间的价值,会为自己省出更多时间;另一方面,他们更多的时间用于着眼未来,让自己不断处于进步中,这样的思维,是很难不富有起来的。

穷人思维:有多大本事,做多大事;富人思维:要做多大事,就去培养多大本事。

穷人思维和富人思维另一个很大的区别在于:穷人更倾向于先去积累,而富人则是先定目标。

为什么穷人不愿意先定目标呢?

因为定目标其实是一件需要很强心力去完成的事情。穷人抗风险的能力较低,他们能为完成一件事情付出的预先成本不会太高。因此,他们希望能在完成目标之前,知道通向它的每一个确切的、无风险的步骤。但凡是有野心的、有建设性的目标,从来都是风险重重。它令穷人们望而却步——不如,先把自己做好吧。

而富人则不同。一方面,他们更能承担失败带来的损失;另一方面,他们更愿意投资自己、投资人脉,因此他们达成一个目标的路径也会更多。这令他们更容易先制定进取性的目标,然后再执行。这种逆向思维会让他们更容易走在正确的道路上。

资料来源:探其财经,https://www.tqcj.com/a/5725.html。

第八章 基金投资

学习目标

1. 知识目标

(1)了解基金的基本概念、各种分类、基本特点；

(2)掌握基金的设立、发行、交易等知识；

(3)理解基金的各项费用以及基金的收益分配方式等知识。

2. 技能目标

(1)掌握基金买卖的实际操作方法；

(2)掌握基金投资的各种策略和技巧；

(3)掌握基金定投在理财操作中的重要意义。

3. 思政目标

(1)培育学生树立正确的投资理念,养成良好的理财习惯,培养独立思考能力与自律能力；

(2)政治觉悟高,遵守投资行业职业道德,经世济民,诚信服务。

案例导入

1896年,诺贝尔奖创立之初有980万美元基金,每年5位诺贝尔奖得主分获100万美元。刚开始时,诺贝尔奖奖金管委会为了基金的安全,制定章程,将基金存入银行或购买公债。到了1953年,基金只剩下330万美元。此时管委会做出明智的决定,将基金转投股票和房地产。到1993年,基金总资产增长到27亿美元。

理财启示：财富的增长,在很大的程度上取决于理财的方法。如果不会理财,不仅不能增加财富,而且还有可能使自己过去积聚的财富遭到损失。如果理财得当,财富将迅速增加。诺贝尔奖奖金的迅速增长,就是巧妙理财的结果。

本章导语：本章系统地讲述了基金的相关知识,对于基金的基本概念、各种分类、基本特点,以及基金的设立、发行、交易等知识进行了阐述,重点讲述了基金买卖的实际操作方法和策略与技巧,包括基金品种选择策略、封闭式基金的投资策略、如何降低基金投资成本和风险的技巧以及基金定投的方法等。本章的基金和前面两章的股票、债券同属于证券投资工具,都是进行投资规划的金融工具,这三大工具都被综合应用于后面章节的保险理财、信托投资、养老规划当中。

关键词:基金、证券投资基金、ETF、LOF、基金资产净值、估值、前端收费、后端收费、基金定投、封转开、申购、认购

第一节 基金投资概述

一、证券投资基金及其特点

什么是基金?从资金关系来看,基金是指专门用于某种特定目的并独立核算的资金。其中,既包括各国共有的养老保险基金、救济基金、教育奖励基金等,也包括中国特有的财政专项基金、职工集体福利基金、能源交通重点建设基金、预算调节基金等。从组织性质上讲,基金是指管理和运作专门用于某种特定目的并独立核算的资金的机构或组织。这种基金组织,可以是非法人机构(如财政专项基金、高校的教育奖励基金、保险基金等),可以是事业性法人机构(如中国的宋庆龄儿童基金会、孙冶方经济学奖励基金会、茅盾文学奖励基金会,美国的福特基金会、霍布赖特基金会等),也可以是公司性法人机构。

证券投资基金(简称基金),是指按照共同投资、共享收益、共担风险的基本原则和股份有限公司的某些原则,运用现代信托关系的机制,以基金方式将各个投资者彼此分散的资金集中起来以实现预期投资目的(从事股票、债券等金融工具的投资)的投资组织制度。它主要具有以下一些特点:

(1)集合投资、专业管理。基金将零散的资金巧妙地汇集起来,交给专业机构投资于各种金融工具,以获取资产的增值。因此,基金可以广泛吸收社会闲散资金,汇成规模巨大的投资基金。专业机构的基金管理人一般拥有专业投资技能和丰富的投资经验,拥有专门人员进行研究分析,能够更好地全方位地动态跟踪与深入分析证券市场。

(2)组合投资、分散风险。基金可以实现资产组合多样化,分散投资于股票、债券、期货、黄金等。多元化的投资组合,一方面借助于资金庞大和投资对象众多的优势使投资者所面临的投资风险变小;另一方面又利用不同的投资对象之间的互补性,达到分散非系统性风险的目的。

(3)独立托管、保障安全。证券投资基金实行专家管理制度,由基金管理人负责投资操作,他们有丰富的专业知识与技术经验,而他们本身并不参与基金财产的保管。基金资产的保管由独立于基金管理人的基金托管人负责,相互制约、相互监督,可为投资者的利益提供重要保障。

二、证券投资基金的分类

(一)按组织形态的不同,可分为契约型基金和公司型基金

1. 契约型基金

契约型基金又称单位信托基金,是指把受益人(投资者)、管理人、托管人三者作为基金的当事人,通过签订基金契约的形式发行受益凭证而设立的一种基金。它是基于契约原理而组织起来的代理投资行为,通过基金契约来规范三方当事人的行为。基金管理人负责基金的管理操作;基金托管人作为基金资产的名义持有人,负责基金资产的保管和处置,对基金管理人的运作实行监督。

2. 公司型基金

契约型基金是按照公司法以公司形态组成的,该基金公司以发行股份的方式募集资金,一般投资者通过认购基金而购买该公司的股份,也就成为该公司的股东,凭其持有的股份依法享有投资收益。

3. 契约型基金与公司型基金的不同点

(1)资金的性质不同。契约型基金的资金是信托财产,公司型基金的资金为公司法人的资本。

(2)投资者的地位不同。契约型基金的投资者购买受益凭证后成为基金契约的当事人之一,即受益人;公司型基金的投资者购买基金公司的股票后成为该公司的股东,以股息或红利形式取得收益。因此,契约型基金的投资者没有管理基金资产的权利,而公司型基金的股东通过股东大会和董事会享有管理基金公司的权利。

(3)基金的运营依据不同。契约型基金依据基金契约运营基金,公司型基金依据基金公司章程运营基金。

(二)按变现方式的不同,可分为封闭式基金和开放式基金

1. 封闭式基金

封闭式基金是指基金的发起人在设立基金时,限定了基金单位的发行总额和存续期,筹集到这个总额后,基金即宣告成立,并进行封闭,在一定时期内不再接受新的投资。基金单位的流通采取在交易所上市的办法,投资者以后要买卖基金单位都必须经过证券经纪商在二级市场竞价交易。

2. 开放式基金

开放式基金是指基金发起人在设立基金时,基金单位的总数是不固定的,可视投资者的需要追加发行。投资者也可以根据市场状况和各自的投资决策,或者要求发行机构按现期净资产值扣除手续费后赎回股份或受益凭证,或者再买入股份或受益凭证,增持基金单位份额。

3. 封闭式基金与开放式基金的区别

(1)期限不同。封闭式基金通常有固定的封闭期,而开放式基金没有固定期限,投资者可随时向基金管理人赎回基金单位。

(2)发行规模限制不同。封闭式基金在招募说明书中列明其基金规模,开放式基金没有发行规模限制。

(3)基金单位交易方式不同。封闭式基金的单位在封闭期限内不能赎回,持有人只能寻求在证券交易场所出售给第三者。开放式基金的投资者则可以在首次发行结束一段时间(多为3个月)后,随时向基金管理人或中介机构提出购买或赎回申请。

(4)基金单位的交易价格计算标准不同。封闭式基金的买卖价格受市场供求关系的影响,并不必然反映公司的净资产值。开放式基金的交易价格则取决于基金的每单位资产净值的大小,其卖出价即申购价一般是基金单位资产净值加一定的购买费,买入价即赎回价,是基金单位净资产值减去一定的赎回费,基本不受市场供求影响。

(5)投资策略不同。封闭式基金的基金单位数不变,资本不会减少,因此,基金可从事长期投资,基金资产的投资组合能有效地在预定计划内进行。开放式基金因基金单位可随时赎回,为应付投资者随时赎回兑现,基金资产不能全部用来投资,更不能把全部资本用来长线投资,必须保持基金资产的流动性,在投资组合上需保留一部分现金和高流动性的金融商品。

(三)按投资标的划分,可分为股票型基金、债券型基金和其他基金

1. 股票型基金

股票型基金是指专门投资于股票,或者说基金资金的大部分投资于股票的基金,是历史最为悠久、各国广泛采用的一种基金品种,也是股票市场上主要机构投资的选择。

2. 债券型基金

债券型基金是指主要投资于各种国债、金融债券及公司债券的基金类型,一般会定期派息,具有风险低且收益稳定的特点。所以,该类基金多适合于想获得稳定收入的投资者。在国际市场上,债券型基金是保险公司、养老基金等重要的投资工具。

3. 其他基金

(1)货币型基金。属于开放式基金中的一种,是以全球的货币市场为投资对象的一种基金,其投资工具期限在1年内,包括银行短期存款、国库券、政府公债、公司债券、银行承兑票据及商业票据等。该类基金的价格比较稳定,利率风险低,投资成本低(见表8.1),流动性高,投资收益一般高于银行活期存款,且一般没有固定的存续期限。在许多发达国家,货币型基金几乎是所有家庭和企业最安全、最普及的投资理财工具。中国证监会于2003年12月10日批准了华安、博时、招商三家基金管理公司的货币型基金的发行,拉开了我国货币型基金发行的序幕。货币型基金近几年的发展非常迅速。

表 8.1　　　　　　　　　　　各类基金投资成本比较

	股票型基金	债券型基金	货币型基金
认购费	1.0%	0.6～0.8%	0
申购费	1.5%	0.8～1.0%	0
赎回费	0.5%	0.3%	0

(2) 黄金基金。指以投资黄金或其他贵金属及其生产和相关产业的证券为主要对象的基金。

(3) 衍生证券基金。指以衍生证券为投资对象的基金，如期货基金、期权基金、指数基金、认股权证基金等。期货基金是指以各类期货品种为主要投资对象的投资基金；期权基金是指以能分配股利的股票期权为投资对象的投资基金；指数基金是指以某种证券市场的价格指数为投资对象的投资基金；认股权证基金是指以认股权证为投资对象的投资基金。

(四) 按投资目标分类，可分为成长型基金、收入型基金、平衡型基金和避险策略基金

1. 成长型基金

成长型基金是指以追求资产的长期增值和盈利为基本目标，投资于具有良好增长潜力的上市股票或其他证券的证券投资基金，主要是市场中有较大升值潜力的小公司股票和一些新兴行业的股票。这类基金在投资上敢于冒风险，一般将大部分资金投入市场。另外，该类基金一般很少分红，经常将投资所得的股息、红利和盈利进行再投资，以实现资本增值。简言之，成长型基金追求资金的长期增值。

2. 收入型基金

收入型基金是指以追求当期高收入为基本目标，以能带来稳定收入的证券为主要投资对象的证券投资基金。其投资对象主要是那些绩优股、债券等收入比较稳定的有价证券。在投资策略上，收入型基金坚持投资多元化，利用资产组合分散投资风险。为满足投资组合的调整，其持有的现金资产也较多。收入型基金一般把所有的利息、红利部分派发给投资者。简言之，收入型基金重视当期最高收入。

3. 平衡型基金

平衡型基金是指以保障资本安全、当期收益分配、资本和收益的长期成长等为基本目标，从而在投资组合中比较注重长短期收益，即风险搭配的证券投资基金。这类基金既追求长期资本增值，又追求当期收入，主要投资于债券、优先股和部分普通股。这些有价证券在投资组合中有比较稳定的组合比例，一般是把资产总额的 25%～50%用于优先股和债券，其余的用于普通股投资。其风险和收益状况介于成长型基金和收入型基金之间。

4. 避险策略基金

避险策略基金是指在一定的投资期内,一方面通过投资低风险的固定收益类金融产品,为投资者提供一定比例(一般在 80%~100%)的本金安全保证,另一方面还通过其他的一些高收益金融工具(股票、衍生证券等)的投资,为投资者提供额外回报。这是一种介于上述基金之间的证券投资基金类型,又称积极成长型基金、成长—收入型基金、固定收入基金等。其不足之处在于:避险策略基金只将一小部分资产投资于股票,当股市处于牛市时,将因基金投资股票的资金有限而错失良机。此外,投资者如果在基金到期前赎回,则不能享受保本的条件。

(五)按资本来源和运用地域,可分为在岸基金和离岸基金

1. 在岸基金

在岸基金是指在本国募集资金,专供国内居民和法人认购,并由基金管理公司对该国证券市场进行投资的投资基金。因此,在岸基金又称国内基金,即由国内投资者资本组成的,投资于国内证券市场的投资基金。

2. 离岸基金

离岸基金又称海外基金,是指一国证券投资基金组织在他国发售基金份额,并将基金的资金投向本国或第三国市场,以获取收益的基金,它主要包括环球基金、区域基金和国家基金。三者都是资本来源于国外,但投资的方向不同。环球基金投资于全球;区域基金投资于某一个区域;国家基金投资于某一特定国家。

除了这两类基金之外,还要特别注意另一种基金即国际基金,它是指基金资本来源于国内,但投资于国外证券市场的投资基金。

(六)按投资对象货币种类,可分为美元基金、日元基金和欧元基金等

按投资对象货币种类,基金可分为美元基金、日元基金和欧元基金等。

(1)美元基金是指投资于美元市场的投资基金。

(2)日元基金是指投资于日元市场的投资基金。

(3)欧元基金是指投资于欧元市场的投资基金。

(七)按收费与否,可分为收费基金和不收费基金

基金的收费,一般是指销售费用。销售费用是指为支付基金宣传和经纪人佣金所收缴的费用。销售费用又分为两种:一种是认购费,即购买基金时所缴纳的手续费;一种是赎回费,即买回基金时所收取的手续费。一般称认购费为前收费,赎回费为后收费。

(1)收费基金是指投资者在购买基金时,需要支付一定销售费用的基金。现在的大多数基金都是收费基金。

(2)不收费基金是指投资者在购买基金时,不需支付销售费用的基金。但是,该类基金一般会收取少量的赎回费用,以防止经常性的赎回。

(八)基金创新产品:LOF 和 ETF

1. LOF 和 ETF 的定义

(1)LOF 是 Listed Open-Ended Fund 的英文缩写,即"上市开放基金",是对可以在交易所挂牌交易的开放式投资基金的通称。它是对开放式基金交易方式的创新。其现实意义在于:一方面,LOF 为"封转开"提供技术手段,对于封闭转开放,LOF 继承了封闭式基金的特点,增加了投资者退出方式,对于封闭式基金采取 LOF 完成封闭转开放,不仅是基金交易方式的合理转型,也是开放式基金对封闭式基金的合理继承;另一方面,LOF 的场内交易减少了赎回压力。此外,LOF 为基金公司增加销售渠道,缓解银行的销售"瓶颈"。

(2)ETF 是 Exchange Traded Fund 的英文缩写,即"交易型开放式指数证券投资基金",简称"交易型开放式指数基金",又称"交易所交易基金"。它是一种跟踪某一指数进行指数化投资的基金、开放式基金,并在交易所上市交易。ETF 通常采用完全被动式管理方法,以拟合某一指数为目标,因此具有指数型基金的特点。它为投资者同时提供了交易所交易以及申购、赎回两种交易方式:一方面,与封闭式基金一样,投资者不仅可以在交易所买卖 ETF,而且可以像股票一样卖空和进行保证金交易(如果该市场允许股票交易采用这两种形式);另一方面,与开放式基金一样,投资者可以申购和赎回 ETF,但在申购和赎回时,ETF 与投资者交换的是基金份额和一篮子股票。ETF 具有税收优势、成本优势和交易灵活的特点。

2. LOF 和 ETF 的相同点

(1)同跨两级市场。ETF 和 LOF 同时存在一级市场和二级市场,都可以像开放式基金一样,通过基金发起人、管理人、银行及其他代销机构网点申购和赎回。同时,也可以像封闭式基金那样通过交易所的系统买卖。

(2)理论上都存在套利机会。由于上述两种交易方式并存,申购和赎回价格取决于基金单位资产净值,而市场交易价格由系统撮合形成,主要由市场供需决定,两者之间很可能存在一定程度的偏离,当这种偏离足以抵消交易成本的时候,就存在理论上的套利机会。投资者采取低买高卖的方式就可以获得差价收益。

(3)折溢价幅度小。虽然基金单位的交易价格受到供求关系和当日行情的影响,但它始终是围绕基金单位净值上下波动的。由于上述套利机制的存在,当两者的偏离超过一定程度时,就会引发套利行为,从而使交易价格向净值回归,因此其折溢价水平远低于单纯的封闭式基金。

(4)费用低,流动性强。在交易过程中不需要申购和赎回费用,只需支付最多 0.5% 的双边费用。此外,由于同时存在一级市场和二级市场,两者流动性明显强于一般的开放式基金。另外,ETF 属于被动式投资,管理费用一般不超过 0.5%,远远低于开放式基金的 1%~1.5% 水平。

3. LOF 和 ETF 的差异点

(1)适用的基金类型不同。ETF 主要是基于某一指数的被动性投资基金产品,而 LOF 虽然也采取了开放式基金在交易所上市的方式,但它不仅可以用于被动投资的基金产品,也可以用于主动投资的基金。

(2)申购和赎回的标的不同。在申购和赎回时,ETF 是用基金份额与投资者交换一篮子股票,而 LOF 则是用基金份额与投资者交换现金。

(3)参与的门槛不同。按照国外的经验和华夏基金上证 50ETF 的设计方案,其申购赎回的基本单位是 100 万份基金单位,起点较高,适合机构客户和有实力的个人投资者;而 LOF 产品的申购和赎回与其他开放式基金一样,申购起点为 1 000 基金单位,更适合中小投资者参与。

(4)套利操作方式和成本不同。ETF 在套利交易过程中必须通过一篮子股票的买卖,同时涉及基金和股票两个市场,而对 LOF 进行套利交易只涉及基金的交易。更突出的区别是,根据上交所关于 ETF 的设计,为投资者提供了实时套利的机会,以实现 T+0 交易,其交易成本除交易费用外主要是冲击成本;而深交所目前对 LOF 的交易设计是,申购和赎回的基金单位和市场买卖的基金单位分别由中国注册登记系统和中国结算深圳分公司系统托管,跨越申购赎回市场与交易所市场进行交易必须经过系统之间的转托管,需要两个交易日的时间,所以 LOF 套利还要承担时间上的等待成本,进而增加了套利成本。

三、证券投资基金的当事人

(一)基金持有人

基金持有人也就是基金投资人,指基金单位或受益凭证的持有人。其可以是自然人,也可以是法人。基金持有人是基金资产的最终所有人,其权利包括本金受偿权、收益分配权以及参与持有人大会表决的权利。

(二)基金管理人

基金管理人是负责基金的具体投资操作和日常管理的机构。基金管理人由投资专家组成,负责基金资产的经营,本身绝不实际接触及拥有基金资产。

(三)基金托管人

基金托管人是依据基金运行中的"管理与保管分开"原则,监督基金管理人和保管基金资产的机构。托管人由主管机关认可的金融机构担任,负责基金资产的保管,依据基金管理机构的指令处置基金资产,同时监督管理人的投资运作是否合法合规。因此,基金托管人与基金管理人签订托管协议,在托管协议规定的范围内履行自己的职责并收取一定的报酬。

四、证券投资基金的运作

证券投资基金的运作包括基金的募集、基金的投资管理、基金资产的托管、基金份额的登记交易、基金的估值与会计核算、基金的收益分配、基金的信息披露以及其他基金运作活动在内的所有环节。从基金管理人的角度看,证券投资基金的运作可以分为基金的市场营销、基金的投资管理与基金的后台管理三个部分。基金的市场营销主要涉及基金份额的募集与客户服务,基金的投资管理体现了基金管理人的服务价值,而基金份额的注册登记、基金资产的估值、会计核算、信息披露等后台管理服务则对保障基金的安全运作起着重要作用。

投资基金的组成及运作建立在"经营与保管绝对分开"的原则上(见图 8.1)。基金托管人与基金管理人的权利和义务在基金契约或基金公司章程中预先界定清楚,任何一方如有违规,对方都应当监督并及时制止,直至请求更换违规方。这种相互制衡的运行机制,极大地保证了基金信托财产的安全和基金运用的高效。

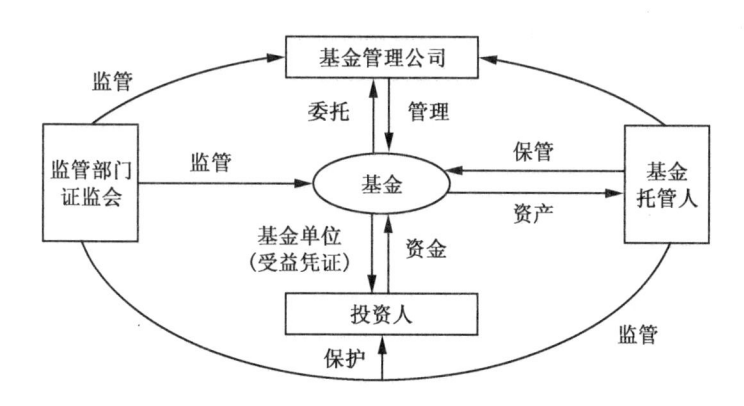

图 8.1 投资基金运作的基本架构

需要补充说明的是,尽管基金通过组合投资分散风险,通常能使投资者以较低的风险(比股票低)获得较高的收益(比债券高),但是,基金管理人对基金的未来收益是不做任何保证的。事实上,某些基金由于管理人运作不成功,也会发生收益极低甚至亏损的情况。

第二节 证券投资基金的设立、发行和交易

一、基金的设立

(一)基金设立方式

基金的设立是基金管理人依法设立开展证券投资基金业务主体的过程,主要考虑

基金组织形式、基金构架、登记备案等问题。

基金的设立有两种方式,即注册制与核准制。

基金注册制是指基金只要满足法律规定的条件,就可以申请并获得注册。目前,多数发达国家和地区都采用注册制,如美国、英国和我国台湾、香港地区。

基金核准制是指基金不仅要具备法律规定的条件,还要通过基金主管部门的实质审查才能设立。

在我国,证券投资基金的设立是注册制与核准制并存。

(二)基金管理公司具备的条件

根据《证券投资基金法》第十二条规定,基金管理人由依法设立的公司或者合伙企业担任。公开募集基金的基金管理人,由基金管理公司或者经国务院证券监督管理机构按照规定核准的其他机构担任。

依据《证券投资基金管理公司管理办法》第六条规定,设立基金管理公司,应当具备下列条件:

(1)股东符合《证券投资基金法》和本办法的规定;

(2)有符合《证券投资基金法》《公司法》以及中国证监会规定的章程;

(3)注册资本不低于1亿元人民币,且股东必须以货币资金实缴,境外股东应当以可自由兑换货币出资;

(4)有符合法律、行政法规和中国证监会规定的拟任高级管理人员以及从事研究、投资、估值、营销等业务的人员,拟任高级管理人员、业务人员不少于15人,并应当取得基金从业资格;

(5)有符合要求的营业场所、安全防范设施和与业务有关的其他设施;

(6)设置了分工合理、职责清晰的组织机构和工作岗位;

(7)有符合中国证监会规定的监察稽核、风险控制等内部监控制度;

(8)经国务院批准的中国证监会规定的其他条件。

(三)基金募集设立程序

基金的募集是基金管理人募集资金的过程,主要考虑募集渠道、募集对象、募集过程合规性等问题。公开募集基金应当由基金管理人管理,基金托管人托管。

根据《证券投资基金法》第五十二条规定,注册公开募集基金,由拟任基金管理人向国务院证券监督管理机构提交下列文件:(1)申请报告;(2)基金合同草案;(3)基金托管协议草案;(4)招募说明书草案;(5)律师事务所出具的法律意见书;(6)国务院证券监督管理机构规定提交的其他文件。

根据《证券投资基金法》第五十五条规定,国务院证券监督管理机构应当自受理公开募集基金的募集注册申请之日起6个月内依照法律、行政法规及国务院证券监督管理机构的规定进行审查,做出注册或者不予注册的决定,并通知申请人;不予注册的,应当说明理由。

二、基金的发行

基金的发行是指基金发起人在其设立或招募基金的申请获得监管机构批准后,向投资者推销基金单位、募集资金的行为,基金的发行期就是基金募集期。根据《证券投资基金法》第五十六条规定,基金募集申请经注册后,方可发售基金份额。

(一)发行方式

(1)自行发行。即基金按净资产价值由基金单位发行人直接销售给投资人,并按照面值加一定比例的手续费。

(2)代理发行。即发行人通过证券承销商向社会发行基金单位。这种方式又称包销。

(二)我国基金发行方式

在我国,证券投资基金的发行方式主要有两种:上网发行方式和网下发行方式。

(1)上网发行方式。指将所发行的基金单位通过与证券交易所的交易系统联网的全国各地的证券营业部,向广大的社会公众发售基金单位的发行方式。封闭式基金主要采用这种方式。

(2)网下发行方式。指所要发行的基金通过分布在一定地区的银行或证券营业网点,向社会公众发售基金单位的发行方式。开放式基金主要采用这种发行方式。

(三)基金的认购

在符合国家规定的场所,投资者需带上身份证、印鉴和价款到发起人或基金承销商处填写申请卡,并按基金单位面值加一定的销售费用缴款认购。发行期满后,投资者如欲投资封闭式基金,只能通过证券商在交易市场上竞价购买,但不收取交易手续费。

开放式基金的发售和认购一般都不在证券交易所上市,而是由基金管理公司负责办理。基金管理公司可以委托其直销中心、商业银行以及证券公司等代理,进行开放式基金的发售和认购。

(四)募集期限

一般基金的募集期限为自批准之日起3个月。在此期间,封闭式基金募集的资金超过该基金注册规模的80%,开放式基金的份额总额超过准予注册的最低募集份额总额,并且基金份额持有人人数符合国务院证券监督管理机构规定的,该基金方可成立。如基金未能成立,应在30天内按银行活期存款利息退还给基金认购人。

(五)基金合同生效

投资人交纳认购的基金份额的款项时,基金合同成立;基金管理人依照《证券投资基金法》第五十九条的规定向国务院证券监督管理机构办理基金备案手续,基金合同生效。

三、基金的交易

基金的交易是在基金发行之后进行的买卖活动,分为封闭式基金的交易和开放式基金的交易。封闭式基金的交易包括上市基金的开户、买卖程序,与股票的开户、买卖程序一样。而非上市开放式基金的交易,详细操作可参见下一节的证券投资基金的操作方法。

(一)封闭式基金的交易

封闭式基金目前已实现无纸化交易,其交易是利用股票交易系统进行的。

(1)投资者将持有的基金单位份额全额存入其股票账户内,投资者凭本人股票账户即可办理基金买卖。

(2)基金交易实行集中公平竞价,成交时电脑自动过户。

(3)基金为独立品种,有其独立代码,交易统计单列,不列入指数计算。

(4)基金交易以 100 份(面值 1 元)为一个交易单位,简称"一手",实行整数交易。基金交易的申报价格以一份为计价单位。

(5)委托买卖基金的佣金按成交量的一定比例计收;基金交易不征收印花税。

(6)基金交易和清算的其他有关操作事项基本上与股票交易规则相同。

(二)开放式基金的申购与赎回

开放式基金交易一般是在规定的申购、赎回场所进行的,基金持有者可随时填单申购或赎回,基金以"卖出"申购价及"买入"赎回价两项价格报价。卖出价和买入价是根据基金的"单位净资产值"来确定的,其中卖出价是投资者申购单位基金的价格,而买入价是投资者向基金公司卖出单位基金的价格,即赎回价格。

一般基金的卖出价包括单位资产净值和一项百分之几(如 5%)的首次认购费,而买入价为单位资产净值减去一项赎回费(如 0.5%)。因此,卖出价减去首次认购费后便等于单位资产净值,而单位资产净值减赎回费后便等于买入价。

(1)申购和赎回的原则。"金额申购,份额赎回"原则,即申购以金额申请,赎回以份额申请;基金存续期间单个基金账户最高持有基金单位的比例不超过基金总份额的 10%。由于募集期间认购不足、存续期间其他投资者赎回或分红再投资等原因而使单个投资者持有比例超过基金总份额的 10% 时,不强制赎回但限制追加投资。基金存续期内,单个投资者申购的基金份额不得超过上一开放日基金总份额的 10%,超过的部分不予确认。

(2)日常申购与赎回的程序。投资者必须根据基金销售网点规定的手续,在工作日的交易时间段内向基金销售网点提出申购或赎回的申请。基金管理人以收到申购和赎回申请的当天作为申购或赎回申请日(T 日),并在 T+2 个工作日前(包括该日),确认该交易的有效性,投资者可在T+2个工作日后(包括该日)向基金销售网点进行成交查询。投资者申请申购时,通过指定账号划出足额的申购款项,申购采用全额交款方式,若资金未全额到账,则申购不成功,基金管理人将申购不成功或无效款项退回;若投资者是申请赎回,则投资者赎回申请成交后,成功赎回的款项将在T+7个工作日之内向基金持有人(赎回人)划出。

(3)拒绝或暂停申购。除出现下列情形,基金管理人不得拒绝或暂停基金投资者的申购申请:不可抗力;证券交易场所在交易时间非正常停市;基金资产规模过大,使基金管理人无法找到合适的投资品种,或可能对基金业绩产生负面影响,从而损害现有基金持有人的利益;基金管理人认为会有损于现有基金持有人利益的其他申购;基金管理人、基金托管人和注册过户登记人的技术保障或人员支持等不充分;经中国证监会同意认定的其他情形。被拒绝的申购款项将全额退划给投资者。

(4)拒绝或暂停赎回。除出现下列情形,基金管理人不得拒绝或暂停基金投资者的赎回申请:不可抗力;证券交易场所在交易时间非正常停市;因市场剧烈波动或其他原因而出现连续巨额赎回,导致本基金的现金支付出现困难时,基金管理人可以暂停接受基金的赎回申请;法律、法规、规章允许的其他情形,或其他在《基金契约》已载明并获中国证监会批准的特殊情形。发生上述情形之一的,基金管理人将在当日立即向中国证监会备案。已接受的赎回申请,基金管理人将足额支付;如暂时不能支付的,则按每个赎回申请人已被接受的赎回申请量占已接受赎回申请总量的比例分配给赎回申请人,其余部分在后续工作日予以兑付。同时,在出现上述第三款的情形时,对已接受的赎回申请可延期支付赎回款项,最长不得超过正常支付时间20个工作日,并在指定媒体上公告。

(5)巨额赎回。如果一个工作日的基金单位净赎回申请(赎回申请总数扣除申购申请总数的余额)超过当日基金单位总份数的10%,即认为是发生了巨额赎回。当出现了巨额赎回时,基金管理人可以根据该基金当时的资产组合状况,决定全额赎回或部分顺延赎回。全额赎回是指按正常赎回程序执行;部分顺延赎回是指基金管理人在当日接受赎回的比例不低于基金总份额的10%,而对其余赎回申请延期办理。对于当日的赎回申请,应当按单个账户赎回申请占赎回申请总量的比例,确定当日受理的赎回份额。投资者未能赎回部分,除投资者在提交赎回申请时明确做出不参加下一工作日赎回的表示外,自动转为第2个工作日赎回处理。转入第2个工作日的赎回不享有赎回优先权并将以第2个工作日的基金单位净值为准计算,并依此类推,直到全部赎回为止。另外,当发生巨额赎回并顺延赎回时,基金管理人应立即于3个工作日内在指定媒体上公告,以通知有关赎回申请人。

四、基金的费用

(一)基金持有人费用

基金持有人费用是基金投资者直接负担的费用,该费用是投资者进行基金交易时一次性支付的费用,包括申购费、赎回费、红利再投资费、转换费、其他非交易费用等。基金管理公司通常直接向投资者收取上述费用。其中,申购费、赎回费、红利再投资费、转换费可以固定金额或以交易金额为基础的费率方式收取,其他非交易费用以固定金额方式收取。

1. 申购费

申购费又称申购佣金。指投资者购买基金单位时需支付的费用,主要用于向基金销售机构支付销售费用以及广告费和其他营销支出。申购费可在投资者购买基金单位时收取;也可在投资者卖出基金单位时收取,即后收申购费,又称为后端收费模式。后收申购费率一般按持有期限递减,有的基金规定投资者持有基金达到一定期限,可以完全免除。因此,后收申购费有时又称为或有延缓的销售费用。

如有些基金规定,投资人持有基金单位不足1年的,其后收申购费率为申购金额的5%,以后持有期每增加1年,该费率就降低1%,持有期超过5年的,不再收取该项费用。在美国,前收费费率一般不超过5.5%,法律规定则不超过8.5%。我国《公开募集证券投资基金运作管理办法》规定,开放式基金可收取申购费,申购费不得高于申购金额的5%,申购费可在基金申购时收取,也可从赎回金额中扣除。

2. 赎回费

赎回费是指投资者卖出(赎回)基金单位时支付的费用。赎回费则是针对赎回行为收取的费用,主要为了减少投资者在短期内过多赎回而给其他投资者带来的损失,往往略带惩罚性质。

现在国外多数基金并不收取赎回费,而最多象征性地收取手续费。若收取赎回费,一般惯例是不超过净资产值的1%,且在持有超过一定期限后(比如2年或3年),可以免除。

赎回费与后收申购费不同,后收申购费属销售佣金,只不过在时间上不是在申购时而是在赎回时收取。赎回费是针对赎回行为本身而收取的一次性费用。有的基金在申购费收取上采取后收费方式,同时也另外收取赎回费。后收申购费收入由基金管理公司或销售机构支配,而赎回费收入则归基金所有。

我国《公开募集证券投资基金运作管理办法》规定,开放式基金可收取赎回费,但赎回费不得超过赎回金额的3%,赎回费收入在扣除基本手续费后,余额归基金所有。

3. 红利再投资费

红利再投资费是指投资者将从开放式基金所得到的分配收益再继续投资于基金,

所要支付的申购费用。目前绝大多数基金均不收取红利再投资费。

4. 转换费

转换费是指投资者在同一家基金管理公司所管理的不同基金品种之间,由一只基金转换为另一只基金时,所要支付的费用。目前绝大多数基金都不收取转换费。

5. 其他非交易费用

主要包括开户费和账户维护费。开户费是指投资者在开立基金账户时支付的费用。账户维护费一般只有当投资余额低于某一水平时方才收取,与基金托管费不同。一旦投资余额恢复到最低限额以上,就不再收取账户维护费,多数基金并不收取账户维护费。有的基金规定,当投资余额低于某一限额时,投资者或者补足到一定金额,或者全部赎回。开户费和账户维护费以固定金额的方式收取。

(二)基金运营费用

基金运营费用是指基金在运作过程中发生的费用,主要包括管理费、托管费、基金服务费、其他费用等。管理费、托管费、基金服务费可按基金净资产的一定比例逐日计算,按月支付,其他费用在收益期内摊销或据实列支。这些费用每年发生,在基金利润分配前直接从基金资产中扣除。

1. 基金管理费

基金管理费是指基金管理人管理基金资产所收取的费用。基金管理人可按固定费率或固定费率加提业绩表现费的方式收取管理费。业绩表现费是指固定管理费之外的支付给基金管理人的与基金业绩挂钩的费用。按固定费率收取的管理费,按基金资产净值的一定比例逐日计算,定期提取。计算公式为:

$$每日计提的管理费＝计算日基金资产净值\times 管理费率\div 365$$

基金管理费率通常与基金规模呈反比,与风险呈正比。基金规模越大,基金管理费率越低;基金风险程度越高,基金管理费率越高。各国或地区收取基金管理费率不同,但从基金类型看,证券衍生工具基金管理费率最高,如认股权证基金的管理费率为1.5%～2.5%;股票型基金为1%～1.5%;债券型基金为0.5%～1.5%;货币型基金最低,为0.25%～1%。美国等基金业比较发达的国家和地区,基金管理费率一般为0.4%～1%,中国香港一般不超过2%,中国台湾一般不超过1.5%。中国内地(大陆)封闭式基金都是股票型基金,现在的管理费结构为固定费率加提业绩表现费,固定费率为1.5%;开放式基金分为股票型基金和债券型基金,股票型基金的管理费率为1%～1.5%,债券型基金的管理费率通常低于1%。

按照有关规定,基金成立3个月后,如果基金持有现金比例高于基金资产净值的20%,则超过部分不计提管理费。

2. 基金托管费

基金托管费是指基金托管人托管基金资产所收取的费用,通常按基金资产净值的一定比例逐日计算,定期提取,该费用不得高于基金净资产的 0.25%。基金托管费收取的比例与基金规模、基金类型有一定关系,通常基金规模越大,基金托管费率越低。计算公式为:

$$每日计提的托管费 = 计算日基金资产净值 \times 托管费率 \div 365$$

海外托管费率一般为基金净资产的 0.1%~0.2%。我国目前的封闭式基金的托管费率为 0.25%,开放式基金的托管费率根据基金契约的规定比例计提,通常为 0.25%。

3. 基金服务费

基金服务费在美国又称 12b-1 费用,即持续性销售费用。12b-1 费用这个名称起源于美国的一条法律条款规定。12b-1 费用是美国证券交易委员会规定的每年收取的用以支付销售开支等的营销费用。该费用每年支付,可以划归为每年发生的运作费用的一种。12b-1 费用一般不超过净资产的 0.75%。因 12b-1 费用每年提取,投资时间越长,持续性销售费用的负担越明显。一般来说,基金销售费用的比率不是固定的,而是随着投资者认购基金规模的扩大而减少,这一措施有利于大额资金的投资者,同时小额资金的投资者也可以从中间接收益,因为基金规模的扩大可以产生规模效益,能减少单位基金所负担的固定费用。在美国,大多数机构投资者很少购买收取 12b-1 费用的基金。

销售佣金(前收或后收申购费用)和 12b-1 费用一起构成总的分销成本。在美国,不收申购佣金(无论是前收费还是后收费),并且持续性销售费用不超过基金净资产的 0.25%的基金称为免佣基金。

4. 其他费用

其他费用主要是维持基金运作的费用,包括注册登记费、席位租用费、证券交易佣金、律师费、会计师费、上市费用、信息披露费和持有人会费等。上述费用据实列支。按照有关规定,发生的这些费用影响基金单位净值小数点后第五位的,即发生的费用大于基金净值十万分之一的,应采用预提或待摊的方法计入基金损益;发生的费用不影响基金单位净值小数点后第五位的,即发生的费用小于基金净值十万分之一的,应于发生时直接计入基金损益。

五、基金的收益与分配

(一)基金的收益来源

投资基金从不同渠道以不同方式获得投资收益。其来源主要包括:

(1)利息收入,包括优先股股息、债券、存款利息。

(2)股利收入,是指基金通过在一级市场或二级市场购入并持有各公司发行的股票,而从公司取得的一种收益。

(3)资本利得收入,是指证券买卖的价差收入。

(二)基金的收益分配

1. 确定收益分配的内容

确切地说,基金分配的客体是净收益,即基金收益扣除按照有关规定应扣除的费用后的余额。这里所说的费用,一般包括支付给基金管理公司的管理费、支付给托管人的托管费、支付给注册会计师和律师的费用、基金设立时发生的开办费及其他费用等。一般而言,基金当年净收益应先弥补上一年亏损后,才可分配当年收益;基金投资当年净亏损,则不应分配收益。特别需要指出的是,上述收益和费用数据都必须经过具备从事证券相关业务资格的会计师事务所和注册会计师审计确认后,方可实施分配。

2. 确定收益分配的比例和时间

一般而言,每个基金的分配比例和时间都各不相同,通常是在不违反国家有关法律、法规的前提下,在基金契约或基金公司章程中事先载明。在分配比例上,美国有关法律规定基金必须将净收益的95%分配给投资者。而我国的《公开募集证券投资基金运作管理办法》则规定,基金收益分配比例不得低于基金净收益的90%。在分配时间上,基金每年应至少分配收益一次。

3. 确定收益分配的对象

无论是封闭式基金还是开放式基金,其收益分配的对象均为在特定时日持有基金单位的投资者。基金管理公司通常需规定获得收益分配权的最后权益登记日,只有在这一天交易结束后列于基金持有人名册上的投资者,方有权享受此次收益分配。

4. 确定分配的方式

确定分配的方式一般有三种:(1)分配现金。这是基金收益分配的最普遍的形式。(2)分配基金单位。即将应分配的净收益折合为等额的新的基金单位送给投资者。这种分配形式类似于通常所说的"送股",实际上是增加了基金的资本总额和规模。(3)不分配。既不送基金单位,也不分配现金,而是将净收益列入本金再投资,体现为基金单位净资产值的增加。中国大陆《公开募集证券投资基金运作管理办法》默认为采用方式(1),中国台湾地区则采用方式(1)和(3)相结合的分配方法,而美国用得最多的是方式(1)和(2)。

5. 确定收益分配的程序

这关系到投资者如何领取应归属于他们的那部分收益的问题。通常由基金管理公司下达指令给基金托管机构,由基金托管机构将核准的分配金总额拨付给基金管理人或过户代理人。基金管理人或过户代理人决定投资者应得红利金额并负责支付给投资者。对选择现金分红的持有人,基金管理人或过户代理人可以直接向投资者支付现金或通过支票付款,汇至持有人的银行账户;在分配基金单位时,指定的基金托管机构或证券公司将会把分配的基金单位份额打印在投资者的基金单位持有证明上。

六、基金资产净值与估值

(一)基金资产净值

基金资产净值是指在某一个基金估值时点上,按照公允价格计算的基金资产的总市值扣除负债后的余额,该余额是基金单位持有人的权益。按照公允价格计算基金资产的过程就是基金的估值。

单位基金资产净值,即每一基金单位代表的基金资产的净值。单位基金资产净值的计算公式为:

$$单位基金资产净值=(总资产-总负债)/基金单位总数$$
$$累计单位净值=单位净值+基金成立后累计单位派息金额$$

其中,总资产是指基金拥有的所有资产(包括股票、债券、银行存款和其他有价证券等)按照公允价格计算的资产总额;总负债是指基金运作及融资时所形成的负债,包括应付给他人的各项费用、应付资金利息等;基金单位总数是指当时发行在外的基金单位的总量。

单位基金资产净值是基金单位价格的内在价值,但基金净值的高低并不是选择基金的主要依据,基金净值未来的成长性才是判断投资价值的关键。净值的高低除了受到基金经理管理能力的影响之外,还受到很多其他因素的影响。比如封闭式基金在证券交易所上市,其价格除取决于资产净值外,还受到市场供求状况、经济形势、政治环境等多种因素的影响,所以,其价格与资产净值常发生偏离。而开放式基金,其基金单位的申购或赎回价格都是直接以单位基金资产净值为基准计价的。

(二)基金估值

基金估值是计算单位基金资产净值的关键。基金往往是分散投资于证券市场的各种投资工具,如股票、债券等,由于这些资产的市场价格是不断变动的,因此,只有每日重新计算单位基金资产净值,才能及时反映基金的投资价值。基金资产的估值原则如下:

任何上市流通的有价证券,以其估值日在证券交易所挂牌的平均价估值;估值日无交易的,以最近交易日的平均价估值。

未上市证券的估值:

(1)配股和增发新股,按估值日在证券交易所挂牌的同一股票的均价估值;

(2)首次公开发行的股票,按成本价估值;

(3)未上市流通的债券,按成本价估值。

配股权证,从配股除权日起到配股确认日止,若均价高于配股价,则按均价和配股价的差额估值;若收盘价低于配股价,则不估值。

如有确凿证据表明,按上述方法估值不能客观反映其公允价值,基金管理人可根据具体情况与基金托管人商定后,按最能反映公允价值的价格估值。

以上估值原则依据中华人民共和国财政部发布的《证券投资基金会计核算办法》制定。国家如有最新规定的,按最新规定估值。

第三节 证券投资基金的操作程序

我国证券投资基金有封闭式和开放式基金两种。封闭式基金发行后全部上市交易;开放式基金发行后小部分上市交易,大部分不能上市交易,只能通过基金公司或基金代销机构申购或赎回。上市基金的开户、买卖程序与股票的开户、买卖程序一样,此处不做过多叙述。在此,主要讲解非上市开放式基金的操作方法。

一、阅读有关法律文件

投资者购买基金前,需要认真阅读有关基金的招募说明书、基金契约及开户程序、交易规则等文件,总体评估准备购买基金的风险、收益水平,并据此做出投资决定。按照规定,各基金销售网点应备有上述文件,以备投资者随时查阅。

二、开立基金账户

基金投资者在认购、申购和赎回基金前,需开设基金账户和资金账户。基金账户是基金管理公司为投资者开立的存放基金的账户,不论投资者是通过哪种渠道购买,均记录在该账户下。资金账户是基金销售机构(包括直销和代销机构)为投资者开立的用于管理和记录投资者在该销售机构交易的基金种类、数量以及资金变化情况的账户。

(1)个人投资者到银行开立基金账户应提交以下证件资料:本人有效身份证明原件,包括身份证、军人证、武警证;开立银行的银行卡或此银行的存折,具体根据开立银行的需求而定;个人投资者填妥的开户申请表;个人投资者与银行共同签订并履行的买卖协定书。

(2)机构投资者到银行开立基金账户应提交以下证件资料:投资者填写并加盖机构公章与法定代表人章的开户申请表;工商行政管理机关颁发的有效法人营业执照(副本),或民政部门或其他主管部门颁发的注册登记证书,上述文件应同时提供复印件并加盖机构公章;法定代表人签字并加盖机构公章授权委托书;经办人身份证件及其复印件;预留印鉴卡;买卖协议书。

(3)个人投资者与机构投资者办完以上手续后,可同时开办基金网上银行。因许多银行的网上银行认购与申购基金可以有7折或5折优惠服务,每只基金有不同的折扣,目前最低为5折;从而个人投资者与机构投资者可节约认购费与赎回费。投资者开立了银行的买卖账户,就可以直接到此银行的代销网点认购或申购基金,也可以在家里或办公室的电脑中办理网上银行的买卖基金操作。在基金的发行期内,投资者可以同时办理开立银行买卖账户与认购业务,而无须多次跑代销网点。

(4)按规定,一名投资者只能开立一个基金账户,但可以有多个资金账户。开户必须由投资者本人亲自办理,不能委托他人办理开户。在认购期,投资者可以多次认购。

三、购买基金

开户之后,个人投资者或机构投资者只要按照销售机构规定的方式准备好购买基金的资金,填写并提交认购申请表,就可以买入开放式基金了。

由于开放式基金的规模不固定,可根据投资者的需要追加发行,因此基金的募集为基金的首次发行认购和基金的日常申购。首次发行,是指基金第一次向社会公开发行基金单位,以完成基金的成立。

如前所述,基金认购是指购买正处在发行期内的基金,此时基金尚未成立,认购的基金在发行期不能卖出。认购分为初始认购金额和追加认购金额。初始认购金额为个人最低认购金额的整数倍,但不能高于最高认购金额。

追加认购金额 = 个人最低追加认购金额 + 交易级差 × N(N 为整数)

基金申购是指购买发行期已结束的基金,申购的基金可以随时卖出。申购分为首次申购金额和追加申购金额两种。

首次申购金额 = 个人最低申购金额 + 交易级差 × N(N 为整数)

追加申购金额 = 个人最低追加申购金额 + 交易级差 × N(N 为整数)

办理认购或申购既可以网上进行,又可以通过电话进行,还可以通过营业网点进行。办理认购、申购申请时必须亲自前往,同时不要忘了提交基金认购申请表、基金申购申请表、本人有效身份证原件、代销银行指定的本人银行卡。

四、卖出基金

购买基金后,只要到销售网点填写并提交赎回申请表,便能卖出基金。赎回是指在基金存续期间,将手中持有的基金份额按一定价格卖给基金管理人并收回现金的行为。赎回后的剩余基金份额不能低于基金公司规定的最小剩余份额;未被基金公司确认的基金不能做赎回业务。

如购买基金一样,卖出基金既可以从网上赎回,又可以通过电话赎回,还可以通过营业网点赎回。

投资者办理赎回申请时必须亲自前往并提交以下材料:基金赎回申请表;本人有效身份证原件;代销银行指定的本人银行卡。

此外，对于开放式基金来说，投资者除了可以买卖基金单位外，还可以申请基金转换、非交易过户和红利再投资。

基金转换是指投资者在持有基金公司发行的任一开放式基金后，可直接自由转换到该公司管理的其他开放式基金，而不需要先赎回已持有的基金单位，再申购目标基金。例如，投资者将持有的南方宝元债券型基金的份额转换为南方稳健成长基金的份额，也可将持有的南方稳健成长基金的份额转换为南方宝元债券型基金的份额。这样做的优势在于，管理费用较低且投资者可在各种基金间转换。

基金的非交易过户是指因遗产继承、捐赠或司法执行等非交易原因引起的基金单位持有人的变更行为，或者基金单位所有权转移的行为。基金注册与过户登记人只受理继承、捐赠和司法执行等情况下的非交易过户。办理非交易过户必须提供基金销售网点要求提供的相关资料。符合条件的非交易过户申请自申请受理日起2个月办理，并按基金注册与过户登记人规定的标准收取过户费用。

基金的红利再投资是指开放式基金所得到的分配收益再继续投资于该基金，将分配红利转为基金单位。对于基金管理人来说，红利再投资没有发生现金流出，因此，目前绝大多数基金均不收取红利再投资费。

第四节　基金投资的策略与技巧

一、挑选基金类型的策略与技巧

投资者挑选基金可以分为以下几个步骤：第一步是衡量自身的风险承受能力；第二步是确定自己的投资目标，挑选适合的基金类型；第三步是评估同一类型的基金，选出最佳的投资基金品种；最后是根据市场情况的变化和自身条件的变化，调整自己的投资品种。

当然，具体来说，投资者还要根据自己的年龄、收入情况、财产状况与负担、时间与精力、投资收益的目标与年限、风险承受能力等来决定基金的类型。具体的策略如下：

（一）根据风险和收益挑选基金

不同类型的基金，风险各不相同。其中，股票型基金的风险最高，混合型基金和债券型基金次之，货币型基金和保本型基金的风险最小。

即使是同一类型的基金，由于投资风格和投资策略的不同，风险也会不同。例如，在股票型基金中，与成长型和增强型股票型基金比起来，平衡型、稳健型、指数型基金的风险要低一些。同时，收益和风险通常有较大的关联度，二者是同方向变化的。收益高则风险也高，反之则低。也就是说，要想获得高收益，往往要承担较高的风险。

如果投资者的风险承受力低，则宜选择货币型基金。这类基金可作为储蓄的替代品种,还可获得比储蓄利息高的回报。如果投资者的风险承受力稍强,则可以选择混合型基金和债券型基金。如果投资者的风险承受力较强,且希望收益更大,则可以选择指数型基金。如果投资者的风险承受力很强,则可以选择股票型基金。

(二)根据投资者年龄挑选基金

在不同的年龄阶段,每个投资者的投资目标、所承受的风险程度和经济能力各有差异。一般来说,年轻人事业处于开拓阶段,有一定的经济能力,没有家庭或孩子的负担,或者即使有也比较轻,收入大于支出,风险承受能力较高,股票型基金或股票投资比重较高的平衡型基金(即偏股型基金)都是不错的选择。中年人家庭生活和收入比较稳定,已经成为开放式基金的投资主力军,但需要承担较重的家庭责任,所能承受的风险不高,投资时应该将投资收益和风险综合起来考虑,宜选择平衡型基金,最好选择多样化的投资组合,将风险最大限度地分散。老年阶段主要依靠养老金及前期投资收益生活,一般很少有额外的收入来源,风险承受能力较弱,这一阶段的投资以稳健、安全、保值为目的,通常比较适合选择平衡型基金或债券型基金这些安全性较高的产品,也可以选择避险策略基金或货币型基金等低风险基金。

(三)根据婚姻状况挑选基金

单身投资者往往追求高收益,尤其是对于那些没有家庭负担、经济压力的人来说,他们很愿意承担风险而追求资产快速增值。他们可以采取的投资策略是:积极型基金投50%,适度积极型基金投30%,储蓄替代型基金投20%。这种组合中,股票型基金的比例占了很大一部分,有利于达到资本增值的目标。

初建家庭的投资者希望在中等风险水平下获得较高的收益,他们并不拥有较强的资金实力,却有明确的财富增值目标和一定的风险承受力。他们可以采取的投资策略是:积极型基金投40%,适度积极型基金投30%,储蓄替代型基金投30%。这种组合中,积极型基金占了较大的比例,适度积极型基金和储蓄替代型基金次之,保证了资产具有一定的流动性,有利于应付人口增加、支出增多和资产保值的需求。

家庭稳定的投资者追求在中等风险水平下得到可靠的投资回报,期望投资能带来一定的收益,能应付几年后孩子教育的支出。他们可采取的投资策略是:积极型基金投30%,适度积极型基金投30%,稳健型基金投20%,储蓄替代型基金投20%。这种组合兼顾了资产的中长期保值增值和收益的稳定性及变现性。

(四)根据投资期限挑选基金

如果投资期限在5年以上,则可以选择股票型基金这类风险偏高的产品。这样既可以防止基金价值短期波动的风险,又可以获得长期增值的机会,有较高的预期收益率。避险策略基金的投资期限也较长,一般为3年或5年,为投资者提供一定比例的本金回报保证,只要过了期限就能绝对保本,因此也适合长期投资。

如果投资期限在2~5年,则除了选择股票型基金这类高风险的产品外,还可以投资一些收益比较稳定的债券型或平衡型基金。这样可以保证基金有一定的流动性。但是由于申购、赎回环节都要缴纳不少手续费,投资前要考虑收入和费用问题。

如果投资期限在 2 年以下,则最好选择债券型基金和货币型基金,因为这两种类型风险低,收益比较稳定。特别是货币型基金具备极强的流动性,又不收取申购、赎回费用,投资者在需要资金时可以随时将其变现,在手头宽裕时又可以随时申购,故其是短期投资的首选。

(五)根据基金信息选择基金

基金信息主要包括必须公开披露的基本信息,即基金招募说明书、基金年报等,以及基金市场中各只基金的分析报告,如基金排行榜和基金买卖建议等。

1. 阅读基金招募说明书的技巧

在购买基金之前,必须阅读招募说明书(初次发行后称为公开说明书)。该说明书旨在充分披露可能对投资人做出投资判断产生重大影响的一切信息,包括管理人情况、托管人情况、基金销售渠道、申购和赎回的方式及价格、费用种类及比率、基金的投资目标、基金的会计核算原则、收益分配方式等。基金招募说明书是投资人了解基金最基本也是最重要的文件之一,是投资前的必读文件。

基金招募说明书内容繁多,投资者究竟该看哪些内容?一般认为,投资者阅读基金招募说明书,应着重关注以下六个方面的内容:(1)看基金品种;(2)看基金管理人;(3)看风险提示;(4)看投资策略;(5)看过往业绩;(6)看投资费用。

2. 阅读基金排行榜的技巧

要依靠基金排行榜选出最好的基金并不那么容易,一般我们可以从以下几个方面掌握阅读基金排行榜的技巧:(1)看权威性;(2)看基金业绩;(3)看整体水平;(4)看长期表现。

除此之外,可以从以下三个方面操作:

(1)结合自身风险承受能力筛选基金排行榜。即根据自己的风险承受能力从基金排行榜上筛选不同类型的基金,不要一味追求高回报率而选择业绩靠前的基金。

(2)灵活运用"4433"策略。如果关注时间周期长,第一步可以选择近 5 年以来业绩排名在同类产品前 1/4 基金,第二步选择近 3 年以来业绩排名靠前的 1/4 基金,第三步选择近 1 年以来业绩排名靠前的 1/3 基金,最后一步再选择近 6 个月以来业绩排名靠前的 1/3 基金。如果关注的时间周期短,有些基金可能上市时间不长,则可以灵活缩短时间参数。如果这几个周期基金排名都靠前,说明该基金无论长期还是中短期表现都不错,则可以重点关注。

(3)结合指标分析与基金排名分析。在基金购买的详情页,一般会有"风险系数""夏普比率"这两个指标。筛选基金时投资者需要结合自己的风险偏好选择夏普比率合适的基金。夏普比率也不是一成不变的,它随着基金的投资策略、市场环境等因素的变化而变化。因此，投资者需要通过查看基金的历史表现，如过去1年、3年、5年的夏普比率来评估该基金的风险收益能力。

另外，投资者应慎重看待星级基金。实际上，基金投资的根本目标是在长期战胜通货膨胀，加之统计收益或风险指标本身的需要，评价一只基金是否值得投资，一般至少需要3年的业绩记录。

3. 阅读基金年报的技巧

岁末年初，一般都是基金公司披露基金年报的时间。有不少投资者投资基金的时间不算短，却很少仔细阅读基金年报，他们往往觉得这些报告读起来非常乏味，抓不住重点。基金的年报是基金过往一年业绩详细信息的报告，展现了基金的投资组合和财务状况，也是投资者预测基金未来市场表现的重要依据。但是基金年报提供的内容纷繁复杂，为了以最少的时间获取最有用的信息，投资者在阅读基金年报时，应该重点掌握以下几方面的信息：(1)比较基金的业绩与其业绩比较基准；(2)参看主要财务指标；(3)阅读基金经理对基金运作情况的说明；(4)看看基金投资组合都持有哪些证券。

二、不同类型基金的投资策略

(一)ETF投资策略

EFT作为跟踪指数的投资品种，有特定优势，即在股指上升阶段，涨势特别快，而且由于是被动管理，投资者只需判断市场的走向，比研究个股简单得多。因为太多的上市公司包含着极为庞杂的信息，普通投资者根本无法过滤。由于ETF的绩效表现基本上与标的指数代表的大势一致，投资者看准了大势，就可以购买ETF，保证赚了指数就可以赚钱。

ETF还可以细分为两个更小的类别：被动型ETF和积极型ETF。

所谓被动型ETF，是指基金对于成分股票的投资数量完全按照相关成分股票在具体指数中所占的权重来进行，不做投资多少的主观判断与选择；在市场时机方面，基金经理也不做任何选择，时刻保持高水平的投资仓位，以求得基金绩效曲线与标的指数波动曲线的高度拟合。因此，要想保证赚了指数就可以赚钱，被动型ETF是最好的选择。

所谓积极型ETF，虽然其选股范围是相关指数的成分股，但是基金经理要做一定的价值判断和时机选择，既有个股投资比例的动态变化，看好的可以多买，不看好的可以不买；也有对于市场时机的判断，如果认为后市看好，则可以加大投资比例，反之可减小投资比例。

(二)股票型基金投资策略

股票型基金主要投资上市公司股票，主要收益为股票红利和股票上涨的盈利，其投资股票的基金资产一般不低于总资金的60%。股票型基金的数量最多，有的基金净值一年增长 10%,有的则下滑 10%。因此,选择这种基金要看基金净值是否稳定增长,同时要留意其持股结构是否具备上涨潜力。

股票型基金是当前基金市场上最大的一个类别。在具体实施操作的时候,投资人一定要对股票市场的行情发展趋势有大致的判断。只有认为未来的股票市场盈利空间大于下跌空间的时候,才可以投资股票型基金。因为在股票市场下跌的行情中,股票型基金很难创造收益。虽然基金经理的操控能力和抗风险能力均比一般投资者强得多,但是仍不能完全避免股市不成熟所带来的系统性风险。与此同时,A 股市场缺乏必要的避险工具和对冲产品,股票型基金的收益过分依赖股票市场的表现。市道好,则皆大欢喜;市道低迷,则股票型基金也无力回天。

(三)债券型基金投资策略

债券型基金主要投资国债、企业债和可转债。债券投资比率一般为总资金的 80%,以两年期定期存款税后利率作为业绩基准,在投资风险控制和收益方面具有明显优势。同时,债券型基金的申购和赎回手续费较低,一般为股票型基金的一半,一些短债基金还可以完全免手续费;在赎回上一般实行 T+1;收益也非常可观,90 日年化收益率为 2.3% 左右。选择债券型基金应参考其公告的历史净值以及最近 30 日的年化净值增长率等指标。

(四)货币型基金投资策略

货币型基金是储蓄的替代品,流动性好、风险低,具有银行存款无法比拟的优越性。货币型基金主要投资票据等短期货币工具,一般 1~2 个工作日便可赎回,其年收益一般在 2% 以上,大大高于银行的活期存款利息收入,也高于一年期定期存款收益。购买货币型基金可谓是"存活期的钱,拿定期的收益"。针对这一特点,投资者可以买货币型基金来替代传统的活期储蓄和一年内的定期储蓄。另外,货币型基金赎回变现非常方便,投资者当天提出赎回申请,资金在 T+2 上午 9:30 前就可以到账。此外,货币型基金不收取认购费、申购费和赎回费,并且始终能够提供高于银行利率的预期收益。但是,货币型基金并非没有风险,诸如中央银行的利率调整和市场的利率波动的风险、货币市场不够发达而导致的流动性风险等,都会给投资者带来意想不到的损失。

对于货币型基金的投资策略应该是:当其他基金市场存在较多投资风险的时候,暂时将资金放在货币型基金上;当其他基金市场有较好的投资机会时,到其他市场去捞一把,然后立刻回到货币型基金中来。投资货币型基金的目的是保持自己资金的流动性,控制整体个人投资的风险。现在各理财报刊和网站经常会刊登货币型基金 7 日年化收益排行榜,可以初选几只"候选"基金,观察一段时间,或查询一下基金的历史收益情况,然后选择买入收益较为稳定的货币型基金。

(五)混合型基金投资策略

混合型基金可在债券市场与股票市场之间实现灵活配置,收益与风险取决于两个市场的表现,风险比仅投资于股票市场略小。混合型基金属于中等风险基金品种,受益于灵活的资产配置策略,其风险虽高于债券型基金和货币型基金,但比股票型基金低。此类基金资产配置灵活,如果股票仓位配置很高,则为偏股型,其风险仅次于股票型基金;如果债券仓位配置较高,则属于偏债型,风险仅略高于债券型基金。

三、封闭式基金的投资技巧

投资者在投资封闭式基金时,需要掌握以下一些投资技巧:

(一)关注小盘基金

注意选择小盘封闭式基金,特别是要注意小盘封闭式基金的持有人结构和十大持有人所占的份额,如果基金的流通市值非常小,而且持有人非常分散,则极有可能出现部分主力为了争夺提议表决权而大肆收购的现象,导致基金价格出现急速上升,从而为投资者带来短线快速盈利的机会。

(二)关注封转开基金

封转开是指封闭式基金在基金到期日后转为开放式基金,即通过证券市场交易的封闭式基金转为可以直接按净值申购和赎回的开放式基金。封转开消除了封闭式基金到期的不确定性,成功的封转开可以使持有人避免因"到期清盘"而遭受损失,维护市场稳定。

我国自2006年成功实现封转开第一单——"基金兴业"转为"华夏平稳增长基金"——以来,已经陆续有多只基金成功实现了封转开,形式上也不断有所创新,比如"基金同智"转为LOF基金"长盛同智优势成长基金"。由于封闭式基金一直存在较大溢折价,因此封转开理论上存在较大的套利空间。

实行封转开已经成为即将到期封闭式基金的一致选择,而封闭式基金开放后,二级市场将消失,基金的溢折价问题也必然会得到解决。

注意选择溢折价率较大的封闭式基金,因为封闭转开放以后,基金的价格将向其价值回归。基金的投资收益率将在很大程度上取决于其溢折价率,溢折价率越大的基金,价值回归的空间也相应越大。净值回归、溢折价归零,这就是封转开所带来的投资机会。但值得注意的是2020年以后成立的封闭式基金跑赢沪深300指数比较困难,大多数投资者在封闭式基金到期时并没有选择封转开,反而是选择离场。

(三)关注分红潜力

年末封闭式基金分红一直是投资者最为关心的问题。要想把握住封闭式基金的分红行情,就要从多个方面入手:

(1)看预期分红规模,在此基础上把握投资机会。根据规定,封闭式基金可供分配的基金收益中有90%以上需要分红,因此,预期分红规模其实主要是预期基金的可供分配基金收益,而与可供分配基金收益关系最大的是单位基金净值,能够实现高比例分红的基金首先都是单位净值较高的基金。基金在分红后的单位净值一般不会低于1元。

(2)看基金的净值增长率。多数基金习惯于把每年的净值增长都兑换成基金收益。但是,要特别注意那些上一年出现大额损失但本年度业绩优秀的封闭式基金,要考虑到这些基金在弥补基金损失之后的收益才可以分红。

此外,投资封闭式基金还要看每只基金的未分配收益和已实现基金净收益情况。某些基金由于上一年分红比例不高,剩下的未分配收益也较为可观。

(四)关注基金重仓股的市场表现和股市未来发展趋势

基金的未来涨升空间将与基金重仓股的市场表现存在一定关联,如果未来市场行情继续向好,基金重仓股涨势良好,将可能带动基金的净值继续增长,使得基金更具有投资价值。

(五)投资封闭式基金要克服暴利思维

如果封闭式基金出现快速上涨行情,则要注意获利了结。按照目前的溢折价率计算,如果封闭式转开放的,其未来的理论上升空间应该在22%~30%,当基金上涨幅度过大,接近或到达理论涨幅时,投资者要注意获利了结。

四、降低基金投资成本的技巧

开放式基金日渐受到广大投资者的青睐,但也有一些人对基金公司收取不菲的申购、赎回费用难以接受。其实,投资开放式基金有很多省钱之道,掌握了这些减免手续费的窍门,将可以用更少的成本获得更大的收益。

(一)直接到证券公司或基金公司购买

通常银行销售基金要收取手续费,以弥补存款流失的损失,而证券公司为了增加新客户,往往以降低甚至免除基金手续费的方式吸引银行客户到证券公司购买基金(或者采用先收取申购费再返还全部或部分费用给客户),希望连带动员客户到证券公司办理证券交易等业务,从别的方面获得收益。此外,近年来一些基金公司也希望拥有自己的忠诚客户,在由银行代销的同时开展直销业务,客户如果找到基金公司直接购买,也可获得手续费减免优惠。

(二)网上电子直销模式

现在国内许多银行都在网上银行系统中增加了"银基通"功能,即客户无须到银行网点购买基金,只需在家里或办公室上网即可自助办理转账购买基金或者赎回基金的业务,而且电子直销一般都可以获得比网点手工购买便宜一半甚至更多的手续费优惠。

(三)利用同一家基金公司不同基金间的转换

通常一家基金公司同时管理着十多只甚至几十只不同种类的开放式基金(又称伞型基金、系列基金),基金公司为了留住和培养忠诚客户,实现基金产品的交叉销售,往往免费或者收很少费用为客户办理同一基金公司旗下不同基金品种间的转换。例如,投资者赎回某股票型基金要缴0.5%的赎回费,如果他将股票型基金转换成该公司的货币型基金,就无任何费用,然后再将货币型基金赎回就省去了赎回费。如果将来投资者又要认购该公司的另一只股票型基金,就可以用该货币型基金转换成股票型基金,可以节省0.5%~1.0%甚至全部的认购费。

在基金投资中,有些投资者会经常遇到这样的情况:在市场行情初始阶段,购买了大量的低风险基金品种,由于风险与收益是同方向变化的,风险低收益自然也就低,如果碰上股市大盘上扬,反而可能会错失分享利润空间上涨的机会。在基金市场的行情一片大好时,如果投资者以前购买了一些债券型基金、货币型基金或平衡型基金,不妨试试基金转换的手段,将手中的这些基金转换成同一家基金公司的股票型或偏股型基金,来分享由于股市上涨带来的利润空间。

(四)利用后端收费模式

一般来说,只有一次性购买基金在100万元以上,银行或基金公司才为客户提供不同程度的手续费减免优惠,那些资金量小的客户就须缴纳较高比例的手续费用。为了鼓励基金持有人持有基金时间更长,同时增强基金持有人的忠诚度,各家管理公司在基金的后端收费上设置了一定的灵活费率。即随着基金持有人持有基金时间变长而呈现后端收费递减的趋势。对于资金量小,无法享受认购期大额资金费率优惠的,不妨选择后端收费的方式,做一次长期价值投资。如客户计划持有某种基金超过2年就可以在购买时选择后端收费模式,则他购买时无需缴纳认购费,只在2年后赎回时一次性收取0.5%的综合费用,这样可以节省1.5%的手续费。

(五)利用分红再投资模式节约手续费

投资者拿自己的钱购买基金要缴手续费,如果将基金的分红直接转换成新的基金份额,就可以免缴全部手续费。如果投资者先领了分红再用分红购买基金,就得缴纳手续费。

(六)申购与认购基金的区别

认购就是在基金发行的时候购买,与买股票原始股有点相似。申购就是新基金过了封闭期之后再购买,与在二级市场上购买股票类似。很多人认为认购肯定比申购划算,但实际上除了认购费比申购费略低外,认购几乎没有优势可言。虽然认购的手续费稍低,但是认购的基金要过1~3个月的建仓封闭期,投资者很容易损失投资的时间,而且盲目采用认购的方式购买基金很可能和购买股票一样被"套牢",而采用申购的方式就可守可攻、进退自如。投资者可以静观一只基金走出封闭期后的表现,如果基金净值出现下跌,就可以观望或选择其他更好的基金;如果这只基金的净值稳步上升,就可以考虑采用申购的方式投资,这样投资风险会相对小一些。

(七)不要频繁买卖基金

一些投资者将基金当作股票一样喜欢高卖低买频繁进出,对于一些波动幅度较大的小盘基金来说还有一定的可操作性,但对于奉行长期、稳定的投资理念的大多数基金来说,频繁买卖基金赚的一点价差可能还不够付给银行每次来回高达2%的手续费。如果踏错了节奏,将基金低卖高买,那就是"赔了夫人又折兵",得不偿失了。

(八)遵守避险策略基金的避险期规定

避险策略基金虽然承诺投资人到期赎回基金时,可以拿回某一比例的本金,但是并非所有的避险策略型基金都是100%保本。例如,投资者购买避险策略基金,如果不遵守和执行避险策略基金关于避险周期的规定,不考虑成本和基金本身的特点频繁买卖基金,就无法收回购买基金的成本,甚至可能导致意想不到的亏损。因此,购买了避险策略基金的投资者,一定要记住基金的避险周期,在避险期内能忍受基金净值的起起落落,熬过避险期,才能保证自己的收益。

(九)减少赎回在途时间

开放式基金类型多样,不同类型的基金在赎回时,赎回资金的在途时间会有差异。一般情况下,赎回股票型、债券型、配置型基金的资金到账时间为5～7个工作日,如遇到周六、周日,到账时间会延迟。赎回的在途时间如此之长,对投资流动性形成制约,也给急需资金周转的投资者带来不便。对于如何进一步提高基金的灵活性,减少赎回在途时间,基金专家建议利用以下技巧来解决问题:(1)巧用基金转换"曲线"赎回;(2)选择交易在途时间短的基金;(3)尽量避免在节假日前赎回;(4)利用"约定投资"省时省力。

(十)利用QDII基金规避门槛高的沪伦通基金

据《上海证券交易所与伦敦证券交易所互联互通存托凭证上市交易暂行办法》,个人投资者参与中国存托凭证交易,应当符合下列条件:申请权限开通前20个交易日证券账户及资金账户内的资产日均不低于人民币300万元(不包括通过融资融券交易融入的资金和证券);不能存在严重的不良诚信记录,不存在境内法律、上交所业务规则等规定的禁止或限制参与证券交易的情形。这里的300万元的高门槛已经把众多投资者拒之门外。想要投资英国市场,不妨转投一下门槛较低的QDII基金。比如,华安标普全球石油基金(160416)既是QDII基金又是LOF基金,开放式运作,截至2023年1月,其规模达到3.29亿元,也是投资英国市场市值最高的QDII基金。据基金2019年一季报显示,在华安标普全球石油的前十大重仓股中,有4只均为在伦敦证券交易所上市的石油股,分别为英国石油公司、荷兰皇家壳牌石油、卢克石油、俄罗斯石油公司Rosneft。

五、基金定投策略与技巧

基金定投是定期定额投资基金的简称，又称懒人理财术，是指在固定的时间以固定的金额投资指定的基金，类似于银行的零存整取方式。基金定投的优点有：手续简便、省时省力、定期投资、不用考虑时点、平均投资、复利效果、手续便捷快捷。由于具有多重优点，因而基金定投逐渐为大多数中小投资者所接受并成为比较常见的理财方式之一。在基金定投时，投资者利用一些策略技巧，会取得事半功倍的效果。

（一）红利再投资收益更大

很多投资者在办理定投时，会忽略选择红利再投资。实践证明，从长远眼光来看，与现金分红相比，红利再投资的收益更大。其原因有二：其一，红利再投资是将分到的现金红利折算成份额再投资该基金，这样便能享受到复利的增长效果；其二，基金管理人为鼓励投资者追加投资，一般规定红利再投资不收取费用，这样便有利于降低投资者的成本。

（二）基金定投时间的选择

基金定投开始的时间也需要投资者选择。一般来说，基金定投比较适合趋势向上的市场，这样投入越多便收益越多。

若大盘涨得很高，基金价格也很高，且投资者对后市也不看好，此时便有如下两种选择：其一，可以停投1~2个月，不影响以后定投，但不要连续停投3个月，如果连续停投3个月，定投就会自动停止；其二，适当减少投资。反之，若股市在熊市，则可以适当增加投资，以增加基金份额。

（三）为自己设定一条止盈线

我们买基金的目的是获利，而不是放着不动，定投基金的道理也是一样的：当获得丰厚的收益后一定要把所有的基金赎回来，然后从下个月开始继续定投。

例如，不管是高点买入还是低点进入，只要盈利超过20%，就获利了结；跌幅超过20%，则将定投金额增加1倍，待获利20%，就获利了结；如此周而复始。只要选择的市场不是一直往下，从不反弹，则均有获利机会。

（四）基金定投还要学会三分法

俗话说"不要把鸡蛋放在同一个篮子里"，要学会充分利用基金市场的资源，实现资源的优化配置。尤其是在市场走势不明朗、反复震荡拉锯时进行基金定投，为了进一步分散系统性风险，基民不妨取三分法，将每月定投的总金额划分为三等份，分别投资股票型基金、债券型基金和货币型基金。

由于不同类型基金面临的市场风险有差异，因此可以降低整个组合的系统性风险。一旦市场进入明显的上升通道，就可以把三等份中的货币型基金转换为指数基金,以强化定投组合获取收益的能力。

(五)资产配置保持动态的平衡

谈及基金定投,不少基民往往只是针对一只基金或者一类基金。其实资产配置同样是长期投资不可或缺的理念,有助于实现投资收益最大化。比如,我们决定以每月3 000元构筑一个50%股票型基金和50%债券型基金的定投组合,最初时每月定投资金将各有1 500元进入债券型基金和股票型基金。

不过若经过1个月的变化,股票型基金下跌至1 300元,而债券型基金却上涨至1 600元,那么为了维持50∶50的资产配置,我们就要在定投过程中进行动态平衡,即投入1 650元至股票基金,使其总市值达到2 950元,投入1 350元,使债券基金同样市值达到2 950元,两者比例继续保持50∶50。

(六)封闭式基金也可定投

定期定投一直为开放式金所推崇,其实封闭式基金一样可以定投,只不过这需要我们在二级市场上操作。

(七)学会应用定点加强法

定点加强就是根据我们的判断,在定期定额的基础上于特定时刻增加或减少某类基金的份额,以期通过一定程度的主观判断来提高回报。

常见的定点加强法可以是基于指数或者估值。前者规定,若上证指数或其他标志性指数跌破多少点,就额外追加一定金额的资金,以便在相对低点累积更多的份额。而另一种则是基于市盈率或者市净率这样的估值指标,低于多少倍时就额外追加一定金额的资金。

(八)掌握解约时机

定期定额投资的期限也要根据市场情形来决定。比如已经投资了2年,市场上升到了非常高的点位,并且分析之后行情可能将进入另一个空头循环,那么最好先行解约获利了结。另外,如果投资者即将面临资金需求,就更要开始关注市场状况,决定解约时点。

(九)善用部分解约,适时转换基金

有些基民误以为,基金定投在办理赎回时,只能将持有的基金份额全部赎回结清。其实,在基金定投这一投资方式下,也可以部分赎回或部分转换,以最大化地提高投资收益,降低投资风险和成本。

因此,基民开始定期定额投资后,当自己对后市情况不是很确定时,也不必完全解约,可赎回部分份额取得资金。若市场趋势改变,则可转换到另一轮上升趋势的市场中,继续定期定额投资。

本章小结

1. 证券投资基金(简称基金),是指按照共同投资、共享收益、共担风险的基本原则和股份有限公司的某些原则,运用现代信托关系的机制,以基金方式将各个投资者彼此分散的资金集中起来以实现预期投资目的(从事股票、债券等金融工具的投资)的投资组织制度。它的主要特点包括:集合投资、专业管理、组合投资、分散风险、独立托管、保障安全。

2. 按分类原则的不同,证券投资基金可分为不同的类型。

3. 证券投资基金的当事人包括基金持有人、基金管理人、基金托管人。

4. 基金的设立有两种方式,即注册制与核准制。基金发起人在申请设立基金时必须具备法律要求的条件。

5. 基金的发行也称基金的募集,是指基金发起人在其设立或招募基金的申请获得监管机构批准后,向投资者推销基金单位、募集资金的行为。其发行方式有自行发行与代理发行。基金的认购与基金募集期限都是基金发行时必须关注的部分。

6. 基金的交易是在基金发行之后进行的买卖活动,分为封闭式基金的交易和开放式基金的交易。

7. 基金的费用包括基金持有人费用与基金的运营费用。其中基金持有人费用包括申购费、赎回费、再投资费、转换费、其他非交易费用等。基金运营费用包括管理费、托管费、基金服务费、其他费用等。

8. 基金的收益来源包括利息收入、股利收入、资本利得收入。基金的收益分配要注意:确定收益分配的内容;确定收益分配的比例和时间;确定收益分配的对象;确定收益分配的方式;确定收益分配的程序。

9. 基金资产净值是指在某一基金估值时点上,按照公允价格计算的基金资产的总市值扣除负债后的余额,该余额是基金单位持有人的权益。按照公允价格计算基金资产的过程就是基金的估值。

10. 封闭式基金的操作程序中的开户、买卖程序与股票的开户、买卖程序一样,非上市开放式基金的操作方法有所不同。

11. 挑选基金类型的策略为:根据风险和收益挑选基金;根据投资者年龄挑选基金;根据婚姻状况挑选基金;根据投资期限挑选基金;根据基金信息选择基金。

12. 要注意关注不同类型基金的投资策略,比如股票型基金和偏股型基金、ETF、债券型基金、货币型基金、混合型基金。

13. 投资者在投资封闭式基金时需要掌握的技巧有:关注小盘基金;关注封转开基金;关注分红潜力;关注基金重仓股的市场表现和股市未来发展趋势;投资封闭式基金要克服暴利思维。

14. 基金定投是定期定额投资基金的简称,又称懒人理财术,是指在固定的时间以固定的金额投资指定的基金,类似于银行的零存整取方式。基金定投有很多优点。

知识结构图

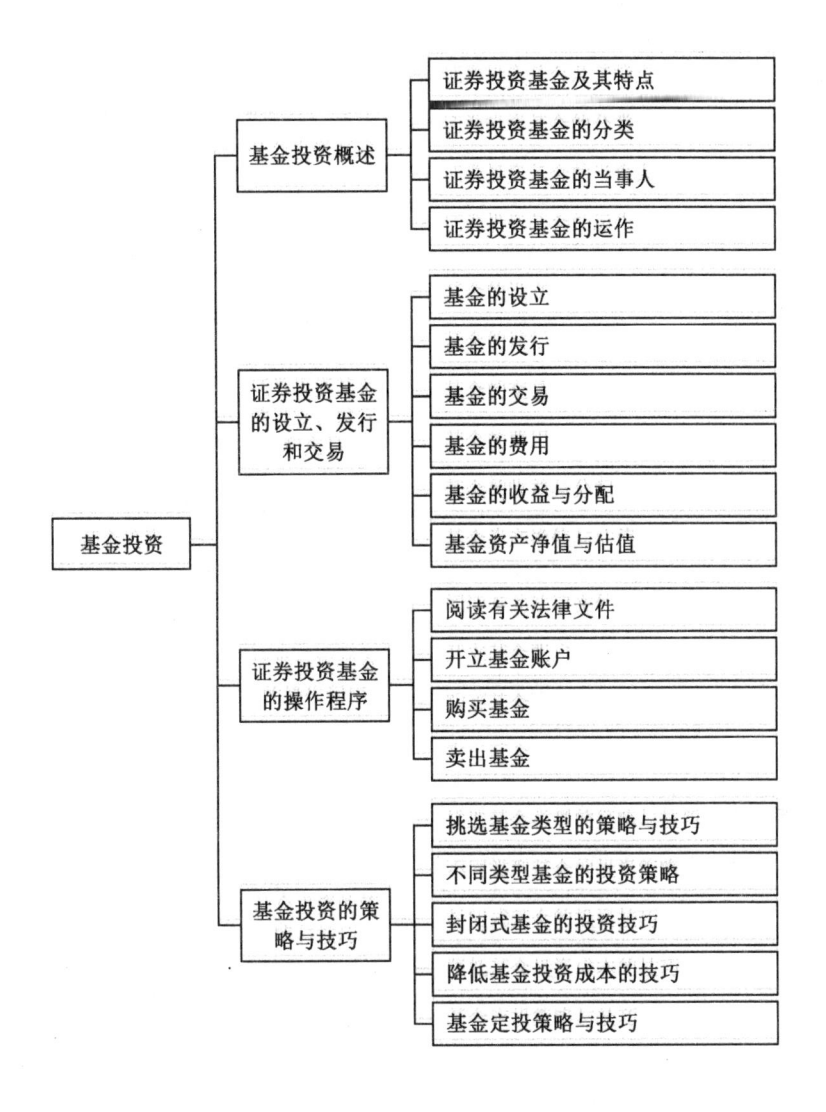

```
                                    ┌─ 证券投资基金及其特点
                    ┌─ 基金投资概述 ─┼─ 证券投资基金的分类
                    │               ├─ 证券投资基金的当事人
                    │               └─ 证券投资基金的运作
                    │
                    │                       ┌─ 基金的设立
                    │                       ├─ 基金的发行
                    │  证券投资基金          ├─ 基金的交易
                    ├─ 的设立、发行 ─────────┼─ 基金的费用
                    │  和交易                ├─ 基金的收益与分配
基金投资 ───────────┤                       └─ 基金资产净值与估值
                    │
                    │                       ┌─ 阅读有关法律文件
                    │  证券投资基金          ├─ 开立基金账户
                    ├─ 的操作程序 ──────────┼─ 购买基金
                    │                       └─ 卖出基金
                    │
                    │                       ┌─ 挑选基金类型的策略与技巧
                    │                       ├─ 不同类型基金的投资策略
                    │  基金投资的策          ├─ 封闭式基金的投资技巧
                    └─ 略与技巧 ────────────┼─ 降低基金投资成本的技巧
                                            └─ 基金定投策略与技巧
```

复习思考题

请根据所学基金的知识,包括基金的投资收益以及风险评估,结合自身实际,谈谈如何投资基金。

第八章 习题

第八章 习题答案

课后阅读

基金理财实战三个案例

目前,开放式基金中不乏中低风险品种,包括货币型基金、中短债基金、债券型基金等。当然,单从名字上,我们很难有清晰的认识。这里不妨以三名低风险偏好者的资金安排为例,跟几类基金对号入座一番。

个案一:晓琳,购物消费喜欢用信用卡。去年听了朋友的建议,她每个月把到账的工资都通过网上银行转为货币型基金,日常但凡大额支出就依靠信用卡搞定。到了还款日前2天,晓琳就把货币基金赎回来还款。因为货币基金比活期存款收益高出了两三倍。这样坚持了几个月,也省了一点零花钱出来。晓琳最近收到银行发来的一条消息,说某中短债基金正在发行,和货币型基金一样进出免费,收益率预计有2.5%左右。晓琳有点动心,想用这只基金来替代货币型基金,继续和信用卡联合作战。

投资建议:像晓琳这种情况,还是继续买货币型基金为佳。相比中短债基金,货币型基金的流动性更高,无论何时赎回,都不用考虑赎回在基金净值低点的问题。而前者由于投资品种期限相对较长,净值波动要超过货币基金。

个案二:佟女士在一家通信公司工作,每月月薪较高。自从3年前开始关注股市之后,佟女士自己总结了一条规律:不管市场如何走,每年下半年总还是有一次机会让你赚钱。她每年基本只进入股市一次,前年是在1 300点,去年是在1 200点,大盘涨10%,她就赶紧撤退。不过在等待机会来临之前,佟女士的资金基本就留在活期储蓄上睡大觉。

投资建议:对于理财很有纪律性的佟女士而言,用中短债基金来搭配一年一次的作战机会比较合适。因为她大多数收入的闲置时间都在1个季度以上,应买中短债基金而不是货币型基金,因为购买中短债基金进出没有成本,且收益相对更高。至于具体的收益水平,我们单看中短债基金和货币型基金的业绩比较基准就有数了,前者是两年期的税后定存收益,后者则是一年期的。

个案三:张先生作为30多岁的都市"夹心族",上有老下有小,拒绝风险较高的产品。他去年还清了多年的住房贷款,银行里也陆陆续续积累了10万元的活期储蓄。继续放在银行,张先生很是不甘心,觉得虽然很安全,但利息太少。他想买国债,但看报纸上说总要排队,似乎不太容易。对于这笔钱,张先生还没有考虑合适的用途,"但至少最近3年不会用"。

投资建议:张先生这笔资金可能放上3年,买货币型基金或者中短债基金都不太合算。不妨到避险策略基金或者债券型基金中找寻合适的品种。当然,避险策略基金从投资范围来讲,跟债券型基金是一样的,只不过在投资策略的设计方面因为要"保本",资产配置会有相当的约束,保本期限一般是3年。比如表现最好的南方避险增值,成立以来,净值增长率达到24.89%。普通的债券型基金风险要比保本基金高,有可能亏损,但1年内上涨的幅度也可能更高。

第九章 保险理财

学习目标

1. 知识目标

(1)识别生活中的风险类别；

(2)了解保险的意义和价值以及保险当事人等相关知识；

(3)理解保险的各种分类及各种保险品种。

2. 技能目标

(1)能结合现行生活中的风险，选择适合的保险品种；

(2)能根据保险业务的实际，说明购买保险的有关方法及注意事项；

(3)掌握不同险种的购买窍门和技巧；

(4)能根据个人或家庭的风险状况制定合适的保险方案。

3. 思政目标

(1)了解保险理财行业领域的国家战略、法律法规及政策导向，培养家国情怀；

(2)培育学生经世济民、诚信为本、客户为先、德技兼修的职业素养。

案例导入

李老汉70多岁时靠省吃俭用，积攒了2万元人民币。因考虑日后养老之用，他在自己家里的内墙上挖了个洞穴，用木箱把钱币装好，埋入墙内。老汉73岁那年突然暴病死亡，死前还来不及告知子孙埋币之事。不久，一场暴雨把老汉遗屋摧垮，儿子在清理房屋时，发现墙内洞穴的木箱里装满纸屑，经仔细辨认，才知是被老鼠咬碎的纸币。2万元人民币竟白白让老鼠享了"口福"。

理财启示：投资处处有风险，然而死守家财的风险可能会更大。投资理财要承认风险、分析风险、管理风险，进而降低风险，这是每一个投资人必须面对的问题。

本章导语：本章系统地讲解了保险的相关知识，并结合现行保险业务的实际，说明购买保险的有关方法及注意事项，同时要求掌握不同险种的购买窍门和技巧。本章是理财规划之保险规划中重要的组成部分，保险在理财规划中扮演着重要的角色，可以提供风险保障、规避风险，同时也是一种重要的投资方式，帮助规划财务计划。

关键词：可保风险、财产保险、人身保险、社会保险、投连险、分红险、万能险

第一节　风险控制与保险概述

现实生活中存在各种各样的风险,无论人们如何小心谨慎,怎样事先防范,总是有发生潜在损失和意外事故的可能性。因此,自古以来人们总会寻求各种方法对付风险。保险就是其中最有效的一种。

一、生活中的风险类别

(一)财产风险

每个人都拥有一定数量的个人财产,包括房屋、车辆、家具、电器、衣物等。一旦拥有这些财产,便面临遭遇损失的财产风险(property risk)。这种风险可能来自偷盗、抢劫、破坏等人为事件,也可能来自火灾、水灾、地震等自然灾害。

(二)人身风险

人身风险(personal risk)是指因生、老、病、死、残而导致的风险,包括由于经济主要来源即人的死亡而造成其生活依赖人的生活困难,以及由于年老而丧失劳动能力,或由于疾病、残废而增加医疗支出从而导致经济困难等。

(三)责任风险

责任风险(liability risk)是指人们的行为可能给他人的身体或财产造成意外的伤害或损失,对此依法承担给付或赔偿责任。例如,从阳台上扔东西,不小心砸伤路人或砸坏邻居财物;人们所养的宠物咬伤路人,致使路人伤口发炎住院甚至死亡;设计错误、偷工减料造成的施工事故,使房屋损毁;医生因误诊造成患者死亡;人们驾驶汽车不慎撞伤行人等。

随着科学技术的迅速发展,人类征服自然、改造自然的能力大大增强,但无论如何也消灭不了自然灾害和意外事故的客观存在,因为风险事故与人类社会相伴随。不能消灭风险,则唯有接受风险存在这个事实。

二、保险的意义和价值

(一)保险的起源

我国自古就有"未雨绸缪""积谷防饥"的说法。可见,在古代就已经出现了保险思想的萌芽。

在我国,历代王朝都非常重视积谷备荒。春秋时期孔子的"耕三余一"思想是颇有代表性的见解。孔子认为,每年如能将收获粮食的1/3存储起来,这样连续存储3年,便可存足1年的粮食,即"余一"。如果不断地存储粮食,经过27年就可存储9年的粮

食,就可达到太平盛世。

在国外,保险思想和原始的保险雏形在古代已经产生。据史料记载,公元前2000年,在西亚两河(底格里斯河和幼发拉底河)流域的古巴比伦王国,国王曾下令僧侣、法官及村长等对他们所辖境内的居民收取赋金,用以救济遭受火灾及其他天灾的人们。在古埃及,石匠中曾有一种互助基金组织,向每个成员收取会费以支付个别成员死亡后的丧葬费。古罗马军队中的士兵组织,以收取的会费作为士兵阵亡后对其遗属的抚恤费用。

(二)保险的功能

1. 转移风险

买保险就是把自己的风险转移出去,而接受风险的机构就是保险公司。保险公司集中大量风险之后,运用概率论和大数法则等数学方法预测风险概率、保险损失概率。保险通过研究风险的偶然性寻找其必然性,掌握风险发生、发展的规律,化偶然为必然,化不定为固定,为众多有危险顾虑的人提供了保障。

由于保险存在着许多优点,因此通过保险转移风险是最常见的风险管理手段。但并不是所有的风险都能够通过保险转移,只有符合一定条件的可保风险才可以运用保险转移。

对于某种风险是否需要购买保险转移,可以运用以下这个简单公式做出判断:一种风险的相对价值=面临风险暴露的总金额/财富总额。计算数值越大,个人承担给定风险的能力就越小,就越需要对该风险进行保险。例如,某人拥有一套价值250万元的房产,其个人总净值为400万元。运用上述公式:房产损失的相对价值为0.63(250/400)。显然,如果房子完全损毁,此人就根本无法承担如此巨大的损失,因此他应该投保。

2. 均摊损失

转移风险并非指灾害事故真正离开了投保人,而是保险人借助众人的财力,给遭灾受损的投保人补偿经济损失。自然灾害、意外事故造成的经济损失一般都是巨大的,是受灾个人难以应付和承受的。保险人以收取保险费用和支付赔款的形式,将少数人的巨额损失分散给众多的被保险人,从而使个人难以承受的损失,变成多数人可以承担的损失,这实际上是把损失均摊给有相同风险的投保人。

3. 实施补偿

实施补偿要以双方当事人签订的合同为依据,其补偿的范围主要有以下几个方面:第一,投保人因灾害事故所遭受的财产损失;第二,投保人因灾害事故使自己身体遭受的伤亡或保险期满应给付的保险金;第三,投保人因灾害事故依法对他人应付的经济赔偿;第四,投保人因另一方当事人不履行合同所蒙受的经济损失;第五,灾害事故发生后,投保人因施救保险标的所发生的一切费用。

4. 抵押贷款和投资收益

保险法中明确规定了"现金价值不丧失条款",客户虽然与保险公司签订合同,但客户有权终止这个合同,并得到退保金额。保险合同中也规定客户在资金紧缺时可申请退保金的90%作为贷款。如果急需资金,又一时筹措不到,便可以将保险单抵押在保险公司,从保险公司取得相应数额的贷款。

同时,一些人寿保险产品不仅具有保险功能,而且具有一定的投资价值。也就是说,如果在保险期间出现了保险事故,则保险公司会按照约定给付保险金;如果在保险期间没有发生保险事故,那么在到达给付期时,得到的保险金不仅会超过过去所缴的保险费,而且有本金以外的其他收益。

5. 免税效应

购买保险还可以享受免税的优惠。按国际惯例,购买养老保险时,当投保人与受益人为同一人时可免征所得税,为不同人时需缴赠与税。夫妻互赠、婚嫁金、教育金将免税。受益人指定与否,与是否缴纳税收直接有关。如果事先指定受益人,则被保险人身故以后对受益人领取的保险金免征遗产税;如果事先没有指定受益人,则按保险法规定,保险金作为被保险人的遗产,这样对作为遗产处理的保险金,国家按规定要征收遗产税。

在国外,遗产税率实行的都是高额累进税率,一般在40%以上。按照这个税率,如果将一幢房子留给子女,则很可能出现子女因交不起遗产税而不得不将其卖掉或放弃继承的情形。但如果父母留给子女的是高保额的人寿保险,则结果就大不一样了。

【例9.1】 张先生现年40岁,假设他75岁身故时留有200万元资产,并遗有妻及一子,则做以下比较:

(1)未参加保险:

200-20(扣除丧葬费和直系亲属生活费)-60(免税额)=120(万元);假设税率为40%,则应纳税额=120×40%=48(万元)。

实际所得资产=200-48=152(万元)

(2)40岁时投保了50万元保额的终身保险,交了20年,每年缴保费为1.8万元,则20年共缴保费=20×1.8=36(万元)。

应交遗产税=(200-36-20-60)×40%=33.6(万元)

实际所得资产=200-36+50-33.6=180.4(万元)

(注:为了举例简单,未考虑利息等因素。)

由此可见,将部分财产通过保险公司可合法地规避一笔不小的税款,并可以利用保险赔偿金缴纳遗产税,避免了由于现金不足变卖资产所造成的财产损失,最大限度地保全了资产。

三、需要购买保险的主要对象

(1)中年人:主要是指40岁以上的工薪人员,他们要考虑退休后的生活保障,就必须考虑给自己设定足够的"保险系数",使自己的晚年生活获得充裕的物质保障。

(2)身体欠佳者:社会医疗保障制度改革后,医疗费用由国家、用人单位和职工个人共同筹措、合理负担,职工负担的比例将适当提高。身体不好的职工迫切需要购买保险。

(3)高薪阶层:由于这部分职工本身收入可观,又有一定量的个人资产,加之自然和不可抗力的破坏因素的存在,他们也急于寻找一种稳妥的保障方式,使自己的财产更安全。

(4)岗位竞争激烈的职工:主要是指"三资"企业的高级雇员等,一般而言,他们面临着比一般人更大的工作量,且工作富于挑战性,所以,他们比一般人更有危机感,更需要购买保险。

(5)少数单身职工家庭:单身职工家庭一般无法承受太大的经济压力,因此迫切需要购买保险。

四、保险中涉及的主要当事人

(一)投保人

投保人(policy holder)是申请保险的人,也是负有缴付保险费义务的人。投保人要求是成年人和有完全民事行为能力的自然人或法人单位,未成年人或不具备民事行为能力的人不能做投保人。

(二)被保险人

被保险人(insured)是保险的承保对象。被保险人可以是成年人,也可以是儿童,但如果是儿童,则须由其父母或监护人投保。

(三)受益人

受益人(beneficiary)是指人身保险死亡赔偿金的受领人。对人身保险都需要指定受益人,如果投保人或被保险人未指定受益人,则他的法定继承人即为受益人。当被保险人死亡后,由受益人领取死亡赔偿金。

投保人、受益人与被保险人之间应存在保险利益关系,即一定的利害损失关系,如丈夫与妻子、父母与子女、债权人与债务人等。

投保人订立保险合同有两种常见的情况:

(1)投保人为自己的利益而签订的保险合同,合同所产生的权利与义务由投保人自己承担或享受,投保人和被保险人合二为一。

(2)投保人为他人的利益而签订的保险合同,即由保险合同所产生的权利(如保险金请求权)属于他人,而不属于投保人,投保人仅负有交付保费义务。如父亲以自己的生命为标的投保死亡险,指定其子为受益人,这时投保人与被保险人为一人,而受益人为另一人;又如子为父投保生存险,以父为受益人,这时投保人为一人,被保险人和受益人为同一人;再如雇主为其雇员投保意外伤害险,受益人为雇员的家属,这时投保人、被保险人和受益人均为不同的对象。

第二节 保险的分类与主要保险品种

一、保险的分类

保险有很多种分类方法,每种分类对应相应的保险类别。

从大的方面说,按其性质来分,可分为以营利为目的的商业保险(commercial insurance)和不以营利为目的的社会保险(social insurance)两大类。社会保险又包括了养老保险、医疗保险、失业保险、工伤保险和生育保险,我国将商业保险分为财产保险(property insurance)和人身保险(personal insurance)(而在国外一般分为寿险和非寿险)。

(一)社会保险与商业保险的区别

社会保险,是指国家通过立法强制实行的,由劳动者、企业(雇主)或社区,以及国家三方共同筹资,建立保险基金,针对劳动者因年老、工伤、疾病、生育、残废、失业、死亡等原因丧失劳动能力或暂时失去工作时,给予劳动者本人或供养直系亲属物质帮助的一种社会保障制度。它具有保障劳动者基本生活、维护社会安定和促进经济发展的作用。社会保险的特点为强制性、低水平、广覆盖。

商业保险又称金融保险,是相对于社会保险而言的。商业保险是根据保险合同约定,向投保人收取保险费,建立保险基金,对于合同约定的风险造成的财产损失承担赔偿责任;或当被保险人死亡、伤残、患病或者达到合同约定的年龄、期限时承担给付保险金责任的一种合同行为。

社会保险与商业保险有如下区别:

(1)性质不同:社会保险具有保障性,不以营利为目的;商业保险具有经营性,以追求经济效益为目的。

(2)建立基础不同:社会保险建立在劳动关系基础上,只要形成了劳动关系,用人单位就必须为职工办理社会保险;商业保险自愿投保,以合同契约的形式确立双方的权利与义务关系。

(3)管理体制不同:社会保险由政府职能部门管理;商业保险由企业性质的保险公司经营管理。

(4)对象不同:参加社会保险的对象是劳动者,其范围由法律规定,受资格条件的限制;商业保险的对象是自然人,投保人一般不受限制,只要自愿投保并愿意履行合同条款即可。

(5)保障范围不同：社会保险解决绝大多数劳动者的生活保障；商业保险只解决一部分投保人的问题。

(6)资金来源不同：社会保险的资金由国家、企业、个人三方面分担；商业保险的资金来源只有投保人的保费。

(7)待遇计发不同：社会保险的待遇给付原则是保障劳动者基本生活，保险待遇一般采取按月支付的形式，并随社会平均工资增长每年调整；商业保险则按"多投多保，少投少保，不投不保"的原则确定理赔标准。

(8)时间性不同：社会保险是国家稳定的、连续性的制度；商业保险是一次性的、短期的企业行为。

(9)法律基础不同：社会保险由劳动法及其配套法规来立法，商业保险则由经济法、商业保险法及其配套法规来约束。

(二)财产保险与人身保险的区别

财产保险是指投保人根据合同约定，向保险人交付保险费，保险人按保险合同的约定对所承保的财产及其有关利益因自然灾害或意外事故造成的损失承担赔偿责任的保险。

人身保险是以人的寿命和身体为保险标的的保险。人身保险的投保人按照保单约定向保险人缴纳保险费。当被保险人在合同期限内发生死亡、伤残、疾病等保险事故或达到人身保险合同约定的年龄、期限时，由保险人依照合同约定承担给付保险金的责任。

二者的区别有如下方面：

1. 保险金额的确定不同

人身保险的保险标的是人的生命和身体，而人的生命或身体不是商品，不能用货币衡量其实际价值大小，因此其保险金额的确定主要采用"生命价值"确定方法和"人身保险设计"方法。一般情况下，人身保险的保险金额由投保人和保险人共同约定，其确定取决于投保人的实际需要和交费能力。

2. 保险金的给付不同

人身保险属于定额给付性保险(个别险种除外，如医疗保险，可以是补偿性保险)，保险事故发生时，被保险人既可以有经济上的损失，也可以没有经济上的损失，即使有经济上的损失，也不一定能用货币衡量。因此，人身保险不适用补偿原则，也不存在财产保险中比例分摊和代位求偿原则的问题。财产保险中，被保险人可同时持有若干份相同的有效保单，保险事故发生后，即可从若干保单中同时获得保险金。如果保险事故由第三方造成，并依法应由第三方承担赔偿责任，被保险人就可以同时获得保险人支付的保险金和第三方支付的赔偿金，保险人不能向第三方代位求偿。

3. 保险利益的确定不同

人身保险的保险利益不同于财产保险,主要表现在:

(1)在财产保险中,保险利益具有量的规定性;而在人身保险中,人的生命或身体是无价的,保险利益也不能用货币估算。因此,人身保险没有金额上的限制。

(2)在财产保险中,保险利益不仅是订立合同的前提条件,而且是维持合同效力、保险人支付赔款的条件;而在人身保险中,保险利益只是订立合同的前提条件,并不是维持合同效力、保险人给付保险金的条件。

4. 期限不同

财产保险如火险等保险期间大多为1年,而人身保险大多为长期性保单,长则十几年、几十年或人的一生。

5. 是否具有储蓄性方面不同

财产保险的保险期间一般较短,保险人无法将纯保费用于长期投资,且财产保险不具有储蓄性。人身保险,尤其是人寿保险,具有明显的储蓄性,但又不等同于储蓄。

(三)财产保险的分类

财产保险分为财产损失险、责任保险、信用保证保险三大类险种。

财产保险可进一步细分为财产险、货物运输保险、运输工具保险、农业保险、工程保险、责任保险、保证保险。

(四)人身保险的分类

人身保险有如下几种分类方法:

1. 按保险责任分类,人身保险可分为人寿保险、人身意外伤害保险和健康保险

(1)人寿保险:人寿即人的寿命,人寿保险是以被保险人的生命为保险标的,以被保险人生存或死亡为保险事故的人身保险。在实务中,人们习惯把人寿保险分为定期寿险、终身寿险、两全保险和年金保险。人寿保险是人身保险中最重要的部分。

(2)人身意外伤害保险:简称意外伤害保险。意外伤害是指在人们没有预见到或违背被保险人意愿的情况下,突然发生的外来致害物对被保险人身体明显、剧烈地侵害的客观事实。意外伤害保险是以被保险人因遭受意外伤害事故造成的死亡或伤残为保险事故的人身保险。在全部人身保险业务中,意外伤害保险所占比重不大,但由于保费相对低廉,只需支付少量保费就可获得高保障,投保简便,无须体检,因此承保人次较多,如旅行意外伤害保险、航空意外伤害保险等。

(3)健康保险:是以被保险人的身体为保险标的,保证被保险人在疾病或意外事故所致伤时的费用或损失获得补偿的一种人身保险,包括重大疾病保险、住院医疗保险、手术保险、意外伤害医疗保险、收入损失保险等。

2. 按保险期间分类,人身保险可分为保险期间为1年以上的长期业务和保险期间为1年以下(含1年)的短期业务

人寿保险中大多数业务均为长期业务,如终身保险、两全保险、年金保险等,其保

险期间长达十几年、几十年,甚至终身,同时,这类保险储蓄性也较强;而人身保险中的意外伤害保险和健康保险及人寿保险中的定期保险大多为短期业务,其保险期间为1年或几个月,同时,这类业务储蓄性较低,保单的现金价值较小。

3. 按承保方式分类,人身保险可分为团体保险和个人保险

团体保险是指一张保单为某一单位的所有员工或其中的大多数员工(国家金融监督管理总局会规定至少75%以上的员工,且绝对人数不少于8人)提供保险保障的保险。团体保险又可分为团体人寿保险、团体年金保险、团体健康保险等。个人保险是指一张保险单中只为一个人或一个家庭提供保障的保险。

4. 按是否分红分类,人身保险可分为分红保险和不分红保险

分红保险是指保险公司将其实际经营成果优于保守定价假设的盈余,按一定比例向保单持有人分配的人寿保险。这种保单最初设计仅限于相互保险公司签发,但现在股份制保险公司也可采用。一般来说,在分红保险保费计算中,预定利率、预定死亡率及预定费用率的假设较为保守,均附加了较大的安全系数,因此保费相对较高,公司理应将其实际经济成果优于保守假设的盈余以红利的方式返还一部分给保单持有人。而在不分红保单中,所附安全系数较小,因为这种保单的成本结余不能事后退还保单持有人;同时为业务竞争的需要,保险的计算必须反映提供保险的实际成本。因此,不分红保险的正常利润,仅以红利分配给股东或提存准备金。

二、主要保险品种

保险分类繁多,但常见情形下,适合个人和家庭购买的主要保险品种有保障功能类和理财功能类。保障功能类主要有人寿险、意外伤害险、医疗保险、家庭财产保险、机动车辆险和房屋保险等,理财功能类主要有投资连接险、分红险、万能险、教育险等。下面具体阐述这些保险品种。

(一)保障功能类

1. 人寿险

人寿险又称生命保险,是以人的生命为保险标的,以人的生死为保险事故,当发生保险事故时,保险人对被保险人履行给付保险金责任的一种保险,分为定期寿险、终身寿险、两全保险、年金保险。

(1)定期寿险。又称"定期死亡保险"或"定期人寿保险"。它是人身险中最简单的一种,指在合同约定的期限内,被保险人如发生死亡事故,保险人依照保险合同的规定给付保险金。如果被保险人在保险期间届满时仍然生存,则保险合同即行终止,保险人无给付义务,也不退还保险费。由于功能比较单一,定期寿险保险费比较低廉,投保人支付少额的保费就可得到巨额的保障,比较适合收入较少而对保障要求高的投保人、暂时收入低的投保人,以及处于创业阶段投入资本高且短期财务风险高的投保

等。另外，由于定期寿险没有现金价值，因此其基本上不具有储蓄性。

(2)终身寿险。又称"终身死亡保险"或"终身人寿保险"，是提供终身保障的保险，一般到生命表的终端年龄100岁为止。它承担被保险人死亡保险的给付保障责任。该险种不论被保险人何时死亡，只要发生约定的被保险人死亡事件，保险公司都必定要给付全额保险金。从保险责任看，终身寿险除了保障期限较长外，与定期寿险类似。但是终身寿险有现金价值，这是它与定期寿险最大的区别。所以终身寿险合同中可能有减额交清、保单质押贷款等条款。从费率来看，终身寿险的费率介于定期和两全保险之间。

(3)两全保险。定期寿险和终身寿险都是在被保险人死亡的情况下给付保险金。两全保险不仅于被保险人在保险期内死亡时向其受益人给付保险金，而且在被保险人期满生存时也向其本人给付保险金。因此，两全保险是死亡保险和生存保险的综合，其保险金额分为危险保障保额和储蓄保额，而且其中的危险保额会随保险年度的增加而递减直至期满消失，而储蓄保额则随保险年度的增加而增加。递减的定期保险加上储蓄累积正好等于保单约定的保险金额。又因为合同含有储蓄成分，该险种可让保单持有人在解约时获得现金价值，也可在保险期间进行保单贷款。与此对应的保险费也分为两部分，其中既有保障因素，又有储蓄因素，尤其以储蓄因素为主。两全保险因其保险责任最为全面，适应性必然也较广，每个人可根据自身情况选择合适的保障标准和保险期限。其与终身寿险的区别是有一定期限，年均衡保险费要也高于终身寿险。

(4)年金保险。年金保险是保障被保险人老年生活的一种保险，按照合同保险公司每隔一定周期支付一定数额的生存保险金给被保险人。年金保险最鲜明的特点在于，其不采用一次性给付保险金的方式，而是按照被保险人与保险公司的约定以年周期或月周期给付保险金。保险金的给付可以约定确定年金，也可以约定终身年金。确定年金与被保险人的生命生死概率无关，如果约定给付10年年金，则不论被保险人生死，保险公司总是支付10年年金给被保险人或其受益人。而终身年金则意味着保险公司要提供的年金给付一直延续到年金受领人死亡为止。年金保险的保险费缴付方式一般可以趸缴，也可以分期缴费。通常被保险人很少采用趸缴保险费的方式，因此年金保险的保险期往往要包括缴费期和给付期，其中给付期又分为即期年金和延期年金。即期年金为一次缴费，在缴费日期之后的1个月或1年即给付年金。延期年金可以一次缴费或分期缴费，年金支付则在缴费期一段时期之后经过好几年的时间。如某一投保人分期缴费至50岁，而与保险公司约定的年金领取年龄为60岁开始，那么该被保险人要在缴清全部保险费之后等待10年，到60岁起领取年金，退休职工的生活质量将大打折扣。因此，年金保险是对社保养老金的有力补充，投保人可以通过参与该险种提前为退休后的生活做好财务安排，使自己在退休后至少维持工作时的生活水平。

2. 意外伤害险

(1)意外伤害险的保障项目

意外伤害保险是指投保人向保险人缴纳保险费,如果在保险期内因发生意外事故,致使被保险人死亡或伤残,支出医疗费用或暂时丧失劳动能力,则保险人按照合同的规定给付保险金。意外伤害保险的保障项目有四项:死亡给付、残废给付、医疗给付、停工给付。

需要注意的是,一个具体的意外伤害保险险种,可以同时提供全部四项保障,也可只承保其中一两项,这需要人们在投保时仔细了解。

(2)意外伤害险的特点

意外伤害保险是损害赔偿性的保险,是一种介于财产保险和人寿保险之间的保险。其特点如下:

①保险期限较短。保险期限一般不超过1年,这与财产保险有相似之处。

②纯保险费是根据保险金额损失率计算的,这也与财产保险相同。被保险人遭受意外伤害的概率主要取决于其职业、工种或从事活动的危险程度。在其他条件都相同时,被保险人的职业、工种或所从事活动的危险程度越高,应缴的保险费就越多,对被保险人的年龄和身体状况没有严格限制,但一般人身伤害保险中都规定,凡全部丧失劳动能力或精神病、癫痫病患者,不能投保。

③意外伤害保险的死亡保险金按约定的保险金额给付,残废保险金按保险金额的一定比例给付。在人寿保险中,保险事故发生时,保险人不问被保险人有无损失以及损失金额是多少,只是按照约定的保险金额给付保险金。

由于纯粹的意外伤害保险只承担发生意外事故后的身故、残疾保险金及医疗费用开支,因此费率比较低,适合收入较少、对其他保障形式需求不大的被保险人,比如在校学生。

(3)不同群体对意外险的需求

从对意外险需求的强度来分,可分为一家之主、单亲父母、空中一族、劳力一族、单身贵族和学生六个群体:

①一家之主:非常需要。作为家庭的主要经济来源,一家之主发生意外后,家庭将因经济来源中断或减少而陷入危机。

②单亲父母:非常需要。单亲父母的收入是家中经济的唯一来源,他(她)肩负家庭的一切开销。如果发生意外,家庭经济将会陷入危机。

③空中一族:非常需要。由于空中一族时常搭乘飞机往返各国,出现意外的概率增加,因此除了基本的风险规划之外,应该要注重对意外险的规划,并且在每次出发前购买旅行平安险。

航空意外险一般有三种给付情况:一是客户在保单有效期内身故,保险公司给付身故保险金;二是客户在保单有效期内残疾,保险公司给付残疾保险金;三是在保单有效期内,未造成身故或残疾,但由于意外造成的医疗支出,保险公司按一定限额给付医疗保险金。航空意外险属于自愿办理的个人意外伤害保险,其保险期限一般从被保险人登上保单注明的航班始发站飞机舱门,至目的地的飞机舱门(不包括旋梯及廊桥)。在飞机到达目的地之前的停留、绕道过程中,只要被保险人一直随机行动,其间所受的意外伤害均在保险责任范围内。航空意外险对投保人或被保险人没有特殊要求,凡是购买了航空飞机机票的乘客,无论其年龄、性别、职业、身体状况如何,均可自愿购买一份或多份航空意外险保单。多年来,我国国内一直是由多家保险公司共同出售一种航空意外险保单:每份保单保费20元,保险金额为40万元,投保人最多可以买5份,最高保额限制在200万元。

对于几乎一年里有上百天在飞机上度过的"空中一族"来说,购买买断性的全年航空意外险比每年分数十次购买20元的航空意外险划算;如果只是偶尔乘坐一次飞机,而平时又主要依赖公共交通、火车等工具,购买一份打包的"交通意外险"则是最好的选择。

④劳力一族:需要。劳力一族的工作环境危险性偏高,较容易发生意外。他们工作辛苦且危险性也高,若本身为家庭经济的主要收入来源,那么在发生意外无法工作时,将导致家庭经济陷入危机。所以,风险规划对于劳力一族来说是十分重要的。

⑤单身贵族:有能力时可以买。单身贵族负担相对较轻,若是想提早为自己的未来进行风险规划,就可以考虑在此时期购买。但是不需要一次买太多,先让自己拥有基本的保障,等到自己的家庭责任加重后,再逐渐增加个人的保障,以免因为长久负担过大而导致保险中断。

⑥学生:可买可不买。求学阶段的儿童与青少年们,正值活泼好动的年纪,因此最容易遭受意外伤害。但由于青少年不是家庭的主要来源,购买意外险主要是用于发生意外事故后的医疗费用,因此不必购买高额的意外险。

3. 医疗保险

目前,医疗保险主要包括普通医疗保险、意外伤害医疗保险、住院医疗保险、手术医疗保险、特种疾病保险。

(1)普通医疗保险

普通医疗保险是医疗保险中保险责任最广泛的一种,负责被保险人因疾病和意外伤害支出的门诊医疗费和住院医疗费。普通医疗保险一般采用团体方式承保,或者作为个人长期寿险的附加责任承保。普通医疗保险一般采用补偿方式给付医疗保险金,对门诊医疗费规定每次门诊的最高给付限额,对住院医疗费规定每次连续住院期间的最高给付限额,在限额之内,按被保险人实际支出的医疗费给付医疗保险金。

(2)意外伤害医疗保险

意外伤害医疗保险,负责被保险人因遭受意外伤害支出的医疗费。意外伤害医疗保险一般作为意外伤害保险(基本险)的附加责任,个人和团体都可以投保,不检查被保险人的身体。意外伤害医疗保险为附加险时,保险期限与基本险相同,保险金额可以与基本险相同,也可以另外约定。意外伤害医疗保险一般采用补偿方式给付医疗保险金,不但要规定保险金额即给付限额,还要规定治疗期限。治疗期限一般为 90 天、180 天或 360 天,自被保险人遭受意外伤害日起算,可以延迟到保险期限结束之后。

(3)住院医疗保险

住院医疗保险,负责被保险人因疾病或意外伤害需要住院治疗时支出的医疗费,不负责被保险人的门诊医疗费,可以团体投保,也可以个人投保。和前面两种医疗保险一样,住院医疗保险既可以采用补偿给付方式,也可以采用定额给付方式。

(4)手术医疗保险

手术医疗保险属于单项医疗保险,只负责被保险人因施行手术而支出的医疗费,不论是门诊手术治疗还是住院手术治疗。手术医疗保险可以单独承担,也可以作为意外保险或人寿保险的附加险承保。和前面的医疗保险一样,手术医疗保险可以采用补偿给付方式,也可以采用定额给付方式。

(5)特种疾病保险

特种疾病保险以被保险人患特定疾病为保险事故。当被保险人被确诊为患某种特定疾病时,如恶性肿瘤、艾滋病、严重的心血管疾病等,保险人按约定的金额给付保险金,以满足被保险人的经济需要。

特种疾病保险所承保的疾病,一般是那些对人的生命威胁大、治愈可能性极小的疾病。一份特种疾病保险的保单可以仅承保某一种特定疾病,也可以承保若干种特定疾病。特种疾病保险是长期保险业务,保险期限一般长达十几年,可以单独投保,也可以作为人寿保险的附加险投保。

特种疾病保险采用定额给付方式,保险金额由投保人与保险人双方约定。被保险人一旦被确诊患有保险合同中约定的特种疾病,保险人就按照保险金额一次性给付保险金,保险责任即行终止。

4. 家庭财产保险

目前我国家庭财产保险的种类主要有普通家庭财产保险、家庭财产两全保险、长效还本家庭财产保险。

(1)普通家庭财产保险

普通家庭财产保险的保险标的为室内财产,包括家用电器和文体娱乐用品、衣物和床上用品、家具及其他生活用具。而诸如金银、珠宝、钻石、字画、邮票、艺术品、古玩、货币、有价证券、票证、书籍、食品、烟酒、种植物等需专业鉴定人员确定价值或难以估算价值的财产不在保障范围之内。

该险种采取缴纳保险费的方式,保险期限为 1 年,从保险人签发保单零时起,到保险期满 24 小时止。没有特殊原因,中途不得退保。保险期满后,所缴纳的保险费不退还,继续保险需要重新办理保险手续。

(2)家庭财产两全保险

家庭财产两全保险的承保范围和保险责任与普通家财险相同。家庭财产两全保险具有灾害补偿和储蓄的双重性质。也就是说,投保人的保险费是以储蓄形式缴给保险公司的,投保时,投保人缴纳固定的保险储金,储金的利息转作保费,保险期满时,无论在保险期内是否发生赔付,保险储金均返还投保人。

家庭财产两全保险的保险责任期限分为1年和5年。保险储金采取固定保险金额的方式,城市居民以1 000元保险金额为一份,农村居民以2 000元保险金额为一份。投保至少一份,被保险人可根据家庭财产实际价值投保多份。

家庭财产两全保险(含盗窃责任)保险储金标准为:1年期每千元财产储金为33元,3年期每千元财产储金为30元;5年期每千元财产储金为28元。

(3)长效还本家庭财产保险

长效还本家庭财产保险是普遍家庭财产保险和家庭财产两全保险相结合的产物。其含义是:保户交给保险公司的保费作为"储蓄金",当保险期满时,只要不申请退保,上一期的储金就可以作为下一期的储金,保险责任继续有效。如此一直延续下去,直到某一年发生保险事故或者保户要退保为止。因为这种保险的实际有效期较长,不可预测的经营风险较大,所以保险公司往往在保险合同中保留保险公司终止合同的权利。因此,在签订保险合同时要特别注意这方面的条款规定。

5. 机动车辆险

(1)保险标的

机动车辆险是以机动车辆为保险标的的保险。其范围包括汽车、电车、电瓶车、摩托车、拖拉机、各种专用机械车、特种车。机动车辆险是财产保险中最普及也是最主要的险种之一,主要承担因保险事故造成的车辆本身的损失,以及他人的人身伤亡和财产损失。

(2)种类

①第三者责任险:是指被保险车辆因保险责任范围内的原因(如碰撞、倾覆、爆炸、火灾)而引起被保险车辆以外的财物损失和人员伤亡,并且依法应由被保险人承担经济赔偿的那部分损失,由保险公司承担赔偿责任的保险。第三者责任险承担的是被保险人对他人的经济赔偿责任,至于被保险人自己的损失,在第三者责任险中保险公司不承担赔偿责任。第三者责任险是必须投保的险种,在验车、新车验牌照时都要检验车辆是否投保了第三者责任险。

②车辆损失险:是指对被保险车辆因保险责任范围内的原因(如碰撞、倾覆、爆炸、空中坠物等)而引起的损失承担赔偿责任的保险。该险种属于自愿投保的险种。

③附加险:机动车辆保险的附加险包括全车盗抢险、玻璃单独破碎险、车辆停驶损失险、自燃损失险、新增设备损失险、车上人员责任险、无过错责任险、车载货物掉落责任险、不计免赔特约险等。未购买基本险的不能购买附加险。该险种属于自愿投保的险种。

(3)购买车险的搭配方案

除第三者责任险为必须投保的品种、车辆损失险作为主险一般都应参保外,附加险的选择需根据驾驶人的驾车技术、车辆的新旧程度等合理搭配(见表9.1)。

表 9.1　　　　　　　　　　　车险搭配方案推荐

类　别	险种搭配方案	理　由
新手开新车	车辆损失险、第三者责任险、全车盗抢险、玻璃单独破碎险、新增设备损失险、不计免赔特约险、车上人员责任险、无过失责任险	除新车发生自燃的可能性较小,可以不投保自燃损失险以外,其他险别是新手开新车必须考虑投保的内容,其中,由于新手的驾驶技术尚有待提高,故第三者责任险最好投保较高的赔偿限额
新手开老车	车辆损失险、第三者责任险、自燃损失险、不计免赔特约险、车上人员责任险、无过失责任险	小偷很少光顾老旧车辆,盗抢险没必要参加。车辆陈旧,因此自燃的可能性增大,投保自燃损失险是最好的选择
老手开新车	车辆损失险、第三者责任险、全车盗抢险、玻璃单独破碎险、新增设备损失险、不计免赔特约险、车上人员责任险	新车容易吸引窃贼的注意,所以盗抢险是必须投保的。对新车一般都会爱护有加,如果投保了玻璃单独破碎险,当玻璃上有裂纹时,更换玻璃将变得轻松。老手驾驶技术熟练,出险概率较低,可以不投保无过失责任险,但为了提高保障程度,不计免赔险还是应该投保
老手开老车	车辆损失险、第三者责任险、自燃损失险、车上人员责任险	高超的驾驶技术加上一辆老车,因此只需选择最重要的险别投保。虽然即便擦刮也不心疼,但碰撞后总要修理。投保车辆损失险后,可免去许多烦恼。老车的油路、电路系统恐怕都不太可靠,投保自燃损失险,会使驾驶时更放心。车与人相比,人更重要,因此投保车上人员责任险是必不可少的

(4)车辆索赔中的主要注意事项

①故意行为不属于赔偿范围。

②受车内物品的撞击所受的车辆损失责任自负。

③事故引起的玻璃损伤是由车辆损失险而非玻璃单独破损险赔付。

④理赔额太小,索赔未必划算。

⑤丢失车钥匙会增加5%的绝对免赔率。

⑥车在收费停车场或营业性修理厂被盗不赔。

⑦车辆被债务人开走不赔。

⑧不按时年检的车辆将遭拒赔。

6.房屋保险

目前,个人在贷款购房时,银行一般均要求贷款人为房屋购买房屋保险。房屋保险主要保障火灾、爆炸、雷击等自然灾害和意外事故造成的房屋损失。一般由业主或住户投保,保险费率为 0.1%~0.2%,发生损失时,保险公司按房屋的实际价值计算赔偿,但以不超过保险金额为限。

(1)种类

①定值保险。定值保险即房屋的保险金额是按投保时双方约定的保险估价来确定的,不因房屋市场价值的涨跌而增减。若房屋遭受意外损坏,全部损失按保险金额的全额赔偿;若只有部分损失,则按保险金额乘以损失成数赔偿。例如,某房屋投保时双方约定的保险估价为 100 万元,遭受意外损坏时,房屋市价涨至 120 万元(或跌为 80 万元)。若房屋全损,按保险额 100 万元赔偿;若部分损失,损失量为 7 成,按 70 万元(100×70%)赔偿。

②不定值保险。在这种保险中,保险合同上不约定保险标的的实际价格,只列明合同上的保险金额作为最高赔偿金额,被保险的房屋发生意外损坏时按照市价计算赔偿。在上例中,如若房屋全损,房屋市价涨为 120 万元,赔偿 100 万元;房屋市价跌至 80 万元,赔偿 80 万元。若房屋部分损失为 7 成,房屋市价涨为 120 万元,实际损失为 84 万元(120×70%),赔偿 70 万元(84×100/120);市价跌为 80 万元,实际损失为 56 万元(80×70%),赔偿 56 万元。

③重置价格保险。重置价格保险房屋投保人与保险公司双方约定按房屋重置价值确定保险金额。如被保险人申请将一幢旧房屋按相当于重建一幢新房屋的价值来投保,一旦房屋发生事故,即可按重置价格获得赔偿。

④第一危险责任保险。这种保险方式不要求投保人将房屋的实际价值足额投保,而按一次意外事故可能发生的最高损失金额来投保,在发生保险事故时,不论保险金额与全部财产价值比例如何,只要在保险金额范围内,保险人均按实际损失赔付。如房屋估价为 100 万元,约定保额为 50 万元,发生保险事故损失为 20 万元,则保险人应按 20 万元赔偿。由于这种保险方式在超过保险金额的第二部分房屋价值即第二保险方面完全未投保,因此称这种方式为"第一危险责任保险"。

(2)房屋保险与家庭财产保险的区别

房屋保险虽然与家庭财产保险同属财产险,但两者还是存在以下几方面本质区别:保障范围不同、保险标的面临的风险不同、赔偿处理不同。

(二)理财功能类

1. 投资连接险

投资连接保险是一种投资型的保险险种,相对于寿险产品而言,除了给予客户生命保障外,更具有较强的投资功能。购买者缴付的保费除少部分用于购买保险保障外,其余部分进入投资账户。投资账户中的资金由保险公司的投资专家投资,投资收益将全部分摊到投资账户内,归客户所有,同时客户承担相应的投资风险。通俗地说,所谓"投资连接",就是将投资收益的不确定性(风险)"连接"给客户。

与传统保险产品相比较,投资连接险具有以下特点:(1)保障充分。(2)突出投资理财功能。(3)透明度与灵活性。(4)有风险。传统产品的投资风险完全由保险公司承担,而该险种的情况则不同,客户收益的高低直接取决于投资业绩的表现并随之波动,客户在拥有更大获利空间的同时也承担较大的投资风险。

2. 分红险

所谓分红保险,就是指保险公司每个会计年度结束后,将上一会计年度该类分红保险的可分配盈余,按一定的比例,以现金红利或增值红利的方式,分配给客户的一种保险。

根据国家金融监督管理总局规定,保险公司应将当年可分配盈余的大部分分配给客户。同时保险公司还会向每位客户寄送分红业绩报告,说明该类分红保险的投资收益状况、费用支出和费用分摊方法、当年盈余和可分配盈余、该客户应得红利金额及其计算基础和计算方法,做到充分透明。

客户保单中除分红外的其他利益,不会因分红而受到任何影响。分红保险除分配红利给客户外,像传统寿险产品一样,它还提供基本的寿险保障,如身故保障、满期给付等,其内容和金额在保险合同中都有明确的约定(见表9.2)。

表9.2　　　　　　　　　　　　分红险的产品优势

	分红险	投资连接险	传统保险
主要特点	保险和投资绑在一起,在传统保险的基础上,加上分红功能	保险和投资分开,在传统保险的保障功能上,加上投资功能	保单载明的保障或储蓄功能
盈余来源	利差益[①]、死差益[②]、费差益[③]及其他盈余	投资账户的投资绩效	无
退保给付	有一个最低的保证现金价值	现金价值是不保证的,与投资账户累计值直接挂钩	按保单载明的现金价值给付
满期给付	按投保时约定的保险金额加上累计红利	投资账户累计值(投资单位价值总额)	按投保时确定的满期保险金额
身故给付	按投保时约定的保险金额加上累计红利	与投资账户累计值挂钩,取投资账户累计值与合同保险金额中的较大值	按投保时确定的人身保险金额
额外费用	不收取额外的费用	收取投资账户管理费	无
风险	保户和保险人共担	完全由保户自己承担	无风险

注:①死差益是指保险公司实际的风险发生率低于预计的风险发生率,即实际死亡人数比预期死亡人数少时所产生的盈余;

②利差益是指保险公司实际的投资收益高于预计的投资收益时所产生的盈余;

③费差益是指保险公司实际的营运管理费用低于预计的营运管理费用时所产生的盈余。

分红保险既为客户提供了分享保险公司经营成果的可能,也为客户在当前金融环境下有效规避风险、获得最大利益提供了一个良好的机会。分红保险的风险由保户和保险人共担。但保险公司每年派发的红利是不可预见和不能保证的,它会随保险公司的实际经营绩效而波动。因此客户在选择购买分红保险时,尤其需要慎选保险公司。

3. 万能保险

(1) 定义与特点

万能保险(universal life)指的是可以任意支付保险费以及任意调整死亡保险金给付金额的人寿保险。也就是说,在支付某一个最低金额的第一期保险费以后,投保人可以在任何时间支付任何金额的保险费,并且任意提高或降低死亡给付金额,只要保单积存的现金价值足够支付以后各期的成本和费用就可以了。而且万能保险现金价值的计算有一个最低的保证利率,保证了最低的收益率。万能保险除了同传统寿险一样给予保户生命保障外,还可以让客户直接参与由保险公司为投保人建立的投资账户内资金的投资活动,将保单的价值与保险公司独立运作的投保人投资账户资金的业绩联系起来。

万能保险具有较低的保证利率,能够较有效规避风险;保险合同规定缴纳的保费及变更保险的金额均比较灵活,有较大的弹性,可充分满足客户不同时期的保障需求;既有保证的最低利率,又享有高利率带来高回报的可能性,从而对客户产生较大的吸引力。它提供了一个人一生仅用一张寿险保单解决保障问题的可能性,弹性的保费缴纳和可调整的保障,使其十分适合规划人生终身保障(见表9.3)。

表9.3　　　　　　　　　　各类型寿险产品特点比较

险　种	保单利率	业务管理	投资收益	保险保障	客户偏好
传统寿险	预定利率固定,保险双方存在利率风险	精算、实务管理、客户服务相对简单,对电子化水平要求相对较低,透明度很低	按固定的预定利率计算保单利益,收益归保险人	合同缺乏弹性,不易满足保障需求的变化,不能克服通货膨胀影响	预定利率经常变动,影响了对客户的吸引力
分红寿险	固定的较低预定利率	红利计算较复杂,需要精算、计算机系统的大力支持,每年公布一次红利	按公司产生的盈余分配红利,实际分配的红利可能没有保证	合同缺乏弹性的问题同样存在	红利分配能提高客户购买的兴趣
投资连接寿险	无保证预定利率,保险公司不承担利率风险	精算、实务管理、客户服务较复杂,需计算机系统大力支持,定期公布单位价值,透明度高,管理费较传统险种高	无最低保障,具有较大的波动性	有的合同具有较大弹性,融保险保障与投资理财于一体	客户完全承担投资风险,也可能享受高额回报,风险偏好者较喜欢
万能寿险	较低的保证利率,能有效规避利率风险	同上	有最低保证的回报率,收益与公司专门账户收益相关联	合同有较大的弹性,投资保底,双重保障	既保证最低利率,又有高利率带来高回报的可能,对客户产生较大的吸引力

(2)投保注意事项

投保万能保险时,应注意以下几个方面:第一,明确缴费比例,选择适合自己的产品。万能寿险的保险费包括附加保费、危险保费和储蓄保费三部分。风险规避性很强的投资者应该选择保障保费比例较大的万能寿险产品;风险中性的投资者则可以选择同类产品中储蓄保费与保障保费比例适中的类型。第二,注意比较缴费方式。万能保险一般包括趸缴和分期缴费,财力充裕的投资者可考虑选择趸缴方式(一次缴清保险费)。因为在分期缴费下,保险公司会考虑后续期缴费的时间价值和利率风险,必然相应增加以后的缴费额度,增加投资者的投资成本。第三,注意收益的领取方式。从目前各家保险公司推出的万能保险产品来看,其收益领取方式基本包括一次领取、年金领取、到期可转换为养老保险等。投资者可根据自身具体情况相机抉择。那些收入尚不充裕、资金需求不稳定的投资者往往选择一次领取。第四,对万能保险的投资账户,保险公司一般要收取初始费用、账户管理费等。只有当账户投资收益能够抵消上述费用时,投保人才能真正赚钱。因此,万能保险的投保人在签订保单之前,一定要向代理人询问清楚保单账户需要扣除的费用项目,才能明了用于投资赚取收益的钱有多少。鉴于万能保险产品设计的复杂性,多数代理人解释不清这项产品,或者掩饰费用支出的项目,遇到这样的情况,客户要多问问保险公司,谨慎签单。

4. 教育险

每个家长都"望子成龙,望女成凤"。为了孩子的将来,只要条件允许,父母大多对教育不惜代价,以期孩子将来找到理想的工作,有一个美好的未来。但近年来,日趋昂贵的教育费用,使得教育支出占家庭收入之比不断上升。教育保险的推出,正是为了给目前收入稳定的父母们提供一个很好的储蓄子女教育费用的方法,确保他们顺利完成学业。

教育保险不设上限,以家庭的实际承受能力为购买标准,分为小学教育金、初中教育金、高中教育金和大学教育金,贯穿了未成年人的整个教育阶段。

从保障的内容上,教育保险除了提供教育金,有的还将婚嫁金纳入保障范围,这更加符合中国人扶持子女"成家立业"的习惯;还有的教育保险将生存金给付、意外死亡及伤残等多项保障集合在一个险种中;另有教育保险将保障的期限延至 55 岁或 60 岁,到时可以获得一笔满期保险金。除此之外,有些教育保险还提供了少儿险种向终身保险、两全保险或养老保险的转换,既延长了保险保障,又能免除核保手续,这样一份保险就可以贯穿人生各个时期。

在保障程度上,在保险期间投保人万一发生身故或高残等意外事件,为了保障被保险少儿仍能完成学业,保险公司将免除被保险人余下各期的保险费,而保险责任继续有效;或者以减少保险金额的形式,维持保险单的效力。

教育保险也出现了具有分红功能的新型险种。其在为未成年子女筹措教育金的同时让投保人分享保险公司的经营成果,取得分红回报,提高资金利用率,获得理财与保障的双重效果。

第三节 保险理财的操作流程

一、购买保险的一般流程

(一)购买前

了解自己的财务状况;确认自己的保险需求;了解各保险品种的功能;挑选营运状况良好、值得信赖的保险公司;确认投保前是否需要进行健康检查。

(二)购买时

选择适合自己的保险商品;与值得信赖的业务员沟通;填写投保书,注意投保人、被保险人以及受益人的相关资料,尤其是受益人的部分;确认投保书上产品内容与所需购买的无误;健康声明一定要诚实告知;应避免涂改;缴付保险费、收到解款单;保险公司对于保户的责任由保险公司开出解款单开始。

(三)购买后

从拿到保单并且签了保险单签收单之时算起,投保人可以有一定的反悔期,一般为10天,10天之内可全额退保。个人资料有所变动或是发现当初填写的资料错误时,要记得通知保险公司更改;每年或者投保人的生活遇到重大改变时,应该检视一次保单,看看是否有需要调整的地方。

二、保险需求分析

在购买保险之前要分析保险需求,即一个人或家庭到底应该买什么保险,该买多少保险。通常,在确定保险种类和保险金额时,主要根据投保人自身和家庭对保障的需求以及对保费的负担能力高低这两个因素决定。

保险需求与保费负担能力,都会随着家庭的结构、经济收入以及外部形势变化而变化,因此,一个人所需的保障也会随之变化。

(一)基本保险需求分析

每个人和家庭都会面临很多财产与人身方面的风险,谁也不能保证一生一帆风顺。而风险一旦发生,就会带来经济上的损失并产生一些额外费用。另外,很多保险产品具有投资功能,还可以满足人们的投资需求。风险以及投资理财需求的存在是一个人产生购买保险愿望的前提,因此,确定个人和家庭的保险需求是购买保险的第一步。

1. 财产保险需求

一个家庭经济水平越高,所产生的保险需求范围越广。同时拥有房产、汽车、高档家庭财产的家庭,保险需求会大大提高。对于个人和家庭而言,是否会产生财产保险需求,还要取决于控制风险的程度。比如,一个有私房的家庭,居住在封闭管理的小区内,小区治安状况良好,一天 24 小时都有人值勤巡逻,同时家里还安装了先进的防盗系统。显而易见,这些风险控制手段会大幅削减人们对于家庭财产盗窃险的需求。

2. 人身保险需求

一个家庭中,有人早亡、健康丧失、失业和退休,都会造成财务收入的下降,前三种还伴随着相关费用的增加,如丧葬费用、住院费用、精神健康费、长期护理费用等。退休一般意味着家庭收入的下降。这一切都会对家庭产生风险,从而产生对人身保险的需求。

3. 投资需求

投资者通常通过多元化投资来分散投资风险,寻求最大的投资收益。目前许多保险公司的投资型保险成为投资者的考虑对象,如分红保险、投资连接保险等。此类保险既具有基本的寿险保障功能,又具有投资的功能,可以满足客户的多层次需求。对每一位客户而言,最好的险种就应该是最适合其需求的险种。

(二)人生不同阶段保险需求分析

在考虑保险保障的需求大小时,首先应明确自己的角色,即在家庭中的地位、责任、作用以及经济贡献如何,然后估算出面临的各种风险可能产生的最大的费用需求。

1. 单身期

(1)时间:一般为从参加工作至结婚的时期。

(2)特点:经济收入比较低且花销大。这个时期是未来家庭资金的积累期。主要集中在 20~28 岁,该阶段人们一般健康状况良好,无家庭负担,收入低但稳定增长,保险意识较弱。

(3)保险需求分析:保险需求不高,主要考虑意外风险保障和必要的医疗保障,以减少因意外或疾病导致的直接或间接经济损失。若父母需要赡养,就需要考虑购买定期寿险,以最低的保费获得最高的保障,确保有不测时,用保险金支持父母的生活。

2. 家庭形成期

(1)时间:指从结婚到新生儿诞生时期,一般为 1～5 年。

(2)特点:这一时期是家庭的主要消费期。经济收入增加而且生活稳定,家庭已经有一定的财力和基本生活用品。为提高生活质量往往需要较大的家庭建设支出,如购买一些较高档的用品,贷款买房的家庭还需要一大笔开支——月供款。夫妇双方年纪渐长,健康状况良好,家庭负担较轻,收入迅速增长,保险意识和需求有所增强。

(3)保险需求分析:为保障一家之主在万一遭受意外后房屋供款不会中断,可以选择缴费少的定期险、意外保险、健康保险等。由于人们此时处于家庭和事业新起点,有强烈的事业心和赚钱的愿望,渴望迅速积累资产,因此投资倾向易偏于激进。该阶段可购买投资型保险产品,在规避风险的同时,又能使资金增值。

3. 家庭成长期

(1)时间:从小孩出生到小孩参加工作以前的这段时间(18～22 年)。

(2)特点:这一时期,整个家庭成员的年岁都在增长,家庭的最大开支是保健医疗费、学前教育、智力开发费用。理财的重点即安排上述费用。同时,随着子女的自理能力增强,父母又积累了一定的社会经验,工作能力大大增强,在投资方面可考虑风险投资等。总之,这一时期夫妇双方年纪渐长,健康状况良好,家庭成员增加,家庭和子女教育的负担加重,收入稳定增长,保险意识增强。

(3)保险需求分析:由于在未来几年里家庭面临小孩接受高等教育的经济压力,因此可通过保险为子女提供经济保证,使子女在任何情况下接受良好的教育。此时,保险计划应偏重于教育保险及父母自身保障。同时,购车买房者对财产险、车险、房屋保险都有需求。

4. 家庭成熟期

(1)时间:指子女参加工作到家长退休为止这段时期,一般为 15 年左右。

(2)特点:这一阶段自身的工作能力、工作经验、经济状况都达到高峰状态,子女已完全自立,债务已逐渐减轻,理财的重点是扩大投资。夫妇双方年纪较大,家庭成员不再增加,家庭负担较轻,收入稳定在较高水平,保险意识和需求增强。

(3)保险需求分析:人到中年,身体的机能明显下降,在保险需求上,偏重于养老险、健康险、医疗保险。同时应为将来的老年生活做好安排。进入人生后期,万一风险投资失败,会葬送一生积累的财富,所以不宜过多选择风险投资。此外,还要存储一笔养老资金,且这笔养老资金应是雷打不动的。保险作为强制性储蓄,可累积养老金和进行资产保全。保险可将辛苦积累的资产完整地留给后代。当然,此时财产险、车险的需求也必不可少。

5. 退休期

(1)时间:指退休以后。

(2)特点:这段时期应以安度晚年为目的,理财原则是身体、精神第一,财富第二。那些不富裕的家庭应合理安排晚年医疗、保健、娱乐、锻炼、旅游等开支,投资和花费有必要更为保守,可以带来固定收入的资产应优先考虑,保本在这一时期比什么都重要,最好不要进行新的投资,尤其是不能再进行风险投资。

(3)保险需求分析:夫妇双方年纪较大,健康状况较差,家庭负担较轻,收入较低,家庭财产逐渐减少,保险意识强。在 65 岁之前,应通过合理的规划,检视自己已经拥有的人寿保险,并适当调整。

根据人的一生各个阶段保险需求分析,可以确定适合的保险种类,各种险种(如意外险、医疗险、保障型险种、养老险、教育险、投资险)的保险需求见表 9.4。

表 9.4 各类保险与需求的满足

保险类别	规避风险和满足需求	建 议
意外险	缓解、转移因意外带来的个人和家庭生活危机	A. 首先购买一般意外险 B. 出行时购买短期旅行险 C. 外出乘机购买航空意外险
医疗险	因疾病、意外等导致大量的医疗所发生的费用,并弥补社保的不足	A. 意外医疗险 B. 住院医疗险 C. 特种疾病险
保障型险种	缓解因疾病身故带来的家庭生活危机;遗产税的开征使家庭资产存在税务风险;提高保险资产的比重,可以合理避税	A. 定期险(低保费高保额) B. 终身寿险(高保额)
养老险	个人养老金账户中的养老金难以保证退休后的生活,要用商业保险来补充	A. 年金保险 B. 分红养老险
教育险	子女教育需要较大支出,而且能够节税,不用缴纳利息税	A. 子女教育金保险 B. 分红两全险
投资险	无时间打理个人资产的个人,但有一定风险;需要长期投资,在短期内退保会有很大损失	A. 分红险 B. 万能保险 C. 投资连接险

三、保险金额的确定

通过保险需求的分析之后,可确定保险品种,同时还要确定保险的金额。保险金额是当保险标的的保险事故发生时,保险公司所赔付的最高金额。一般来说,保险金额的确定以财产的实际价值和人身的评估价值为依据。

(一)财产价值的计算

财产的价值比人的价值容易计算:家用电器、自行车等财产保险的保险金额由投保人根据可保财产的实际价值自行确定,也可以按照重置价值,即重新购买同样财产所需的价值确定。对特殊财产,如古董、珍藏等,则要请专家评估。确定财产保险金额的主要方法有定值方式、不定值方式、重置价值方式、原值加成方式等。

由于保险公司的赔偿是按实际损失程度赔偿,因此购买财产保险时如选择足额投保,在发生意外时,可获得足额赔偿;如选择不足额投保,一旦发生损失,保险公司只会按照比例赔偿损失。比如价值10万元的财产只投保了6万元,一旦发生损失,保险公司只会赔偿实际损失的60%;如果实际损失为7万元,投保人所获得的最高赔偿额只能为4.2万元。

(二)人的价值的计算

由于人的年龄每年都在增大,如果其他因素不变,那么他的生命价值和家庭的财务需求每年都在变小,其保险额就会从足额投保逐渐变为超额投保。如果他的收入和消费每年都在增长,其他条件不变,那么其价值会逐渐增大,原有保险就会变成不足额投保,所以每年重新审视保单是十分必要的。用以确定人身保险金额的方法有多倍收入法、需要法、生命价值法等。

(1)多倍收入法。它是指个人年收入再乘上一些主观选择的数字,比如3、5甚至10来确定个人人身保险的大致保障需求范围。这一方法因简便易行而受到人们的青睐。

(2)需要法。这一方法注重个人所要承担的财务负担及其可能获得的资源之间的关系。它包括三个步骤:①估计整体所需的经济来源;②确定所有可能获得的财务资源,包括已经拥有的人身保险和年金保险的给付补偿金;③从所需的经济资源中扣除可以获得的财务资源数目,以便确定额外所需要的人身保险。

(3)生命价值法。这一方法注重个人在其工作期间所能创造的总体价值的测度。它的评估涉及如下程序:①估计个人贡献给家庭的年均收入;②确定个人对家庭的工作年限;③假定利率水平后求现值。

四、投保后的相关事宜与操作

(一)保险缴费的宽限期、中止期、终止期

1. 宽限期。保险合同缴费都有60天的宽限期。例如,汪先生2021年12月15日购买重大疾病保险,至2022年12月15日应该缴第二期保险费,从12月15日起至次年2月13日止为60天宽限期,在宽限期内,投保人可随时将保险费缴齐,不影响保障——如果被保险人出险,则保险公司承担保险责任。

2. 中止期。上例中,如果次年2月13日依然未能缴纳保险费,则保险合同进入中止期,中止期为2年,此期间,若被保险人出险,则保险公司不承担保险责任。在这2年中,投保人可随时向保险公司申请保单复效,在得到保险公司同意后,补缴以往各期保险费和利息,保险合同继续有效,但健康险重新计算观察期。

3. 终止期。上例中,如果宽限期结束2年后,投保人依然未申请保单复效,则保险合同进入终止期,此时,投保人只能选择退保。

(二)保单停效与复效

投保人于宽限期间内仍未缴付续期保险费(第二期以后为分期保险费)者,保险合同自宽限期间终了的次日起"停止效力",通称停效。

保险公司停效日起,不再负保险责任。保险合同停效后,投保人在停效日起2年内(称停效期间),申请恢复效力,通称复效;若不办理复效,于停效期间(2年)届满,保险合同的效力即行终止。

投保人申请复效,须经保险公司的同意,于缴清欠缴的保险费及滞纳金后,自次日上午零时起,保险合同即可恢复效力。

如上例,如果此时汪先生想拥有保障,是申请保单复效好,还是重新投保更划算呢?

(1)申请复效,已经缴了几年保险费,申请复效对积累保单现金价值更有利;如果重新投保,则得按汪先生当时岁数的费率缴费,每年保险费大幅上升;重新投保依然要重新计算观察期。

(2)两年内没有申请复效:别无他法,只能退保。

(三)降低保险金额

长期人寿保险合同缴付保费有困难,可先考虑用下列方法减轻保费负担,以维护合同效力及保险权益。

(1)变更缴费方法:例如年缴改半年缴。

(2)减少保险金额,降低保费负担。

(3)保险合同经过1年以上者,洽请保险公司办理:自动垫缴保险费;变更为缴清保险;变更为展期保险。

(四)关于退保

退保是指在保险合同没有完全履行时,经投保人向被保险人申请,保险人同意,解除双方由合同确定的法律关系,保险人按照《中华人民共和国保险法》及合同的约定退还保险单的现金价值。

1. 退保可分为犹豫期退保、正常退保

(1)犹豫期退保。犹豫期退保是指投保人在合同约定的犹豫期内的退保。一般保险公司规定投保人收到保单后 10 天为犹豫期。针对犹豫期退保,通常保险公司会扣除工本费后退还全部保费。

(2)正常退保。超过犹豫期的退保视为正常退保。通常领取过保险金的保单,不得申请退保。正常退保一般要求保单经过一定年度后,投保人可以提出解约申请,寿险公司应自接到申请之日起 30 天内退还保单现金价值。保单现金价值是指寿险契约在发生解约或退保时可以返还的金额。在长期寿险契约中,保险公司为履行契约责任,通常需要提存一定数额的责任准备金。当被保险人于保险有效期内因故而要求解约或退保时,保险公司按规定,将提存的责任准备金减去解约扣除后的余额退还给被保险人,这部分金额即为保单的现金价值。

2. 办理退保的注意事项

(1)申请退保的资格人为投保人。如果被保险人申请办理退保,则须取得投保人书面同意,并由投保人明确表示退保金由谁领取。

(2)投保人申请退保,合同生效满 2 年的,保险公司收到退保申请后退还保单现金价值;缴费不满 2 年的,保险人收取从保险责任开始之日起至解除之日止期间的保险费后,剩余部分退还给投保人。

(3)退保人在办理退保时要提供相关文件:投保人的申请书;有效力的保险合同及最后一次缴费凭证;投保人的身份证明;委托他人办理的,应当提供投保人的委托书、委托人的身份证。

3. 为了维护保险人或被保险人的利益,投保人或被保险人不能办理退保手续的条件

(1)已发生伤残医疗赔付的保单。

(2)已到生存领取期的保单(投保人已完成缴费义务,避免投保人为了自己的利益,损害被保险人的利益)。

五、保单变更操作

保单的变更是指保单没有履行或没有完全履行之前,当事人根据情况变化,按照法律规定的条件和程序,修改或补充保单的某些条款或事项,具体包括投保人变更、被保险人相关信息变更、受益人变更和续期保费形式的变更等。每种变更都有相应的规定程序并应备好相关文件,并且必须履行相应的法定程序。

六、保险理赔的操作

理赔是指在保险标的发生保险事故而使被保险人财产受到损失或人身生命受到损害时,或保单约定的其他保险事故出现而需要给付保险金时,保险公司根据合同规定,履行赔偿或给付责任的行为,是直接体现保险职能和履行保险责任的工作。

(一)保险理赔的方式

保险公司在出险后,可依据保险合同约定,采用两种方式向保户理赔:赔偿和给付。

赔偿与财产保险对应,指保险公司根据保险财产出险时的受损情况,在保险额的基础上赔偿被保险人的损失。保险赔偿是补偿性质的,即它只赔偿实际损失的部分,最多与受损财产的价值相当,而永远不会多于其价值。

而人身保险是以人的生命或身体作为保险标的。因人的生命和身体不能用金钱衡量,所以人身保险出险而使生命或身体所受到的损害,是无法完全用金钱替代的。故在出险时,保险公司只能在保单约定的额度内对被保险人或受益人给付保险金,即人身保险是以给付的方式支付保险金的。

(二)保险理赔程序

(1)立案查验。保险人在接到出险通知后,应当立即派人现场查验,了解损失情况及原因,查对保险单,登记立案。

(2)审核证明和资料。保险人审核投保人、被保险人或者受益人提供的有关证明和资料,以确定保险合同是否有效、保险期限是否届满、受损失的是不是保险财产、索赔人是否有权主张赔付、事故发生的地点是否在承保范围内等。

(3)核定保险责任。保险人收到被保险人或者受益人的赔偿或者给付保险金的请求,经过对事实的查验和对各项单证的审核后,应当及时做出自己应否承担保险责任及承担多大责任的核定,并将核定结果通知被保险人或者受益人。

(4)履行赔付义务。保险人在核定责任的基础上,对属于保险责任的,在与被保险人或者受益人达成有关赔偿或者给付保险金额的协议后 10 日内,履行赔偿或者给付保险金义务。保险合同对保险金额及赔偿或者给付期限有约定的,保险人应当依照保险合同的约定,履行赔偿或者给付保险金义务。

保险人按照法定程序履行赔偿或者给付保险金的义务后,保险理赔就告结束。如果保险人未及时履行赔偿或者给付保险金义务的,就构成一种违约行为,按照规定应当承担相应的责任,即"除支付保险金外,应当赔偿被保险人或者受益人因此受到的损失",这里的赔偿损失,是指保险人应当支付的保险金的利息损失。为了保证保险人依法履行赔付义务,同时保护被保险人或者受益人的合法权益,任何单位或者个人都不得非法干预保险人履行赔偿或者给付保险金的义务,也不得限制被保险人或者受益人取得保险金的权利。

(三)保险理赔的时效

保险索赔必须在索赔时效内提出,超过时效,如被保险人或受益人不向保险人提出索赔,不提供必要单证和不领取保险金,则视为放弃权利。险种不同,时效也不同。人寿保险的索赔时效一般为 5 年;其他保险的索赔时效一般为 2 年。

索赔时效应当从被保险人或受益人知道保险事故发生之日算起。保险事故发生后,投保人、保险人或受益人首先要立即出险报案,然后提出索赔请求。

第四节 保险理财计划的制订与技巧

合理制订一份合适的保险计划,首先要确定购买保险的原则。

一、购买保险的原则

保险商品有其自身的复杂性,没有最好的,只有最合适的。因此,在购买保险时应做到"量体裁衣",制订最恰当的保险方案。以下是购买保险时应遵循的一些基本原则:

(1)量入为出,要根据收入安排保险种类。一般保费支出占到个人或家庭收入的10%～20%为宜。

(2)确定保险需要。购买适合自己或家人的人身保险,投保人要考虑三个因素:适应性;经济支付能力;选择性。

(3)重视高额损失。一般而言,较小的损失可以不必保险,而对于高额损失就需要投保。

(4)利用免赔额。即在损失中由被保险人自己承担的金额,又称自负额,据此被保险人发生的医疗费用在免赔额以下的部分由自己承担,超额部分由保险人补偿。

(5)合理搭配险种。投保人身保险可以组合保险项目,购买一个至两个主险附加意外伤害、特种疾病保险,从而得到全面保障。但也要注意避免重复投保以有效运用投保的资金。

二、购买保险的基本理念

购买保险的基本理念如下:
(1)保险的首要目的是保障。
(2)买保险要趁早。
(3)明确保障责任。
(4)买保险有强制储蓄功能。
(5)保险首先满足的是被保险人的最后费用。
(6)买保险要先大人后儿童。
(7)商业保险是社会保险的有效补充。
(8)有钱人更需要保险。

三、若干险种投保技巧

(一)健康保险投保技巧

健康保险是一种特殊的保险,属于人身保险。它包括重大疾病保险、住院医疗保险、手术保险、意外伤害医疗保险、收入损失保险等。对于健康保险,消费者在投保的过程中应该注意以下技巧:

(1)注意投保年龄限制。根据险种不同,最低投保年龄一般由出生后90天至年满16周岁不等,最高投保年龄在60～70周岁。

(2)注意险种的责任范围。要分清楚哪些疾病是保险责任范围内的,哪些不在责任范围内,如果一种保险无法保障这一疾病的风险,那么可以选择一些可保障特殊疾病的险种。

(3)注意免赔额。因为保险公司一般对一些金额较低的医疗费用采取免赔的规定,所以有些损失,消费者如果可以承担,就不必购买保险。

(4)注意住院医疗保险的观望期。观望期是指保险合同生效一段时间后,保险人才对被保险人因疾病而发生的医疗费用履行给付责任。保险公司在承保时均设有一个观望期。根据不同的险种,观望期分为自合同生效日起90天和180天两种。在观望期内发生的医疗费用支出,保险公司不负赔付责任。

(二)养老保险投保技巧

养老保险有社会养老保险(简称社保)与商业养老保险之分。一般人都会有社保,那么有了社保后,还需不需要商业保险呢?结论是显而易见的,因为养老金并不会随着收入的绝对增加而增高,收入越高,社保能解决的问题就相对越少。为了保证退休后的生活质量,商业养老保险是必不可少的。

规划养老保险,事先要做到"五定",即定保额、定领取方式、定领取时间、定领取年限和定产品类型,才能买到适合的产品。

1. 定养老险保额

购买养老保险,可以用预计的老年生活费作为确定购买多少养老保险的初步标准。首先,确定实际需求的养老金额。第一步,估计以后的年平均收入;第二步,确定退休年龄;第三步,估计死亡年龄。其次,确定老年资金需求缺口。专家建议,购买商业养老保险所获得的补充养老金以占所有养老费用的20%～40%为宜。最后,确定实际的养老险保额。一般而言,高收入者,可主要靠商业养老险保障养老;中低收入家庭,可主要依靠社会养老保险养老,以商业养老保险作为补充。

【例9.2】李先生现在40岁,假设其退休前年平均收入是10万元,60岁退休。假设他年收入不变,并按保险公司用以参考制定人寿保险费率的生命表假定其死亡年龄,他的收入平均用到40岁以后的各年生活中,即退休后的生活费用与退休前一样多。根据生命表,40 岁的人平均能再活 37.62 年。退休后每年的生活费用＝100 000×(60－40)/37.62＝53 163.2(元);总费用＝53 163.2×[37.62－(60－40)]＝936 735(元)。也就是说,如果不考虑通货膨胀,则李先生每年养老金需求是 5 万多元,总需求大约是 90 多万元。如果李先生想以商业养老保险补充 20% 的未来养老费用,那么,其每年需以商业养老保险补充 10 632.64 元(53 163.2×20%)的养老费用,共需补充 187 347 元(936 735×20%)的养老费用。也就是说,如果以预计的养老总费用为标准购买养老保险,则要购买 60 岁后每年能领到约 10 632.64 元养老金的养老险,或购买 60 岁后能一次性领取到约 187 347 元养老金的养老险。

2. 定养老年金的领取方式

目前,商业养老保险的领取方式分为趸领与期领。趸领又称一次性领取,是指在约定领取时间,把所有的养老金一次性全部提走。这种方式比较适合退休后进行二次创业或者有诸如出国旅游等大笔支出预算的客户。期领是在一段时间内每年或者每个月定期领取养老金,有点类似于社保养老金的领取方式,在单位时间确定领取额度,直至将保险金全部领取完毕。相对而言,期领的方式较为灵活,如果到期没有领取,则仍可享受复利计息,当客户需要时可一并取出。据不完全统计,上海市 7 成以上的客户倾向于选择期领的方式。

当然,如果比较善于理财,则可以选择一次性领取;反之,可以选择每月领取,从而免除拥有大笔资金却无处投资的烦恼。

3. 定养老金的领取年龄

一般而言,养老金领取的起始时间通常集中在被保险人 50、55、60、65 周岁这四个年龄段。

4. 定养老金的领取期限

市场上的养老保险在领取年限上通常有两种:一种是保险期限为终身,虽说是终身,但大多数条款的一般终止年龄为 88 岁或者 100 岁。在后一种情况下,被保险人活得越长越划算,养老金的开始领取年龄自然是越早越好。同时考虑到通货膨胀因素,养老金领取还是早点开始为好。而另一种领取年限为保证领取,如保证养老金领取 10 年或者 20 年。在这样的险种条款下,从什么年龄开始领取,实际领取的总金额并不会有太大影响。保证领取养老金一般承诺"家庭延续",若被保险人没有领满 10 年或 20 年的保证领取期,则其受益人可以继续将保证年期内的余额领取完毕。

5. 定养老金的产品类型

(1)传统型养老保险的预期利率是确定的,一般为 2.0%～2.4%,日后从什么时间开始领取、领多少钱,都是投保时就可以明确选择和预知的。这类产品适合于没有良好储蓄观念、理财风格保守、不愿承担风险的人群。

(2)分红型养老保险通常有保底的预定利率,但这个利率比传统养老险稍低,一般只有1.5%～2.0%。但分红型养老金除了预定利率之外，还有不确定的分红利益，其多少与保险公司的投资收益有一定关系。分红可分为现金分红和保额分红。养老保险是长期的储蓄型险种，在低利率时期，消费者应尽量选择具有分红功能的养老险。分红型养老险将固定利率转变为浮动利率，其实际分红和结算利率视保险公司的经营水平而定。这类产品适合对长期利率看涨，对通货膨胀特别敏感的人群。

（3）万能型寿险作为一种长期的理财手段，偏重于账户累积，而且部分提取账户资金的手续便捷灵活，费用也低，因此，也可以用作个人养老金的积累。这一类型的产品在扣除部分初始费用和保障成本后，保费进入个人账户，个人账户部分也有保证收益，目前一般在2%～2.5%，有的也与银行1年期定期利息挂钩，此外还有不确定的额外收益。由于万能型寿险具有保额可变、缴费灵活的特点，比较适合收入缺乏稳定性的高收入人群。

（4）投资连接险是各类保险产品中投资风险最高的一类，当然收益也是较高的。它也是一种长期投资的手段，但不设保底收益，保险公司只是收取账户管理费，盈亏由客户全部自负，被喻为"披着保险外壳的基金"。该险种可为客户设立不同风格的理财账户，其资金按一定比例搭配投资于风险不同的金融产品。投资连接险投资性较强、风险高，适合风险意识强、收入较高的小部分人群。

（三）万能保险投保技巧

1. 投保万能保险的两大理由

（1）风险适中，稳中取升；

（2）投保方式灵活选择，便于长期规划调整。

2. 如何选择和操作万能险

（1）认清自己，按需选择。认清自身需求主要包括个人财务状况和风险承受能力。首先，一般保险公司不鼓励年龄在60岁以上的人投保。60岁以上的人群收入处于下降阶段，缴纳保费的难度较大且不稳定，并且万能保险的收益一般要经过5年以上才可显现，他们享受投保利益的时间较短，并不适合投保万能保险。其次，万能保险保障功能一般仅限于死亡或重残，若是急需医疗、健康等保障的人群需要谨慎选择，或以购买附加险的方式予以完善。总的来说，有着长期理财需求、有一定风险承受能力，且收入有一定保障的人群比较适合投保万能保险。

（2）货比三家，择优投保。首先，选好保险公司。万能保险虽说有保底收益，但是获取较高投资收益也是人们投保的重要目标。一般实力雄厚、经验丰富的保险公司的投资效果比较稳定可靠。其次，注意区分比较各种费用的扣除方式。万能保险前期退保最大的损失来源于各种费用的预先扣除，因此应该注意区分不同缴费方式在各种费用扣除上的区别，例如，对于期缴型产品而言，6 000元以下的基本保费和6 000元以上的额外保费按照不同标准收取初始费用，前者最初几年的初始费用往往从50%开始逐年递减,至 5 年后一般稳定在 5%左右,后者则一般就固定在 5%。另外,持续奖励也是决定一个万能保险产品综合投资成本的重要组成部分,选择具有较高的持续奖励的保险产品可以大幅降低投保成本。

(3)随势而变,降低风险。一般人们会认为,购买完保险产品,即宣告此次理财活动结束,单纯地等待保险公司的通知。其实保单生效并不意味着人们投保行为的结束。万能保险最大的特点在于操作灵活,人们可以在投保后根据自己财务状况和需求灵活转变投保方式。例如人们可以根据自身健康情况的变化,灵活调整保障额度和投资账户比例,在年轻时重投资,年纪较大时重保障。只有时刻关注自身需求变化并随时调整,才能最大限度地降低投保风险,获取尽可能高的收益。

(四)分红保险投保技巧

1. 购买分红保险的误区

第一,把分红险收益等同于银行储蓄,其实二者对不同的人有不同的含义;第二,没有收益就退保,显然这样做是错误的方式;第三,认为是银行、保险公司同时承担风险,其实真正承担风险的是保险公司。

2. 分红险与储蓄存款的区别

储蓄存款是一种纯储蓄性业务,其优点是安全性好,种类较多,变现性较好,投资不需任何费用;缺点是扣利息税,收益较低(收益=固定的利息收入)。分红保险是一种具有储蓄功能附带投资风险的业务,其优点是安全性好,不扣利息税,除能获得利息外,还能分享保险公司的经营成果,另外还能附带一定的保险功能。缺点是收益具有不确定性(收益=保底收益+不固定的分红),投资不灵活,变现能力较差,还要支付一定费用。

下面以中国人寿保险公司的鸿泰两全分红保险为例,与银行储蓄存款比较。假如你一次性缴纳 5 000 元,投保 5 年,其基本保险金额 5 243.3 元,即 5 年后保底收益为 243.3 元;而 5 000 元在银行存 5 年(假设当时年利率为 2.97%)的税后可获收益 558 元,二者相差 314.7 元(558-243.3)。划不划算就看分红能不能超过 314.7 元。

据测算,如果每年的红利率为 1.5%,则累积红利为 386.4 元。一般来说,专家理财的"分红保险"收益会高于一年期银行存款利率,但理财收益受制于多方面因素,红利的多少取决于保险公司的死亡赔付、营业费用是否低,以及投资金渠道、资金运用是否通畅有效,而且每年的情况不同,只有完成年度会计结算之后方能得出结果。因此红利是不可预见和不能保证的,如果相信保险公司每年分红会在 1.5%以上,则买分红保险就划算,否则就不划算。

3. 哪些人更适合买分红保险

分红保险集保险和投资功能于一体,基本上按期返还,还会有分红。不过,对于短期内需用钱的家庭,一般来说其不应把急用钱用来买分红保险,因为分红保险的变现能力较差,一旦入保,中间需用现金时再退保可能连本金都难以得全。如果确实需买分红保险,必须先储蓄一部分资金以备家庭急用。

收入不稳定的家庭,比如,做大宗生意和打零工以及在效益不太稳定的公司就职者,不宜多买分红保险。这部分家庭应主要选择储蓄存款,买保险时最好选择一年期短险,因为短险不占用资金,一旦发生意外,其赔偿金额也较高。

对于有稳定收入来源的家庭而言,如其短期内没有大宗购买计划,买分红保险是一种较为理想的投资。

不论是哪种类型的家庭,投资时一定要理智,切莫盲目跟风,一定要看到储蓄的安全可靠、收益稳定、兑付资金能力强等多种优点。应在拥有相当比例储蓄的基础上,再根据自己的情况投资分红保险。

(五)医疗险投保技巧

如同养老险一样,这里谈到的医疗险也指商业保险。医疗险与养老险同样重要。我们来看医疗保险的投保技巧。

1. 同样的保额,分开投保比单独投保划算

购买费用型医疗保险,即依照住院时所花费的医疗费用按比例报销的保险,投保相同的保额,分别在两家保险公司投保要比单独在一家保险公司投保更划算。

【例9.3】 王女士投保了2万元的费用型医疗保险。1年后,她因病住院治疗,共花费医疗费1.8万元。如果王女士单独在一家保险公司投保,按照目前保险公司通行的计算方法为:$(5\,000-1\,000)\times 0.6+(18\,000-5\,000)\times 0.7=11\,500$(元),王女士可获得1.15万元的赔款。如果王女士分别在A和B两家保险公司投保,各投保1万元,她便可以分别向两家保险公司索赔。操作的程序是:先向A公司索赔,赔付额为1.15万元。但因其投保额为1万元,故A保险公司只能赔付其1万元。然后,她可以再向B保险公司索赔,B公司本应该赔付1万元,但根据费用型保险补偿原则的有关规定,在两家保险公司理赔的累计数额不能超过其花费医疗费的总额1.8万元。由于王女士已经在A保险公司获得1万元的赔款,那么,B保险公司实际只能再赔偿她8 000元。这样,王女士住院所花费的1.8万元的费用可以全部得到赔偿,要比在一家保险公司单独投保多得赔偿6 500元。

2. 已参加社会医疗保险者,投保津贴型保险比投保费用型保险更划算

如果被保险人已经参加了社会医疗基本保险,只是想把商业医疗保险作为一种补充手段,以分担需要自费负担的那部分医疗费或因病所造成的收入损失,那就应该选择给予住院补贴或定额补偿的险种。

这是因为参加了社会基本医疗保险之后,因住院发生医疗费用时,医疗费用中的大部分可以通过社保机构报销。而根据费用型医疗保险的理赔原则,那些已经从社保机构报销的费用,是不能再通过商业保险公司获得重复赔偿的。但是,如果投保住院

津贴型保险,理赔时就不会受社会医疗保险的影响,商业保险公司该赔多少就得赔多少。因为津贴型住院医疗保险,是根据被保险人的住院天数及手术项目定额给付的,与社会保险互不相干,赔付时也不需要被保险人出示任何费用单据。

3. 选择能够保证续保的险种

目前保险市场上销售的医疗保险产品一般可分为两类:

一类是传统的附加住院医疗险,此类险种属于不续保的医疗保险。只有在购买了主险之后才能作为附加险投保,而且保险期仅为1年。如果被保险人在报销期内生病住院,发生了理赔,则当第二年续保时,保险公司要进行"二次核保",并根据核保情况,保险公司或加费承保,或干脆不再承保。举例来说,黄女士投保这种医疗住院附加险已经9个年头,前8年她的身体很健康,每年也按时缴纳保费,第9个年头她不幸得了慢性肝炎,住院治疗共花费3.4万元,得到了保险公司的及时赔偿,黄女士也十分满意。当第10个年头黄女士想续保时,保险公司却以其患有慢性肝炎为由,拒绝再为她续保。这样,黄女士在最需要保障时,却失去了保障。

另一类产品是保证续保的险种。自2001年以来,一些保险公司根据市场需求,陆续推出了保证续保的医疗保险新品种。如平安保险公司推出"十年安康"住院医疗险:该险种规定,只要客户投保该产品满3年以上,客户如果患上了某种疾病,保险公司不得以任何理由拒保和增加保费。太平洋保险公司推出的"附加终身住院医疗补贴险"的最大特点是:一旦投保,终身安心。该险种规定,在几年内缴纳有限的保费之后,即可获得终身住院医疗补贴保障,从而较好地解决了传统型附加医疗险必须每年投保一次的问题。

对于被保险人来说,有无"保证续保权"至关重要。所以在投保时一定要详细了解保单条款,选择能够保证续保的险种。

(六)车险投保技巧

在投保车险时,除第三者责任险为必须投保的品种、车辆损失险作为主险一般都应参保外,附加险的选择需根据驾驶人的驾车技术、车辆的新旧程度等合理搭配。主要搭配可见表9.1,这里不再详述。

(七)少儿保险投保技巧

1. 了解儿童保险的三大理由

(1)减轻意外压力;

(2)降低医疗负担;

(3)储备教育基金。

2. 儿童保险的四大主流险种

(1)儿童意外伤害险——保障型儿童险

儿童好奇心强,活泼好动,而自我保护意识比较差,在社会中属于弱势群体,发生意外的可能性相对较大。据最新的统计资料表明,儿童期意外死亡人数以每年7%～10%的速度增加,某些地区儿童意外死亡与伤害的发生比例高达1∶19。意外死亡的重要原因是意外窒息、溺水、车祸与中毒,其中车祸死亡率的上升尤为显著。意外伤害的主要原因为跌落、烧(烫)伤、动物致伤。目前意外伤害已经超过疾病,成为儿童健康的头号杀手。

儿童意外伤害险就是针对18岁以下儿童在遭受意外时所产生的高额的医疗花费等经济损失,以及意外致残、致死的人身保障。这类保险一般都是消费型的险种,一年仅需几百元,各保险公司都会推出。

险种特点:保费便宜,保障高,无返还。

适用家庭:基础购买,只保意外伤害。

注意:购买这类保险并不意味着从此可以不用担心孩子的安全问题,它只是在孩子发生意外事件后,父母可以得到的一定的经济帮助和赔偿。

(2)儿童健康医疗险——保障型儿童险

在家庭生活中,与儿童健康有关的花费主要有两种:一种是儿童重大疾病;另一种是儿童住院医疗。目前,重大疾病有年轻化、低龄化的趋向,如白血病、川崎病、严重心肌炎等。而按照我国目前的基本医疗保险制度现状,儿童这一年龄段基本上处于无医疗保障状态。因此,分担孩子的医疗费支出就成为投保儿童保险所要考虑的重要因素。

现在普通的儿童疾病主要是呼吸道和消化道疾病,如上呼吸道感染、支气管炎、肺炎、腹泻等,动辄就需要住院,积累下来,花费也不小。因此在考虑购买险种时,建议家长可以购买附加住院医疗险和住院津贴险。这样,孩子万一生病住院,大部分医疗费用就可以报销,并可获得50～100元/天的住院补贴。

险种特点:保费便宜,保障高,无返还。

适用家庭:基础购买,孩子体质较弱。

注意:重大疾病险投保年龄越小,保费越便宜。过去,许多公司规定18岁以上才能购买重大疾病险,但随着保险产品的增多,现在16岁以下的儿童也可以购买该险种了。

(3)儿童教育储蓄险——储蓄型儿童险

教育储蓄险主要是为了解决孩子未来上学或者出国留学的学费问题。其以购买保险的形式来为孩子筹措教育费用,购买保险后需要按时向保险公司缴费,作为一种强制性储蓄,可保障孩子日后的花费。而一旦父母发生意外,如果购买了可豁免保费的保险产品,孩子不仅可免缴保费,还可获得一份生活费。

险种特点:定期定额缴费,存多返还多,储蓄外有保障。

适用家庭:目标明确的中长期储备。

注意：由于目前不少保险公司推出的教育型险种都将教育基金与儿童身故保障设计在一起，相比储蓄等单纯的投资渠道，购买教育型险种便更多了一层保障功能。另外，购买保险还能在一定程度上达到合理避税的目的。

(4) 儿童投资理财保险——投资型儿童险

投资连接保险是一种集保障、储蓄与投资于一体的新险种。与其他险种不同的是，投资连接险能够较好地融合风险保障与理财规划的优点。投资类保险尤其是万能产品，可以同时解决孩子的教育（留学）、创业、养老等大宗费用需求。目前各个保险公司的具体保险方案不尽相同，但通常是孩子在成年前，父母作为投保人，为孩子筹划日后的教育留学费用、创业启动资金；孩子成年后将成为投保人，筹划补充养老、医疗、旅游基金等。

家庭可以根据孩子的教育需要，应付各项不确定的教育支出。投资本险种，需要有一定的经济基础，保费预算较高。

险种特点：保费自由、保额自主，随时支取，保障外有收益。

适用家庭：保费预算较高的家庭。

注意：虽然此险种覆盖范围比较全面，但父母在投保前仍要考虑家庭实际需要，尤其要考虑是否重复购买。

3. 选择适合的少儿保险

选择适合的少儿保险，需要根据不同的经济实力、不同年龄阶段综合考虑。

(1) 不同经济实力的家庭

① 经济实力一般：儿童意外险和医疗险。

② 经济实力尚可：增加儿童重大疾病保险。

③ 经济实力较强：增加教育储蓄险。

④ 经济实力很强：增加理财型的险种。

(2) 不同年龄阶段

① 幼儿时期（0~6岁）：由于新生儿死亡概率大，学龄前儿童抵抗能力差，容易得一些流行性疾病，而以死亡为给付条件的险种一般医疗赔付比例不高，因此建议多买些住院医疗补偿型的险种。

② 小学时期（7~12岁）：由于该时期意外伤害隐患很大，应适当增加意外险的投入，并且应在条件允许的情况下考虑未来教育金的储蓄。当然如果家庭条件很好，则应该在孩子出生后不久就考虑未来教育金的储蓄，这样每年的保费负担可以减少。

③ 少年时期（12~18岁）：如果此时还没有买教育类的保险产品，则可以不必局限于少儿险，因为一些针对成人的险种14岁以上就可以购买。这类险种中，宜选择返还时间间隔短的分红产品，这样可以在一定程度上替代教育金给付。当然，也可以考虑缴费和支取都非常灵活的万能寿险。这类险种不仅有保障性，还有很高的投资性，大

人和孩子都可以受益。

4. 购买少儿险投保技巧

(1)购买预算与购买顺序

购买预算即用于购买保险的支出。其计算公式为：

$$购买保险的支出＝家庭总收入×保费比例$$

据有关专家介绍，在发达国家保费支出一般占年收入总额的30%左右。根据我国的国情，保费支出占收入总额的10%～20%，保险金额是年收入的5～10倍为宜。

正式购买少儿保险时，一般购买顺序是：学平险（在校生由学校统一购买）；意外伤害险；医疗险、重大疾病险、教育金给付险；投资理财险（家庭经济较好的可考虑）。

(2)给儿童投保的10个窍门

①儿童的"保险"年龄。大多数儿童保险的投保年龄都以0岁作为开始，但在保险行业章程中，这个0岁不是儿童的自然年龄，而指的是儿童出生满28天。

②遵守"先近后远，先急后缓"的原则。少儿期易发的风险应先投保，而距离少儿较远的风险就后投保。没有必要一次性买全了，因为保险也是一种消费，它也会根据具体情况而发生变化。

③缴费期不必太长。可以集中在孩子未成年之前，在他长大成人之后，可选择合适的险种为自己投保，但是保障期可相对较长。

④购买豁免附加险。需要注意的是，在购买主险时，应同时购买豁免保费附加险。这样，万一父母因某些原因无力继续缴纳保费时，对孩子的保障也继续有效。

⑤切忌重复购买。如果孩子已经上学，学校会统一为他们购买学平险，而一些福利好的单位也会为员工子女报销一部分医药费。因此，家长在为孩子投保商业保险前，一定要先弄清楚孩子已经有了哪些保障，还有哪些缺口需要由商业保险来弥补。

⑥保险期限不宜太长。对于资金不是特别宽裕的家庭来说，尤其是大人自己的养老金尚没有储备够的情况下，考虑孩子的养老问题确实无甚必要。因此，为孩子买保险，保险期限应以到其大学毕业的年龄为宜，之后就可由他自食其力了。

⑦"白纸黑字"要看清。保险公司也会在保险宣传单上刊登重要的注意事项，比如"除外责任""收益不能保障"之类。只不过这类文字的字体经常是小六号，比宣传单一般字体小很多。因此，一定要留意字号最小的部分。

⑧对号入座自己算。一些理财、投资类产品的预期收益往往都是建立在最理想的状况下，比如公司常年高额分红等，遇到这些很有诱惑力的数据，家长不妨把预期缴纳的保费、每年的收益状况代入其条款算一算，得出比较切合实际的收益值。

⑨仔细阅读相关条款，保障权利并明晰义务。之所以大多数人觉得购买保险是一件麻烦的事，主要就是因为保险中具有繁杂的条款和专业术语。投保人一定要仔细阅读条款，特别要注意保险责任、责任免除、保费缴付、退保等条款。如果遇到不明白的

地方,则一定要在签订合同之前弄清楚,不看条款千万别签字。

⑩保额不要超限。为孩子投保以死亡为赔偿条件的保险(如定期寿险、意外险),累计保额不要超过10万元,因为超过的部分即便付了保费也无效。这是国家金融监督管理总局为防范道德风险所做的硬性规定。

本章小结

1. 生活中的风险有财产风险、人身风险和责任风险。

2. 保险的功能包括转移风险、均摊损失、实施补偿、抵押贷款、投资收益、免税效应等。

3. 需要购买保险的主要对象包括中年人、身体欠佳者、高薪阶层、岗位竞争激烈的职工、少数单身职工家庭。

4. 保险中涉及的主要当事人有投保人、被保险人、受益人。

5. 保险按其性质,可分为以营利为目的的商业保险和不以营利为目的的社会保险两大类。社会保险包括养老保险、医疗保险、失业保险、工伤保险和生育保险;我国将商业保险分类为财产保险和人身保险。

6. 适合个人和家庭购买的主要保险品种有保障功能类和理财功能类。保障功能类主要有人寿险、意外伤害险、医疗保险、家庭财产保险、机动车辆险和房屋保险等;理财功能类主要有投资连结险、分红险、万能险、教育险等。

7. 在购买保险之前要分析保险需求,即一个人或家庭到底应该买什么保险,该买多少保险。保险需求与保费负担能力都会随着家庭的结构、经济收入以及外部形势变化而变化,因此,一个人所需的保障也会随之变化。

8. 保险金额是当保险标的的保险事故发生时,保险公司所赔付的最高金额。一般来说,保险金额的确定是以财产的实际价值和人身的评估价值为依据。

9. 保险缴费要注意宽限期、中止期、终止期;同时要注意保单的停效与复效;考虑降低保险金额的方法;关注退保的操作程序;注意保单变更的操作与保险理赔的操作。

10. 购买保险时应遵循的基本原则包括量入为出、确定保险需要、重视高额损失、利用免赔额、合理搭配险种。

知识结构图

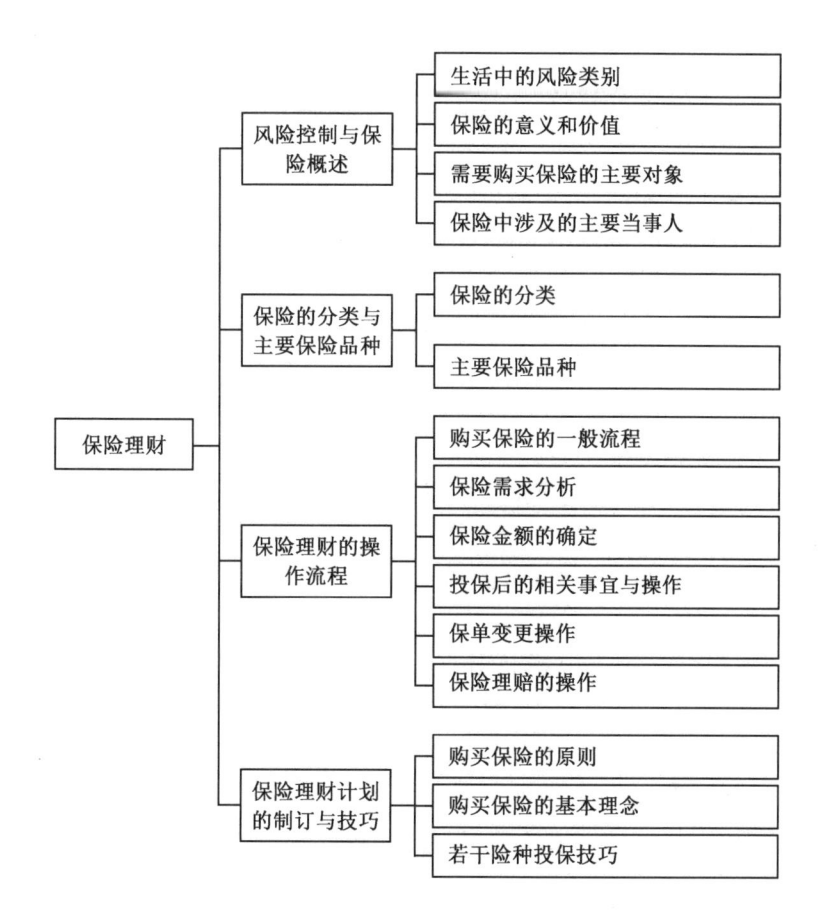

```
                         ┌─ 生活中的风险类别
              风险控制与  ├─ 保险的意义和价值
              保险概述    ├─ 需要购买保险的主要对象
                         └─ 保险中涉及的主要当事人

              保险的分类与  ┌─ 保险的分类
              主要保险品种  └─ 主要保险品种

保险理财  ─┤                ┌─ 购买保险的一般流程
                            ├─ 保险需求分析
              保险理财的操  ├─ 保险金额的确定
              作流程        ├─ 投保后的相关事宜与操作
                            ├─ 保单变更操作
                            └─ 保险理赔的操作

              保险理财计划  ┌─ 购买保险的原则
              的制订与技巧  ├─ 购买保险的基本理念
                            └─ 若干险种投保技巧
```

复习思考题

1. 买保险和银行储蓄哪个更划算？
2. 买保险的主要目的是分散风险还是获取收益？
3. 简述个人保险的品种和类型。

第九章 习题

第九章 习题答案

课后阅读

股票与保险:龟兔赛跑式的理财观对比

2019年正式成为保险经纪之后,我自己也买了不少产品,目的是增加养老金、存一些零花钱。

我今天不仅要再次介绍保险产品的功能和特性,而且我还要说明:出钱买股票值还是出钱买保险值?

为了回答这个问题,我在2020年5月入身股市,成为股市中的一员。几年前我也入过股市,只不过那个时候不了解保险。基本半年时间,我十几万元进去平进平出。

今天,我可以做一些分享。

简单比喻起来,这场理财的游戏,就好比是龟兔赛跑,谁赢还真的不一定。

1. 金钱成本投入

股票:不管什么股,不管涨停多少,如果资金一次性注入,那么涨幅越大,收益越多。

大额注资,赚得多,赔得多。

保险:比较灵活,可以选择趸交,3年、5年、10年,甚至15年交。每年投入不需太多,投入时间长即可。

大额小额投资均可,后期收益越来越高。

2. 时间成本投入

股票:周一至周五早9:30—11:30;13:00—15:00,时时盯盘。涨了跌了,都要实时关注,不是买进就是卖出。

投资时间长,无法计算总收益,今天的涨幅弥补了明天的跌停。

保险:投保之后无需跟进,只等收益。没有时间点的规定,保单终身有效。

收益与时间呈正比,时间越长,收益越高。年利率固定,复利清晰。

3. 精神成本投入

股票:随政治主体、经济主体的变化而变化。更多时候,股票揭发了人性的弱点——"贪念"。总想着自己能赚一把大的,但是真正赚钱的人却少之又少。

保险:选择了适合的产品,直接等待收入。选择清晰,保单也不会因社会动荡而受影响。保障签在合同里,时时刻刻都被锁起来。

保险的三个特性:

(1)安全性。安全等级与定期存款相当,非常适合稳健性投资者。

(2)稳定性。可保证收益。

(3)灵活性。为了保证现金流的周转,保单可支取,可贷款,不会因为交不上费用而有损失。

4. 收益

股票:实时收益,非亏即赚,无法计算。

保险:稳赚。

收益计算方式:单例和复利。

单利→本金×(1+收益率)×投资期限,是线性增长。

复利（即利滚利）→本金×(1＋收益率)^{投资期限}，是指数增长，前期增长慢，后期大爆发。

举例：投资 100 万元，第二年开始每年不停复利增利。50 岁投入 100 万元，70 岁时保单价值 189 万元，80 岁时保单价值 265 万元，90 岁时保单价值 366 万元。

这么对比起来看，对于大多数承受不起资金动荡的投资者来说，其实保险相对稳定。而且保单的持续性很强，但在股票操作上，我们却不能保证我们一直有时间和精力实时操作。这场理财的比赛，其实是保险在慢慢居上。

5. 法律保护

股票：无保障、风险大、收益高。

保险：《中华人民共和国民法典》《中华人民共和国保险法》，利益分配按照《中华人民共和国民法典》以及《中华人民共和国个人所得税法》执行。

6. 个人建议

全世界可能只有为数不多的巴菲特，但是全世界人民都可以买保险。因为全世界人民经不起经济的考验和动荡。

保险是一种保障，而股票是一种玩法。

不是不能玩，而是要把大部分钱买保障，少部分钱拿出来玩游戏。因为游戏本身就有输赢，输了不后悔，赢了别得意。

在进入股市以后，我们可能有高兴的时候，也有灰心的时候，灰心的时候我们更多祈祷别赔太多就好。

两者加在一起，其实可能是平进平出的。

当然我也希望我在股市里面能畅游，成为第二个巴菲特。但是我一定会拿出 70％的资产买了保险来保障我的钱包随时有灵活的现金流。

资料来源：第一金融资讯服务平台，2020-07-09，https://www.sohu.com/a/406704364_715817。

第十章 外汇投资

学习目标

1. 知识目标

(1)理解外汇及外汇市场的相关知识；

(2)理解外汇交易的各个分类的含义及特点。

2. 技能目标

(1)能用基本面分析法分析外汇汇率的变化趋势；

(2)掌握各种技术分析的方法判断外汇汇率趋势；

(3)能够熟练操作各种外汇并灵活运用各种策略技巧交易外汇。

3. 思政目标

(1)理解外汇投资中的风险,比如汇价波动、交易平台安全等,对国际经济形势保持警惕,确保理性投资；

(2)树立正确的投资理念,实现稳健的投资回报；

(3)增强投资自我管理能力,如"情绪控制""决策果断"等。

案例导入

父子俩牵着一头驴到集市上去卖,半路上有人笑他们:"真笨,有驴不骑!"于是父亲便叫儿子骑上驴。走了不久,又有人说:"真是不孝的儿子,竟让自己的父亲走着!"父亲赶快叫儿子下来,自己骑到驴背上。走了不久又有人说:"狠心的父亲,一点也不知道心疼孩子!"父亲连忙叫儿子也骑上驴背。谁知这时又有人说:"两人骑一头瘦驴,不怕把驴压死呀?"于是,父子俩赶紧溜下驴背,把驴的4只脚绑了起来,用棍子抬着走。经过一座小桥时,由于走路不稳,结果驴掉到河里被大水冲跑了。

理财启示:中国人在投资上往往很容易听信别人,本来是到银行准备存定期储蓄的,结果发现大家都在排队买基金,并且有人和他说:现在存款落伍了,还是买基金收益高。于是他就听了别人的劝告,把养老钱全买成了风险较大的股票型基金,最终亏本。其实,在理财上,100个人就有100种理财方法,每个人的收益目标、风险承受能力以及对投资工具的熟悉程度都是不同的,因此在投资上不能人云亦云,盲目听信别人,科学理财就是合适的人在合适的时机买了合适的产品。

本章导语:本章系统地学习外汇及外汇交易的相关知识,包括基本面分析与技术分析的知识,能够熟练运用外汇操作方法与策略技巧进行具体的外汇交易。本章的外汇也是进行投资规划重要的金融工具之一,读者需要注意,外汇投资与股票投资有相似之处,单纯的外汇操作也不是理财。

关键词:外汇、汇率、外汇交易、个人实盘外汇交易、外汇保证金交易、外汇理财产品

第一节 外汇投资概述

一、外汇

(一)外汇的定义

外汇(foreign exchange),是指以外币表示的支付手段。外汇有狭义和广义之分:狭义的外汇是指可自由兑换的外国货币;广义的外汇不仅包括可自由兑换的外国货币,还包括可立即兑换为外国货币的其他金融衍生工具。

音频

外汇理财骗局的九大特征

更简单地说,外汇就是外国的货币,例如美元、日元等,它不仅包括现钞,还包括银行的存款,以及外币支票、本票和汇票等结算工具。

外汇还有现钞、现汇之分。现钞主要是指外币的纸币和辅币,主要由境外携入。现汇是指账面上的外汇,主要包括以支票、汇款、托收等国际结算方式取得并形成的银行存款。一般来说,现钞价比现汇价要便宜。

(二)外汇的特征

外汇有三个方面的特征:

(1)用外币表示。外汇是以外币表示,可以用于对外支付的金融资产。因此,诸如机器设备、厂房等实物资产不属于外汇的范畴。

(2)可兑换性。即外汇必须能够自由兑换成其他国家的货币或购买其他信用工具以进行多边支付。

(3)普遍可接受性。一种货币及其他有价证券和支付凭证能否作为国际支付手段,并不取决于该货币的面值大小,而在于它能否为各国所接受。这实际上就要求该国具有相当规模的生产能力、出口能力或别国所需要的丰富的自然资源。

(三)外汇买卖

外汇买卖是指不同货币间的相互兑换,即将一个国家的货币转换成另外一个国家的货币,也称外汇交易。其包含了本国货币与外国货币的兑换,也包含了一种外国货

币与另外一种外国货币的兑换。

目前在国际经贸活动中常用的货币主要有美元、欧元、日元、英镑、加拿大元等。这些货币属于可自由兑换货币,在国际贸易和国际投资中被广泛使用,在国际金融市场上可以自由买卖,能够自由兑换成其他国家的货币,以上述货币为交易对象的外汇交易在全球的外汇交易中占有绝对的比重。

二、汇率

(一)汇率及标价方法

汇率又称汇价,指一国货币折算成另一国货币的比率,或者说是两国货币间的比价。通俗地说,就是外汇的价格。在外汇市场上,汇率通常以五位数字来显示,如:欧元/美元=1.179 5,美元/日元=118.34,英镑/美元=1.673 7,美元/瑞士法郎=1.300 3。

按照国际外汇市场惯例,汇率的标价方式分为以下三种:

1. 直接标价法

直接标价法(direct quotation)是以本国货币来表示一定单位的外国货币的汇率表示方法。一般是1单位或100单位的外币能够折合多少本国货币。除英、美等少数国家外,市场上大多数国家的汇率采用直接标价法。在直接标价法中,本国货币越值钱,单位外币所能换到的本国货币就越少,汇率值就越小;反之,本国货币越不值钱,单位外币能换到的本币就越多,汇率值就越大。因此,在直接标价法下,外汇汇率的升降和本国货币的价值变化呈反向关系:本币升值,汇率下降;本币贬值,汇率上升。另外,直接标价法下,前一个是买入价,后一个是卖出价。

2. 间接标价法

间接标价法(indirect quotation)是以外国货币来表示一定单位的本国货币的汇率表示方法。一般是1单位或100单位的本币能够折合多少外国货币。在间接标价法下,本国货币越值钱,单位本币所能换到的外国货币就越多,汇率值就越大;反之,本国货币越不值钱,单位本币能换到的外币就越少,汇率值就越小。目前,前英联邦国家的货币,如澳元(AUD)、新西兰元(NZD)、英镑(GBP)等,均采用间接报价方式。此外,欧元(EUR)也采取间接标价法。在间接标价法下,外汇汇率的升降和本国货币的价值变化呈正向关系:本币升值,汇率上升;本币贬值,汇率下降。另外,前一个数字表示卖出价,后一个数字表示买入价。

3. 美元标价法与非美元标价法

第二次世界大战后,美国在世界经济中占据主要地位,美元成为主要国际支付手段。为了便于国际结算和交易,逐渐形成了以美元为标准来计算各国货币汇率的习惯,这就是美元标价法。其他称为非美元标价法。

不管哪种报价方法,外汇市场上的报价一般都为双向报价,即由报价方同时报出自己的买入价(bid)和卖出价(offer),由客户自行决定买卖方向。买入价和卖出价的差价(spread)为报价方的利润,对投资者而言是投资成本,数值越小,投资成本越少。

(二)汇率的种类

汇率按照不同的分类方法有不同的种类:按制定汇率的方法不同,可划分为基本汇率和套算汇率;按外汇汇付方式不同,可划分为电汇汇率、信汇汇率和票汇汇率;按外汇买卖交割的时间不同,可划分为即期汇率和远期汇率;按银行买卖外汇角度不同,划分为买入汇率、卖出汇率、中间汇率和现钞汇率;按外汇管理的宽严程度不同,可划分为官方汇率和市场汇率;按银行营业时间不同,可划分为开盘汇率和收盘汇率。

三、外汇市场

(一)外汇市场产生的原因

外汇市场,是指国家间进行外汇买卖、外汇交易的市场,它是通过先进的通信和计算机网络实现全球24小时不间断交易的无形市场。外汇交易发生的最主要的根源是由于国际经济交易的发生和随之而产生的国际结算、国际投资、外汇融资和外汇保值等业务的需要。因此,外汇市场之所以存在,主要是因为:贸易和投资的需要,投机的需要以及对冲即外汇保值的需要。

外汇市场作为一个国际性的资本投机市场,其历史要比股票、黄金、期货等市场短得多,然而,它却以惊人的速度迅速发展。今天,外汇市场每天的交易额已达5万亿美元,其规模已远远超过股票、期货等其他金融商品市场,已成为当今全球最大的单一金融市场和投机市场。

(二)国际外汇市场的特点

(1)全天24小时连续作业。由于全球各金融中心的地理位置不同,亚洲市场、欧洲市场、美洲市场因时间差的关系,连成了一个全天24小时连续作业的全球外汇市场。这种连续作业,为投资者提供了没有时间和空间障碍的理想的投资场所,投资者可以寻找最佳时机交易。

(2)市场信息透明。外汇市场是信息最为透明、最符合完全竞争市场理性规律的金融市场。国际外汇市场是日交易量近万亿美元的全球性的市场,在这一庞大的市场中,任何交易主体都不可能成为长期操纵市场的所谓"庄家",无论它是中央银行还是对冲基金。这一显著的特点使得外汇市场中所反映的信息是相当透明的,而不像一般的股市、债市那样容易被"庄家"操纵。

(3)系统风险大。外汇市场具有信息来源种类多、信息变化快、对市场变化的影响因素多等特点,这使得外汇汇率的变化更为复杂,市场系统风险较大。外汇汇率的变化看似简单,但实际上外汇投资涉及政治、经济及投资心理等许多领域,正确及时的外汇交易决策需要丰富的知识积累和实际操作经验的结合。

(4)T+0交易。买卖外汇随时进行。

(5)投资目标是国家经济,而不是上市公司业绩。

(三)外汇市场的主要参与者

(1)中央银行。中央银行是外汇市场上重要的参与者,因为各国的中央银行都持有相当数量的外汇余额作为国际储备的重要构成部分。但中央银行参与外汇市场的目的不是获利,而是通过制定和颁布一系列条例和法令来维持外汇市场的交易秩序。其通过买进或抛出某种国际性货币的方式干预外汇市场,以便能把本国货币的汇率稳定在所希望的水平上或幅度内,从而实现本国货币金融政策。因此,中央银行不但是外汇市场的参与者,更是外汇市场的操纵者。

(2)外汇银行和非银行金融机构。外汇银行又称外汇指定银行,是指经过本国中央银行批准,可以经营外汇业务的商业银行或其他金融机构。它可分为三种类型:专营或兼营外汇业务的本国商业银行;在本国的外国商业银行分行;其他经营外汇买卖业务的本国金融机构,如信托投资公司、财务公司等。外汇银行是外汇市场的主要角色,是外汇供求的中介机构,也是主要的报价者。中国银行是我国最早经营外汇的银行,目前已经有很多经营外汇的银行。

(3)外汇经纪人。外汇经纪人是指在外汇市场上从事介绍外汇买卖成交的中间人,其主要目的是促成交易,从中收取佣金。外汇经纪人是一种代理性质的专门职业,他们所买卖的不是自己的头寸,因此不承担外汇交易的盈亏风险,也不得利用差价谋利。他们与外汇银行联系密切,熟悉外汇市场供求行市,一般商业银行之间的外汇买卖都通过他们代理。目前,随着竞争的日益激烈,外汇经纪人也开始兼做自营业务了。

(4)顾客。这类市场参与者包括进出口商、跨国公司、外汇投资和投机者、国际旅游者等,他们是外汇市场最后的供给者和需求者。这些零散客户之间一般不直接进行外汇交易,而是各自与商业银行或外汇指定银行做买卖。

(四)世界主要外汇市场

世界上主要的外汇市场共有30多个,它们各具特色,位于不同的国家和地区,在营业时间上彼此错开,而且汇率差异较小,形成了一个庞大的24小时都在运作的全球外汇市场(见表10.1)。

表 10.1　　　　　　　　全球主要外汇市场(北京时间)

地　区	城　市	开市时间	收市时间
亚洲	悉尼	23:00	7:00
	东京	0:00	8:00
	中国香港	1:00	9:00
	新加坡	1:00	9:00
	巴林	6:00	14:00

续表

地　区	城　市	开市时间	收市时间
欧洲	法兰克福	8:00	16:00
	苏黎世	8:00	16:00
	巴黎	8:00	16:00
	伦敦	9:00	17:00
北美洲	纽约	12:00	20:00
	洛杉矶	13:00	21:00

四、外汇交易的主要种类

(一)即期外汇交易

1. 定义与主要特点

即期外汇交易(spot exchange transaction)是指交易双方约定外汇买卖成交后,原则上于当日或2个工作日内交割资金的外汇业务。例如,在5月6日达成交易,双方可以根据资金需求,确定在6、7、8日这3天中的一天收付款,双方应当保证使对方开户银行在该天收妥交易货币,并开始计息。因此,该日既称为交割日(delivery date),又称起息日(value date)。

根据起息日的不同,即期外汇买卖可分为三种:

(1)标准即期起息交易(value spot):起息日为交易日后的第二个工作日,即T+2,目前国际外汇市场普遍应用的是标准即期交易。

(2)明天起息交易(value tomorrow, valuetom):起息日为交易日后的第一个工作日,即T+1。

(3)当天起息交易(value today):起息日为交易日的当天,即T+0,中国银行首创的个人外汇理财产品——个人外汇买卖(品牌名"外汇宝")——就属于此类当天即时起息的外汇交易。因此,如果汇率波动较大,则投资者可以在一天内看到多次获利的机会。

即期外汇买卖的优点在于交易后的一两个工作日内便收到买入的货币,用于付款,不再受今后汇率涨跌的影响。另外,银行报价容易、快速,便于捕捉市场。其缺点是不如远期外汇交易那样可灵活调度资金。

2. 即期外汇交易的主要方式

即期外汇交易又称现汇交易,其交易方式主要有如下几种:

(1)付出汇款。需要对外国支付外币的客户,如有外币,可向银行直接支付外币;如无外币,则要由本币兑换成外币后,委托银行向国外的收款人汇出外币。

(2)汇入汇款。汇入汇款是收款人从国外收到外币支付的款项后,可以存入自己的外币账户,也可将外汇收入结售给银行取得本币。

(3)出口收汇。出口商将出口货物装船后,立即开立以双方商定的结算货币计价的汇票,并在汇票下面附上有关单证,请银行议付,以便收回出口货款。银行将汇票等单据寄往开证行,按照汇票即期支付的条件,接受以外币支付的款项,并让支付行将应付款计入自己的外币结算账户。

(4)进口付汇。为进口商开出信用证的银行,按照出口商开出的附有全部单证的即期汇票条件,将外币计价的进口货款通过外币结算账户垫付。然后向进口商提示汇票,请其按照即期付款条件支付。

(二)远期外汇交易

1. 定义和作用

外汇交易成交后,按约定的时间约定的汇率交割,或者说凡交割日预定在交易日后的第三个工作日,或第三个工作日以后的外汇交易,称为远期外汇交易(forward exchange transaction)。外汇交易的将来交割日、汇率和货币金额都是在合同中事先规定的。

远期外汇交易的作用在于可以避免贸易和金融上的外汇风险,锁定换汇成本,安排用汇计划,有利于经济核算。例如,在国际贸易中或在国际借贷中,在将来某一时刻应支付的货币与现持有的货币不一致时,进口商或借款人可以运用远期外汇交易,固定付汇金额。

2. 远期汇率的计算

远期汇率(forward exchange rate)等于即期汇率加减升水(premium)或贴水(discount)。

升水或贴水=即期汇率×两种货币的利差(%)×远期天数/360 天

【例 10.1】 以日元为例,设美元兑日元即期汇率为 118.12,远期天数为 90 天,3 个月美元定期利率为 0.562 5%,3 个月日元定期利率为 0.01%,那么:

升水或贴水=118.12×(0.562 5%−0.01%)×90 天/360 天=0.163 2

一般而言,升水或贴水与货币利率的高低有关。利率高的货币表现为贴水,利率低的货币表现为升水。美元利率高于日元利率,因此美元兑日元的远期汇率表现为贴水,于是,90 天远期美元兑日元的汇率为:118.12−0.163 2=117.96。

既然购买远期日元要贴水,那么为什么还有远期外汇交易存在呢?其实,客户购买即期日元,他在起息日立即失去高利率的美元,却获得了利息较低的日元,失去的利息就一下子反映出来了。而购买远期日元,他失去的利息是通过远期汇率表现出来的,因为客户虽然卖出了美元,但并未立即支付美元给对方,客户依然占有着高利率的好处。同时,通过购买远期日元,客户获得了外汇保值。

在【例 10.1】中,如果有 1 万美元,即期购买 118.12 万日元,90 天美元和日元的利息收入分别为:美元利息=1 万×0.562 5%×90/360=14.06(美元);日元利息=

118.12万×0.01‰×90/360＝29.55(日元),按当时 118.12 的汇率计算,日元利息 0.25 美元。因此,即期购买日元,90 天美元与日元的存款利差＝14.06－0.25＝13.81(美元)。如果购买 90 天远期日元,则贴水 0.1632,1 万美元相当于贴水 1 632 日元,按当时汇率118.12 计算,相当于损失贴水 13.81 美元。这与 90 天两种货币的利差 13.81 美元完全一致。

可见,升水或贴水实际上是对两种交易货币利差损失或利差盈余的平衡。

(三)择期期权交易

择期外汇(forward exchange option)交易是一种交割日期不固定的交易,它属于远期外汇交易的范畴。择期的含义是买方可以在将来某一段时间的任何一个工作日按约定的汇率交割,即客户在约定的期限内有选择交割日的权利。选择的期限可以在前后两个确定的时间之间,也可以是某一段时间内不确定的某一天。

【例 10.2】 某进口商在购买商品合同中约定按货到形式付款。出口商交货日期大致为 3 个月后的 6 月上旬。为了固定进口成本,进口商可以与银行做一个择期外汇期权交易,把交割日定在 6 月 1—10 日。一旦签订择期交易合约,只要货物一到港,进口商就可以按约定的汇率交割付款。

当然客户为获得交割日的灵活性,需支付一定的价款。银行在确定约定汇率、计算升贴水时,升水通常按可交割的第一天计算,而贴水则按可交割的最后一天计算。虽然客户在汇率升贴水中的损失比起未知的汇率风险损失可能要小得多,但择期越长,损失越多,因此,客户在进行择期交易时,应尽量缩短不确定的时间,以减少成本。

(四)外汇掉期交易

外汇掉期交易(forward swap transaction)是指在买入某日交割的甲货币(卖出乙货币)的同时,卖出另外一个交割日的甲货币(买入乙货币)。不难发现,外汇掉期交易实际上由两笔金额相同、方向相反、交割日不同的交易构成。它可分为即期对远期、远期对远期两种形式。

最常见的掉期交易是第一种形式,即把一笔即期交易与一笔远期交易合在一起,等同于在即期买入甲货币并卖出乙货币的同时,反方向地卖出远期甲货币、买入远期乙货币的外汇买卖交易。

外汇掉期交易有以下两个主要功能:

1. 调整起息日

客户叙做远期外汇交易后,因故需要提前交割,或者由于资金不到位或其他原因,不能按期交割,需要展期时,都可以通过叙做外汇掉期交易调整原交易的交割时间。例如,一家美国贸易公司在 1 月预计 4 月 1 日将收到一笔欧元货款,为防范汇率风险,公司按远期汇率水平同银行叙做了一笔 3 个月远期外汇交易,买入美元卖出欧元,起息日为 4 月 1 日。但到了 3 月底,公司得知对方将推迟付款,在 5 月 1 日才能收到这笔货款。于是公司可以通过一笔1个月的外汇掉期交易,将4月1日的头寸转换至5月1日。

2. 货币转换

掉期可以用于从甲货币转换成乙货币,然后从套期保值的角度出发,再从乙货币转换为甲货币,可以满足客户对不同货币资金的需求。例如,一家日本贸易公司向美国出口产品,收到货款500万美元。该公司需将货款兑换为日元用于国内支出。同时公司需从美国进口原材料,并将于3个月后支付500万美元的货款。此时,公司可以采取以下措施:叙做一笔3个月美元兑日元外汇掉期交易:即期卖出500万美元,买入相应的日元,3个月远期买入500万美元,卖出相应的日元。通过上述交易,公司可以用美元"制造"出日元,满足了目前的日元支付需要,但同时又避免了在3个月后日元兑美元的汇率风险。

(五)外汇期货交易

外汇期货(foreign currency futures)又称货币期货,是买卖双方通过期货交易所按约定的价格,在约定的未来时间买卖某种外汇合约的交易方式。

1. 外汇期货交易与外汇现货交易的异同

外汇期货交易与外汇现货交易有共同点,也有不同点。外汇期货的交易方法与合约现货外汇完全一样,既可以先买后卖,也可以先卖后买,即可双向选择。二者都采用固定合约和保证金制度。当然,外汇期货交易与外汇现货交易还有以下本质的区别:

(1)交易的标的物不同。外汇现货交易标的是现汇汇率,外汇期货交易的是远期汇率。我们知道,货币间存在利率差异,利差在外汇现货交易和外汇期货中通过不同的形式来反映,其实,这种不同就是外汇现货与外汇期货的最主要区别。

(2)交易的场所不一样。外汇现货通过银行交易,外汇期货在专门的期货交易所交易。

(3)交易方式不同。期货是挂单报价方式,买入或卖出某种外国货币,需预先填报价位,但不保证成交,除非不指定价位。现货则是银行挂牌或交易商报价。

(4)交割方式不同。外汇期货合约的交割日期有严格的规定,这一点现货外汇交易是没有的。期货合约的交割日期规定为一年中的3月、6月、9月、12月的第3个星期的星期三。这样,一年之中只有4个合约交割日,但其他时间可以买卖,不能交割,如果交割日银行不营业则顺延一天。

(5)杠杆倍率不同。外汇现货交易与外汇期货交易都是按照保证金交易,都具有杠杆作用。但是杠杆的倍率不同。外汇现货交易的杠杆多为100倍、200倍,甚至400倍。外汇期货的保证金并不按照倍数来计算,它的收取标准在一段时间内是固定的。如果需要对比,比如EUR/USD折算回来,相当于50多倍,完全可以满足专业交易者的要求。

(六)外汇期权交易

外汇期权(foreign currency option)是指期权的买方(buyer,holder)在叙做期权交易时,支付期权的卖方(seller,writer)一笔期权费(premium),从而获得一项可于到期日或期满前按预先确定的汇率即执行价格(strike price,exercise price)用一定数量的一种货币购买或卖出另一种货币的权利。

因此,外汇期权的交易对象并不是货币本身,而是一项将来可以买卖货币的权利。期权的买方取得这项权利,可以根据市场情况判断是执行这项权利,还是放弃这项权利。但买方必须在到期日之前做出决定。对于卖方而言,他所承担的是一项义务,根据买方的决定履行买卖货币的责任。由于期权买方向卖方购得这种权利,因此卖方从一开始就承担了汇率方面的风险,因为不论市场价格如何变化,不管市场价格如何不利,只要买方要求执行合约,卖方就责无旁贷。买方支付的期权费或称保险金事实上是对卖方在汇率上可能遭受经济损失的一种补偿。所以,期权买方与期权卖方的权利义务完全不对等。

1. 种类

(1)按期权的内容分类,分为买入期权与卖出期权。买入期权(call option)又称看涨期权,期权的买方与卖方约定在合约到期日或期满前买方有权按约定的汇率从卖方买进特定数量的货币。卖出期权(put option)又称看跌期权,期权的买方与卖方约定在合约到期日或期满前买方有权按约定的汇率向卖方卖出特定数量的货币。

(2)按合约执行时间分类,分为美式期权与欧式期权。美式期权(American style option)的买方可以在成交日至期权到期日之间的任何时间要求卖方执行合约,具有较高的灵活性。欧式期权(European style option)的买方在到期日之前不能要求卖方履约,仅在合约到期日当天的截止时间才能要求执行合约。

(3)期权的价值是由内在价值(intrinsic value)和时间价值(time value)组成的。内在价值是市场价格与期权执行价格之间的差额,而期权价值与内在价值之差即为时间价值。因此,根据期权执行价格的高低,期权可分为以下三种:实值期权(in-the-money option, ITM option),是具有内在价值的期权,即执行价格低于市场价格的买入期权或执行价格高于市场价格的卖出期权。虚值期权(out-of-money option, OTM option),是不具有内涵价值的期权,即执行价格高于市场价格的买入期权或执行价格低于市场价格的卖出期权。平值期权(at-the-money option, ATM option),是指期权合约执行价与市场价格相等或大致相等的期权。

2. 外汇期权交易的功能

外汇期权交易是一种规避汇率风险的手段之一。在期权合约期内,市场汇率与协议汇率相比,如果协议汇率对己有利,就执行合约,否则就放弃合约。它的协议价是固定的汇率,从而可以防范将来汇率变动的风险。期权持有者最大的损失一定不超过期权费的金额,而期权费可在成本核算时就计入成本。

【例 10.3】 某进出口公司进口设备,3个月后交货时须支付150万欧元。即期汇率为1欧元兑1.1580美元,按现货价,该进口商须花费1 737 000美元。为了防范汇率风险,该进口商以2万美元的期权费代价买进150万欧元的欧式期权。3个月后,在期权合约到期时,结果可能有三种情况:

(1)3个月后欧元升值为1欧元兑1.1870美元,如果该进口商没有这项期权,则他到市场上买150万欧元须花费1 780 500美元,比预算多花43 500美元。有了期权,他可以执行期权,从而避免汇率损失43 500美元。以2万美元的代价防范了4万多美元的损失,显然是值得的(为了简化起见,付出的2万美元期权费的利息损失未计算在内)。

(2)3个月后欧元贬值至1欧元兑1.1250美元。显然,从市场上买欧元付款比执行期权便宜,买进150万欧元仅需1 687 500美元,比预算少花49 500美元。扣除2万美元的期权费,实际还赚了将近3万美元。

(3)3个月后欧元汇率仍为1欧元兑1.1580美元。进口商对是否执行期权并不在乎,代价仅为2万美元的期权费。

与远期外汇交易所具有的规避汇率风险功能相比,外汇期权交易在具备同样功能的同时,灵活性很高。客户可根据汇率的变动情况,决定合约的执行与否。

中国银行在个人外汇交易业务中已经相继推出的"两得宝"和"期权宝",实质上就是个人外汇期权交易,为居民投资外汇提供了既可买升也可买跌的双向操作工具。

"两得宝"是指客户在存入一笔定期存款的同时,根据自己的判断向银行卖出一份外汇期权(看涨期权或看跌期权),客户除收入定期存款利息(扣除利息税)外,还可得到一笔期权费。期权到期时,如果汇率变动对银行不利,则银行不行使期权,客户可获得高于定期存款利息的收益;如果汇率变动对银行有利,则银行行使期权,将客户的定期存款本金按协定汇率折合成对应的挂钩货币。

"期权宝"是指客户根据自己对外汇汇率未来变动方向的判断,向银行支付一定金额的期权费后买入相应面值、期限和执行价格的期权(看涨期权或看跌期权),期权到期时如果汇率变动对客户有利,则客户通过执行期权可获得较高收益;如果汇率变动对客户不利,则客户可选择不执行期权。

因此,"两得宝"为客户卖出期权、银行买入期权;"期权宝"为客户买入期权、银行卖出期权。

第二节 外汇交易的分析方法

影响外汇交易最主要的方面就是汇率,因此,本节主要从基本面分析与技术分析两个方面研究外汇汇率的走势。

一、影响外汇汇率变化的基本因素

(一)经济因素

经济因素能反映一国经济状况,它是影响汇率走向的主要因素,决定汇率的长期变化趋势。

1. 一国的经济增长水平

如果经济增长维持在较高水平,则说明该国经济较有活力,容易吸引国际资本流入,促使该国货币升值;如果经济增长处于低水平状态,则说明该国经济缺乏活力,非但不容易吸引国际资本流入,还会导致本国资本外流,造成该国货币贬值。反映一国经济增长水平的指标包括:国内生产总值(GDP),它是衡量一国经济发展水平的最重要整体指标;耐用品订单、工业生产、采购经理人指数、商业库存等(从某些行业的局部来反映经济景气状况的指标);失业率(间接反映经济景气状况,经济景气较好,失业率就低,失业率高,说明经济景气差)。

2. 一国的国际收支状况

一国的国际收支状况良好,处于顺差状态,其货币将升值;相反,一国的国际收支状况恶化,处于逆差状态,其货币会贬值。

3. 一国的通货膨胀状况

通货膨胀也是影响汇率的一个重要因素,反映通货膨胀的经济指标有很多,常用的有生产物价指数、消费物价指数、零售物价指数和批发物价指数。各种指数高,说明通货膨胀比较严峻,对外汇汇率的影响也不相同。

一般而言,如果生产物价指数较预期的高,则有关部门会实行紧缩的货币政策,这种情况下该国货币的汇率可能会上升;但如果有关部门出于其他考虑,没有紧缩银根,则该国货币的汇率就可能下跌。当消费物价指数上升时,显示通货膨胀率上升,即货币的购买力下降,理论上说,该国货币应该有下降的趋势,但很多国家都以控制通货膨胀为主要目标,通货膨胀率的上升往往同时带来利率上升的可能性,反而会利空该国货币;而如果通货膨胀受到控制,则利率也可能会趋于回落,反而会利好该国货币。

零售物价指数持续上升,使政府收紧货币供应,该国货币汇率上升。零售物价指数反映的是零售商品价格的平均变化,与消费物价指数不同。批发物价指数反映的是批发价格的变化,其反映的内容与零售物价指数基本相同,计算方法更加简便,在没有零售物价指数的情况下,可以用批发物价指数来代替分析通货膨胀状况。

4. 一国的利率水平

一国利率较高,容易吸引短期资本流入,造成该国货币升值。

5. 一国的国际储备

国际储备增加有利于增强外汇市场投资者对本国货币的信心,从而有利于本国货币汇率的上升。

(二)政治及新闻舆论因素

一国的政局不稳定,会导致投资者对该国的经济失去信心,从而影响该国的货币汇率,甚至该国的邻国和与该国有密切的经济、政治联系的国家的货币汇率都难以幸免。影响汇率变化的政治因素大到战争、武装冲突、军事政变,小到政府选举、政治丑闻、政府官员言论等,都会在汇率走势上留下痕迹。例如,苏联"8·19"事件、英国1992年大选和美国攻打伊拉克的"沙漠风暴"计划,都使国际汇率大幅波动。

案例链接:苏联 1991 年"8·19"事件对外汇市场的影响

从1991年下半年开始,美元对几乎所有的主要外汇都呈弱势。但是,苏联"8·19"事件使这一走势完全打乱,而事件失败后,又使走势恢复到原来的状态,美元又一路走弱,到第二年1月才止跌回升。

外汇市场在苏联"8·19"事件前后的波动完全说明了美元作为"避风港"货币的作用。在"8·19"事件发生之前,外汇市场已在流传苏联政局不稳的消息,美元连续7天小涨,但谁也没有预料到会有突发事件发生。到8月19日,当外汇市场所有交易者的计算机屏幕上打出"苏联发生政变"的字样时,便立刻出现一片恐慌性的买美元风。以英镑为例,英镑对美元的汇率在短短的几分钟内从1英镑兑1.663 3美元猛跌至1.613 0美元,跌幅达3.1%。第二天,外汇市场又随着戈尔巴乔夫失去联系、发动事件者似乎难以控制局势等消息的不断出现而涨涨落落。到第三天,"8·19"事变宣告失败,外汇市场立刻抛出美元。同样以英镑为例,英镑对美元的汇率从1.636 3美元涨到1.691 5美元,猛涨3.4%,使英镑又同其他外汇一起,开始了对美元的汇价一路上扬的走势。

同样,新闻舆论也是影响汇率的突发性因素。外汇价格的变动在很大程度上是外汇市场上的参与者对外汇波动期待的反映;换言之,如果没有外界的参与,外汇汇率就会向着人们的预期滑动。然而,一旦新闻媒体发表了国家货币当局官员的讲话或发表了某研究机构的研究报告,就可能会在外汇市场上引起剧烈波动。在信息化的今天,新闻媒体往往起到预警的作用,培养对新闻的敏感性对提前掌握外汇市场上的变动有很大的作用。

案例链接:1992年英国大选对外汇市场的影响

大选这一天,英镑在外汇市场上出现了剧烈的波动。从英镑兑马克的汇率来看,波幅为2‰,达600点,即6个芬尼,而且它的波动很有戏剧性。在大选前两天,外汇市场上由于听到梅杰在民意测验中的水平已接近金诺克的传闻,开始买英镑抛马克等外汇。在大选这一天,金诺克的选票和民意测验结果在一开始仍然领先于梅杰,使外汇市场又大幅度地抛英镑。但没过多久,梅杰的选票开始节节上升,外汇市场又立刻刮起了抛外汇买英镑的旋风,使英镑兑马克的汇价迅速攀升,从2.8477马克猛涨到2.9053马克。

大选结束以后,英镑似乎从此扭转了弱势,成为坚挺的货币。外汇市场也总是谈论看好英国的经济前景,流到海外的资本会返回英国,梅杰的胜利表明英国政局的稳定等。其实,这时的梅杰还是原来当首相的梅杰,而之后一段时期内还经常出现英国经济不景气的统计数据,但英镑在以后的近两个月时间内还是一路上涨。许多预测专家和技术分析专家都预言,英镑兑马克的汇价将上升到3.10,去试探欧洲货币体系规定的3.13上限。英镑兑马克的汇价在大选后一直居高不下,但每次冲高时都在2.9500处被弹回,经过近两个月的高处徘徊,英镑兑马克的汇价终于在6月份开始下跌。

英镑在英国大选前后的走势表明,外汇价格在短期内的过度波动可能会由于市场预期的支持而维持较长时期。在这种预期被打破之前,市场有时会认为短期的均衡价格是一种合理的价格,而预测中的长期均衡价格反而被认为是有偏差的。但是,如果外汇市场的预期始终得不到证实,因意外事件而扭曲的外汇价格走势就会恢复到原来的趋势,甚至走得更远。从6月份开始,英镑兑马克的汇价一路下跌。在外汇市场证实英国经济前景并不十分乐观时,英镑的弱势就成为大势所趋了。以至于在9月份的欧洲货币体系危机后,英镑兑马克的汇价仿佛自由落体般直线下降,并迫使英国退出欧洲货币体系。而10月份,英镑兑马克的汇率则跌至2.40。

在市场上出现的消息中,有些"传闻"未经证实,但在市场上广泛流传,这称为谣言。交易员对待这些传闻的通常做法是,在听到好消息时立即买入,一旦消息得到证实,便立即卖出,即"于传言时买入,于事实时卖出"。反之亦然:在坏消息传出时,立即卖出,一旦消息得到证实就立即买回。于是,传闻造成外汇市场大幅波动。例如,日本政府高层官员涉及股票内幕交易丑闻而导致日本股市大跌,日元下滑。又如,美国前总统克林顿与莱温斯基的丑闻爆出后,令美元大幅度波动。

(三)市场因素

1. 市场预期

外汇市场是众多投资人、投资者共同参与的,众人群体行为形成"羊群"效应,具有强大的力量。例如,大家一致看涨某货币,都会采取购买行动,造成该货币汇率上涨,而汇率上涨又会使更多的人看多该货币,加入多头行列,形成滚雪球效应。人们对各种经济数据和消息理解上的不同,导致有人抛空、有人买进,从而影响汇率波动。

2. 市场开放性

外汇市场是开放性市场,由于国际资本在全球不同国家的金融市场(如黄金市场、期货市场、股票市场等)流动,往往都要通过外汇市场进行各货币间的兑换,因此,其他金融市场的波动会对外汇市场产生影响。例如,当日本股市上涨时,吸引欧美投资者涌入日本股市追涨,把欧元、美元兑换成日元,使日元因市场需求增加而升值;当流入日本股市的资金回撤时,又把日元兑换成欧元、美元,使日元因市场供给增加而贬值。

(四)心理因素

在影响外汇汇率走势的各种因素中,最难以把握的就是心理因素,它是影响汇率短期走势的重要因素。严格来说,心理因素在其他因素里都有体现,因此没有绝对严格的区分。具体能够引起人们心理变化的因素,有市场预期、投机信息和经济新闻。

(五)中央银行的干预

目前国际社会中实行的浮动汇率制并不是一种彻底的浮动汇率制,而是一种有管理的浮动汇率制。中央银行不仅通过间接的方法(如货币政策)进行干预,还经常在外汇市场异常波动时直接干预外汇市场。

1. 中央银行干预外汇市场的原因

(1)汇率的异常波动常常与国际资本流动有着必然联系,它会导致工业生产和宏观经济发展出现不必要的波动,稳定汇率有助于稳定国民经济和物价。

(2)为了国内外贸政策的需要。一个国家的货币在国际外汇市场价格较低,必然有利于这个国家的出口。因此,中央银行会在本国货币持续坚挺时直接干预外汇市场,表现为抛本币买外币,以保护本国出口。

(3)出于抑制国内通货膨胀的考虑。宏观经济模型证明,在浮动汇率制下,如果一个国家的货币汇价长期低于均衡价格(即该货币贬值),则在一定时期内会刺激出口,但最终会造成本国物价上涨、工资上涨,形成通货膨胀的压力。

2. 中央银行干预手段

中央银行干预外汇市场的手段,可以分为不改变现有货币政策的干预(sterilized intervention)和改变现有货币政策的干预(non-sterilized intervention)。

(1)不改变现有货币政策的干预。指中央银行认为外汇价格的剧烈波动或偏离长期均衡是一种短期现象,希望在不改变现有货币供应量的条件下,改变现有的外汇价格。换言之,一般认为利率变化是汇率变化的关键,而中央银行试图不改变国内的利率而改变本国货币的汇率。

中央银行在进行这种干预时可双管齐下:

第一,中央银行在外汇市场上买进或卖出外汇时,同时在国内债券市场上卖出或买进债券,从而使汇率变化而利率不变。例如,外汇市场上美元兑日元的汇价大幅度下跌,日本中央银行想采取支持美元的政策,它可以在外汇市场上买进美元抛出日元。由于大量买进美元抛出日元,美元成为它的储备货币,而市场上日元流量增加,使日本货币供应量上升,而利率呈下降趋势。为了抵消外汇买卖对国内利率的影响,日本中央银行可在国内债券市场上抛出债券,使市场上的日元流通量减少,利率下降的趋势因此而抵消。需要指出的是,国内债券和国际债券的相互替代性越差,中央银行不改变现有货币政策的干预就越有效,否则就没有效果。

第二,中央银行在外汇市场上通过查询汇率变化情况、发表声明等,影响汇率的变化,达到干预的效果,这被称为干预外汇市场的"信号效应"(signaling effect 或 announcement effect)。中央银行这样做是希望外汇市场能得到这样的信号:中央银行的货币政策将要发生变化,或者说预期中的汇率将有变化等。一般来说,外汇市场在初次接受这些信号后总会做出反应。但是,如果中央银行经常靠"信号效应"来干预市场,而这些信号又不全是真的,就会在市场上起到"狼来了"的效果。1978—1979 年卡特政府支持美元的干预,经常被认为是"狼来了"信号效果的例子。而 1985 年西方五国财政部长和中央银行行长签订的《广场协议》立刻使美元大跌,就经常被认为是"信号效应"成功的例子。

(2)改变现有货币政策的干预。改变政策的外汇市场干预实际上是中央银行货币政策的一种转变,它是指中央银行直接在外汇市场买卖外汇,而听任国内货币供应量和利率朝有利于达到干预目标的方向变化。例如,如果英镑在外汇市场上不断贬值,英格兰银行为了支持英镑的汇价,它可以在市场上抛外汇买英镑,由于英镑流通减少,供应下降,利率呈上升趋势,人们就愿意在外汇市场多保留英镑,使英镑的汇价上升。这种干预方式一般来说非常有效,代价是国内既定的货币政策会受到影响,这是在中央银行看到本国货币的汇率长期偏离均衡价格时才愿意采取的。

3. 中央银行干预效果

(1)如果外汇市场异常剧烈波动是由突发事件、人为投机等因素引起的,而这些因素对外汇行市的扭曲经常是短期的,那么,中央银行的干预会十分有效,或者说中央银行的直接干预至少可能使这种短期的扭曲提前结束。

(2)如果一国货币的汇率长期偏高或偏低是由该国的宏观经济水平、利率和政府货币政策决定的,那么,中央银行的干预从长期来看是无效的。而中央银行之所以坚持干预,主要是想达到以下两个目的:首先,中央银行的干预可缓和本国货币在外汇市场上的跌势或升势,这样可避免外汇市场的剧烈波动对国内宏观经济发展的过分冲击;其次,中央银行的干预在短期内常常会有明显的效果,其原因是外汇市场需要一定的时间消化这种突然出现的政府干预。这给中央银行一定的时间重新考虑其货币政策或外汇政策,从而做出适当的调整。

二、外汇技术分析

技术分析就是研究外汇市场运动的效果,它主要针对市场的交易价格、走势图和历史数据,得出对外汇市场走向的判断。技术分析在第六章中已经详细讲述过了,外汇技术分析与之相似,因此这里不再赘述。

第三节 外汇交易操作方法

投资外汇前必须做好相应的准备工作,主要是了解自己的投资需求及风险承受能力,这样才能制定出符合自己实际情况的投资策略。

外汇投资的方式不同,操作方法和程序也不尽相同。当前,通过商业银行和其他金融中介,投资者可以进行外币存款、个人实盘外汇买卖、外汇保证金交易、个人外汇期权交易和购买外汇理财产品等外汇投资。目前,各家商业银行所提供的外汇投资方式差别不大。现在对各种投资方式的具体操作加以说明。

一、外汇储蓄业务

(一)外币储蓄存款

外币储蓄风险低,收益稳定,尽管利率水平一降再降,但其收益相对于波动无常的股市或汇市而言,仍然风险比较小。下面以中国银行为例,说明操作规程(其他银行大同小异)。

1. 存款人范围及开户最低限额

凡是中国公民,港澳台同胞,居住在中国(含港澳台地区)境内的外国人、外籍华人和华侨,均可凭实名制认可的有效身份证件在中国银行办理外币储蓄存款。各类存款人的有效身份证件和开户最低限额的规定见表10.2。

表 10.2　　　　　　　　中国银行外币储蓄存款相关规定

存款人类别	有效身份证件	开户最低限额
中国公民	居民身份证、户口簿、军人证、武警身份证明	活期存款20元人民币的等值外币 定期存款50元人民币的等值外币

续表

存款人类别	有效身份证件	开户最低限额
港澳台同胞	港澳居民往来内地通行证,台湾居民往来大陆通行证或其他有效旅行证件	活期存款100元人民币的等值外币 定期存款500元人民币的等值外币
外国人、外籍华人和华侨	护照	活期存款100元人民币的等值外币 定期存款500元人民币的等值外币

为中国公民开立的外币存款账户为丙种账户,按照国家外汇管理局《境内居民个人外汇管理暂行办法》的有关规定办理;为港澳台同胞、外国人、外籍华人和华侨开立的外币存款账户为乙种账户,乙种账户内的存款可根据外汇管理局规定在银行自由汇出,但必须填写非居民个人外汇收支情况表。

2. 存款币种及利率

中国银行外币储蓄存款的币种包括美元、港元、英镑、欧元、日元、加拿大元、澳大利亚元、瑞士法郎和新加坡元。其主要币种利率参见表10.3。

表10.3　　　　　　　　外汇存款利率(年利率)　　　　　　　　单位:%

货币	活期	7天通知	1个月	3个月	6个月	1年	2年
美元	0.0500	0.0500	0.2000	0.3000	0.5000	0.8000	0.8000
英镑	0.0100	0.0100	0.0500	0.0500	0.1000	0.1000	0.1000
欧元	0.0001	0.0001	0.0001	0.0001	0.0001	0.0001	0.0001
日元	0.0001	0.0001	0.0001	0.0001	0.0001	0.0001	0.0001
港元*	0.0100	0.0100	0.1000	0.2000	0.4000	0.7000	0.7000
加拿大元	0.0100	0.0100	0.0100	0.0500	0.1500	0.2500	0.2500
瑞士法郎	0.0001	0.0001	0.0001	0.0001	0.0001	0.0001	0.0001
澳大利亚元	0.0100	0.0100	0.0500	0.0500	0.1000	0.1500	0.1500
新加坡元	0.0001	0.0005	0.0100	0.0100	0.0100	0.0100	0.0100

注:自2022年6月29日起执行。带*为此次调整的币种。

3. 主要业务操作

(1)存款操作。存款人可在储蓄柜台存入现金,或是从个人结算账户、汇入汇款等转入存款。对于丙种外币存款账户,一次性存入1万美元以下或等值外币现钞的,可直接办理;一次性存入1万美元以上(含1万美元)或等值外币现钞的,须提供有效身份证明。对于乙种外币存款账户,每人每天存款5 000美元以下(含5 000美元)或等值外币现钞的,凭本人有效身份证明办理;每人每天存款5 000美元以上或等值外币现钞的,凭本人有效身份证明、携带外币现钞入境申报单原件或原银行外币现钞提取单据原件办理。

(2)取款操作。存款人持存折在储蓄柜台支取存款,需凭密码支取。对于丙种外币存款账户,现钞账户一次性提取等值1万美元以下的可直接办理,等值1万美元以上的,须提供有效身份证明。现汇账户一次性提取等值1万美元以下的可直接办理,等值1万美元以上、20万美元以下的须向银行提供证明外汇收入来源的证明材料后办理,等值20万美元以上的须持证明材料向所在地外汇管理局申请,凭核准批件到银行办理。对于乙种外币存款账户,每人每天提取外币现钞等值1万美元以下的,凭本人有效身份证明办理;超过等值1万美元的,还须如实填写非居民个人外汇收支情况表;等值2.5万美元及以上的外币现金取款,须至少提前1天通知银行备付现金。

(3)存折内的外币划转。根据中国人民银行及国家外汇管理局的有关规定,居民个人可办理本人不同外币账户以及与其直系亲属境内外币账户的资金划转业务。境内外币账户资金只能在同一性质的账户之间划转,即居民和居民之间、现钞账户对现钞账户、现汇账户对现汇账户,不能申请办理不同性质外汇账户之间的资金划转。对于同名账户划转,划转申请人须提供本人不同境内外币账户账号、开户行名称、地址及本人有效身份证件。对于非同名账户划转,划转申请人须提供本人及其收款人的境内外币账户账号、开户行名称、地址,同时除提供本人有效身份证件外,还须出示有效证明文件,以证明划转申请人与收款人之间为直系亲属关系。划转申请人与收款人在一个户口簿的,须出示户口簿;划转申请人与收款人不在同一个户口簿的,须提交公证部门出具的证明划转申请人与收款人确为直系亲属的公证文书。

(二)外币通知存款

外币通知存款是指存款人在存款时不约定存期,支取时需提前通知金融机构,约定支取日期和金额方能支取。

(1)适用对象:具有一定的闲置资金,但对于用款时间不确定的客户;对收益有一定要求的客户;特别是外汇投资者或经商人士,在外汇市场低迷时期、法定节假日、短期不用款者。

(2)产品特点:存取较为灵活方便,支取时只需按约定提前通知银行,无固定期限限制,收益高于活期存款;不论存期有多长,按存款人提前通知的期限长短,分为1天通知存款和7天通知存款;适用币种有美元、港元、英镑、日元、欧元、瑞士法郎、澳大利亚元、新加坡元;最低起存金额折美元为1 000万元,必须一次性存入;适用利率一般高于外币活期储蓄存款利率(参见表10.3)。

(3)开户办法:存款人持本人身份证到中国银行(或其他银行)的营业网点,开立定期一本通账户,然后存款。

二、外汇交易业务

(一)个人实盘外汇交易

个人实盘外汇交易,是指个人客户在银行规定的交易时间内,通过柜面服务人员或其他电子金融服务方式,进行不可透支的可自由兑换外汇间的交易。目前,能进行外汇实盘交易的有中国银行的"外汇宝"、中国工商银行的"汇市通"、招商银行的"外汇通"、交通银行的"外汇宝"等。

个人实盘外汇交易要求投资者具备一定的外汇基础知识和对世界经济走势有所判断,否则就会出现失误。当然,汇市是一个理性的市场,也是一个完全开放的市场,不存在信息不对称的问题,也不存在幕后操作问题,风险相对股市要小。下面以中国银行开办的个人实盘交易业务为例,说明"外汇宝"的操作流程。

1. 个人实盘外汇交易的特征

(1)与传统的储蓄业务有区别。传统的储蓄业务是一种存取性业务,以赚取利息为目的。个人实盘外汇交易是一种交易性业务,以赚取汇率差额为主要目的,同时客户还可以通过该业务把自己持有的外币转为更有升值潜力或利息较高的外币,以赚取汇率波动的差价或更高的利息收入。

(2)个人实盘外汇交易对广大居民有极大的好处。个人实盘外汇交易是到目前为止最有效的个人外汇资产保值增值的金融工具之一。

2. 进行个人实盘外汇交易的投资人

凡持有有效身份证件、拥有完全民事行为能力的境内居民个人,具有一定金额外汇(或外币),均可进行个人实盘外汇交易。

3. 个人外汇交易业务的手续费

个人外汇交易业务不需要单交手续费。银行的费用体现在买卖价格的不同上。

4. 个人实盘外汇交易的货币种类

目前,中国银行已开办个人实盘外汇交易的各分支行可交易的外汇(或外币)的种类略有不同,但基本上包括美元、欧元、日元、英镑、瑞士法郎、港元、澳大利亚元等主要货币。投资者可以通过个人实盘外汇交易进行以下两类交易:一是欧元兑美元、美元兑日元、英镑兑美元、美元兑瑞士法郎、美元兑港元、澳大利亚元兑美元(有的分行还可以进行美元兑加拿大元、美元兑新加坡元);二是以上非美元货币之间的交易,如英镑兑日元、澳大利亚元兑日元等,在国际市场上,此类交易被称为交叉盘交易。可交易货币之外的货币不可以进行个人实盘外汇买卖。居民手上只有人民币没有外币,也不可以进行个人实盘外汇交易。

5. 个人实盘外汇交易的报价

中国银行根据国际外汇市场行情,按照国际惯例报价。个人外汇交易的价格由基准价格和买卖价差两部分构成。买价为基准价格减买卖差价,卖价为基准价格加买卖价差。

6. 个人实盘外汇交易对交易金额的限额

叙做个人实盘外汇交易客户通过柜台交易,最低金额一般为100美元,电话交易、自助交易的最低金额略有提高。无论通过以上哪种方式交易,都没有最高限额。

7. 个人实盘外汇交易的时间

北京时间每周一7:00至周五5:00(在纽约执行夏令时期间)、北京时间每周一7:00至周六6:00(在纽约执行冬令时期间)为交易时间。

8. 个人实盘外汇交易的开户手续

如果要进行柜面交易,只需将个人身份证件以及外汇现金、存折或存单交柜面服务人员办理即可。如果要进行电话交易或自主交易,则需带上本人身份证件、外汇现金、存折或存单,到中国银行网点办理电话交易或自主交易的开户手续后,才可交易。

9. 个人实盘外汇交易的方式

目前有市价交易和委托交易两种。委托交易方式只适用于电话交易、自助交易。

10. 个人实盘外汇交易的清算方式

个人实盘外汇交易的清算方式是T+0。客户进行柜面交易,及时完成货币的互换。客户进行电话交易、自助交易,在完成一笔交易之后,银行电脑系统立即自动完成资金交割。也就是说,如果行情动荡,则投资者可以在一天内抓住多次获利机会。

11. 个人实盘外汇交易的交易手段

个人实盘外汇交易的手段有网上银行、手机银行、E融汇及营业网点柜台等。

12. 在参与个人实盘外汇交易业务时应注意的问题

(1)由于外汇汇率变幻莫测,投资者有可能获得利润,也有可能遭受损失,这取决于投资者对市场行情的判断是否准确,因此,外汇交易由投资者自行决策、自担风险。

(2)由于汇率随时变动,当银行经办人员为投资者办理交易成交手续时,会出现银行报价与申请书所填写的汇率不一致的现象。若投资者接受新的价格并要求交易,则应重新填写申请书,以新的汇率交易。

(3)外汇汇率一经成交,投资者不得要求撤销。交易成交的认定以银行经办人员按申请书内容输入电脑,并打印出个人外汇交易证实书为准。

(4)投资者有义务在接到外汇交易证实书时,核对交易内容是否与个人申请内容一致,以便发现问题当场解决。

(5)银行经办人员在办理交易手续所需的必要工作时间之内,因市场发生突变,或出现其他无法防范的因素而导致交易中断,造成未能完成交易,银行不予负责。

(6)投资者不可以委托中国银行代为决策和买卖外汇。

(二)个人外汇期权交易

外汇期权是常见的一种期权产品,其交易对象就是一项将来可以买卖货币的权利。继 2002 年年底中国银行相继推出"两得宝""期权宝"以来,个人外汇期权业务走过了二十几个年头。

凡在中国银行开立外币存款账户、具有完全民事行为能力的自然人,均可申请到该行进行个人外汇期权交易。个人外汇期权交易的详情如下:

(1)签订交易协议书。投资者可根据自己对外汇汇率未来变动方向的判断,与银行签订外汇期权交易协议书,在协议书中确定挂钩货币(即到期日投资者选择交割的非存款账户货币的另一种货币)、期权面值(即在到期日行使期权时外汇买卖的金额)、期权到期日、协定汇率。同时,如果是"期权宝"交易,则向银行支付一定金额的期权费;如果是"两得宝"交易,则由银行向投资者支付一定金额的期权费。

(2)期限和到期日的调整。外汇期权交易的最长期限为 6 个月,最短为 1 天。具体期限由中国银行当日公布的期权报价中的到期日决定。到期日如为非银行工作日或相关国际市场假期,则根据有关国际市场惯例调整到期日。外汇期权交易的时间为每个营业日北京时间 9:00—17:00,国际金融市场休市期间停办。

(3)可选的存款货币、挂钩货币。目前,进行外汇期权交易可选的货币为美元、欧元、日元、英镑、澳大利亚元、瑞士法郎和加拿大元,现钞与现汇均可交易。期权面值根据情况,设置一定的起点金额。

(4)标的汇价。外汇期权交易的标的汇价为欧元兑美元、美元兑日元、澳大利亚元兑美元、英镑兑美元、美元兑加拿大元、美元兑瑞士法郎。大额客户还可以选择非美货币之间的交叉汇价作为标的汇价。

(5)期权的执行。对于"期权宝"交易,期权到期时,如果汇率变动对投资者有利,则银行将代投资者执行期权;如果汇率变动对投资者不利,则投资者可选择不执行期权,损失仅限为期权费。

注意,期权交易不可自动续期,不可提前平盘。

(6)风险提示。不管是买入期权还是卖出期权,其风险提示都是很重要的部分。

若投资者有下列情况之一,可考虑办理"两得宝":

(1)预期某种货币的汇率走势对自己有利;

(2)对基本货币与备选货币两种货币皆有需要;

(3)接受到期时以约定汇率获得备选货币;

(4)由于任何投资产品都具有风险特性,在决定买卖前,应先了解交易的风险,并考虑个人对风险的承受力、期望回报等。

若投资者有下列情况之一,可考虑办理"期权宝":

(1)恰好在将来需要使用挂钩货币,但是又担心将来汇率变动的风险;

(2) 需要为手中的某种外币资金保值;

(3) 拥有许多外汇存款,但又没有时间投资外汇宝。

(三) 外汇保证金交易

外汇保证金交易又称按金交易,是指在金融机构之间以及金融机构与个人投资者之间进行的一种即期或远期外汇买卖方式。从本质上讲,其有点类似于国内已经发展多年的期货交易。在进行保证金交易时,交易者只付出 0.5%~20% 的按金(保证金),就可进行 100% 额度的交易,也就是"以小搏大"。在获利可能性增大的同时,风险也同样放大了。相对于实盘交易来说,其可称为虚盘交易。目前,已经推出的外汇保证金交易有中国民生银行的"易富通"、交通银行的"满金宝"、中国银行的保证金外汇宝等。然而,由于外汇保证金交易容易被黑平台操控,因此,投资者一定要选择正规的交易平台。

三、外汇理财创新产品

外汇理财产品是近几年较为流行的投资渠道,投资期从几个月到几年不等,通常本金都能保障,所以安全性较高。从本质上说,这类产品属于基金类产品,具有"集合投资、专家理财"的特征。由于这些产品具有惊人的创新能力,因此也被称为外汇理财创新产品。事实上,各种外汇理财产品实际收益率的高低大相径庭,大部分设置是不可确定的,投资者应从认知产品开始,根据自己的投资偏好选择适合的外汇理财产品。从与汇率、利率挂钩的角度,外汇理财产品可分为两大类:和汇率挂钩的外汇产品,和利率挂钩的外汇产品。

和汇率挂钩的外汇产品的主要特点是收益率通常设定在一个区间,获取收益的高低往往和两个币种的汇率相关。

和利率挂钩的外汇产品又可根据收益率是否固定分为两类:浮动收益型理财产品和固定收益型外汇理财产品。

浮动收益型外汇理财产品收益率在一个区间内浮动,并常和国际市场的拆借利率挂钩,如 HIBOR 或 LIBOR。例如,如果 2005 年 LIBOR 完全在 (0,3) 范围内波动,投资者可获得 4% 的年收益,但是,超出此范围的天数,投资者将不能获取收益。这样,投资者需要了解 HIBOR 或 LIBOR 近年的走势,并对今后的变化加以分析,以便了解可获得收益率的波动范围。

固定收益型外汇理财产品具有完全固定的收益率,但是客户不能提前终止投资。例如,3 年累计收益率为 10.5%。也许有人通过简单的计算得出每年 3.5% 的收益率。但是,这类产品并非如此简单。投资者仍需仔细阅读合同条款。例如,合同中可能解释为:第一年收益率为 2.3%,第二年收益率为 3.7%,第三年收益率为 4.5%,而且银行每 3 个月有权终止。

目前，我国推出了多种外汇理财创新产品，比如中国工商银行于2005年年底推出4款全新的外汇理财产品，其中有三款均为适合普通投资者的收益固定型"聚金"产品，另一款为适合具备一定风险承受力的投资者的浮动收益挂钩型"汇神"产品。除此之外，中国银行的个人外汇期权譬如"期权宝"与"两得宝"是一种不保本、收益不确定型的外汇理财创新产品，同时中国银行的"汇聚宝"产品也是一款新颖的与汇率、利率挂钩的外汇理财创新产品。

下面以中国银行的"汇聚宝"产品为例，说明此类外汇理财产品的操作流程。

"汇聚宝"是中国银行按期募集资金，利用中国银行的外汇业务专业优势和衍生产品定价技术，将募集资金投资于国际金融市场结构性衍生产品，帮助投资者获得较高投资收益的外汇理财产品。"汇聚宝"产品属于金融交易类投资产品，有别于普通银行存款。

1."汇聚宝"产品的种类

按照客户获取收益方式不同，"汇聚宝"产品可分为保证收益理财产品和非保证收益理财产品两类。

保证收益理财产品即前面所述固定收益型外汇理财产品，是指银行按照约定条件向客户承诺支付固定收益，银行承担由此产生的投资风险，或银行按照约定条件向客户承诺支付最低收益并承担相关风险，其他投资收益由银行和客户按照合同约定分配，并共同承担相关投资风险的产品。

非保证收益理财产品即浮动收益型外汇理财产品，可以分为保本浮动收益理财产品和非保本浮动收益理财产品两种。保本浮动收益理财产品是银行按照约定条件向客户保证本金支付，本金之外的投资风险由客户承担，并根据实际投资收益情况确定客户实际收益的理财产品。非保本浮动收益理财产品是银行根据约定条件和实际投资收益情况向客户支付收益，并不保证客户本金安全的理财产品。

2."汇聚宝"产品的特点

第一，与产品关联的挂钩指标多种多样，包括利率、汇率、商品价格、股票价格等，使投资者有更多机会通过把握国际金融市场的变动趋势获得较高收益。第二，投资期限灵活多样。"汇聚宝"根据挂钩指标特性、产品结构及投资者需求，灵活设置投资期限，从3个月到5年不等。中国银行还会定期或不定期提前赎回未到期的"汇聚宝"产品。第三，产品品种丰富，包括"期限可变""保底稳健""浮动封顶"等品种。第四，办理手续简便。投资者只需携带本人有效身份证件和活期一本通在中国银行的开办网点办理即可。第五，投资货币包括美元、港元等货币。第六，本产品需由投资者按有关规定自行缴纳所得税，银行不代扣代缴。

3. 适合的投资者

本产品适合对国际金融市场有一定了解、风险承受能力较强、对资金的流动性要求不高、拥有一定数量外币存款的个人客户投资。

4. 委托本金和交易期限

关于委托本金的最低限额,各期理财产品不尽相同,具体要求在各期产品的募集通知中说明。外币现钞、现汇都可以作为委托本金支付,客户委托本金为现汇的,本金、利息和投资收益以现汇支付;客户委托本金为现钞的,本金、利息和投资收益以现钞支付。目前,"汇聚宝"产品的本金货币包括美元、港元等货币。交易期限依据客户与银行签订产品委托书具体确定,客户不得提前终止或撤销产品。

5. 投资流程

第一步,产品公示。

第二步,投资申请。

第三步,交易成交。

第四步,收益支付。

6. 有关风险

投资者应认真了解产品结构和收益条件,承诺充分认识到叙做"汇聚宝"产品面临的风险,根据自己的资金使用情况和对未来金融市场趋势的判断,自主参与交易,并承担交易可能带来的风险。

第四节　外汇交易策略与实战技巧

一、外汇投资的原则

(1)买涨不买跌的原则。即宁买升,不买跌。

(2)"金字塔"加码的原则。和股票投资"金字塔"操作方式一样。

(3)于传言时买入(卖出),于事实时卖出(买入)的原则。和股市投资一样的道理,在听到好消息时立即买入,一旦消息得到证实,便立即获利出仓。反之,当坏消息传出时,立即卖出,一旦消息得到证实,就立即买回。

(4)不要在赔钱时加码的原则。尼克·里森就是在这种心理下将著名的巴林银行搞垮的。

(5)理智投资原则。进行外汇投资应该冷静而慎重,要善于控制自己的情绪,不可人云亦云。

二、外汇交易实战技巧

外汇交易的实战技巧包括以下一些方面:

(1)善用理财预算,切忌将生活必需资金作为资本。

(2)善用免费模拟账户,学习外汇交易。

(3)外汇交易不能只靠运气和直觉。

(4)善用止损单减低风险。

(5)量力而为。

(6)学会彻底执行交易策略,勿找借口推翻原有的决定。

(7)交易资金要充足。

(8)错误难免,要吸取教训,切勿重蹈覆辙。

(9)自己是最大的敌人。交易者最大的敌人是自己:贪婪、急躁、失控的情绪、没有防备心、过度自我等,这些很容易导致忽略市场走势而做出错误的交易决定。

(10)记录决定交易的因素。已做的交易记录将有助于迅速做出正确的交易决定;当然亏损的交易记录有助于避免再次犯同样的错误。

(11)顺势操作,勿逆势而行。

(12)切勿有急于翻身的交易心态。面对亏损的情形,切记勿急于开立反向的新仓位欲图翻身,这往往只会使情况变得更糟。

(13)每次都是独立交易。切忌把两次或以上的交易联系起来。

(14)学会建立外汇账户的头寸、止损斩仓和获利平仓。

(15)不参与不明朗的市场活动。

(16)不要盲目追求整数点。

(17)在盘整突破时建立头寸。盘整指牛皮行市,汇率波幅狭窄。盘整入市建立头寸的大好时机,如果盘整属于长期牛皮,突破盘整时所建立的头寸获大利的机会更大。

(18)当机立断。投资者面对损失,知道已不能心存侥幸时,却往往因为犹豫不决,未能当机立断,因而愈陷愈深,增加损失。

(19)忘记过去的价位。"过去的价位"也是一种相当难以克服的心理障碍。不少投资者就是因为受到过去价位的影响,造成投资判断有误。此时,非但不会把自己所持的外汇售出,还会觉得很"低"而有买入的冲动,结果买入后便被牢牢地套住了。因此,投资者需要克服这个障碍。

(20)忍耐也是投资。从事投资工作的人,必须具备良好的忍耐力,这往往是成败的关键。

三、外汇理财实战举例

外汇理财时,正确率和失败率各占50%,再加上人的各种心理因素影响,判断方向的成功率更低,这是客观现实。许多投资者在"想赢怕输"的心理影响下,赢时赢得少,输时输得多。可参考一下外汇投资名人兰迪·麦克的理财经历。

案例链接：外汇名家高手经验谈——兰迪·麦克

兰迪·麦克在华尔街鲜为人知，但他20年来在外汇期货市场的战绩却很少有人能匹敌。他以2 000美元起家，第一年就赚到7万美元，之后每年的利润都超过头一年。20世纪80年代麦克年均收益在100万美元以上。麦克除了自己赚钱外，还代家人、朋友做外汇交易，最早的两个账户1982年从1万美元做起，10年后已超过百万美元。

1970年，麦克开始接触期货。麦克本来是要当心理学家的，但毕业前正赶上芝加哥交易所新开一个交易所，从事外汇期货交易业务。当时芝加哥交易所的一个席位值10万美元，但为吸引投资者，外汇交易所的席位只卖1万美元，并且免费赠送每个现有交易所会员一个席位。

麦克的哥哥把他的免费席位转送给了弟弟，还借给他5 000美元。麦克将3 000美元存进银行用作生活费，另外2 000美元拿来做外汇期货。当时麦克对外汇的知识非常有限，看到别人买马克，他就跟着去买瑞士法郎，没事时就下棋玩，就这样第一年居然赚了7万美元。麦克1976年迈出了一大步。当年英国政府担心英镑升值增加进口过多，因而宣布不允许英镑涨到1.72美元之上。当时英镑本来在1.6美元左右徘徊，在听到消息后却出人意料地一下子猛涨到1.72美元。以后每到这个点都反弹，但反弹越来越少。大部分人都在盘算，英国政府不让英镑超过1.72美元，所以在这一点做空头应该是没有风险的。麦克却另有打算：既然英国政府态度如何明确都压不住英镑的涨势，那么说明内在需求很旺，市场实际上是涨停板。这可能是一次千载难逢的机会。在此之前，麦克最多只做三四十张合约，这一次却一下子买入200张合约。尽管心里很自信，但他也怕得要死。麦克连着几天夜不能寐，早上5:00起床向银行询问报价。一天早上，他听到银行报价：英镑1.725 0美元。他以为对方报错了，当再一次核实后，他欣喜若狂。他不但自己又买了些英镑合约，还鼓动亲友一起去买，然后舒舒服服地看着英镑涨到1.90美元。3个月后他平单出场，顺手在1.90美元又抛了几百张合约，结果也赚了钱。通过这一次交易，麦克净赚130万美元。

麦克虽然20年来保持不败，但他风险控制意识仍很强。他认为，如果发觉市场对你不利，一定要赶紧止损出场，不管损失有多大。麦克给同行的忠告：千万不要让赔单失控，要确保即使自己连续错二三十次，也要保留一部分本钱。他进单一次承担风险一般为账户的5%～10%，如果输了，下一次便只承担4%的风险，再输的话便减到2%。麦克做单不顺时可以从3 000张合约递减到10张合约，等顺手时再恢复做单量。

本章小结

1. 外汇是指以外币表示的支付手段。有狭义和广义之分。外汇有三个方面的特征：用外币表示、可兑换性、普遍可接受性。

2. 外汇买卖是指不同货币间的相互兑换，即将一个国家的货币转换成另外一个国家的货币，也称外汇交易。

3. 汇率又称汇价，指一国货币折算成另一国货币的比率，或者说是两国货币间的比价。通俗地说，就是外汇的价格。汇率的标价方式分为直接标价法、间接标价法、美元标价法三种。

4. 外汇市场是国家间进行外汇买卖、外汇交易的市场，它是通过先进的通信和计算机网络实现全球24小时不间断交易的无形市场。外汇市场的主要参与者有中央银行、外汇银行和非银行金融机构、外汇经纪人。世界上主要的外汇市场共有30多个，位于不同的国家和地区。

5. 外汇交易的主要种类有即期外汇交易、远期外汇交易、择期外汇交易、外汇掉期交易、外汇期货交易和外汇期权交易。

6. 影响外汇汇率变化的基本因素有经济因素、政治及新闻舆论因素、心理因素、市场因素和中央银行的干预。

7. 外汇投资的操作分为三个方面的业务操作，分别是外汇储蓄业务、外汇交易业务、外汇理财创新产品。其中外汇储蓄业务主要讲述外币储蓄存款与外币通知存款的操作。

8. 注意外汇交易的5大原则和20大技巧。

知识结构图

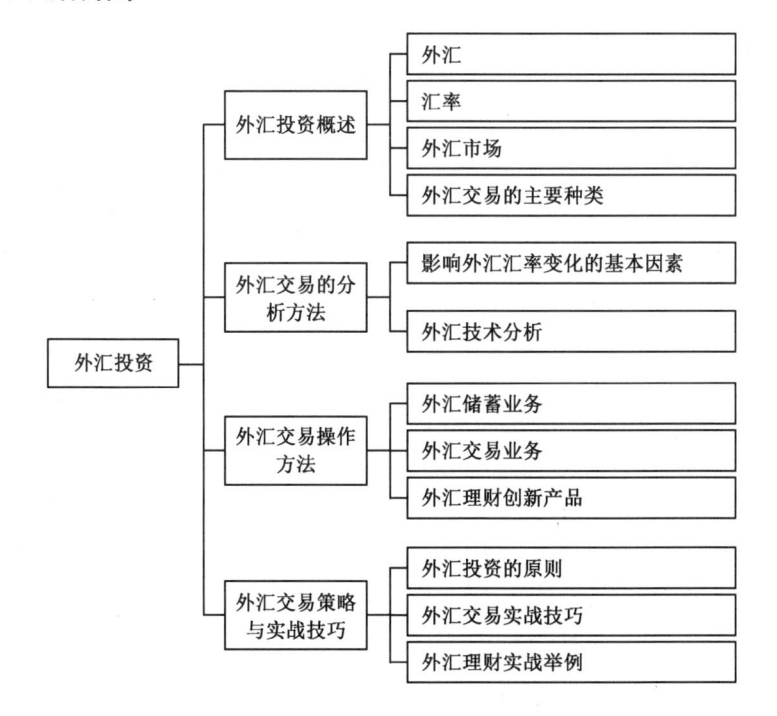

```
              ┌── 外汇投资概述 ──┬── 外汇
              │                  ├── 汇率
              │                  ├── 外汇市场
              │                  └── 外汇交易的主要种类
              │
              ├── 外汇交易的分析方法 ──┬── 影响外汇汇率变化的基本因素
外汇投资 ─────┤                        └── 外汇技术分析
              │
              ├── 外汇交易操作方法 ──┬── 外汇储蓄业务
              │                      ├── 外汇交易业务
              │                      └── 外汇理财创新产品
              │
              └── 外汇交易策略与实战技巧 ──┬── 外汇投资的原则
                                          ├── 外汇交易实战技巧
                                          └── 外汇理财实战举例
```

复习思考题

1. 什么叫外汇？请举例说明。
2. 外汇汇率的影响因素有哪些？请举例说明。
3. 外汇交易的主要类型有哪些？
4. 外汇交易有哪些技巧？

第十章 习题

第十章 习题答案

课后阅读

人民币贬值,我们可以这样"理财赚钱"?

人民币兑美元汇率持续贬值,长期来看正如专家所说,人民币不具备长期贬值的基础。但短期来看,由于美联储持续加息,美元指数飙升,人民币依然面临较大的贬值压力。

当然,人民币贬值并不是国内贬值,是兑美元汇率贬值。但由于可能会造成"输入性通胀",因而人民币贬值虽然有利于出口,但也会加剧资金外流,并不一定完全是好事。

对于普通民众来说,人民币兑美元汇率贬值,其实有多种途径可以"理财赚钱",分别有哪些呢?

(1)购买黄金。在美元利率飙升的大背景下,黄金更多的是避险的作用,而且对买卖点一定要把握好。

(2)人民币兑换成美元。这个其实比较稳妥,不过由于人民币兑换成美元有限制,需要申报,操作起来可能有点难度。而且每人每年最多换汇额度是 5 万美元,但由于人民币贬值幅度已经很大,央行随时有可能干预,人民币存在快速反弹升值的可能,因而同样要把握好时间点。

(3)NDF 外汇远期。NDF 其实也是一种外汇远期合约,投资者可用 NDF 规避汇率风险。

(4)QDII 投资。QDII 可以投资境外金融市场,这个需要较强的专业知识。

(5)抄底 A 股。人民币贬值期间,A 股大幅回调,其实对于有经验的投资者来说,其确实有了很多抄底的机会,毕竟机会是跌出来的。

人民币贬值,其实不必惊慌,毕竟并不是国内购买力下降,但其毫无疑问对国内房地产市场、资本市场都将带来深远的冲击。相信随着国内经济的企稳回升,消费市场的逐渐复苏,人民币会重拾升势。

资料来源:红苹果财经,2022-09-26,https://www.163.com/dy/article/HI6JPV3P0517V8F8.html。

第十一章 期货投资

学习目标

1. 知识目标

(1)系统地掌握期货市场与期货交易的相关知识;

(2)理解期货交易所面临的风险。

2. 技能目标

(1)掌握期货基本面分析的知识并能灵活运用;

(2)能够根据各种技术分析的方法判断期货价格趋势;

(3)能够运用期货软件比较熟练地进行期货操作;

(4)掌握期货交易的策略技巧并进行具体的操作。

3. 思政目标

(1)投身期货市场,立志为中国资本市场添砖加瓦;

(2)利用期货市场,服务实体经济,为社会发展做贡献;

(3)理解期货市场"诚信为本,坚守信义"的内涵,践行社会主义核心价值观。

案例导入

木桶理论是指一只木桶想盛满水,必须每块木板都一样平齐且无破损,如果这只桶的木板中有一块不齐或者某块木板下面有破洞,这只桶就无法盛满水。也就是说,一只木桶能盛多少水,并不取决于最长的那块木板,而是取决于最短的那块木板,也可称为"短板效应"。一只木桶无论有多高,它盛水的高度取决于其中最短的那块木板。

理财启示:在投资过程中,有的投资者善用技术指标、技术形态等作为选择依据,但缺乏综合性的判断思考,如趋势分析、市场环境分析等,最终因这些不详解之处造成损失。另外,投资者的缺点和优点相比,往往亏损就是你的缺点所致。一只桶盛水的高度,取决于最短的那块木板,想要你的桶里盛满水,首先你得知道自己的桶底有没有短板。懂得扬长避短的人,一定是笑到最后的那一个。

本章导语:本章系统地讲解了期货市场与期货交易的相关知识,包括期货基本面分析与技术分析的知识,要求学生能够熟练地运用期货操作方法与策略技巧进行具体的期货交易。本章的期货也是进行投资规划的重要的金融工具之一,读者需要注意,期货投资适合于短线操作,在进行投资规划时,要根据个人或家庭的财务情况进行股票、期货、外汇、债券、基金等金融工具的资产配置,才能取得合适的理财效果。

关键词:期货合约、现货交易、期货交易、套利、套期保值

第一节 期货交易概述

期货交易最早萌芽于欧洲,早在古希腊就出现过中央交易所、大宗交易所。到12世纪这种交易方式在英、法等国发展规模较大,专业化程度也很高。现代真正意义上的期货交易在19世纪产生于美国芝加哥。目前,期货市场的主要交易种类有金融期货和商品期货,它为现货商提供了一个保值的场所,回避了价格波动的风险;同时又为投资者提供了一个投资获利的渠道。

当前国内期货市场的交易种类既有商品期货,又有金融期货。目前我国已经有上海期货交易所(SHFE)、郑州商品交易所(ZCE)、大连商品交易所(DCE)和中国金融期货交易所(CFFEX)和广州期货交易所(GFEX)共五家交易所。

一、期货合约与期货交易

(一)期货合约

期货合约是指由期货交易所统一制定、规定在将来某一特定的时间和地点交割一定数量和质量商品的标准化合约,它是期货交易的对象。期货合约与现货合约和现货远期合约最本质的区别就在于期货合约条款的标准化。期货合约,其标的物的数量、质量等级及替代品升贴水标准、交割月份等条款都是标准化的,使期货合约具有普遍性特征。期货合约中只有期货价格是通过在交易所公开竞价方式产生的。因此,期货合约严格来说并非货品,而是一种法律契约。

(二)期货交易

期货交易是在现货交易的基础上发展起来的,是通过在期货交易所买卖标准化的期货合约而进行的一种有组织的交易方式。期货交易主要是为了规避现货市场的价格波动风险而出现的,其交易的对象就是标准化的期货合约。期货买卖者在交易时,缴纳一定的保证金(通常是5%~15%),按一定的规则通过期货交易所公开竞价买卖。一般情况下,大多数合约都在到期前以对冲方式了结,只有极少数要进行实物交割。

二、期货交易与现货交易的区别

期货交易与现货交易都是一种交易方式,都是真正意义上的买卖,涉及商品所有

权的转移等。同时,期货交易在现货交易的基础上发展起来,以现货交易为基础。没有期货交易,现货交易的价格波动风险无法避免;没有现货交易,期货交易没有根基,二者相互补充,共同发展。当然,二者也有许多不同之处。

(一)买卖的直接对象不同

现货交易买卖的直接对象是商品本身,有样品,有实物,看货定价。而期货交易买卖的直接对象是期货合约,而不是实际的商品本身。

(二)交易的目的不同

现货交易是一手交钱、一手交货的交易,是为了获得或让渡商品的所有权。期货交易的目的不是到期获得实物,而是通过套期保值回避价格风险或投资获利。

(三)交易方式不同

现货交易的交易方式多样,一般是一对一地谈判签订合约,具体内容由双方商定,如果签订合约之后不能兑现,就要诉诸法律。期货交易是以公开、公平竞争的方式交易,不得私下交易,否则视为违法。

(四)交易场所不同

现货交易一般在场外分散交易,只有一些生鲜和个别农副产品是以批发市场的形式集中交易。但是,期货交易必须在高度组织化的交易所依照法规公开、集中交易,不能进行场外交易。

(五)商品范围不同

现货交易的品种是一切进入流通的商品,几乎任何商品都有现货交易。而期货交易品种是有限的,不是所有的商品都有相对应的期货合约。

(六)结算方式不同

现货交易是货到款清,无论时间多长,都是一次或分期结清。期货交易由于实行保证金制度、每日无负债制度,必须每日结算盈亏,结算价格是以成交价为依据计算的。

三、期货交易的基本特征

(一)合约标准化

期货交易的交易对象是标准化的合约。这种标准化是指进行期货交易的商品的品级、数量、质量、交割地点等都是预先规定好的,只有价格是变动的。这大大简化了交易手续,降低了交易成本,最大限度地减少了交易双方因对合约条款理解不同而产生的争议与纠纷。

(二)交易集中化

期货交易必须是在期货交易所内集中进行的。那些在场外的广大客户若想参与期货交易,只能委托期货交易所会员代理交易。

(三) 双向交易和对冲机制

在期货交易中，交易者既可以买入期货合约作为期货交易的开端，也可以卖出期货交易合约作为交易的开端，即通常所说的买空卖空。对冲交易简单地说就是盈亏相抵的交易，即同时进行两笔行情相关、方向相反、数量相当、盈亏相抵的交易。绝大多数期货交易可以通过反向对冲平仓操作解除履约责任。

(四) 保证金制度和杠杆机制

期货交易实行保证金制度。期货交易者只需缴纳 5%～10% 的履约保证金就能完成数倍乃至数十倍的合约交易。交易保证金不是买卖期货的订金。保证金制度的实施，不仅使期货交易具有"以小博大"的杠杆原理，吸引众多交易者参与，而且为交易所内达成并经结算后的交易提供了履约担保，确保交易者能够履约。

(五) 每日无负债结算制度

期货交易由结算所专门结算。为了有效地控制期货市场的风险，普遍采用以保证金制度为基础的每日无负债结算制度。每日无负债结算制度又称每日盯市制度，是指每日交易结束后，交易所按当日各合约结算价结算所有合约的盈亏、交易保证金及手续费、税金等费用，对应收应付的款项实行净额一次划转，相应增加或减少会员的结算准备金。经纪人负责按同样的方法对客户进行结算。

四、期货交易的功能

(一) 回避价格风险

在实际的生产经营过程中，由市场供求导致的现货价格的波动是生产者所面临的最大的风险。面对市场上价格的瞬息万变，为避免商品价格的千变万化导致成本上升或利润下降，生产者可利用期货交易进行套期保值，即在期货市场上买进或卖出与现货市场上数量相等但交易方向相反的期货合约，使两个市场交易的损益相互抵补。锁定企业的生产成本或商品销售价格，保住了既定利润，回避了价格风险。

(二) 发现价格

期货市场汇聚了众多的买家和卖家，通过出市代表，把自己所掌握的对某种商品的供求关系及变动趋势的信息集中到交易所内，因此期货价格可以综合反映供求双方对未来某个时间现货的供求关系和价格走势的预期。这种价格信息增加了市场的透明度，有助于提高资源配置的效率。上海商品交易所的铜、大连期货交易所的大豆的价格都是国内外的行业指导价格。而国际贸易中一些大宗商品的定价都是参照期货的价格再加一定的升(贴)水。

(三) 投资渠道

期货也是一种投资工具。由于期货合约的价格上下波动，交易者可以利用价差赚取风险利润。在市场上，当投资者通过长期、认真研究后，预计某品种将要上涨，便可低价买入预计要上涨的合约,然后待价格上涨到某一价位时,再卖出所买进的合约,从而获取差额利润;相反,预期某商品价格下跌,则可高价卖出,待低价时买入合约。

五、期货的种类

(一)商品期货

商品期货是指标的物为实物商品的期货合约。商品期货历史悠久,到目前已经有200多年的历史。商品期货种类繁多,从传统的农产品期货,发展到经济作物、畜产品、有色金属和能源等大宗初级产品的期货。商品期货主要采用实物交割。

农产品期货是最早产生的期货品种,也是目前全球商品期货市场最重要的组成部分。其中大豆、玉米、小麦被称为三大农产品期货。芝加哥期货交易所(CBOT)是全球最大的农产品交易所,交易玉米、小麦、豆粕、豆油等多种农产品期货合约。其交易十分活跃,成为世界各地粮商套期保值的重要场所。

畜产品期货的产生时间要远远晚于农产品期货,这与人们对期货品种特点的认识有关。它在20世纪60年代由芝加哥商业交易所(CME)推出生猪和活牛等活牲畜期货合约开始,成为国际商品期货市场上的重要品种。

有色金属期货是20世纪六七十年代由多家交易所陆续推出的。目前全世界最大的有色金属交易所是成立于1876年12月的伦敦金属交易所(LME)。

能源期货始于1978年,产生较晚但发展较快。目前石油期货是全球最大的商品期货品种,以美国纽约商品交易所、英国伦敦石油交易所为主。

(二)金融期货

金融期货是指交易双方在金融市场上以约定的时间和价格,买卖某种以金融工具为标的物的期货合约。金融期货作为期货交易中的一种,具有期货交易的一般特点。但与商品期货相比较,其合约标的物不是实物商品,而是传统的金融商品,如证券、货币、汇率、利率等。金融期货源于金融自由化进程中规避金融产品风险的需求,其交易产生于20世纪70年代的美国市场,具体来说,金融工具和金融资产进入期货始于1972年。金融期货一般分为三类,即外汇期货、利率期货、股票指数期货和股票期货。

1. 外汇期货

外汇期货又称为货币期货,是指以汇率为标的物的期货合约。货币期货是为满足各国从事对外贸易和金融业务的需要而产生的,目的是借此规避汇率风险,1972年美国芝加哥商业交易所的国际货币市场部(IMM)推出第一张货币期货合约并获得成功。其后,英国、澳大利亚等国相继建立货币期货的交易市场,货币期货交易成为一种世界性的交易品种。目前国际上货币期货合约交易所涉及的货币主要有英镑、美元、欧元、日元、瑞士法郎、加拿大元、澳大利亚元等。

2. 利率期货

利率期货合约是标的资产价格仅依附于利率水平的期货合约,它可以回避银行利率波动所引起的证券价格变动风险。世界上最先推出的利率期货是于1975年由美国芝加哥期货交易所推出的美国国民抵押协会债券(GNME)期货合约。利率期货一般分为短期利率期货和中长期利率期货。前者大多以短期债券和银行同业拆借的短期利率为标的物,后者通常以中长期债券的利率为标的物。影响利率期货价格波动的因素主要包括货币供应量、宏观经济、财政状况、他国利率水平等。利率期货主要采用现金交割方式,有时也用现券交割。

3. 股票指数期货和股票期货

股票指数期货是指以股票指数为标的物的期货合约,简称股指期货。股指期货是为了规避股票市场上由宏观经济政策、所处经济周期的阶段或政治及心理预期的突变等因素带来的系统性风险而出现的,目前它是金融期货市场最热门和发展最快的期货品种。最早的股票指数期货是1982年2月美国堪萨斯期货交易所(KCBT)开发的价值线综合指数期货合约。股票指数期货不涉及股票本身的交割,其价格根据股票指数计算,合约以现金清算形式交割。目前,美国最有影响的股指期货——标准普尔500指数期货合约是按最终结算价以现金结算的。

在股指期货之后,还出现了股票期货。股票期货又称个股期货,其考虑的不是整个股票市场,而是某一种股票的非系统性风险。它一般对单位价格、报价方式、价格变动限制、交易时间、最后交易日、结算日、结算价、结算方式、保证金、持仓限额、交易费用和佣金等做出规定。关于持仓限额,是由于股票期货涉及的资金较少,为了防止人为造市的情况而设置的。例如,中国香港股票期货合约就规定,公司会员和每位客户在任何一个交易月份的股票期货合约,不能超过规定的持仓量限制。

(三) 其他期货品种

随着商品期货、金融期货交易实践的不断深化和发展,人们对期货市场机制和功能的认识不断深化,逐渐认识到期货交易是一种规范、成熟的风险管理工具。现在,这种风险管理工具的应用范围已经不局限于商品和金融领域,而是应用于社会、政治和经济等各个领域,因而国际期货市场上出现了天气期货、信用期货、其他指数期货、选举期货等其他期货交易品种的实践和新浪潮。

(四) 我国主要期货品种

相比国际上的期货交易,我国期货交易的出现相对较晚。截至2023年7月底,我国期货市场正在交易的期货品种达到77个,除此之外还有期权品种42个、指数品种11个(见表11.1)。另外,2021年4月经证监会批准正式成立的广州期货交易所,正在研发16个品种上市,16个品种分别是:碳排放权、电力、中证商品指数、能源化工、饲料养殖、钢厂利润指数、工业硅、多晶硅、锂、稀土、铂、钯、咖啡、高粱、籼米、国际市场产品互挂类品种。

表 11.1　　　　　　　　　　　我国期货交易所正在交易的期货品种

交易所	交易品种	
上海期货交易所	期货(21)	铜(CU)、铜(BC)、铝、氧化铝、天然橡胶、燃料油、锌、黄金、螺纹钢、线材、铅、白银、石油沥青、原油、热轧卷板、镍、锡、纸浆、不锈钢、低硫燃料油、丁二烯橡胶、20号胶
	期权(9)	原油、铜、铝、锌、螺纹钢、黄金、白银、丁二烯橡胶、天胶
	指数(1)	SCFIS 欧线
大连商品交易所	期货(21)	黄大豆1号、豆粕、豆油、黄大豆2号、玉米、棕榈油、焦炭、焦煤、铁矿石、鸡蛋、纤维板、胶合板、聚丙烯、玉米淀粉、乙二醇、粳米、生猪、聚乙烯、聚氯乙烯(PVC)、苯乙烯、液化石油气
	期权(12)	玉米、棕榈油、黄大豆1号、黄大豆2号、豆油、铁矿石、液化石油气、聚乙烯、聚氯乙烯、聚丙烯、乙二醇、苯乙烯
	指数(7)	农产品指数、农产品综合指数、油脂油料指数、饲料类指数、大豆类指数、豆粕指数、铁矿石指数
郑州商品交易所	期货(25)	普麦、强麦、棉花、白糖、PTA、早籼稻、玻璃、动力煤、甲醇、粳稻、菜籽粕、菜籽油、油菜籽、棉纱、红枣、花生、苹果、晚籼稻、硅铁、锰硅、尿素、纯碱、短纤、对二甲苯、烧碱
	期权(16)	白糖、棉花、PTA、甲醇、菜籽粕、动力煤、菜籽油、花生、对二甲苯、烧碱、纯碱、短纤、硅铁、锰硅、尿素、苹果
中国金融期货交易所	期货(8)	中证500股指期货、沪深300股指期货、上证50股指期货、中证1000股指期货、2年期国债期货、5年期国债期货、10年期国债期货、30年期国债期货
	期权(3)	沪深300股指期权、中证1000股指期权、上证50股指期权
	指数(3)	国债期指2年期、国债期指5年期、国债期指10年期
广州期货交易所	期货(2)	工业硅、碳酸锂
	期权(2)	工业硅、碳酸锂

资料来源：根据各家交易所网站资料整理，时间截至2023年7月30日。

六、期货交易的参与者

按参加期货交易的目的，交易者可分为三类：套期保值者、投机者和套利者（有些书中把套利者归为投机者）。

（一）套期保值者

套期保值者一般为实际商品的经营者、加工者和生产者。他们的主要目的是规避现货市场中实际货物的买卖风险，而在期货市场对与现货市场相同或相似的产品进行相反的交易，从而在两个市场实现盈亏相抵。为了保障现货交易的正常合理利润，他们往往在期货市场上采取适当的套期保值策略，以避免或减少价格波动风险带来的现货交易的损失。

(二)投机者

投机者指在期货市场上通过"低买高卖"或"高卖低买"的方式,希望以较小的资金获得较高利润的投资者。与套期保值者相反,投机者愿意承担期货价格变动的风险,一旦预测期货价格将上涨,投机者就会买进期货合约(或称"买空"或"多头");一旦预测期货价格将下跌,就会卖出期货合约(或称"卖空"或"空头"),待价格与自己预料的方向变化一致时,再抓住机会对冲。通常投机者在期货市场上要冒很大的风险。

(三)套利者

套利者是利用相关市场或相关合约的价差变化,在相关市场或相关合约上执行方向相反的交易,以期价差发生有利变化而获利的投资者。套利在交易形式上与套期保值相同,只是套期保值是在现货与期货两个市场上同时买进和卖出合约。套利多数是在期货市场上买卖合约。套利潜在的利润不是基于商品价格的上涨或下跌,而是基于不同合约差价的扩大和缩小,由此构成其套利的头寸。套利者的风险相对小于投机者。目前,套利主要分为跨期套利、跨市套利、跨商品套利、期现套利。

七、期货交易面临的风险

期货交易内在机制的特殊性,如杠杆作用、双向交易、对冲等使得期货是一个高风险的市场,也是一个过度投机的市场。投机者一致的行为可能会导致市场过度繁荣,也可能导致市场在某一阶段过度衰退。总的来说,期货交易的风险有如下几种:

(一)交割风险

交易者买进或卖出期货合约之后,就意味着已签了一份合约,并负有一定的义务。该义务既可在商品交收期到来之后,通过商品的交收来了结;又可在商品交收期到来之前,通过购买同种商品同样数量同一交收月份的相反期货合约来抵消,即平仓。但是,期货合约都有期限,当合约到期时,所有未平仓合约都必须实物交割。因此,不准备交割的投资者应在合约到期之前将持有的未平仓合约及时平仓,以免承担交割责任;若不及时平仓,将会陷入被"逼仓"的困境。

(二)经济委托风险

投资者在选择与期货经纪公司确立委托代理关系的过程中会产生风险,所以在投资者准备进入期货市场时,必须仔细考察、慎重决策,挑选有实力、有信誉的公司,从期货公司的规模、资信、经营状况等方面对比选择。

(三)流动性风险

一旦市场流动性差,期货交易就难以迅速、及时、方便地成交,这种风险在投资者建仓与平仓时表现得尤为突出。投资者要避免遭受流动性风险,重要的是要注意市场的容量,研究多空双方的主力构成,以免进入单方面强势主导的单边市。

(四)强行平仓风险

每日无负债制度使得期货公司根据交易所提供的结算结果,每天都要对交易者的盈亏状况进行结算,当期货价格波动较大、保证金不能在规定时间内补足时,交易者可能面临强行平仓风险。另外,当投资者委托的经纪公司的持仓总量超出一定限量时,也会造成经纪公司被强行平仓,进而出现投资者被强行平仓的情形。

(五)市场风险

客户在期货交易中,最大的风险来源于市场价格的波动。这种价格波动给客户带来交易盈利或损失的风险。在杠杆原理的作用下,这个风险被放大了,投资者应时刻注意防范。

第二节 期货投资理财操作流程

一、开户

由于能够进入期货交易所进行交易的只有期货交易所会员,包括期货经纪公司会员和非期货经纪公司会员,因此,普通投资者在进入期货市场交易之前,应首先选择一个具备合法代理资格的期货经纪公司会员开立账户。开户即投资者开设期货账户和资金账户的行为。开户的程序包括风险揭示、签署合同、缴纳保证金。交易所实行客户交易编码登记备案制度,客户开户时应由经纪会员按交易所统一的编码规则编号,一户一码,专码专用,不得混码交易。

(一)选择期货公司和经纪人

期货公司和经纪人的选择标准有:(1)资本雄厚、信誉好;(2)通信联络工具迅捷、先进,服务质量好;(3)能主动向客户提供各种详尽的市场信息;(4)主动向客户介绍有利的交易机会,有一定的专家团队在线指导,有良好的商业形象和背景;(5)收取合理的履约保证金;(6)规定合理、透明的交易佣金;(7)能为客户提供理想的经纪人和高端的服务。

(二)对客户的条件要求

客户至少具备以下条件:(1)具有完全民事行为能力;(2)有与进行期货交易相适应的自有资金或者其他财产,能够承担期货交易风险;(3)有固定的住所;(4)符合国家、行业的有关规定。

(三)开户的具体程序

开户的具体程序包括:(1)客户提供有关文件、证明材料;(2)风险揭示;(3)签署合同;(4)申请编码;(5)入金。

如果要交易,则至少需要50 000元的资金。因为少于50 000元的账户风险很大,而大部分成功的交易者在一半以上的交易中亏损。这样少于50 000元的账户几乎没有余地来抵抗一系列小的损失。

二、下单

客户按规定足额缴纳开户保证金后，即可开始交易，委托下单。所谓下单，是指客户在每笔交易发生前向期货经纪公司业务人员下达交易指令，说明拟买卖合约的种类、数量、价格等行为。许多期货市场中期货价格在一天内频繁变动，因此，客户必须在合适、有利的价格上下达交易指令，并且该交易指令在最短的时间内得以执行。

现在，远程交易程序的安装使交易者在家就可以完成下单。经纪合约开立后，客户可以签收网上交易登录密码，客户签收后，第一时间按照初始密码登录系统并更改密码。所有委托均可以通过计算机直接进入交易场所。网上客户通过互联网，使用期货公司提供的专用交易软件收看、分析行情并自助委托。网上交易客户在网络出现问题时，可通过期货公司应急下单，也可通过电话报上自己的交易账号和交易编码进行电话下单。若期货公司的通信出现故障，系统会自动转为人工委托下单，客户仍可通过网上自助交易，但下单与回报速度会降低。

三、竞价

期货合约价格形成方式主要有公开喊价方式和计算机撮合成交方式。其中公开喊价方式为传统的竞价方式，主要有连续竞价制（英、美）和一节一价制（日本）。计算机撮合成交方式是目前最流行的方式，但有时会出现交易系统故障等因素造成的风险。计算机交易系统一般将买卖申报单以价格优先、时间优先的原则排序。当买入价大于、等于卖出价时则自动撮合成交，撮合成交价等于买入价、卖出价和前一成交价这三者中居中的那个价格。开盘价由集合竞价产生。

当计算机显示指令成交后，客户可以立即在期货公司的下单系统中获得成交回报。对于书面下单和电话下单的客户，期货公司应按约定方式即时回报，同时客户也应该对交易结果予以确认。

四、结算

结算是指根据交易结果和交易所的有关规定，对会员交易保证金、盈亏、手续费、交割货款和其他有关款项进行计算、划拨。结算包括交易所对会员的结算和期货经纪公司会员对其客户的结算，其结算结果将被计入客户保证金账户。

期货公司的电子化系统实行实时动态结算，客户在交易中即可查阅账户上的情况。每日闭市后，由期货公司结算部进行盘终结算，客户可以选择书面、传真、电子邮件、网上查询等方式收看结算结果,也可以通过登录中国期货保证金监控中心,查询当日、当周、当月的详细成交记录等。

以期货经纪公司对客户的结算为例:当每日结算后客户保证金低于期货交易所规定的交易保证金水平时,期货经纪公司按照期货经纪合同约定的方式通知客户追加保证金;客户不能按时追加保证金的,期货经纪公司应当将该客户部分或全部持仓强行平仓,直至保证金余额能够维持其剩余头寸。

五、出金

若投资者交易后需要办理出金,则可以通过交易软件来完成,目前大部分投资者都采用交易软件中的银期转账来办理出金。也可通过传真发出出金指令,期货公司财务部采取现金、电汇、汇票或支票的方式为客户办理出金。客户凭提款申请单与前一交易日的结算单原件办理提款手续,期货公司将资金汇入指定账户。

六、交割

交割并不是期货交易操作流程中必须进行的一个步骤,但是对于期货合约到期的客户一定要交割。期货交割是促使期货价格和现货价格趋向一致的制度保证。交割分为实物交割和现金交割,其中商品期货都实行实物交割;金融期货有的实行实物交割,有的实行现金交割。

七、销户

客户在办理完期货公司规定的销户手续后,双方签署终止协议结束代理关系(指客户与期货公司)。客户销户需在期货公司网站下载关于期货交易结算单确认的正式信函、客户销户确认书、期货市场投资者销户申请表,签名后传真或送至期货公司。

期货交易流程参见图11.1。

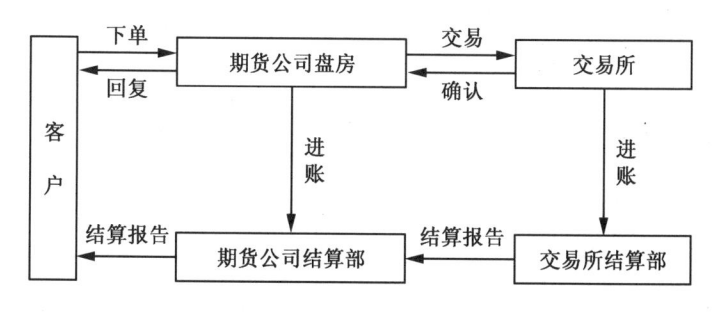

图11.1 期货交易流程

第三节　期货投资理财的策略与技巧

一、掌握合理分析方法，正确研判期货走势

期货价格的分析和预测有基本面分析和技术分析两种。

(一)基本面分析方法的运用

基本面分析法是通过分析期货商品的供求状况及影响因素，解释和预测期货价格变化趋势的方法。

经济学的原理是：从长期看，商品的价格最终必然反映供求双方力量的均衡点。所以，商品供求状况对商品期货价格具有重要的影响。商品价格与供给呈反比：供给增加，价格下降；供给减少，价格上升。商品价格与需求呈正比：需求增加，价格上升；需求减少，价格下降。

在现实市场中，期货价格不仅受商品供求状况的影响，而且受其他许多非供求因素的影响。这些非供求因素包括金融货币因素、政治因素、政策因素、投机因素、心理预期等。因此，期货价格走势基本面分析需要综合考虑这些因素的影响。

1. 期货商品供给分析

供给是指在一定时间、一定地点和某一价格水平下，生产者或卖方愿意并可能提供的某种商品或劳务的数量。决定一种商品供给的主要因素有该商品的价格、生产技术水平、其他商品的价格水平、生产成本、市场预期等。

商品市场的供给量则主要由期初库存量、本期产量和本期进口量三部分构成。

2. 期货商品需求分析

商品市场的需求量是指在一定时间、一定地点和某一价格水平下，消费者愿意并有能力购买某一商品的数量。决定一种商品需求的主要因素有该商品的价格、消费者的收入、消费者的偏好、相关商品价格的变化、消费者预期的影响等。

商品市场的需求量通常由国内消费量、出口量和期末商品结存量三部分构成。

3. 经济波动周期

商品市场波动通常与经济波动周期紧密相关，期货价格也不例外。由于期货市场是与国际市场紧密联系的开放市场，因此，期货市场价格波动不仅受国内经济波动周期的影响，还受世界经济的景气状况影响。

经济周期一般由复苏、繁荣、衰退和萧条四个阶段构成。在整个经济周期演化过程中，价格波动略滞后于经济波动。

例如，在 20 世纪 60 年代以前，西方国家经济周期的特点是产出和价格的同向大幅波动。而 70 年代初期，西方国家先后进入所谓的"滞胀"时期，经济大幅度衰退，价

格却仍然猛烈上涨,经济的停滞与严重的通货膨胀并存。而20世纪80—90年代以来的经济波动幅度大幅缩小,并且价格总水平只涨不跌,衰退期和萧条期下降的只是价格上涨速度而非价格的绝对水平。当然,这种只涨不跌是指价格总水平而非所有的具体商品价格,具体商品价格仍然是有升有降。进入20世纪90年代中期以后,一些新兴市场经济国家受到金融危机的冲击,导致一些商品的国际市场价格大幅下滑。因此,认真观测和分析经济周期的阶段和特点,对于正确地把握期货市场价格走势具有重要意义。

经济周期阶段可由一些主要经济指标值的高低来判断,如GDP增长率、失业率、价格指数、汇率等。这些都是期货交易者应密切注意的。

4. 金融货币因素

商品期货交易与金融货币市场有着紧密的联系,利率高低、汇率变动都直接影响商品期货价格的变动。

(1)利率。利率调整是政府紧缩或扩张经济的宏观调控手段。利率的变化对金融衍生品交易的影响较大,而对商品期货的影响较小。

(2)汇率。期货市场是一种开放性市场,期货价格与国际市场商品价格紧密相连。国际市场商品价格必然涉及各国货币的交换比值,即汇率。当本币贬值时,即使外国商品价格不变,以本国货币表示的外国商品价格将上升;反之则下降。因此,汇率的高低变化必然影响相应的期货价格变化。据测算,美元对日元贬值10%,日本东京谷物交易所的进口大豆价格会相应下降10%左右。同样,如果人民币对美元贬值,那么国内大豆期货价格也会上涨。主要出口国的货币政策,如巴西货币雷亚尔在1998年大幅贬值,使巴西大豆的出口竞争力大幅增强,相对而言,大豆供应量增加,对芝加哥大豆价格产生负面影响。

5. 政治、政策因素

期货市场价格对国际国内政治气候、相关政策的变化十分敏感。政治因素主要包括国际国内政治局势、国际性政治事件的爆发及由此引起的国际关系格局的变化、各种国际性经贸组织的建立及有关商品协议的达成、政府对经济干预所采取的各种政策和措施等。这些因素将会引起期货市场价格的波动。

在国际上,某种上市品种期货价格往往受到其相关的国家政策影响,这些政策包括农业政策、贸易政策、食品政策、储备政策等,其中也包括国际经贸组织及其协定。在分析政治因素对期货价格的影响时,应注意不同的商品所受到的影响程度是不同的。如国际局势紧张时,对战略性物资价格的影响就比对其他商品的影响大。

6. 自然因素

自然条件主要是气候条件、地理变化和自然灾害等。期货交易所上市的粮食、金属、能源等商品,其生产和消费与自然条件因素密切相关。有时因为自然因素的变化,会对运输和仓储造成影响,从而也间接影响生产和消费。例如,当自然条件不利时,农作物的产量就会受到影响,从而使供给趋紧,刺激期货价格上涨;反之,如气候适宜,则会使农作物增产,增加市场供给,促使期货价格下跌。因此,期货交易必须密切关注自然因素,提高对期货价格预测的准确性。

7. 投机和心理因素

在期货市场中有大量的投机者,他们参与交易的目的就是利用期货价格上下波动来获利。当价格看涨时,投机者会迅速买进合约,以期价格上升时抛出获利,而大量投机性的抢购,又会促进期货价格进一步上升;反之,当价格看跌时,投机者会迅速卖空,当价格下降时再补进平仓获利,而大量投机性的抛售,又会促使期货价格进一步下跌。

与投机因素相关的是心理因素,即投机者对市场的信心。当人们对市场信心十足时,即使没有什么利好消息,价格也可能上涨;反之,当人们对市场推动信心不足时,即使没有什么利空因素,价格也会下跌。

(二)技术分析方法的运用

有关技术分析方法在第六章已经详细叙述了,这里只做一些相关说明。

技术分析有几个重要的价与量,即开盘价、收盘价、最高价、最低价、成交量、持仓量。

开盘价是开市前5分钟集合竞价产生的价格。收盘价是当日最后一笔成交价格。最高价是当日的最高交易价格。最低价是当日的最低交易价格。成交量为在一定的交易时间内某种商品期货在交易所成交的合约数量。在国内期货市场,计算成交量时采用买入与卖出量两者之和。持仓量指买入或卖出后尚未对冲及进行实物交割的某种商品期货合约的数量,也称未平仓合约量或空盘量。

持仓量增加,表明资金流入期货市场;反之,则说明资金正流出期货市场。成交量、持仓量与价格的关系为:(1)成交量增加,持仓量增加,价格上升,新买方正在大量收购,近期价格或继续上涨;(2)成交量下降,持仓量下降,价格上升,卖空者大量补货平仓,价格短期向上但不久或回落;(3)成交量增加,持仓量下降,价格上升,卖空和买空者都在大量平仓,价格马上会下跌;(4)成交量增加,持仓量增加,价格下跌,卖空者大量出售合约,短期价格下跌,但如抛售过度,反而可能使价格上升;(5)成交量下降,持仓量下降,价格下跌,大量买空者急于卖货平仓,短期价格继续下降;(6)成交量上升,持仓量下降,价格下跌,卖空者利用买空者卖货平仓导致价格下跌之际陆续补货平仓获利,价格可能转为回升。

需注意的问题为:(1)技术分析应该与基本面分析结合起来使用;(2)注意多种技术分析方法的综合研判,切忌片面地使用某一种技术分析方法;(3)前人和别人得出的结论要通过自己实践验证后才能放心使用。

使用要点如下:(1)不要盲目追市。(2)要顺势而行。(3)重市不重价。(4)不要因小失大。(5)冲破上日最高价就买入,跌破上日最低价就卖出;升过上周最高点就入货,低于上周最低点就出货;冲破一个月最高价就做多头,跌穿一个月最低价就做空头。

二、制订期货交易计划

期货交易是一项风险性很高的投资行为,是一场没有硝烟的商战。不打无准备之战,是每个投资者都必须遵循的原则。妥善的交易计划主要包括自身的财务状况、所选择的交易商品、该交易的盈利目标和亏损限度、该商品的市场分析、该交易的入市时机等要素。

(一)自身的财务状况

投资者自身的财务状况决定了其所能承受的最大风险,一般来讲,期货交易投资额不应超过自身流动资产的50%。因此,交易者应根据自身的财务状况慎重决策。

(二)所选择的交易商品

不同商品期货合约的风险是不一样的。一般来讲,投资者入市之初应当选择成交量大、价格波动相对温和的期货合约,然后做熟一个期货品种。

(三)制订盈利目标和亏损限度

在进行期货交易之前,必须认真分析研究,对预期获利和潜在的风险做出较为明确的判断和估算。通用的标准是3∶1。也就是说,获利的可能应3倍于潜在亏损的可能。在具体操作中,除非出现预先判断失误的情况,一般应注意按计划执行,切忌由于短时间的行情变化或受传闻的影响,而仓促改变原定计划。同时,还应将亏损限定在计划之内,特别是要善于止损,防止亏损进一步扩大。另外,在具体运作中,还切忌盲目追涨杀跌。

(四)市场分析

交易者在分析商品价格走势时,时刻都要注意把握市场的基本走势,这是市场分析的关键。许多投资者容易犯根据自己的主观愿望猜测行情的错误,在市场行情上升的时候,却猜想行情应该到顶了,强行抛空;在行情明显下降时,却认为价格会反弹,贸然买入,结果越跌越深。

(五)入市时机

在对商品的价格趋势做出估计后,就要慎重地选择入市时机。有时虽然对市场的方向做出了正确的判断,但如果入市时机选择错误,也会蒙受损失。在选择入市时机的过程中,应特别注意使用技术分析方法。一般情况下,投资者要顺应中期趋势的交易方向,在上升趋势中,趁跌买入;在下降趋势中,逢涨卖出。如果入市后行情发生逆转,则可采取不同的方法,尽量减少损失。具体来说,有如下几种方法:(1)突破信号入市策略;(2)趋势线突破跟进策略;(3)支撑和阻力位入市策略;(4)百分比回撤入市策略;(5)跳空缺口入市策略。

三、科学建仓

期货建仓数量一般不宜过大。期货市场亏损后是要补交保证金的,所以投资者在操作上一般只动用资金的1/3开仓,必要时还需要减少持仓量以控制交易风险,由此可避免由于开仓量过大、持仓部位与价格波动方向相反而蒙受较重的资金损失,或由于没有及时补交保证金而导致强制平仓造成的损失。而股市由于亏损不需要补交钱,满仓操作也不会有这种强行平仓风险。在建仓中,如果期货出现了新的趋势,则可以采取以下技巧:

(一)平均买低或平均卖高建仓

如果建仓后市场行情与预料的相反,则可以采取平均买低或平均卖高的策略。在买入合约后,如果价格下降,则进一步买入合约,以求降低平均买入价,一旦价格反弹,可在较低价格上卖出止亏盈利,这称为平均买低。在卖出合约后,如果价格上升,则进一步卖出合约,以提高平均卖出价格,一旦价格回落,可以在较高价格上买入止亏盈利,这就是平均卖高。

【例11.1】 某投机者预测10月份大豆期货合约价格将上升,故买入10手(10吨/手)大豆期货合约,成交价格为2 030元/吨。可此后价格不升反降,为了补救,该投机者在2 015元/吨再次买入5手合约,当市价反弹到多少时才可以避免损失?

因为平均价格为2 025元/吨[(2 030×10+2 015×5)/15],显然当市价反弹到2025元/吨时才可以避免损失。该案例就是一种平均买低建仓策略。

投资者在采取平均买低和平均卖高策略时,必须以对市场大势的看法不变为前提。在预计价格上升时,价格可以下跌,但最终仍会上升。在预测价格下跌时,价格可以上升,但必须是短期的,最终仍要下跌;否则这种做法只会增加损失。

(二)金字塔式买入卖出建仓

金字塔式买入卖出,属于期货投机的一种方法,具体做法是:如果建仓后市场行情与预料相同并已经使投资者获利,则可以增加持仓。增仓应遵循以下两个原则:(1)只有在现有持仓已经盈利的情况下,才能增仓;(2)持仓的增加应依次递减,形成稳定的金字塔模式。

【例11.2】 某投机者预测5月份大豆期货合约价格将上升,故买入5手(1手=10吨),成交价格为2 015元/吨,此后合约价格迅速上升到2 025元/吨,首次买入的5手合约已经为他带来虚盈500元[10×5×(2 025−2 015)]。为了进一步利用该价位的有利变动,该投机者再次买入4手5月份合约,持仓总数增加到9手,9手合约的平均买入价为2 019.4元/吨[(2 015×50+2 025×40)/90]。当市场价格再次上升到2 030元/吨时,又买入3手合约,持仓总计12手,所持仓的平均价格为2 022元/吨。

当市价上升到 2 040 元/吨时再买入 2 手,所持有合约总数为 14 手,平均买入价为 2 024.6 元/吨。当市价上升到 2 050 元/吨时再买入 1 手,所持有合约总数为 15 手,平均买入价为 2 026.3 元/吨。

这是金字塔式的持仓方式和建仓策略。上例中,采取金字塔式买入合约时持仓的平均价虽然有所上升,但升幅远小于合约市场价格的升幅。市场价格回落时,持仓不至于受到严重威胁,投机者可以有充足的时间卖出合约并取得相应的利润。如果市场价格上升到 2 050 元/吨后开始回落,跌到 2 035 元/吨,该价格仍然高于平均价 2 026.3 元/吨,立即卖出 15 手合约可获利 1 305 元[(2 035-2 026.3)×15×10]。

四、利用套利盈利

期货套利是指利用相关市场或者相关合约之间的价差变化,在相关市场或者相关合约上进行方向相反的交易,以期价差发生有利变化而获利的交易行为。如果发生利用期货市场与现货市场之间的价差套利行为,就称为期现套利。如果发生利用期货市场上不同合约之间的价差套利行为,就称为价差套利。价差套利分为跨期套利、跨市套利、跨商品套利。

(一)跨期套利

跨期套利是套利交易中最普遍的一种,是利用同一商品但不同交割月份之间正常价格差距出现异常变化时进行对冲而获利的,又可分为牛市套利(bull spread)和熊市套利(bear spread)两种形式。例如在进行金属牛市套利时,买入近期交割月份的金属合约,同时卖出远期交割月份的金属合约,希望近期合约价格的上涨幅度大于远期合约价格的上涨幅度;而熊市套利则相反,即卖出近期交割月份合约,买入远期交割月份合约,并期望远期合约价格的下跌幅度小于近期合约价格的下跌幅度。

(二)跨市套利

跨市套利是在不同交易所之间的套利交易行为。当同一期货商品合约在两个或更多的交易所交易时,由于区域间的地理差别,各个商品合约间存在一定的价差关系。例如,伦敦金属交易所(LME)与上海期货交易所(SHFE)都进行阴极铜的期货交易,每年两个市场间会出现几次价差超出正常范围的情况,这为交易者的跨市套利提供了机会。例如当 LME 铜价低于 SHFE 时,交易者可以在买入 LME 铜合约的同时,卖出 SHFE 铜合约,待两个市场价格关系恢复正常时,再将买卖合约对冲平仓并从中获利,反之亦然。在做跨市套利时,应注意影响各市场价格差的几个因素,如运费、关税、汇率等。

> **案例链接：LME 与 SHFE 跨市套利**
>
> 上海某一代理铜产品进出口的专业贸易公司通过跨市套利来获取国内外市场价差收益。例如，某年 4 月 17 日在 LME 以 1 650 元的价格买入 1 000 吨 6 月合约，次日在 SHFE 以 17 500 元的价格卖出 1 000 吨 7 月合约，此时 SCFc3－MCU3×10.032＝947；到 5 月 11 日在 LME 以 1 785 元的价格卖出平仓，5 月 12 日在 SHFE 以 18 200 元的价格买入平仓，此时 SCFc3－MCU3×10.032＝293，该过程历时 1 个月，盈亏如下：
>
> 保证金利息费用：5.7％×1/12×1 650×5％×8.28＋5％×1/12×17 500×5％＝3＋4＝7(元)
>
> 交易手续费：(1 650＋1 785)×1/16％×8.28＋(17 500＋18 200)×6/10 000＝18＋21＝39(元)
>
> 费用合计：7＋39＝46(元)
>
> 每吨电铜盈亏：(1 785－1 650)×8.28＋(17 500－182 00)－46＝401(元)
>
> 总盈亏：401×1 000＝40.1(万元)

(三) 跨商品套利

跨商品套利又称"跨产品套利"，是指利用两种不同的、但是相互关联的商品之间的期货价格的差异进行套利，即买进(卖出)某一交割月份某一商品的期货合约，同时卖出(买入)另一种相同交割月份、另一关联商品的期货合约。一般来说，进行跨商品套利交易时所选择的两种商品大多是具有某种替代性或受同一供求因素制约的商品。

跨商品套利应注意以下技巧：

(1) 两种商品之间应具有关联性与相互替代性。比如在谷物中，如果大豆的价格太高，则玉米可以成为它的替代品。另一种常用的商品间套利是原材料商品与制成品之间的跨商品套利，如大豆及其两种产品——豆粕和豆油——的套利交易。

(2) 交易受同一因素制约。

(3) 买进或卖出的期货合约通常应发生在相同的交割月份。

正是由于套利交易的获利并不是依靠价格的单边上涨或下跌来实现的，因此在期货市场中，这种风险相对较小而且是可以控制的，而其收益则相对稳定，并且其比较优厚的操作手法备受大户和机构投资者的青睐。

五、做好资金与风险控制

资金管理是指资金的配置问题。其中包括投资组合的设计、多样化的安排、在各个市场上应分配多少资金去投资、止损点的设计、报偿与风险比的权衡、在经历了成功或挫折之后采取何种措施,以及选择保守稳健的交易方式还是积极大胆的交易方式等方面。资金账户的大小、投资组合的搭配以及在每笔交易中的金额搭配等,都能影响最终的交易结果。

(一)一般性的资金管理要领

(1)投资额必须限制在全部资本的50%以内。也就是说,在任何时候,交易者投入市场的资金都不应该超过其总资本的一半。剩下的一半是储备,用来保证在交易不顺手的时候或临时支用时有备无患。比如,如果账户的总资本金额是100 000元,那么其中只有50 000元可以动用,投入交易中的另外50 000元只能作为储备资金,以备不时之需。

(2)在任何单个市场上投入的总资金必须限制在总资本的10%~15%。因此,对于一个100 000元的账户来说,在任何单独的市场上,最多只能投入10 000~15 000元作为保证金存款。这一措施可以防止交易者在一个市场上注入过多的资金,从而避免在"一棵树上吊死"的危险。

(3)在任何单个市场上的最大总亏损金额必须限制在总资本的5%以内。这个5%是指交易者在交易失败的情况下能承受的最大亏损。在决定应该做多少张合约的交易以及应该把止损指令设置在多远以外时,这一点是交易者的重要出发点。因此,对于100 000元的账户来说,可以在单个市场上冒险的资金不超过5 000元。

(4)在任何一个市场群类上投入的保证金总额,必须限制在总资本的20%~25%。这一条禁忌的目的,是防止交易者在某一类市场中投入过多的资金。同一群类市场,往往步调一致。例如,金市和银市是贵金属市场群类中的两个成员,它们通常处于一致的趋势下。如果把全部资金头寸注入同一群类的各个市场,就违背了多样化的风险分散原则。因此,应当控制投入同一商品群类的资金总额。

(二)决定头寸的大小

一旦交易者决定在某个市场交易,并且选准了入市时机,下面就该决定买卖多少张合约了。这里采用10%的规定,即把总资本(如100 000元)乘以10%就得出每笔交易中可以注入的金额。比如,有100 000元的资金进行黄金期货投资,100 000元的10%是10 000元。假定每手黄金合约的保证金要求为2 500元,交易者可以持有4张10 000/2 500黄金合约的头寸。上述几项不过是一些要领,在有些情况下,需要做一定程度的变通。最重要的是,不要在单独的市场或市场群类中陷入太深,以免接二连三地吃亏赔本。

(三)分散投资与集中投资

虽然分散投资是限制风险的一个办法,但是也不能分散过头。如果交易者在同一时间把交易资金散布到过多市场,那么其中为数不多的几笔盈利,就会被大量的亏损交易冲抵,因此,在分散投资中必须找到一个合适的平衡点。有些成功的交易者将资金集中于少数几个市场上。在过分分散和过分集中这两个极端之间,交易者两头为难,偏偏又没有绝对牢靠的解决办法。期货投资不同于证券投资之处在于,期货投资主张纵向投资分散化。所谓纵向投资分散化,是指选择少数几个熟悉的品种在不同的阶段分散资金投入;所谓横向投资多元化,是指可以同时选择不同的期货品种组成期货投资组合,这样可以起到分散投资风险的作用。

除此之外,在风险控制方面需要把握如下技巧:一般不同时交易多种商品;持仓一般不宜进入交割月;考虑季节性因素;有暴利即平仓;选择相关商品中价格偏差较大的商品进行交易。

本章小结

1. 期货合约是指由期货交易所统一制定,规定在将来某一特定的时间和地点交割一定数量和质量商品的标准化合约,它是期货交易的对象。

2. 期货交易是在现货交易的基础上发展起来的,通过在期货交易所买卖标准化的期货合约而进行的一种有组织的交易方式。期货交易与现货交易的区别为:买卖的直接对象不同;交易的目的不同;交易方式不同;交易场所不同;商品范围不同;结算方式不同。

3. 期货交易的基本特征包括合约标准化、交易集中化、双向交易和对冲机制、保证金制度和杠杆机制、每日无负债结算制度。

4. 期货交易的功能包括回避价格风险、发现价格、投资渠道。

5. 期货的种类包括商品期货、金融期货以及其他期货品种。

6. 按参加期货交易的目的,交易者可分为套期保值者、投机者和套利者(有些书上把套利者归为投资者)三大类。

7. 期货交易所面临的风险有交割风险、经济委托风险、流动性风险、强行平仓风险、市场风险。

8. 期货投资理财的操作过程有开户、下单、竞价、结算、出金、交割。

9. 我们必须掌握期货投资理财的策略与技巧:掌握合理分析方法,正确研判期货走势;制订期货交易计划;科学建仓;利用套利盈利;做好资金和风险管理。

知识结构图

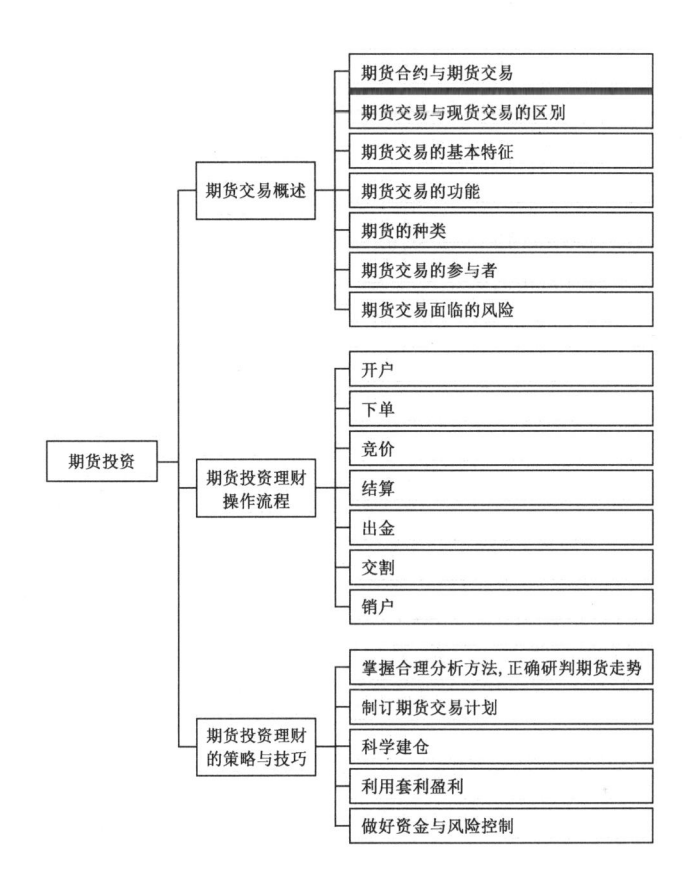

```
                        ┌── 期货合约与期货交易
                        ├── 期货交易与现货交易的区别
                        ├── 期货交易的基本特征
            期货交易概述 ──┼── 期货交易的功能
                        ├── 期货的种类
                        ├── 期货交易的参与者
                        └── 期货交易面临的风险

                        ┌── 开户
                        ├── 下单
                        ├── 竞价
  期货投资 ── 期货投资理财 ──┼── 结算
            操作流程      ├── 出金
                        ├── 交割
                        └── 销户

                        ┌── 掌握合理分析方法,正确研判期货走势
            期货投资理财 ──┼── 制订期货交易计划
            的策略与技巧   ├── 科学建仓
                        ├── 利用套利盈利
                        └── 做好资金与风险控制
```

复习思考题

1. 期货为什么能够以小博大？其潜在的风险应如何防范？
2. 期货理财与股票、债券、基金理财有何异同之处？
3. 从期货交易流程中分析风险的关键点,在制订期货交易计划时应对其怎样考虑？

第十一章　　　　　　　第十一章
习题　　　　　　　　习题答案

课后阅读

信义做舟，行稳致远

"信义"在中华文明的历史发展中占有重要地位，被认为是人们立身处世的根本。"信义"从造字初意来看，信是由"人"与"言"组成，体现在人的言行上，应该始终如一，不为利动，不为患改。孔子说过，"民无信不立""人而无信，不知其可也"。围绕着这一价值观念，历史上形成了许多思想，如"杀身成仁""舍生取义""轻诺必寡信""士为知己者死"等。

历史的洪流浩浩荡荡、滚滚向前，古老的信义观随着时代的演进也在不断被赋予新的内容。

信义义务要求期货经营机构的从业人员认真对待受托客户。市场上的现货交易，一手交钱，一手交货，每一笔交易都在现场交割清楚，信息相对来说是对称的。但是期货市场不仅有市场风险，而且交易品种和模式越来越复杂，信息不对称存在的场景越来越多。有大量的交易者因为不知晓规则，不了解风险而折戟沉沙。尽可能地解决信息不对称是期货经营机构的一个重要任务，而履行信义义务等原则就是完成这个任务的基石。

信义义务的核心要求包括忠实义务和勤勉义务。信息义务不是抽象概念，而是适用于各类业务场景中。

以"忠实义务"为例，期货经营机构从业人员首先要做到"不害人"，要把交易者的利益放在首位，业务办理过程中不能为自己或他人谋取不正当利益，不能将自己的私利置于交易者利益相冲突的位置。典型的反面案例如"期货人员给配资业务提供便利"，期货交易本身就有杠杆，给客户配资以后，客户的杠杆不是五倍、十倍了，而是几十倍、上百倍，就好比一个客户还不会开车，就把他送上了高速公路，风险是非常大的。

以"勤勉义务"为例，期货经营机构从业人员要具有专业的技能，尽心尽力、专业审慎。常见的场景有期货公司和投资者签订期货经纪合同，经纪合同本身是一种格式合同，落实"勤勉义务"时，期货经营机构一方面要尽到提示义务，对于一些重大利益关系的条款要提示客户，另一方面还有说明义务，应该按照客户的要求对合同条款进行说明。

信义义务的行为标准比合同义务和市场道德的要求更为严格，与一般交易中的"利己"或"妥善保管"不同，信义义务本质上是一种"利他"的义务，强调受托人在收取合理的费用之外，不能谋求任何私利。这既是社会对期货经营机构的外部要求，也是期货经营机构提升服务水平、提升专业能力的内在要求。

信义义务不是无源之水、无本之木，期货市场法律法规是一个相对完整的体系，落实信义义务有助于现有规则体系的完善和发展。

在期货和衍生品法中，也强调期货经营机构应当"勤勉尽责，诚实守信""防范经营机构与客户之间、不同客户之间的利益冲突"。

在民法典中，也有很多基本原则与期货业务开展息息相关。如自愿原则是民法的核心和灵魂，当事人可以为自己立法，期货经营机构和客户依法确立的合同受法律保护。期货经营机构首先要确定自己是否勤勉尽责地履行了与客户签署的合同，客户也应履行自身应尽的义务，没有只享受权利、不履行义务的投资者。还有公平原则，即合同双方的权利与义务应当对等，不能明显有违等价有偿原则，显失公平性。

在《最高人民法院关于审理期货纠纷案件若干问题的规定》中也规定,法院审理期货纠纷就会用到很多原则,如过错与责任一致原则、风险与收益一致原则、尊重当事人约定原则等。

资料来源:一德期货."期货行业认真学习宣传贯彻党的二十大精神"系列文章之十一:信义做舟,行稳致远[EB/OLB]. https://finance.sina.com.cn/money/future/roll/2022-12-09/doc-imqmmthc7550368.shtml,2022年12月11日,有改动。

第十二章 信托投资

学习目标

1. 知识目标

(1)理解信托的基本概念与基本特点;

(2)理解信托关系中的各个当事人的基本内涵;

(3)识别信托、委托与代理的区别;

(4)理解信托投资的优势与风险;

(5)掌握个人信托投资的主要业务种类。

2. 技能目标

(1)掌握信托产品分析能力,能够根据客户的需求和风险承受能力进行分析评估,为客户提供合适的投资建议;

(2)了解客户的风险承受能力,能够对客户的实际情况进行风险评估并为其制定合适的风险评估报告;

(3)具有信托产品组合设计能力,能够熟练运用信托理财产品的操作方法与策略技巧,进行相关的具体投资操作。

3. 思政目标

(1)培养投资者的诚信意识;

(2)具备社会责任感和爱国主义精神,积极履行社会责任,为家庭、社会和国家发展做贡献;

(3)树立正确的理财观念,选择适合自己的投资方式和产品,实现稳健的财富增长;

(4)增强风险意识,做好风险管理,提高投资者的实践操作能力。

案例导入

有一年,日本本田汽车公司因巨大投资失败,领导层几个负责人递交辞呈,却被总裁本田宗一郎退回,他向外宣布这次投资失败的责任全在自己。他说:"兵书有云,赏由下而上,罚由上而下。我要为自己的领导失误负责。就算天塌下来了,也有我给大家顶着,你们要做的就是快点站起来!"从始至终,本田宗一郎没有一句训斥的话语,而是不停地安慰鼓励这些下属。此后,几个负责人带领员工更加拼命工作。一年后,终于使公司走出了困境,公司重新步入正轨。

理财启示:丰田公司某次投资失败,总裁本田宗一郎敢于担当,把投资失败的责任独自扛起来,使几个负责人深受感动,从此他们拼命工作,回报总裁,使公司起死回生。本田宗一郎的伟大,就在于他抛开了人性自私的一面,主动承担责任,却将功劳让给别人,做到了"理财先理人"。

本章导语:本章系统地讲述了信托投资的基本知识、主要业务种类,要求学生能够熟练运用信托理财产品的操作方法与策略技巧,进行相关的理财操作。本章很多知识点和第九章保险理财、第十五章税务筹划、第十六章退休计划及遗产规划都有联系,尤其在家族财产的传承中具有很重要的作用。

关键词:信托投资、个人信托业务、生前信托、遗嘱信托

信托投资理财曾经是只有大户才能涉足的"贵族"理财方式,如今已经走进寻常百姓家庭,并为众人所熟知。

第一节 信托投资概述

一、信托的概念

信托即相信与委托,来源于罗马法典中的"信托遗赠",即财产所有者通过遗嘱指定一个具有法定资格的继承人,先让其继承自己的遗产,然后再由他转给自己要赠与的人。虽然这一概念仅仅指遗嘱信托,但它已经反映了现代信托的完整关系。然而,现代意义的信托业是以英国的尤斯(USE)制度为原型逐步发展起来的。

根据我国 2001 年颁布的《信托法》,信托是指委托人基于对受托人的信任,将其财产权委托给受托人,由受托人按委托人的意愿并以自己的名义,从受益人的利益出发或者为特定目的进行管理或者处分的行为。简言之,信托是建立在信任基础上的一种财产管理制度,信托的职能就是"受人之托,代人理财"。

(一)信托关系中的当事人

信托关系中的当事人涉及委托人、受托人和受益人。

(1)委托人。把财产权委托给他人管理和处置的人为"委托人"。委托人主动提出设定信托,并试图利用信托方式达到特定目的。委托人将财产权转移给受托人后,就不再拥有这部分财产的处置权,而是由受托人根据信托合同以自己的名义处置信托财

产。但在信托期间,委托人仍有要求改变信托管理方式、赔偿信托财产损失等权利。委托人必须是财产合法的拥有者,同时是具有完全民事行为能力的自然人或法人。

(2)受托人。受托人是接受委托人委托,根据委托人的意愿对所信托的财产权进行管理或者处置的人。受托人对财产权的管理或处置,指的是根据委托人的意愿对该财产进行利用、改良、维护、保存和处理。受托人对所信托的财产权进行管理和处置时,要严格遵循委托人的意愿,对受益人的利益负责。受托人可以由法人担当,也可以由个人担当。在个人受托的情况下,受托人可以是一个人,也可以是几个人,后者也就是通常所说的共同受托。在法人受托的情况下,受托人一般是各种专业的信托机构或银行的信托部。

(3)受益人。受益人是指在信托关系中享受信托财产收益的人。受益人享有与信托人相同的权利,他可以享受信托收益,也有权解除信托。受益人既可以是自然人,也可以是法人,但法律禁止享受某些财产权的人除外。

(二)信托的特点

信托具有以下五个方面的特点:

1. 所有权与利益权相分离

当信托行为成立以后,信托财产的所有权和利益权就发生了分离。受托人享有信托财产的所有权,而受益人享有受托人管理和处置信托财产所产生的利益,这构成了信托的根本特点。受托人享有信托财产的所有权,因此他可以管理和处置信托财产,受托人与第三人进行的交易,也建立在受托人是信托财产的权利主体的基础上。同时,受托人必须妥善管理信托财产,将所产生的利益在一定条件下包括本金交还给受益人,以实现受益人的利益权。

2. 信托财产的独立性

信托一经成立,信托财产即从委托人、受托人和受益人的私有财产中分离出来,而成立独立运作的财产。委托人一旦将财产交付信托,便丧失对该财产的所有权;受托人虽然取得信托财产的所有权,但这仅是形式上、名义上的所有权,因为其不能享有信托利益;受益人固然享有受益权,但这主要是一种信托利益的请求权,在信托存续期间,他不得行使对信托财产的所有权。既然信托财产是独立的,那么从经济法的角度看,不管是委托人、受托人的债权人,还是受益人的债权人,都不得主张以信托财产偿债,哪怕是受益人的债权人也至多只能行使代位受益权,请求受托人依约定交出信托利益,而不能用信托财产本身偿债。

3. 责任的承担遵循有限责任原则

(1)受托人以信托财产为限对受益人负有限清偿责任,即在信托事务处理过程中,只要受托人没有违背信托或已尽了职守而未能取得收益的,可以不向受益人支付;信托财产有损失的,在信托终止时,只将剩余财产交给受益人即可。但是,受托人违反信托目的或者因违背管理职责、管理信托事务不当致使信托财产受到损失的,受托人应当予以补偿、赔偿或恢复原状。

(2)受托人因信托事务处理而对外发生的债务,只以信托财产为限负有限清偿责任,即债务人无权追溯受托人的其他财产。但受托人违背管理职责或者管理信托事务不当所负债务及所受到的损害,要以受托人的自有财产承担。

4. 信托损益的计算遵循实绩原则

在受托人按照信托契约的规定,尽职尽责管理信托财产的前提下,信托财产的损益根据受托人经营的实际结果来计算,而不是根据事先确立的损益标准计算,这构成了信托的另外一个显著特点,同时也是信托存款与银行存款的一个重要区别,即后者按照固定的收益率(利率)来支付收益,而前者不是。在实绩原则下,如果信托财产有收益,受托人就向受益人交付收益,如果没有收益,受益人就不享受收益,而且如果信托财产运用中的支出大于收益,受托人还有权要求受益人给予补偿。也就是说,在受托人本身没有过错的情况下,受托人不承担信托财产运用的任何风险和损失。这一原则体现了委托人对受托人的充分信任。当然,由于受托人管理运用信托财产有过错而造成的信托财产的损失,受托人必须承担损失赔偿责任。

5. 信托管理的连续性

信托一经设立,信托人除事先保留撤销权外,不得废止、撤销信托;受托人接受信托后,不得随意辞任;信托的存续不因受托人一方的更迭而中断。

(三)信托与委托、代理的区别

委托与代理是和信托非常近似的一种法律制度。但是,信托作为一项关于财产转移和财产管理的独特的法律设计,它与委托、代理存在巨大的差异。简单来说,这种差异表现在:

1. 成立条件不同

设立信托,必须要有确定的信托财产,如果没有可用于设立信托的合法所有的财产,信托关系便无从确立;而委托、代理关系则不一定要以财产的存在为前提。

2. 名义不同

信托关系中,受托人是以自己的名义行事;而一般委托和代理关系中,受托人/代理人以委托人/被代理人的名义行事。

3. 财产性质不同

信托关系中,信托财产独立于受托人的自有财产和委托人的其他财产,委托人、受托人或者受益人的债权人一般不得对信托财产主张权利;但委托、代理关系中,委托人/被代理人的债权人可以对委托财产主张权利。

二、信托投资的优势

作为金融业四大支柱之一的信托业,与银行、保险、证券相比,在投资理财方面有着其独特的优势。

(一)经营范围广

当前我国对银行、保险、证券实行的是分业经营、分业监管的制度,三者之间有着严格的政策约束。而信托投资的经营范围较为广泛,可以涉足资本市场、货币市场和产业市场,是目前唯一准许同时在证券市场和实业领域投资的金融机构,投资领域的多元化可以在一定程度上有效降低投资风险。

(二)投资方式灵活

信托公司可以根据客户的喜好和特性,量身定做非标准产品,通过专家理财,最大限度地满足委托人的要求。这种投资方式和产品的灵活性是券商和基金公司所缺乏的,也是目前无法提供的。

(三)创新的制度安排

信托财产把委托人、受托人及受益人的权利和义务、责任和风险进行了严格分离。信托契约一经签订,就把受益权分给受益人,而把运用、处分、管理权分给受托人。信托契约对信托财产的运用、管理、处分有着严格的限定,受托人只能按照契约圈定的范围和方式运作。这种机制固定了当事人各方的责任和义务,确保了信托财产沿着特定的目的持续稳定经营,与公司制相比,是一种更为科学的制度安排。

(四)专家理财

与个人单独理财相比,专家理财省时省心,风险低、收益高。通过信托集中起来的个人资金,由专业人才操作,他们可以凭借专业知识和经验技能构建组合投资,从而避免个人投资的盲目性,以达到降低投资风险、提高投资收益的目的。

(五)保证财产的安全性

信托投资可保障财产不受政治、经济、外汇管制、债权诉讼、子女或受益人管理不善等因素影响,免于财产被没收。信托财产的债权人对信托财产不得请求强制执行或拍卖;再者,信托财产不属于受托人破产财产的范围。另外,信托财产的债权,不得主张与不属于信托财产的债务抵消。

(六)颇具弹性地灵活运用

信托可依据委托人的不同要求和目的来设计。信托如同一个法人,可延续至身故为止,也可随时要求终止;可将信托财产重新分配,也可更换受益人;可进行任何投资(其中包括不动产买卖);可将原资本部分提出;且可因政治变化的需求转移至另一个国家。

(七)公益及慈善目的

有些特殊的家庭希望设立慈善基金,而达成此目的的最理想的方式就是成立信托。

(八)合法节税

遗产的转移在很多国家和地区均须课征遗产税,如美国、加拿大、中国香港、英国等,税率一般都在50%左右,而且此税必须在财产移转前付清。因此,财产所有人避免被课税的最理想方式便是成立信托。信托财产不受信托人的死亡影响,并可在合法渠道下,省下可观的费用。

三、信托投资风险

信托投资不是金边国债,更不是银行储蓄,不可能保赚不赔,投资信托产品要有承担风险的心理准备。

(一)信用风险

因受托机构的经营活动的不确定性或经营状况发生恶化,不能按最初承诺偿还资金,这将使信托投资人蒙受损失。

(二)预期收益率风险

信托投资属于私募性质,发行条件不算很严,且为定向发行,其风险性与企业债券相当,同时信托合同的收益率只是信托公司预期的收益率,并不一定是投资者的最终收益率。我国《资金信托暂行办法》规定,信托投资公司在办理资金信托时,不得承诺资金不受损失,也不得承诺信托资金的最低收益。这就意味着预测的年平均收益率在没有兑现之前,还是"纸上谈兵",因为信托期间的许多不确定因素不可能全部被预测清楚。

(三)流动风险

流动风险是任何投资产品都要面临的问题,信托投资面临的流动风险就是信托投资产品的二级市场转让问题。

(四)利率和货币政策风险

利率的变动对信托投资品种尤为敏感,特别是在利率处于较低位时发行的信托投资品种。一旦遇到利率调高的情况,信托投资品种原先定下的回报率优势就不复存在。

(五)工程技术和产业结构方面的风险

信托项目会由于工程技术方面的原因导致投资项目失败,而项目一旦失败,信托投资的预期收益率也"竹篮打水一场空"了。

(六)市场风险

信托投资的市场风险是其他投资方式所不具有的。因为委托人与受托人可以在信托计划中约定,当信托投资项目的收益率达到某一指定水平时,受托人有权将项目转移给其他投资者并中止信托合同。因此,委托人在签署信托合同时应对此类条款予以重视,以免信托资金的临时收回而打乱投资计划。例如,2002年7月18日,上海爱建信托投资公司推出的国内第一个规范的集合资金信托品种——上海外环隧道项目资金信托计划,原本计划为3年的信托投资期,由于约定的7%投资收益率在信托计划开始的11个多月后就已实现,因此信托公司选择卖出该项目股权,提前终止信托计划。

四、信托的分类与信托投资产品

(一)信托的分类

信托投资的种类可根据形式和内容进行不同的划分。

(1)按信托关系建立的方式,可分为任意信托和法定信托。

(2)按委托人或受托人的性质不同,可分为法人信托和个人信托。

(3)按受益对象的目的不同,可分为私益信托和公益信托。

(4)按受益对象是不是委托人,可分为自益信托和他益信托。

(5)按信托事项的性质不同,可分为商事信托和民事信托。

(6)按信托目的不同,可分为担保信托和管理信托、处理信托、管理和处理信托。

(7)按信托涉及的地域,可分为国内信托和国际信托。

(8)按信托财产的不同,可分为资金信托、动产信托、不动产信托、其他财产信托等。

(9)按委托人数量不同,可分为单一信托和集合信托。

(10)按信托资金投资的方向,可分为贷款信托、证券投资信托、创业投资信托、股权投资信托、不动产信托、年金信托等。

除此之外,还有一大批观念超前、按市场化规则运营的信托公司,运用全新的金融工具,按照市场导向和社会需求开发出大量的创新信托产品,如基础设施建设信托、教育信托、土地开发信托、MBO资金信托、租赁信托等,从而使得信托业真正具备了金融支柱的态势。

(二)信托产品与类似投资品种的区别

1. 基金与信托的区别

与目前信托公司推出的信托产品相比,基金与信托的区别主要体现在以下三个方面:

(1)基金只能投资于证券市场,信托产品的投资领域非常宽泛,既可以是证券市场、货币市场、房地产和基础设施,也可以是基金本身。

(2)基金是标准化的信托,单位基金可以在交易所上市或进行赎回申购,信托产品的认购目前主要通过签订信托合同,信托合同的份数、合同的转让和赎回等都受到限制。

(3)基金的监管方是证监会,而信托公司的监管者是国家金融监督管理总局,两者

2. 债券和信托的区别

(1)债券有明确的票面利率,定期按照票面利率支付利息,信托只有预计收益率,到期收益的支付可以是按照预计收益率,也可以在预计收益率上下浮动。

(2)债券是债务的权证,发债主体以其全部资产作保证,信托是信托财产受益权的体现,以独立的信托财产作保证。

(3)债券一般都能上市,流动性较强,信托目前的流动性主要体现为投资者之间的转让,流动性存在不足。

(三)信托理财产品的投资特点

信托公司推出的信托产品中,有确定投资项目的,如上海国投的"磁悬浮"和爱建的"外环隧道",也有仅确定投资方向的,如平安信托的"汽车消费贷款信托"和上海国投的"基金债券组合投资信托";有专用于股权融资的,如苏州信托的 MBO 融资信托,也有用于融资租赁的,如医疗器械融资租赁信托;有预计收益较为固定的,如上海国投的"磁悬浮"和"新上海国际大厦",也有预计收益在一定幅度内波动的,如上海国投的"基金债券组合投资信托";还有预计收益下限封闭、上限打开的,如上海国投推出的"申新理财资金信托计划"和山东国投、英大信托推出的"安心理财外汇信托"。

确定投资项目的信托产品,其特性更接近于企业债券,尽管没有票面利率,也不能上市交易,但收益稳定是该品种最大的特点,如上海国投推出的期限为1年、预计年收益率为3.5%的"海港新城资金信托"。

没有具体投资项目,仅确定投资方向的信托产品,如有一定的收益担保措施,其特性接近于稳定收益的实业类基金,如平安信托的"汽车消费贷款信托"和上海国投的"法人股信托"。

还有一类确定投资方向而又无收益担保措施的信托产品,若投资于证券市场,则与证券投资基金类似;若投资于其他市场,则与该市场的投资基金类似,如上海国投的"基金债券组合投资信托"和"申新理财资金信托计划"。

信托产品的风险随不同项目的资金运用方向、资金运用的风险控制措施、发行信托产品的公司实力等而大相径庭。一般来说,资本实力较强的公司发行的、以贷款方式运用于市政项目并有相应担保措施的信托产品的风险较小,有的甚至不比发行的企业债券质量差,如上海国投发行的"海港新城资金信托"。而运用于资本市场,或者是股权投融资的信托产品,在没有相应的风险转嫁机制时,单个产品的风险相对较大。

第二节 个人信托投资业务的种类

信托有很多种类,本章主要讲述个人信托业务。个人信托是在欧美国家使用已久的信托商品。其最早源于十字军东征时,广大的庄园及家产无人照料,而委托教士代为管理的制度。发展至今,个人信托不仅能依照客户的目的,将各种财产权纳入,做最有效的整体规划与处理,也能保障未成年子女、身心障碍的家人的生活。随着我国加入WTO以及经济的长足发展,国民财富也急剧增长,对于已经富裕起来的人来说,迫切需要更多新的、有效的理财方式使他们的财富得以积累,而个人信托无疑是一个非常适合的选择。

一、个人信托业务的含义

所谓个人信托,是指委托人(指自然人)基于财产规划的目的,将其财产权移转予受托人(信托机构),使受托人依信托契约的本旨为受益人的利益或特定目的,管理或处分信托财产的行为。

个人信托按设立时间,可分为生前信托与遗嘱信托。生前信托是委托人在世时所设立,其信托目的包含财产的规划、财产增值及税负的考虑。而遗嘱信托则是以遗嘱的方式设立,生效的日期是委托人发生继承事实时,其目的在于遗产的分配与管理。

个人信托是以各种财产权为中心,将自己名下包含金钱、有价证券、不动产等资产,交由受托人(信托机构)依照信托契约管理运用,以期达到预定的信托目的。由于个人信托的内容具有高度的弹性及隐秘性,委托人对信托的财产也能保有控制权,通过适当的规划,信托财产将不受委托人死亡或破产等因素影响,同时更可以享有信托机构专业的投资控管,种种优点是其他单一金融商品或服务难以企及的。

二、个人信托的目的

个人信托对财产管理来说,不但增加了投资理财的渠道,还能达成以下特定目的:

(1)保存财产,累积财富。经由信托合同将财产权移转专业信托机构,由专业人员依合同内容做有计划的投资管理,可使财产充分发挥其累积效果,不致因财产过早分散或流失,而丧失创造财富的机会。同时,根据信托法,信托财产的债权人对信托财产不得请求强制执行或拍卖;再者,信托财产不属于受托人破产财团的范围。另外,信托财产的债权,不得主张与不属于信托财产的债务抵消。

(2)照顾遗族,造福子孙。个人信托取代死后继承,可避免遗产继承的纷争,还可照顾到更多代的子孙,可谓"一举两得"。

(3)指定受益人,规划遗产。个人信托取代生前赠与,可避免子女挥霍财产、分配不公造成的子女纷争、子女依赖心理,或因子女如无管理能力而造成家产缩水贬值。以信托受益权取代继承权,更可贯彻被继承人的意旨。

(4)财产规划,节税功能。个人信托可根据每个人的信托财产及信托理财目的提供包含投资、保险、节税、退休计划、财富管理等全方位的信托规划,满足个人及其家庭不同阶段的需求,为委托人妥善规划财产。

三、个人信托的适合对象

个人信托是一种不错的投资理财方式,但不是人人都适合,适合做个人信托业务的有如下几种人:

(1)在管理投资方面缺乏经验或想享有财务方面专业服务的人。

(2)财产移转子女而需要进行信托规划的人,如子女依赖心强或子孙众多欲避免遗产继承的纷争。

(3)为贯彻被继承人的意旨,设立遗嘱约定继承方式的人。

(4)因遗产、彩券中奖、退休等而收到大笔金钱的人。

(5)家财万贯者,欲隐匿财产,避免有心人的觊觎。

(6)其他如家有身心障碍者、有钱却没时间理财者、子女浪费挥霍者、年老膝下无子者,均可借助个人信托保障自己或受益人的生活,完成特定信托目的。

四、个人信托业务的种类

个人信托类业务主要包括四种,即财产处理信托业务、财产监护信托业务、人寿保险信托业务和特定赠与信托业务。

(一)财产处理信托业务

财产处理信托业务是信托机构接受个人的委托管理、运用信托财产的一种信托业务。按其设立方式可分为契约信托和遗嘱信托两种。

1. 契约信托

契约信托(deed trust)是委托者与受托者订立契约或合同,并在委托者生前发生效力而成立的信托,又称生前信托。这种信托多为那些工作繁忙或长期身居海外的老年人而设立。申请这种信托的目的在于增值财产、保存财产、管理财产和处理财产等。其中保存财产与保管财产不同,保管财产是一种代理行为,目的是使该财产不被遗失、偷盗和损害等,代理人对该财产不拥有所有权,一般也无使用权;而保存财产是一种信托行为,是委托者担心自己经营的财产发生某种意外或不正当的子女浪费,丧失家产而委托信托机构代为管理保存产业,或为特定的受益人而管理保存产业。这类个人信托业务最为普遍,我们常见的产品有个人资金信托、共同基金、有价证券信托、不动产信托等。

(1)个人资金信托。

这种形式是将资金委托给信托投资公司,信托公司按照委托人意愿并以公司的名义投资。例如,全国第一个基础设施信托产品"上海外环隧道项目资金信托计划",就是将众多的个人和机构的闲散资金集合起来,形成一定投资规模和实力的资金组合,以资本形式投资于上海外环隧道建设经营。具体来讲,爱建信托公司作为资金的受托人,通过受让上海外环隧道建设发展有限公司股权,以获取上海外环隧道建设发展有限公司的分红,再向受益人支付信托收益。该项信托计划总量为5.5亿元,信托期为3年。这个信托品种可称为资金信托的经典作品,创造性地将社会闲散资金吸纳到城市基础建设中来。老百姓不用开公司、不用买股票就可以投资实业,使资金既可以安全增值,又可以分享国民经济增长的成果。有关个人资金信托运作构架见图12.1。

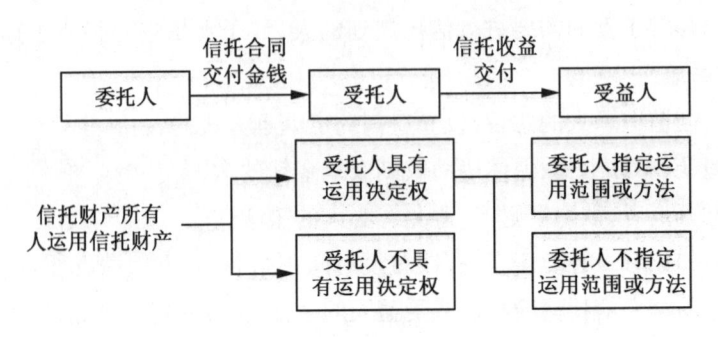

图 12.1　个人资金信托运作构架

(2) 共同基金。

共同基金是将众多小额信托基金组合为一项数额巨大的信托,然后将其投资于证券等金融品种以获取收益。每笔小额信托按其在投资总额中的比重享有信托收益的份额。

(3) 有价证券信托。

有价证券信托是受托人接受委托人的委托,将委托人的资金按照双方的约定进行证券投资,在证券市场上运营受托资金的方式。证券投资信托充分体现集合资金、专家理财的优势,具有高度的灵活性。受托人可根据委托人的风险偏好设计出多种信托产品:如投资于具有长期上涨潜力的股票组合,追求资本的长期增值;或投资于高信用评级的优质债券,在保证本金安全的前提下,追求高度稳定的利息收入。其运作构架见图12.2。

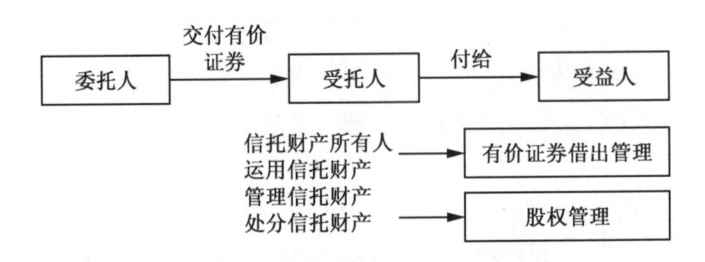

图 12.2　有价证券信托运作构架

例如，王老先生与某信托机构签订有价证券信托契约，即可通过信托移转的方式，规划将股利分年赠与自己的子女，如此不但可以节省有关税收的支出，也可继续掌控公司的所有权，真是一举数得。

(4)不动产信托。

不动产信托又称房地产信托，简单来说，就是不动产所有权人(委托人)，为受益人的利益或特定目的，将所有权移转给受托人，使其依信托合同来管理运用的一种法律关系。它是以不动产[如建筑物、土地(不含耕地)等]作为信托财产，由受托人按照信托合同，将不动产通过开发、管理、经营及处分等程序，提高不动产的附加价值，并将受托成果归还给受益人的信托业务。其运作构架见图12.3。

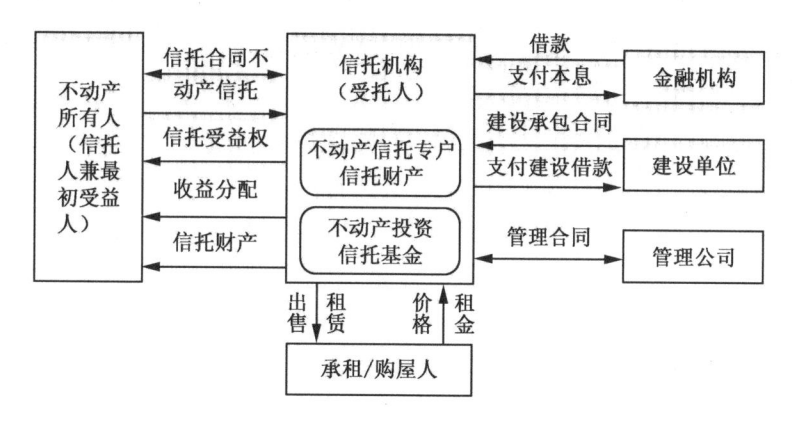

图12.3 不动产信托运作构架

例如，多年来，张先生始终勤奋工作，赚的钱除了日常开销外，都存起来买房子。现在他已拥有一幢自住的好房子，又努力打拼，买了一间店面租给别人。因此，张先生所得税的级别已达到了40%。为此，张先生开始规划资产的移转及分散，但不知如何规划为好。建议张先生运用信托规划，将店面成立不动产信托，规划在若干年后将店面赠与子女，信托期间仍可从信托专户中领取部分租金作为生活零用，其余租金将于信托结束后连同店面一并移转给子女，而现在及未来都不用缴赠与税，且信托期间有契约保障。张先生对店面仍拥有掌控权，万一发生紧急状况，需要处理店面，或子女不孝顺时，张先生可随时解除信托，收回店面。如此既可节税，又能掌控财产权。

2. 遗嘱信托

遗嘱信托(testamentary trust)是指根据个人遗嘱而设立并在遗嘱人死后发生效力的信托业务，属于身后信托。与资金、有价证券或不动产等个人信托业务比较，遗嘱信托的最大不同点在于，其是在委托人死亡后契约才生效。遗嘱信托一般又分为遗嘱执行信托和遗产管理信托。遗嘱执行信托是为了实现遗嘱人的意志而进行的信托业务，其主要内容有清理遗产、收取债权、清偿债务、税款及其他支付等。遗产管理信托是主要以管理遗产为目的而进行的信托业务。遗产管理信托的内容虽与遗嘱执行的内容有交叉,但侧重在管理遗产方面。遗嘱信托的运作构架见图12.4。

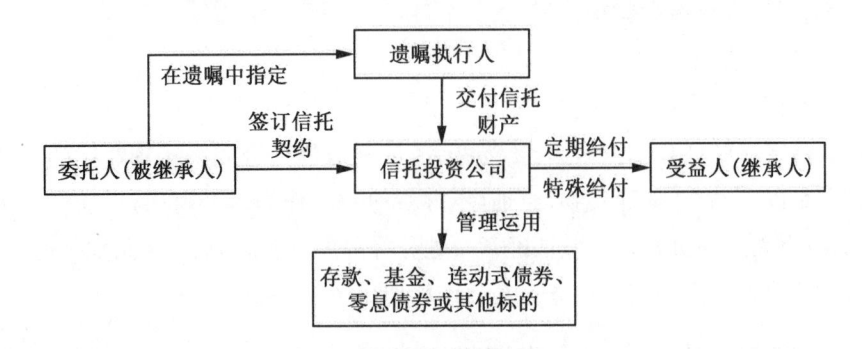

图 12.4 遗嘱信托运作构架

采用信托形式规划遗产的优势在于:(1)避开漫长而痛苦的遗嘱验证程序;(2)与家庭财务事务相关的保密性和灵活性;(3)保护资产,根据委托人的愿望顺利地将资产分配给受益人;(4)减少应付遗产税;(5)资产管理的连续性。

例如,某人有100万美元,两个孩子尚小,自己因生病去日无多。关于财产,其愿望是在孩子长大后把钱给较穷的孩子2/3,给较富裕的孩子1/3。通常在法律上只有两种处理方式:一种是遗嘱继承,另一种是法定继承。按前一种方式,因目前尚无法确定两个孩子中哪一个将来会更穷,无法实行;而法定继承一般是平分,也无法达成愿望。这时候可以采用遗嘱信托的方式,把钱交给信托机构,嘱其在约定的时间到来时,按照一定的原则分配。在这个例子中,信托已不只是代人理财,而且还可以帮助人们达成非财产方面的愿望。

(二)财产监护信托业务

财产监护信托业务是信托机构接受委托,为无行为能力者的财产担任监护人或管理人的信托业务。这里指的无行为能力者主要是未成年人或禁治产人,故这种业务又称为未成年人或禁治产人财产监护信托。财产监护信托与财产处理信托有明显区别,前者重在护养人而不是针对物,如未成年人的教育、培养,禁治产者的疗养、康复等;后者重在理财而不在人。

(注:禁治产人制度是自然人民事行为能力制度的组成部分,其主要内容是:对于那些因特殊原因而意思能力有欠缺的人,基于利害关系人的申请和人民法院的宣告而被禁止管理和处分自己的财产。)

案例链接:信托为我排忧解难——记财产监护信托

许××夫妇在省城经营饮食业已有十几个年头,如今省内的几个主要城市都有他们的连锁店,生意非常红火,朋友都劝他们别再那么辛苦了,应该好好享受生活才是。他们也觉得朋友说得没错,这么多年下来,财富积累了不少,两人的生活和养老都不成问题,美中不足的是唯一的儿子被医生确诊为先天性智障,生活不能自理。他们最担心的就是这个宝贝疙瘩,为了儿子,他们选择了坚持在生意场上打拼。

由于这几年在生意经营和照顾儿子两件事上心力交瘁,老两口的身体状况已大不如从前。儿子将来的生活问题仍时时纠结于他们心头,他们想来想去还是没想出一个好办法。有一天,许××对老伴说:"最近《江淮晨报》上不是刊登说卓越信托公司专门受人之托,代人理财吗?我们不如从现在起就将我们的财产委托给他们,儿子今后的生活不就有保障了?"两人商量着去卓越信托公司打听打听。

第二天,许××夫妇来到了卓越信托公司,找到了信托部的经理储某说明了来意。储经理说:"我们公司推出的财产监护信托业务可以为您解决这个问题。"接着储经理详细地向他们介绍了这项业务:"财产监护信托是指信托机构接受委托人的委托,担任无行为能力人的管理人的一种信托业务。这种信托业务与其他信托业务的区别在于,它既对人进行保护,又对财物进行管理。"

"我们对您委托的财产根据你们的要求进行低风险运作,这些财产和收益都会用来支付您儿子将来的生活、医疗等各项费用;对于您家儿子,在你们不能履行监护人义务的时候,我们将根据您的要求,将其安排在合适的社会福利机构,由这些机构来具体负责您儿子今后的生活,其中各项费用就从您委托给我们公司的财产和这些财产的运作收益中定期支付。"

"你们的运作安全吗?我们如何才能了解你们的运作情况呢?"

"我们有一整套风险控制体系,有专业的理财专家和信托从业人员,更重要的是,我们已取得了很多成功的经验,近年来我们发行的每种产品都很成功。关于资金的运作情况,您可以随时打电话给我们或到我们公司查询,我们对每个项目都有严格的管理,并有专门的信托经理负责。另外,关于您的财产情况,我们会依法为您保密。"

双方谈得非常投机,甚至还谈了很多细节方面的问题。经慎重考虑,许××夫妇一周后再次来到了卓越信托公司,双方正式签订了财产监护信托合同。

资料来源:摘自兴泰信托网。

（三）人寿保险信托业务

人寿保险（也称保险金）的投保人，通过生前的保险信托契约或遗嘱形式委托信托机构代领保险金并交给受益者，或对保险金进行管理、运用，再定期支付给受益者的信托。人寿保险信托包括个人保险信托和事业保险信托、无财源人寿保险信托和有财源人寿保险信托。有关保险金信托运作构架见图12.5。

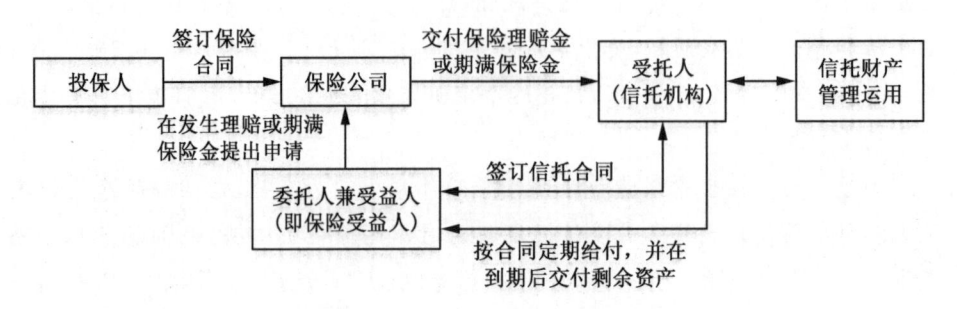

图 12.5　保险金信托运作构架

例如，刘女士是一位单亲妈妈，育有一名8岁女儿小美，由于刘女士要兼顾事业及家庭，因此工作非常勤奋。但近来她经常感到身体不适，经医院诊断后，她被宣判为癌症晚期。虽然她已投保数百万元的保险，并指定小美为保险金受益人，但她目前还太小。若刘女士真的去世了，谁能真正照顾好小美未来的生活？建议刘女士协助小美与某一信托机构签订保险金信托合同，并向保险公司办理信托声明：身故保险金受益人为小美（保险金限入"信托机构保险金信托专户"），且指定保险金管理运用方式，并约定保险事故发生后，小美每月可领取一笔金额作为生活费，直到信托期满，可再领取一笔金额，作为创业、结婚或其他用途。保险金信托可以照顾好受益人，让保险金更保险，使受益人真正受益。

（四）特定赠与信托业务

该信托以资助重度身心残疾者生活上的稳定为目的，以特别残疾者为受益者，由个人将金钱和有价证券等委托给信托机构，进行长期、安全的管理和运用，并根据受益者生活和医疗上的需要，定期以现金支付给受益者。该信托的财产必须是能够产生收益并易变卖的，故限定如下财产作为其客体：金钱、有价证券、金钱债权、树木及其生长的土地、能继续得到相当收益的租出不动产、供特别残疾者（受益者）居住用的不动产。这种信托业务在日本比较普及，我国目前尚未开设此类业务。

第三节 信托投资理财的操作与技巧

一、信托投资的操作方法

(一)做好购买前的准备工作

面对市场上这么多的信托理财产品和国内众多的信托公司,投资者如何才能有效地选择和做出正确的判断呢?主要考虑以下三个方面:

首先,投资者要看信托公司的整体情况,要选择资金实力雄厚、诚信度高、资产状况良好、资产运作能力高并且其历史业绩一直表现良好的信托公司。

其次,投资者要关注具体信托产品的基本要素,包括投资方向和投资策略、运作期限、流动性设计、预期收益率等,投资者要选择与自己的经济能力、风险承受能力相契合的信托产品。

最后,投资者对信托公司的资产管理能力和具体产品的风险控制能力要有所了解。

以上工作都准备好后,就可以制订资金信托计划。信托计划说明书至少应当包括如下内容:信托公司基本情况;信托计划的名称及主要内容;信托计划的推介日期、期限和信托单位价格;信托计划的推介机构名称;信托经理人员名单、履历;律师事务所出具的法律意见书;风险警示内容;其他。

(二)在认购风险声明书中签字

委托人认购信托产品前,应当仔细阅读信托计划文件的全部内容,并在认购风险声明书上签字,申明愿意承担信托计划的投资风险。认购风险声明书至少应当包含以下内容:

(1)信托计划不承诺保本和最低收益,具有一定的投资风险,适合风险识别、评估、承受能力较强的合格投资者。

(2)委托人应当以自己合法所有的资金认购信托单位,不得非法汇集他人资金参与信托计划。

(3)信托公司依据信托计划文件管理信托财产所产生的风险,由信托财产承担。信托公司因违背信托计划文件、处理信托事务不当而造成信托财产损失的,由信托公司以固有财产赔偿,不足赔偿的,由投资者自担。

(4)委托人在认购风险声明书上签字,即表明已认真阅读并理解所有的信托计划文件,愿意依法承担相应的信托投资风险。

(三)签订书面信托合同

信托合同是信托人接受委托人的委托,以自己的名义,用委托人的费用为委托人办理购销、寄售等事务,并收取相应酬金的协议,又称"行纪合同"。投资者购买信托产品时,要前往信托公司营业场所,与信托公司签订书面信托合同及相关信托文件,在签订合同之前,投资者应仔细阅读所有条款后签字确认。

书面信托合同应包括以下内容:信托目的;受托人、保管人的姓名和住所;信托资金的币种和金额;信托计划的规模与期限;信托资金管理、运用和处分的具体方法或安排;信托利益的计算、向受益人交付信托利益的时间和方法;信托财产税费的承担、其他费用的核算及支付方法;受托人报酬计算方法、支付期间及方法;信托终止时信托财产的归属及分配方式;信托当事人的权利与义务;受益人大会召集、议事及表决的程序和规则;新受托人的选任方式;风险揭示;信托当事人的违约责任及纠纷解决方式;信托当事人约定的其他事项。

(四)交付委托资金,书面指定该信托计划的受益人

签订书面信托合同,可以交付委托资金,并书面指定该信托计划的受益人。可以分以下三个步骤执行:

(1)信托公司推介信托计划时,可与商业银行签订信托资金代理收付协议。委托人以现金方式认购信托单位,可由商业银行代理收付。信托公司委托商业银行办理信托计划收付业务时,应明确界定双方的权利与义务关系,商业银行只承担代理资金收付责任,不承担信托计划的投资风险。信托公司可委托商业银行代为向合格投资者推介信托计划。

(2)待信托计划募集成立后,信托关系生效,信托公司应当将信托计划财产存入信托财产专户,并在5个工作日内向委托人披露信托计划的推介、设立情况。

(3)若信托计划推介期限届满,未能满足信托文件约定的成立条件,信托公司应当在推介期限届满后30日内返还委托人已缴付的款项,并加计银行同期存款利息。由此产生的相关债务和费用,由信托公司以固有财产承担。

(五)信托计划财产的保管

信托计划的资金实行保管制。信托计划存续期间,信托公司应当选择经营稳健的商业银行担任保管人。信托财产的保管账户和信托财产专户应当为同一账户。对非现金类的信托财产,信托当事人可约定实行第三方保管。信托公司依信托计划文件约定需要运用信托资金时,应当向保管人书面提供信托合同复印件及资金用途说明。

(六)信托计划的运营与风险管理

信托公司管理信托计划,应设立为信托计划服务的信托资金运用、信息处理等部门,并指定信托经理及其相关的工作人员。每个信托计划至少配备一名信托经理。担任信托经理的人员,应当符合国家金融监督管理总局规定的条件。信托公司对不同的信托计划,应当建立单独的会计账户分别核算、分别管理。对于信托公司管理信托计划而取得的信托收益,如果信托计划文件没有约定其他运用方式的,应当将该信托收

益交由保管人保管，任何人不得挪用。

(七)信托计划的变更、终止与清算

信托计划存续期间，受益人可以向合格投资者转让其持有的信托单位，信托公司应为受益人办理受益权转让的有关手续。信托计划终止，信托公司应当于终止后10个工作日内做出处理信托事务的清算报告，经审计后向受益人披露。清算后的剩余信托财产，应当依照信托合同约定，按受益人所持有的信托单位比例分配。分配方式可采用现金方式、维持信托终止时财产原状方式或者两者相结合的方式。

采取现金方式的，信托公司应当于信托计划文件约定的分配日前或者信托期满日前变现信托财产，并将现金存入受益人账户。

采取维持信托终止时财产原状方式的，信托公司应于信托期满后的约定时间内，完成与受益人的财产转移手续。信托财产转移前，由信托公司负责保管。保管期内，信托公司不得运用该财产。保管期间的收益归属于信托财产，发生的保管费用由被保管的信托财产承担。

(八)受益人大会

受益人大会由信托计划的全体受益人组成，受益人大会由受托人负责召集，受托人未按规定召集或不能召集时，代表信托单位10%以上的受益人有权自行召集。受益人大会可以采取现场方式召开，也可以采取通信等方式召开。每个信托单位具有一票表决权，受益人可以委托代理人出席受益人大会并行使表决权。受益人大会应当在有代表50%以上信托单位的受益人参加时，方可召开；大会就审议事项做出决定，应当经参加大会的受益人所持表决权的2/3以上通过；但更换受托人，改变信托财产运用方式、提前终止信托合同，应当经参加大会的受益人全体通过。

二、信托投资理财的技巧

(一)投资信托的四个原则

1. 不要把信托和企业债券混为一谈

从发行主体、投资方向、当事人之间的关系来讲，信托与企业债券不能混为一谈。

2. 不能把信托等同于银行信贷

信托和银行信贷都是一种信用方式，但两者在经济关系、行为主体、承担风险与清算方式上都有区别。

3. 理解信托的投资门槛

一般购买一份信托合同起点是5万元，但受一个信托计划只能发行200份信托合同的限制，当融资规模较大时，购买一份信托合同的起点就可能高于5万元。

4. 根据信托投资项目的收益和风险选择信托投资项目

作为一种高风险、高回报的理财产品，信托投资的风险介于银行存款和股票投资之间。由于信托产品200份发行上限的限制,信托投资主要面向资金较雄厚的中高端投资者。投资者在选择信托产品时,应该根据自身的风险承受能力,综合分析具体产品的特点,有选择地投资。

(二)投资者投资信托主要考虑的三个因素

1. 看信托公司的整体情况

对于相同类型的信托产品,投资者还需要比较发售信托产品的公司情况,选择有信誉和资金实力的信托投资公司发售的信托产品,降低信托投资的风险。

2. 看产品设计

投资者在选择信托产品时,不可盲目追逐高收益,要重点关注信托产品的基本要素,包括投资方向、投资策略、运作期限、流动性设计、预期收益率等,选择与自己的经济能力、风险承受能力相契合的信托产品。

3. 看风险控制,即产品的担保措施是否完备

如果不能根据信托产品的特性判断不同产品的风险,并按照自身承受风险的程度选择恰当的产品,那么,投资信托产品也许最后不仅不能带来期望的收益,甚至可能带来一定的损失。

(三)信托产品的投资理财攻略

对固定投资信托产品的投资者来说,不论是与银行相比还是与同期债券相比,信托产品都有非常明显的优势。那么,投资者如何选择合适的信托产品呢?

对于中老年投资者来说,其未来的收入预期不高,资金增值的目的用于养老和医疗,故应该选择以项目为主的预计收益稳定的信托产品,而对那些在资本市场运作的、预计收益在一定范围波动的信托产品,即使参与也应只是小部分。

对于中青年投资者来说,其未来工作年限还很长,预期收入还将增加,相对抗风险能力较强,故可以相应参与一些资本市场运作的信托产品,以获得较高的收益。投资者预计未来1年内现金需求比较大的,可以选择投资1年期限的信托产品;而如果这笔资金在未来的若干年内变现需求不大,则可以选择投资期限在3~5年的品种,以获得更高的收益。

(四)信托产品的认购技巧

从目前国内信托公司推介信托产品的方式来看,投资者可以通过三种方式了解信托投资的信息:

(1)与信托公司联系或者浏览信托公司的网站,询问近期信托产品的开发和市场推介情况;

(2)从银行方面询问有无信托投资的信息;

(3)从报纸上读到有关信托投资方面的信息。

投资者一旦确定要认购,就必须及时与信托公司的客户服务人员取得联系。预约

成功后,应在约定的期限内到信托公司指定地点(一般为信托公司营业所在地)办理缴款签约手续,完成认购过程。

本章小结

1. 信托是建立在信任基础上的一种财产管理制度,信托的职能就是"受人之托,代人理财"。信托关系中的当事人涉及委托人、受托人和受益人。

2. 信托具有五个方面的特点:所有权与利益权相分离;信托财产的独立性;责任的承担遵循有限责任原则;信托损益的计算遵循实绩原则;信托管理的连续性。

3. 委托和代理是与信托非常近似的法律制度。但是,三者存在巨大的差异,即成立条件不同、名义不同、财产性质不同。

4. 与银行、保险、证券相比,信托投资在投资理财方面有着独特的优势:经营范围广;投资方式灵活;创新的制度安排;专家理财;保证财产的安全性;颇具弹性地灵活运用;公益及慈善目的;合法节税。

5. 信托投资风险包括信用风险、预期收益率风险、流动风险、利率和货币政策风险、工程技术和产业结构方面的风险、市场风险。

6. 信托有很多种分类方法。信托产品与债券、基金理财有明显的区别,因此信托理财产品有它独特的特点。

7. 个人信托是指委托人(指自然人)基于财产规划的目的,将其财产权移转予受托人(信托机构),使受托人依信托契约的本旨为受益人的利益或特定目的,管理或处分信托财产的行为。个人信托按设立时间可分为生前信托与遗嘱信托。

8. 个人信托的特定目的有:保存财产,累积财富;照顾遗族,造福子孙;指定受益人,规划遗产;财产规划,节税功能。

9. 个人信托类业务主要包括四种,即财产处理信托业务、财产监护信托业务、人寿保险信托业务和特定赠与信托业务。

10. 信托投资的操作方法要注意:做好购买前的准备工作;在认购风险声明书上签字;签订书面信托合同;交付委托资金;信托计划财产的保管;信托计划的运营与风险管理;信托计划的变更、终止与清算;受益人大会。

11. 投资信托的四个原则:不要把信托和企业债券混为一谈;不能把信托等同于银行信贷;理解信托的投资门槛;根据信托投资项目的收益和风险选择信托投资项目。

12. 投资者投资信托需要考虑:信托公司的整体情况;产品设计;风险控制。要从多个角度把握信托产品的投资理财攻略以及信托产品的认购技巧。

知识结构图

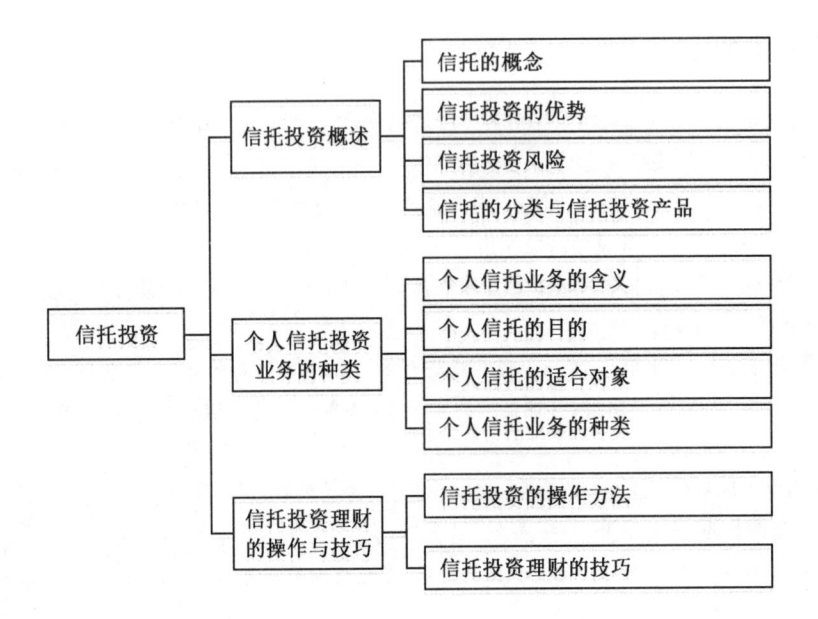

```
                            ┌─ 信托的概念
              ┌─ 信托投资概述 ┼─ 信托投资的优势
              │              ├─ 信托投资风险
              │              └─ 信托的分类与信托投资产品
              │
              │                    ┌─ 个人信托业务的含义
信托投资 ─────┼─ 个人信托投资 ─────┼─ 个人信托的目的
              │    业务的种类       ├─ 个人信托的适合对象
              │                    └─ 个人信托业务的种类
              │
              │  信托投资理财     ┌─ 信托投资的操作方法
              └─ 的操作与技巧 ────┤
                                 └─ 信托投资理财的技巧
```

复习思考题

1. 信托理财有何特点和优势？
2. 信托产品的投资风险有哪些？
3. 信托产品与债券投资、基金投资有什么区别？
4. 信托理财操作过程中应该注意哪些事项？
5. 结合自己的实际情况，谈谈如何投资信托产品。

第十二章 习题

第十二章 习题答案

课后阅读

回看范仲淹的"家族信托":历经 900 余年不衰的秘密

范仲淹晚年时(1049—1050 年)在老家苏州将名下 1 000 多亩田地捐出,设立范氏义庄,并且定下十三条族规,以保障范氏家族的生老病死、婚丧嫁娶、教育和科举所需费用。该庄的核心原则是农田只可出租,不可出售或典当。同时义庄设有专门的管理人负责经营管理,族人有权检举管理人的不公行为。

据公开报道,虽然历经风云起伏,朝代更迭,但范氏义庄到了清朝宣统年间拥有田地 5 300 亩,且运作良好,前后持续长达 900 余年,并且后世子孙中诞生了 80 名状元和 400 名进士。那么,范氏义庄历经 900 余年不衰的秘密是什么?范氏义庄为何能延续 900 余年?

什么是义庄?英国汉学家崔瑞得认为,义庄"是一个以宗族名义持有的信托财产"(trust properties held in the name of a clan),这些财产是家族成员的慈善捐赠,并具有法律上的"不能让渡"(inalienable)的关键特质。

对于范仲淹设立义庄的原因,有不同的说法,但一种说法很有趣,认为范氏义庄设立的灵感或来自寺庙常住田体制。常住田是宋代寺院所有的田产,田产一般来源于朝廷拨赐或施主捐赠,因供僧侣"常住岁用"而得名。常住田为寺庙公共财产,其收入不但可以世代供应寺庙,也有灾荒之年施行赈济的功能,寺庙持续运转的根源是永恒捐赠的田产带来的持续收入。

义庄制度的创新和永续发展机制基于以下四点:

第一,在确保义庄可以永续发展方面,两位学者引用了崔瑞得的观点。范仲淹将捐赠的义田设立为"永久储备"(permanent reserve),即规定义田不能转售脱手,在法律层面属于"不可让渡"的信托财产,然后将这批义田所产生的经常性收入用于慈善事业。正因如此,就算范仲淹去世了,他遗赠的田产,也能发展成生生不息以养族人的宗祠组织,永续下去,更不用说其义举影响了他的子孙后代和社会大众,令更多人视之为榜样。

第二,确立了一套具体运作制度。范仲淹放弃将财产用于兴建豪华住宅以安享晚年,而是悉数捐出以设立义庄的同时,亲自草拟了十三条义庄规矩,要求负责执行的"掌庄人"执行,十三条义庄规矩是义庄制度运作的核心内容,对义田日后发展具有指导性意义。这些规定的主要内容包括田地为全家族共有;各房选一名子弟共同掌管;无人可独自决断处置、抵押、买卖的财产继承制;义庄所得租、米按人口分配给本族男女;族人嫁娶、丧葬、赴科举考试等都可得到一定资助等。

第三,引入法律保护。事实上,范氏义庄在运作前期欠佳,比如存在滥用义田与派发无章等现象,但由于义庄中的规章并非法律条文,不具强制性,难以施行惩戒。公元 1064 年,范仲淹次子范纯仁上书宋仁宗,要求朝廷"特降指挥下苏州,应系诸房子弟,有违犯规矩之人,许令官司受理",并获仁宗批准。换言之,有了法律的保障,范氏义庄的规矩不再只是一种仅依赖个人自律与道德制约的家族规定,而是引入了公共监察,因而拥有了更强的生命力。

第四,更为完善的管理制度。范仲淹后代在义庄十三条规矩上做了增补,完善了制度安排。例如,范纯仁曾分别于 1083 年及 1095 年两次订下新的义庄规矩,规定家族中人不能租赁义田,防止挪用义庄资产,又禁止典卖或抵押义庄资产,以防止潜在的投资风险。此外,范纯仁还设义学,鼓励族人读书考取科举,并且在制度上加强义庄管理,尤其在义庄中设立了掌庄一职,统领义庄,并在其下设立主奉、提管、主计、典籍等职,确立了义庄的管理制度。

范仲淹的义庄,严格意义来说算现代慈善信托还是家族信托的雏形?其与现代慈善信托或家族信托有何异同?

综合法律界人士的看法,范氏义庄明显具有家族信托的雏形。范仲淹是家族信托的委托人,千亩田产是信托资产,范氏义庄是受托人,并拥有独立经营、管理或处分信托财产的权利,范氏族人是家族信托的受益人,享有受益权并依规领取信托收益。

资料来源:张欣.21世纪经济报道[EB/OLB]. https://finance.eastmoney.com/a/202307262793258780.html,2023年5月1日。

第十三章　黄金投资

📅 **学习目标**

1. 知识目标

(1)掌握黄金与黄金投资的基本概念；

(2)理解黄金投资与房地产、储蓄、有价证券及其他贵金属的区别；

(3)理解黄金交易所的交易方式及各种交易品种。

2. 技能目标

(1)熟练分析各种不同黄金投资方式的优点与缺点；

(2)掌握影响黄金价格中长期、短期趋势的各种因素，能够对未来黄金价格走势做出判断；

(3)熟练运用黄金投资理财的操作与技巧，进行相关的黄金投资与理财。

3. 思政目标

(1)培养长期价值投资观念，避免短线投资；

(2)关注各国经济数据、货币政策调整、国际政治局势等因素对黄金价格的影响，做到心怀天下；

(3)增强法律意识，了解国内外相关法律法规对黄金投资的规定；

(4)通过红色货币收藏理财以及红色金融故事讲述，培养学生的爱岗敬业、诚实守信、廉洁自律的职业道德。

📰 **案例导入**

有个老人在河边钓鱼，一个小孩跑过来看热闹。老人技术娴熟，没多久就钓了满满一篓鱼。老人见小孩非常可爱，于是要把整篓的鱼送给他。

小孩摇了摇头，老人有点诧异："为何不要？"小孩回答："我想要您手中的渔竿。"老人问："要渔竿做什么？"小孩说："一篓鱼没多久就会吃完，要是有了渔竿就可以自己钓，一辈子也吃不完了！"老人想了想，便把渔竿送给了小孩，可是，从此以后小孩却没有钓上一条鱼来。

理财启示：投资者这些年来收获最大的应当说是理财意识的转变，现在很多人说起理财来都是头头是道,甚至 CPI、GDP 这些通常由经济学家使用的数据,基本上很多人都能了如指掌。正是有了这种"你不理财,财不理你"的意识,很多人兴冲冲地买了股票、基金、黄金等新的理财产品。但是很多人由于不懂理财技巧,盲目投资,结果亏得一塌糊涂。这就和这个小孩一样,单有了意识不行,还要掌握理财技巧,否则,乱理财比不理财更可怕。

本章导语:本章系统地讲述了黄金与黄金投资的基本概念,讲述了各种不同黄金投资方式的优点与缺点,并介绍了黄金价格波动的分析方法以及黄金投资理财的操作与技巧。黄金也是投资规划中的一个金融工具,读者要结合前面各个章节的金融工具的特点学会合理配置资产。

关键词:黄金投资、纸黄金、黄金交易所、黄金个人延期交收业务、黄金 ETF、黄金期货、黄金期权、贵金属

黄金具有耐用、色泽光亮、延展性好、稀有性等特点。对于普通投资者来说,黄金是一种重要的避险工具。同时,黄金具有永恒的价值,是财产保值增值的重要方式之一。2002 年,上海黄金交易所开业,这被看作国家开放黄金市场的象征,同时开放黄金市场有效地刺激了百姓消费和投资的增长。

第一节 黄金与黄金投资概述

一、认识黄金

黄金,化学元素符号为 Au,是一种带有黄色光泽的金属。黄金具有良好的物理属性、稳定的化学性质、高度的延展性,数量稀少,不仅是用于储备和投资的特殊通货,还是首饰业、电子业、现代通信业、航天航空业等的重要材料。黄金在 20 世纪 70 年代前是世界货币,目前依然在各国的国际储备中占有一席之地,它是一种同时具有货币属性、商品属性和金融属性的特殊商品。黄金的用途包括:国家货币的储备金;个人资产投资和保值的工具;美化生活的特殊材料;工业、医疗领域的原材料。

黄金极其稀有,开采成本非常高,物理特性非常好,具有极好的稳定性,便于长期保存。这些特点使黄金得到了人类社会的格外青睐,黄金已经成为人类社会贵金属的一个重要组成部分。

由于黄金具有这些特殊自然属性,其被人类赋予了社会属性,也就是流通货币功能。黄金成为人类的物质财富,成为人类储藏财富的重要手段。马克思在《资本论》中写道:"金银天然不是货币,但货币天然是金银。"

在金融货币体系的黄金演变史中,黄金经历了被皇权贵族垄断、金本位制、金汇兑

本位制、布雷顿森林体系、布雷顿森林体系崩溃、非货币化等演变。在1976年牙买加体系宣布"黄金非货币化"之后,黄金作为世界流通货币的职能下降了。但是,黄金的金融属性并没有降低,其仍然是一种特殊的商品,是保值的手段和投资的工具,集商品功能和金融功能于一体。

作为特殊的贵金属,目前黄金依然是世界各国青睐的主要国际储备。现在黄金仍作为一种公认的金融资产活跃在金融投资领域,充当国家或个人的储备资产。

二、黄金投资工具

(一)黄金投资工具的概念

黄金投资工具又称黄金金融工具或黄金投资媒介,是以黄金作为投资工具的一种投资方式,也是黄金投资者选择其中的一种或数种参与黄金投资的运作,以获得其保值增值之目的的主要手段。

(二)黄金投资工具的产生及意义

在18—19世纪的欧洲市场上,一开始人们使用的还是最为单一的现货实金交易工具,之后随着黄金交易的逐渐成熟和市场规模的不断扩大,人们对实金交易中既要报成色、规格,还要报价格、重量的交易方式,在成交以后的清算交割时既需要检测重量,还要鉴定成色规格等烦琐复杂的清算交割手续不甚满意,由此产生了场内交易使用标金这一投资工具的趋向。其后,在市场上又出现了专门买卖交易,但又不需要提取黄金的黄金投机者,同时市场借鉴银行的金融工具——存款账户的簿记格式、记账方法,产生了黄金账户这一黄金投资工具,以满足这部分专门从事黄金买卖来获取价差收益的投资者需要。

(三)黄金投资的优势

从一般情况看,个人的投资方向主要有房地产、储蓄、有价证券和贵金属。这些投资方式的利弊比较见表13.1。

表 13.1　　　　　　　　　　投资方式的利弊比较

	黄金	房地产	储蓄	有价证券
价值变化	微小	一般情况下变化微小,具体视投资环境而定	受通货膨胀高低影响较大	容易发生变化,种类多,主要是债券和股票,其价值受政治、宏观经济、货币政策影响较大
流动性/变卖性	高	一般,但地点决定价格高低,而且欲高价出售要等待时机,急于出售可能导致微利和损失	与现金等值	高

续表

	黄金	房地产	储蓄	有价证券
营利性	买卖实金盈利低,但风险也低,炒作纸黄金(标准合约)相对盈利高,但风险较大	视投资环境变化和级差地租而定	利息高低受通货膨胀影响,通货膨胀高,名义利息也高,通货膨胀低,名义利息也低	债券盈利比较稳定,股票盈利波动较大
维护成本	实金的维护成本高,而纸黄金(如标准合约)的维护成本低	包括物业管理和维修费及交易税金	许多国家开征储蓄利息税	在买卖时会有一定的交易成本,如税收和手续费

除上述比较外,投资者还可以将黄金与其他投资对象(如白银、古玩、珠宝、名表之类)进行比较分析,从中可以看出,黄金具有价值稳定、流动性高的优点,是对付通货膨胀的有效手段。如果对期货市场以及黄金价格变化具有一定的基础知识和专业分析能力,还可参与黄金期货投资而获利。

黄金是国际公认的贵金属,根本不愁买家。一般银行、典当行都会给予黄金90%以上的短期贷款,因此黄金是世界上最好的抵押品;黄金市场没有庄家,现实中还没有任何一个财团或国家具有操控黄金市场的实力,因此黄金市场是一个透明的有效市场,具有较好的投资保障;黄金交易服务时间长,资金结算时间短,每个黄金交易者的经营时间有所不同,每天最长可达18小时,结算便捷,从而能提供更多的投资机会;黄金受国际市场多种因素影响,价格波动大,涨跌都有机会赚钱,具有较好的收益保证;黄金自古以来就是最佳的保值品种之一,升值潜力较大,所以有"黄金是金融危机下的最后避风港"一说。一般来说,无论黄金价格如何变化,由于其内在价值较高,具有一定的保值功能和较强的变现能力。由上分析,黄金投资具有其他投资品种所没有的很多优势,是较好的投资理财方式之一。

三、黄金市场

(一)黄金市场概述

黄金市场是指集中公开买卖黄金的有组织管理的机构,有的是用于交易的固定场所,有的虽无固定场所,但有专门的交易网络。黄金市场包括作为黄金批发市场的一级市场和作为黄金零售市场的二级市场。上海黄金交易所就属于一级市场。

黄金市场是国际金融市场的一个组成部分,也是世界各地黄金买卖的交易中心。国际性市场实行全球性交易,市场的参与者可以是世界任何一国的政府或中央银行,也可以是世界任何一地的公司集团或个人。

目前,世界五大国际性黄金市场分别是伦敦黄金交易市场(世界黄金市场的"晴雨表")、纽约黄金交易市场(世界上最大的黄金期货交易所)、芝加哥黄金交易市场、苏黎世黄金交易市场以及中国香港黄金交易市场。

(二)世界黄金市场提供的交易服务模式

在各个成功的黄金市场中,为黄金交易提供服务的机构和场所其实各不相同。具体可分为:没有固定交易场所的无形市场,以伦敦黄金市场和苏黎世黄金市场为代表,可称为欧式;有在商品交易所内进行黄金买卖业务的,以美国的纽约商品交易所(COMEX)和芝加哥商品交易所(IMM)为代表,可称为美式;有的黄金市场在专门的黄金交易所里交易,以中国香港金银业贸易场和新加坡黄金交易所为代表,可称为亚式。

(三)黄金市场的参与者

国际黄金市场的参与者,可分为国际金商、银行、对冲基金等金融机构,各个法人机构,私人投资者,以及在黄金期货交易中起很大作用的经纪公司。

四、上海黄金交易所

上海黄金交易所(简称上金所)是经国务院批准,由中国人民银行组建,专门从事黄金等贵金属交易的金融市场,于2002年10月正式运行。目前,中国已逐步形成了以上金所集中统一的一级市场为核心,以竞争有序的二级市场为主体,以多元的衍生品市场为支撑的多层次、全功能的黄金市场体系,涵盖竞价、定价、询价、金币、租借、黄金ETF等市场板块。2020年,上金所黄金交易量、实物交割量均居全球交易所市场前列。上海黄金交易所属于黄金市场的一级市场,它实行会员制组织形式,会员由在中华人民共和国境内注册登记,从事黄金业务的金融机构,从事黄金、白银、铂等贵金属及其制品的生产、冶炼、加工、批发、进出口贸易的企业法人,并具有良好资信的单位组成。金融类会员可开展自营和代理业务及批准的其他业务,综合类会员可开展自营和代理业务,自营会员可开展自营业务。

(一)交易方式

标准黄金、铂金交易通过黄金交易所的集中竞价方式进行,实行价格优先、时间优先撮合成交。非标准品种通过询价等方式进行,实行自主报价、协商成交。会员可自行选择通过现场或远程方式交易。

(二)交易品种和价格

黄金交易所主要实行标准化撮合交易方式。目前,交易的商品有黄金、白银、铂,交易标的必须符合交易所规定的标准。黄金有Au99.95、Au99.99、Au99.5、Au100g、iAu100g、iAu99.5、iAu99.99、PGC30g[①]这8个现货实盘交易品种和Au(T+D)、Au(T+N1)、Au(T+N2)、mAu(T+D)4个现货延期交收品种以及NYAuTN06、NYAuTN124两个现金交割延期合约;铂金有Pt99.95现货实盘交易品种;白银有

---

① 熊猫金币30g,2018年9月正式挂牌中国熊猫金币。

Ag99.99现货即期合约和Ag(T+D)现货延期交收合约;除此之外,还有一些黄金、白银、铂金的期货、期权、远期、掉期等衍生品种(见表13.2)。

表13.2　　　　　　　　　上海黄金交易所交易部分品种

交易品种	黄金(Au)							银(Ag)		铂(Pt)
合约	Au99.99	Au99.95	Au100g	Au99.5	PGC30g	Au(T+N1)、Au(T+N2)	Au(T+D)	Ag(T+D)	Ag99.99	Pt99.95
交易保证金	100%						6%	7%	20%	100%
交易单位	10克/手	1千克/手	100克/手	12.5克/手	30克/手	100克/手	1千克/手	1千克/手	15千克/手	1千克/手
报价单位	元/克								元/千克		元/克
最小变动价位	0.01元/克					0.05元/克	0.01元/克	1元/千克		0.01元/克
交易时间	日间:9:00—15:30　夜间:19:50—次日2:30					日间:9:00—15:30　夜间:19:50—次日2:30			日间:9:00—15:30 夜间:19:50—次日2:30	
涨跌停板	30%					5%		6%	10%	30%
可交割条块	1千克	3千克	100克	12.5克	30克	1千克	1千克、3千克	15千克		0.5、1、2、3、4、5、6千克
可交割成色	99.99%	99.95%以上	99.99%	99.5%	99.99%熊猫普制金币	99.99%以上	99.99%、99.95%以上	99.99%以上		99.95%以上
最小提货量	1千克	3千克	100克	12.5克	30克	100克	1千克	1千克	15千克	1千克
交易方式	现货实盘交易					现货延期交收交易		现货延期交收交易	现货即期交割	现货实盘交易
提货方式	择库存货、择库取货(指定仓库存取)				择库存货、定库取货(指定仓库存取)	择库存货、择库取货(指定仓库存取)		择库存货、择库取货(指定仓库存取)		定库存货、定库取货(指定仓库存取)
交割期	T+0					交收申报配对成功当日		交收申报配对成功当日	T+2	T+0
延期补偿费收付日	无					6月15日,遇节假日提前到前一交易日	12月15日,遇节假日提前到前一交易日	按自然日逐日收付	无	无
交割方式	实物交割									

资料来源:根据上海黄金交易所整理而得,截止到2023年9月30日。

(三)资金清算与结算

根据《上海黄金交易所结算细则》(2020年版)相关条款,交易所授权上海国际黄金交易中心有限公司(简称上金国际)为国际会员提供清算和结算服务,具体规则由上金国际另行制定。交易所内设结算部门,负责交易所交易的统一结算、保证金的管理及结算风险的防范。交易所按照"集中、净额、分级"的原则清算。"集中"是指交易所作为中央对手方为会员提供集中清算,交易所另有规定的除外;"净额"是指交易所对会员在交易所的成交额进行轧差处理;"分级"是指交易所负责对会员实行清算,会员负责对其代理客户实行清算。2023年主板业务共有指定保证金存管银行18家,国际板业务共有指定保证金存管银行9家。

(四)储运交割

黄金交易所实物交割实行"一户一码制"交割原则,2023年,在全国36个城市设立70家指定仓库,金锭、金条及银锭由交易所统一调运配送。

五、黄金交易的计量单位与黄金的成色

(一)黄金交易的计量

国际上买卖黄金通常以"盎司"为计算单位,即以金衡制单位为黄金单位进行换算。其折算公式为:1磅=12盎司;1金衡制盎司=31.103 480 7克。

当然,除了金衡制单位,还有司马两单位(中国香港现货市场)、市制单位(中国黄金市场)、日本两(日本黄金市场)、托拉(南亚地区的新德里、卡拉奇、孟买等黄金市场)等。以我国的市制单位为例,其折算公式为:1市斤=10两;1两=1.607 536金衡盎司=50克。

(二)黄金的成色

黄金及其制品的纯度称为"成"或者"成色",可以用以下四种方式区分:

(1)用"K金"表示黄金的纯度。国家标准GB11887-89规定,每开(英文carat、德文karat的缩写,常写为"K")含金量为4.166%,所以,各开金含金量分别为(括号内为国家标准):

8K=8×4.166%=33.328%(333‰)
9K=9×4.166%=37.494%(375‰)
10K=10×4.166%=41.660%(417‰)
12K=12×4.166%=49.992%(500‰)
14K=14×4.166%=58.324%(583‰)
18K=18×4.166%=74.998%(750‰)
20K=20×4.166%=83.320%(833‰)
21K=21×4.166%=87.486%(875‰)
22K=22×4.166%=91.652%(916‰)
24K=24×4.166%=99.984%(999‰)

24K金常被认为是纯金,但实际含金量为99.99%,折为23.988K。有关黄金的成色见表13.3。

表 13.3　　　　　　　　　　　　　　黄金的成色

黄金的成色	金的百分含量	金的K值	千分金含量	印记
纯金	99.99%	24K	999.9	24KG
千足金	99.9%	24K	999	24KG
18K金	75.0%	18K	750	18KG
14K金	58.3%	14K	583	14KG
9K金	37.5%	9K	375	9KG

(2)用文字表达黄金的纯度。有的金首饰上打有文字标记,其规定为:足金——含金量不小于99%;千足金——含金量不小于99.9‰。有的则直接打上实际含金量多少。

(3)用分数表示黄金的纯度。如果标记为18/24,即成色为18K(75.0%);如果标记为22/24,即成色为22K(91.6%)。

(4)用阿拉伯数字表示黄金的纯度。例如,99表示"足金";999表示"千足金"。

第二节　黄金价格波动分析

同其他商品一样,影响黄金价格波动的因素主要是黄金的内在价值和黄金的供求关系。在近几十年时间里,黄金价格曾发生过大幅波动,从1968年废除固定汇率后的每盎司35美元涨至1979—1982年的疯狂期金价每盎司达855美元,当代首次黄金大牛市宣告结束。之后20年,金价伴随各个历史事件几经涨落,价格已接近255美元。从2005年年底起,黄金价格再次出现历史性的大幅上涨,从原来的每盎司400～500美元一路飙升至2011年的1 923.20美元的历史次高点,2020年起受新冠疫情影响,国际金价大幅波动,2020年8月7日更是达到了2 075.47美元的历史最高点。究其原因,黄金的内在价值变动不大,主要还是供求关系在起作用。

在分析金价市场趋势时,人们习惯将其分为短期趋势和长期趋势两类。其中短期趋势主要是由各种市场行为引起的;而长期趋势的影响因素就较为复杂,主要取决于原金生产和加工需求之间的相互作用。

一、影响价格短期趋势的因素

(一)美元汇率走势

黄金价格一般与美元汇率呈负相关关系,因此在国际汇市上,美元的疲软往往会推动金价的上涨。当然,这主要也是由于美元的下跌既可以使那些以非美元作本位币的投资者用其他货币买到便宜的黄金,同时又能刺激黄金需求,特别是黄金首饰方面的消费需求。如1985——1987年,美元对瑞士法郎贬值40%时,黄金价格就从每盎司 300 美元涨到 500 美元。再如 2009 年随着金融危机的波动接近尾声,美元指数又连续走低,国际金价再次走上了与美元负相关的轨迹,节节攀升。

(二)通货膨胀率的影响

黄金历来是防范通货膨胀的一种手段。在 1978—1980 年发生的抢购黄金风潮中,黄金持有者就成功地防范了购买力的销蚀。当美国的年通货膨胀本从 4% 上升到 14% 时,黄金价格上涨了 2 倍多。但从那以后,黄金的价格一直不尽如人意,这主要是由于美国的通货膨胀率得到控制,并持续下降。

(三)竞争性投资收益

与其他投资方式相比,投资黄金既不能生息,也不会分红。黄金投资者的全部希望只能寄托在黄金价格的上涨上,因此当其他投资工具的收益增加时,持有黄金的机会成本就很高,投资者往往不愿持有黄金,这主要是人们将黄金投资收益率与短期利率比较的结果。在资金市场上,黄金价格与证券价格一样与利率呈反方向变动。

黄金所具有的这种独立价格的特点,已使其成为投资者分散投资风险的一种有效工具。在 20 世纪 70 年代以前,黄金还一直被人们视为一种最安全的投资方式。当时,在大多数投资者的投资组合中,黄金投资占了较大的比重,只是到了 20 世纪 90 年代以后,由于黄金价格持续下跌,黄金投资者蒙受了巨大损失,人们开始对黄金作为分散投资风险工具的作用有了新的认识,并促使人们减少黄金在整个投资结构中的比重。

(四)政治因素

黄金被视作防范战乱和战争风险的最安全的投资方式。国际局势紧张往往引起人们对黄金的抢购,金价随之上涨。与纸币不同,无论是在何种社会环境中,还是在某个国家里,黄金均是一种价值交换的有效媒体,是一种不受当时当地的社会制度、经济环境影响的硬通货。

但是也有其他因素共同的制约。比如,在 1989—1992 年间,世界上出现了政治动荡和零星战乱,但金价却没有因此而上升。原因就是,当时人人持有美元,舍弃黄金。故投资者不可机械地套用战乱因素来预测金价,还要考虑美元等其他因素。

(五)经济因素

由于世界黄金的年产量约有 70% 用于首饰加工,因此,黄金首饰的消费也是影响金价的一个重要因素。一般而言,当世界经济状况良好时,黄金首饰需求就会增加,同时促使黄金价格上涨;反之,则黄金价格下跌。

(六)季节性因素

黄金需求也会受季节变化的影响。在西方国家,圣诞节前后是黄金首饰的销售旺季,因此,每年第四季度的金价通常较高。同样,在中国,春节前后的黄金首饰购买量往往会支撑起第一季度的黄金价格。

(七)大型黄金公司的远期买卖行为

从20世纪80年代开始,国际上一些大型黄金公司相继推出了黄金远期买卖业务。黄金远期买卖业务的大量出现,会遏止黄金市场价格的大幅涨跌。当市场价格坚挺时,它会带来市场供应量的额外增加;当市场疲软时,它又会带来需求量的额外增加,从而遏止市场价格的上涨或下跌趋势。

二、影响价格长期趋势的因素

(一)决定或影响黄金价格长期走势的主要因素是黄金的供给与需求

黄金的年均开采量为2 500吨,加上原料循环回收和中央银行沽售等,平均年供应量仅3 600吨。而黄金平均每年的需求达3 800吨,出现供不应求的情况[1],造成黄金价格呈现上升趋势。

目前,黄金的供应主要来自以下几个方面:

(1)来自世界各产金国的新产黄金,大约占黄金供给的65%;

(2)一些国家的中央银行和国际金融机构的售金活动,大约占20%;

(3)旧金的回收熔化再上市,大约占15%。

其中,各国中央银行的售金活动对黄金市场的供给具有较大影响,并波及黄金市场的价格走势。

当前,黄金的需求主要来自以下几个方面:

(1)储备需求。主要是中央银行购买黄金作为国家储备,并以此调节储备结构。但各国的黄金储备变动不是很大,故其对黄金的需求影响不是很大。

(2)工业用金需求。从1987年至今,全球工业用金基本维持在每年200~300吨[2],估计这方面的需求增长也不会很大。

(3)饰品用金需求。这部分则有较大的增长,尤其是发展中国家1998年用量为2 149.3吨,为发达国家的2倍多。在我国,自1982年恢复黄金饰品销售业务以来,黄金饰品市场就一直发展迅速,并带动其他相关工业的发展。而作为黄金饰品消费大国的印度,也表现出持续上升的消费潜力。

(4)投资需求。这方面具有较大的上升潜力。世界上约有28亿盎司黄金,其中约有一半均匀地分散在私人投资者和世界珠宝商手里,他们是金价波动的主要操纵者。

(二)目前影响世界黄金价格的主要因素是民间市场力量

虽然世界黄金总量的很大一部分储备在各国政府手中,但这并不是当前世界黄金市场的主流,各国政府的售金意愿或买金意愿并不能改变黄金价格走势的大趋势。

---

[1] 2022年全球黄金总供应量为4 779.2吨,全球黄金需求量达到4 706.2吨。

[2] 根据世界黄金协会统计,2020年全球黄金工业总需求较2019年下降7.36%,为303吨。疫苗普及之后,新冠疫情逐渐得以控制,2021年全球黄金工业总需求重新回升至330吨,同比增长8.91%,与疫情前基本持平。

现在世界黄金市场的参与主角是民间力量。民间力量主要包括各种类型的投资基金,其中起主导力量的是一些商品市场基金,另外就是国际大财团、大银行、大保险公司等,而数量最庞大的人群是各类黄金投资经纪商所联结的、分布在世界各国的散户黄金投资者。这些黄金市场上的民间投资力量构成了当前世界黄金交易量的95%以上。因此,世界黄金价格现在由全世界的民间市场力量决定。

第三节　我国商业银行个人黄金零售业务品种

一、商业银行在黄金市场上的地位

(一)商业银行在黄金市场上的主要业务

目前,工、农、中、建四大国有商业银行均为上海黄金交易所一级会员,具有代理黄金买卖等各项资格,并可开办黄金现货买卖、黄金交易清算、黄金项目融资、黄金交割、黄金拆借、黄金租赁、黄金收购和居民个人黄金投资零售这八项黄金业务。其中主要可分为三类:

(1)黄金清算交割业务。在国际市场上,黄金市场上的结算会员一般由一些大型商业银行担任,以利用其雄厚的资金实力和众多的金库设施为黄金市场储存黄金,并可随时随地为交易所提供资金结算、黄金储备、实物交割等服务。

(2)黄金融资业务。商业银行利用黄金资产,向法人客户提供黄金贷款、黄金抵押贷款、黄金拆借业务。银行借出黄金,客户定期偿还借金利息(比货币贷款利率低),到期归还黄金。客户通过向银行借贷黄金,一方面可以获得生产急需的黄金原料,另一方面可以降低融资成本,同时还可以规避市场风险。

(3)黄金零售业务。在国外黄金市场上,黄金零售业务一般均由商业银行承担。银行通过众多营业网点,为一般居民提供柜台黄金买卖服务,包括黄金实金买卖、黄金代保管和黄金储蓄等。

(二)商业银行在黄金市场上的作用

商业银行在黄金市场上发挥着十分重要的作用。伴随着国内黄金市场的开放,具有雄厚资金实力、卓著商业信誉、众多分支机构的商业银行,为黄金生产、加工、经销企业以及黄金投资者提供金融服务,这既是商业银行不可推卸的责任,又有利于商业银行开拓和发展业务。商业银行是国内黄金市场不可或缺的交易主体,起着市场中介和纽带的作用,它们的参与可保证黄金市场的稳健发展,促进黄金市场的流通。

二、商业银行个人黄金具体业务

(一)黄金柜面收兑业务

黄金柜面收兑业务简称"黄金柜面买卖",是黄金投资者通过商业银行的营业柜面购买或售出黄金获取收益的一种投资行为,也是商业银行通过柜面的零售行为,以获取买卖手续费的一种黄金中介业务。这里的柜面收兑业务主要是指实物黄金买卖,比如中国农业银行的"传世之宝""招金进宝"和招商银行的"高赛尔金条"。

黄金柜面收兑价格,是由商业银行根据上海黄金交易所的场内交易价格加上商业银行的买卖手续费以及黄金交割运输费、保管费、检验鉴定费、重新精炼铸造费,以及代扣个人税费后确定。

黄金柜面收兑业务的种类,按照收兑黄金类别的不同,一般可分为以下三种:

(1)标金收兑。商业银行自行规定成色、规格、重量,指定黄金精炼厂浇铸条金,在柜面经销时同时出具黄金证明。银行在买入本行出售的标金时,只要黄金证明齐全、包装完好无损,即可免检收进,免除了检测手续,减少了客户检测、鉴定手续费的支出。商业银行售出的黄金均应为标金。

(2)碎金收兑。商业银行对于非交易所售出的或非本银行售出的黄金,均视为碎金,收兑时均应经过黄金成色的鉴定、重量的检测等步骤,收兑进的黄金应送黄金交易所指定的8家黄金精炼企业重新回炉铸造后才能出售。

(3)金币买卖。金币买卖分为纪念金币买卖和普制金币买卖两种。目前,我国的普制金币主要是熊猫金币。由于金币具有一定规格、重量、尺寸,比较易于识别,故商业银行的柜面金币买卖业务比较普遍。

(二)个人实盘黄金买卖

个人实盘黄金买卖又称为"纸黄金"买卖或黄金存折交易,是指个人客户通过存折账户买卖投资黄金,借以实现个人资产保值、增值的业务。投资者在向商业银行买卖黄金时,不做黄金实物的提取交割,所有买卖交易的黄金均由银行在其开立的黄金存折账户内做黄金收付记录,并于指定的人民币存款账户收付款项,银行所出具的黄金存折作为投资者持有黄金的物权凭证。

纸黄金买卖加快了黄金交易的流转速度,同时也减少了运输、保险、鉴定等费用,更是提高了黄金的使用效益,节省了资金成本。同时商业银行的总行也可将集中托管沉淀下来的库存黄金做黄金隔夜拆借(黄金交易所的会员在场内卖出黄金后,由于路途、运输等原因造成清算交割日无法交割黄金时,需向银行拆借黄金用于清算交割)、黄金贷款等融资操作。由于纸黄金将黄金的实物买卖变成权证的交易,大幅降低了交易成本,提高了投资者的收益率,因此受到了参与交易的黄金交易所、商业银行和投资者的欢迎。

目前,商业银行一般都推出了纸黄金业务。比如中国银行于2003年11月在上海首先试点推出了个人实盘黄金买卖,称为"黄金宝"。该业务主要是以活期一本通为载体,利用已有的外汇买卖业务交易系统,客户可以通过柜面、电话或网络等方式交易。交易单位为上海黄金交易所的标金10克以及10克的整倍数,银行不向客户支付存金利息。交通银行于2008年6月正式开办个人实物黄金买卖业务,称为"账户金"。投资"账户金"通过低吸高抛、赚取买卖差价来获利。

(三)黄金代保管业务

黄金代保管业务是指商业银行根据客户的要求,为其代保管黄金实物,并收取相应手续费的一项中间业务。

黄金代保管业务使投资者只需保管一张商业银行出具的代保管凭证即可。同时,开展代保管业务以后,黄金交割可采用保管单交割的方式完成,降低了交易成本,提高了交易效率。

黄金代保管业务一般可分为以下两类:

(1)分堆专项保管。即托管行根据委托人的特殊需要,将其黄金分堆单独保管,委托人交给银行保管的黄金,到期出库领取时仍为原先交给银行的黄金。

(2)混堆保管。即托管行将各委托人交于银行保管的黄金按成色、规格混合垛堆保管,而不再做具体区分。委托人到期领取的黄金只要成色、规格相符即可,而不一定就是委托人交给银行的那些黄金。

分堆专项保管业务的收费标准要远远高于混堆保管业务。之所以开办分堆专项保管业务,就是为了满足某些特定客户的嗜好。

商业银行代保管的标的物必须是上海黄金交易所指定的中国8家黄金冶炼企业所生产的标金,或具有商业银行出具的黄金证明书、外形完整无损的黄金实物。

例如,建行龙鼎金普通投资金条于2009年3月底开办了代保管回购业务,使得黄金作为资金的避险天堂这一功能得到了很好的体现。

(四)黄金个人延期交收业务

黄金个人延期交收业务有很多品种。以 Au(T+D)交易为例,它是指以保证金的方式进行的一种现货延期交收业务,买卖双方以一定比例的保证金(合约总金额的6%)确立买卖合约。该合约可以不必实物交收,买卖双方根据市场的变化情况,买入或者卖出以平掉持有的合约,在持仓期间将会发生占每天合约总金额0.02%的递延费(其支付方向要根据当日交收申报的情况来定,例如,如果客户持有买入合约,而当日交收申报的情况是收货数量多于交货数量,那么客户就会得到递延费;反之则要支付)。如果持仓超过20天,则交易所要加收按每个交易日计算的0.017 5%的超期费(目前是先收后退)。如果买卖双方选择实物交收方式平仓,则此合约就转变成全额交易方式。在交收申报成功后,如买卖双方一方违约,则必须支付另一方合约总金额6%的违约金;如双方都违约,则双方都必须支付6%的违约金给黄金交易所。实物黄金交易与T+D黄金交易的关系如同外汇买卖中的实盘交易与保证金交易关系,实物黄金交易是基础,T+D黄金交易目前已经成为黄金交易持续发展的关键。目前多家银行,比如兴业银行已于2009年2月开通T+D黄金业务,开户客户踊跃。

第四节　黄金投资理财操作方式与技巧

一、黄金投资理财的基本方式及优劣势

目前世界上通行的黄金投资的基本方式主要有以下 11 种,其中金条、金币、金饰属于"收藏"理财方式。

(一)投资金条

投资金条就是直接购买黄金精炼公司制造的金条(块)的方法。一般金条都铸有编号、纯度标记、公司名称和标记等。金砖(约 400 盎司)一般只在政府、银行和大黄金商间交易使用,私人和中小企业交易的一般是比较小的金条,需要特大金砖再熔化铸造,要支付一定的铸造费用。一般而言,金条越小,铸造费用越高,价格也会相应提高。

(1)投资金条的优点:附加支出不高(主要是佣金),流通性强,变现性非常好,全球都可以很方便地买卖,并且大多数地区都不征交易税,还可以在世界各地得到报价。从长期看,金条具有保值功能,对抵御通货膨胀具有一定作用。

(2)投资金条的缺点:占用一部分现金,需要一定的保管费用,且在保证黄金实物安全性上有一定风险。

(3)购买金条的操作与技巧:由于非知名企业生产的黄金,黄金收购商要收取分析黄金的费用,因此最好是购买知名企业的金条。同时要妥善保存有关单据,保证金条外观,确保包装材料和金条本身不受损坏,以便于将来出售。

(二)投资金币

金币有两种,即纯金币和纪念性金币。

纯金币的价值基本与黄金含量一致,价格也基本随国际金价波动。纯金币主要为满足集币爱好者的收藏需求。有的国家纯金币标有面额,如加拿大曾铸有 50 元面值的金币;但有的国家纯金币不标面额。通常情况下,有面额的纯金币要比没有面额的价值高。

(1)投资纯金币的优点:因纯金币大小重量不一,选择的余地比较大,较小额的资金也可以用来投资。因为纯金币鉴赏价值高、流通变现能力强,且较为保值,所以其对一些收藏者而言较有吸引力。

(2)投资纯金币的缺点:由于纯金币与黄金价格基本保持一致,其出售时溢价幅度不高,投资增值功能不明显。另外,纯金币保管要求较高,难度较大,如不能受到碰撞和变形,对原来的包装要尽量维持,否则售价会打折扣。

纪念性金币是钱币爱好者的重点投资对象。由于其溢价幅度较大,故具有较大的

增值潜力,收藏投资价值要远大于纯金币。纪念性金币数量越少,价格越高;铸造年代越久远,价值越高;目前的品相越完整,越值钱。

(1)投资纪念性金币的优点:纪念性金币一般都是流通币,都标有面值,比纯金币流通性更强,不需要按黄金含量换算兑现。由于纪念性金币发行数量比较少,又经过严格的选料、高难度的工艺设计和制造,因此具有鉴赏和历史意义,其职能已经大大超越流通职能,多为投资增值和收藏、鉴赏之用,投资意义较大。如一枚50美元面值的纪念金币,可能含有当时市价为40美元的黄金,但发行后价格可以大幅高于50美元的面值。

(2)投资纪念性金币的缺点:投资纪念性金币虽有较大的增值潜力,但投资这类金币有一定的难度,不仅需要掌握一定的专业知识,对品相鉴定和发行数量、纪念意义、市场走势都要有所了解,而且要选择良好的机构进行交易。

(3)购买纪念性金币的操作与技巧:我国钱币市场行情的总体运行特征是牛短熊长,一旦在行情较为火爆的时候购入,投资者的损失就会比较大,且我国纪念性金币市场的政策性调控风险也很大。因此,要特别注意应在行情处于熊市时买入纪念性金币,在牛市时卖出。

资料卡 13-1 红色货币收藏理财

红色货币是新民主主义革命时期中国共产党的红色政权发行的各种货币的统称,由各地的苏维埃政权、抗日根据地、解放区政府、各个革命根据地发行,在本地区流通使用,是革命时期中国红色政权的经济生命线。

根据发行时间的先后,红色货币一般可以分为"苏币""抗币""区币"三种类型。在第一次和第二次革命战争时期发行的货币为"苏维埃币",简称"苏币",在抗日战争时期发行的货币统称为"抗币",在1945年至新中国成立之前发行的货币称为"区币"。

为什么要收藏红色货币?

(1)红色藏品是一代人的共同记忆,非常具有情感意义和历史价值。收藏"红色记忆",不仅是对过去的缅怀和纪念,更是对于时代梦想的重温。热衷红色收藏的收藏家们一般都对历史背景比较了解,他们经历过的年代,正是那些藏品"大爆炸"的时代。如今这些承载着一代人共同回忆的历史纪念品已经越来越稀少,而市场价值也明显攀升。

(2)随着红色收藏的兴起,收藏红色货币的人群与日俱增,越来越多的人关注并加入红色货币收藏的行列,导致红色货币的市场价格逐年稳步上涨,收藏前景看好。

(3)红色货币发行流通于战火纷飞的年代,物资奇缺,货币使用率、兑换率极高,存世量极少,基本都是孤品、罕见品、绝品,收藏价值极高。

(4)红色货币发行时,技术较差,物资匮乏,防伪手段多样,每一张纸币都是非常特别的臻品,每一枚钱币的背后都有深远的历史、时代背景,具备独特的学术价值和收藏价值。

(5)国人熟知的第一、二、三、四套人民币退市后经过市场的沉淀,收藏价值、投资价值基本达到天花板,慧眼识珠的藏家们已经将投资眼光转到更为稀缺、珍贵的红色货币上来。虽有其中部分精品已经升值很多,但总体尚处价值洼地,是最具投资潜力的珍稀品种之一。

(三)购买金饰

金饰的投资意义要比金条和金币小得多,市场上常有黄金价格和饰金价格,两者价格有一定差距。虽然饰金的含金量也为0.999或为0.99,但其加工工艺要比金条、金砖复杂,因此买卖的单位价格往往高于金条和金砖。而且金饰在单位饰金价格(元/克)外,还要加一些加工费,这就使饰金价格不断抬高。

(1)投资金饰的优点:饰金有一定的投资意义,"如果日子实在过不下去,我还可以卖我太太的首饰"。因此,对于收入不高的居民来讲,购买金饰除了美观外,也可以发挥应急的作用。如果在饰金价格比较低的阶段购买,金饰保值和升值的作用比较明显。

(2)投资金饰的缺点:对于职业投资者来讲,饰金不具备投资价值。

(四)黄金管理账户

所谓黄金管理账户,是指由经纪人全权处理投资者的黄金账户。这是一种风险较大的投资方式,取决于经纪人的专业知识、操作水平以及信誉程度。通常提供这种投资的企业具有比较丰富的专业知识,所收取的费用也不高。而且这类投资性企业对客户情况比较了解,也要求客户投资额较大。

(1)投资黄金管理账户的优点:可利用经纪人的专业知识和投资经验,节省大量时间。

(2)投资黄金管理账户的缺点:考察经纪人有一定难度,一旦确定经纪人投资黄金管理账户,在约定的范围内就无法控制经纪人的决策。在实际投资运作中,出现风险和损失由委托人全权负责,与经纪人无关。

(五)黄金凭证

黄金凭证又称"纸黄金",是指不做现货黄金交割的账面黄金交易,它是国际上比较流行的一种黄金投资方式。银行和黄金销售商提供的黄金凭证,为投资者避免了储存实物黄金的各类风险和费用。发行机构的黄金凭证上面注明投资者随时提取所购买黄金的权利,投资者还可按当时的黄金价格将凭证兑换成现金,收回投资,也可通过背书在市场上流通。投资黄金凭证要对发行机构支付一定的佣金,通常佣金和实物黄金的存储费大致相同。

(1)投资黄金凭证的优点:该凭证具有高度的流通性,无储存风险,在世界各地可以得到黄金报价,对于大机构发行的凭证,在世界主要金融贸易地区均可以提取黄金。

(2)投资黄金凭证的缺点:购买黄金凭证占用了投资者不少资金,对于提取数量较大的黄金,要提前预约。有些黄金凭证信誉度不高,为此,投资者要购买获得当地监管当局认可证书的机构凭证。

(六)黄金期货

与其他期货买卖一样,黄金期货也是按一定成交价,在指定时间交割的合约,合约有一定的标准。期货的特征之一是投资者为能最终购买一定数量的黄金而先存入期货经纪机构一笔保证金(一般为合约价值的4%)。一般而言,黄金期货购买者和销售者都在合约到期日前,出售和购回与先前合约相同数量的合约而平仓,无须真正交割实物黄金。每笔交易所得利润或亏损,等于两笔相反方向合约买卖的差额,这种买卖方式也是人们通常所称的"炒金"。自2008年1月9日黄金期货在我国上海期货交易所上市以来,它已经成为一个很好的黄金投资品种。

(1)投资黄金期货的优点:①较大的流动性,合约可以在任何交易日变现;较大的灵活性,投资者可以在任何时间以满意的价位入市。②委托指令的多样性,如即时买卖、限价买卖等。③品质保证,投资者不必为其合约中标的的成色担心,也不用承担鉴定费。④安全方便,投资者不必为保存实金而花费精力和费用。⑤杠杆性,即以少量定金进行交易。⑥价格优势,黄金期货标的是批发价格,优于零售和饰金价格。⑦市场集中公平,在开放条件下世界主要金融贸易中心和地区的期货买卖价格是基本一致的。⑧保值作用,即利用买卖同样数量和价格的期货合约来抵补黄金价格波动带来的损失,也称"对冲"。

(2)黄金期货投资的缺点:投资风险较大,需要较强的专业知识和对市场走势的准确判断;市场投机气氛较浓,投资者往往会由于投机心理而不愿脱身。因此,黄金期货投资是一项比较复杂的工作。

(七)黄金期权

黄金期权是买方具有在未来约定的价位购买或卖出一定数量黄金的权利,而非义务。如果价格走势对期权买方有利,则会行使其权利而获利;如果价格走势对其不利,则放弃购买或卖出的权利,损失的只是当时购买期权时的费用。买卖黄金期权的费用(或称期权的价格)由市场供求双方力量决定。由于黄金期权买卖涉及内容较多,期权买卖投资战术也较为复杂,不易掌握,需要较强的专业知识,因此目前世界上的黄金期权市场并不多。

黄金期权投资的优点:具有较强的杠杆性,以少量资金进行大额的投资;是标准合约的买卖,投资者不必为储存和黄金成色而担心;具有降低风险的功能等。

(八)黄金股票与黄金信托

黄金股票即黄金企业股票。一般黄金价格的上涨会推高黄金生产加工企业的利润预期,推动股价上涨。2007年的牛市中,伴随黄金价格的不断攀升,黄金企业股票也走出了波澜壮阔的行情,山东黄金(600547)在2007年1月4日的收盘价是30.58元,2007年12月28日的收盘价是168.99元,增值了4.5倍,在2008年1月9日黄金期货上市当天,更是冲到了239元的历史高位。可见,对于有炒股经验的投资者来说,选择黄金企业股票不仅容易上手,还可以获得超过黄金价格上涨的收益。

黄金信托就是主要投资于黄金领域的信托投资方式,即委托信托公司将资金主要投资于黄金市场,从黄金市场中获得收益。2007年10月,北京中钞国鼎与国投信托合作,推出了国内首只投资于黄金的信托产品,仅面向北京地区的投资者,资产规模为1亿元左右。募集的资产80%投资于黄金现货,20%投资于上海交易所的黄金T+D业务。

(九)黄金ETF

所谓黄金ETF,是指将绝大部分基金财产投资于上海黄金交易所挂盘交易的黄金品种,紧密跟踪黄金价格,使用黄金品种组合或基金合同约定的方式申购赎回,并在证券交易所上市交易的开放式基金。

黄金ETF的运行原理为:由大型黄金生产商向基金公司寄售实物黄金,随后由基金公司以此实物黄金为依托,在交易所内公开发行基金份额,销售给各类投资者,商业银行分别担任基金托管行和实物保管行,投资者在基金存续期间可以自由赎回。

黄金ETF在证券交易所上市,投资者可像买卖股票一样方便地交易黄金ETF。交易费用低廉是黄金ETF的一大优势。投资者购买黄金ETF可免去黄金的保管费、储藏费和保险费等费用,通常只需缴纳0.3%~0.4%的管理费用,相较于其他黄金投资渠道平均2%~3%的费用,优势十分突出。此外,黄金ETF还具有保管安全、流动性强等优点。

由于黄金价格较高,黄金ETF一般以1克作为一份基金单位,每份基金单位的净资产价格就是1克现货黄金价格减去应计的管理费用。其在证券市场的交易价格或二级市场价格以每股净资产价格为基准。

(十)个人黄金保证金业务

个人黄金保证金交易品种有Au(T+5)、Au(T+D)、Au(T+N1)、Au(T+N2)

等。下面主要说明前两种。

Au(T+5)交易是指实行固定交收期的分期付款交易方式,交收期为5个工作日(包括交易当日)。买卖双方以一定比例的保证金(合约总金额的15%)确立买卖合约,合约不能转让,只能开新仓,到期的合约净头寸即相同交收期的买卖合约轧差后的头寸必须进行实物交收。如买卖双方一方违约,则必须支付另一方合约总金额7%的违约金;如双方都违约,则双方都必须支付7%的违约金给黄金交易所。Au(T+5)交易由上海黄金交易所自2004年2月18日起试行推出。目前该合约已在上交所取消交易。

黄金T+D交易品种简称TD,是指上海黄金交易所规定的黄金现货延期交收交易品种。它也是指以保证金方式交易,会员及客户可以选择合约交易日当天交割,也可以延期至下一个交易日交割,同时引入延期补偿费机制来平抑供求矛盾的一种现货交易模式。这种交易模式能够满足投资者的投资需求,并且投资成本小,市场流动性高;不仅为投资者提供了卖空机制,也为投资者提供了投资黄金的交易平台。上海黄金交易所T+D品种的波动及风险小于国际金,是标准的亚式交易法,有固定的交易场所,实行严格的会员制度,由买卖双方报价,撮合成交,无买卖点差,实行佣金制度。目前,黄金T+D已成为上海黄金交易所主要的个人黄金保证金交易品种之一,于2004年8月正式向个人投资者"开闸"。同时,商业银行也推出了黄金T+D业务。比如兴业银行已于2009年2月开通T+D黄金业务。

黄金现货延期交收交易的优点:交易时间灵活,更适合平时需要上班的投资者;交易多样化,有做空机制,无须担心资金被套牢;保证金模式,利用"杠杆"原理,投入资金少;无交割时间限制,大幅降低了操作成本;手续费用较低;属于新兴投资产品,中国市场潜力巨大;有经验丰富的投资顾问全程提供免费的行情分析及操作指导。

(十一)与黄金挂钩的理财产品

与黄金挂钩的理财产品是间接投资黄金的一种方式,由银行开发,主要针对那些对纸黄金和实物黄金知识欠缺、不具备直接参与黄金交易能力的投资者。目前市场上挂钩黄金的理财产品多种多样,例如交通银行的"得利宝·丹青1号——黄金加油"产品、中国民生银行的"黄金期货稳健投资"人民币理财产品。这些产品依赖于投资者对价格波动的判断,在具体的理财期限内(通常是半年或一年)设定一个与收益挂钩的波动区间。

二、黄金投资技巧

(一)了解黄金投资特点

(1)黄金在通常情况下,与股市等投资工具是逆向运行的。股市行情大幅上扬时,黄金的价格往往是下跌的；反之则反。当然，由于我国股市目前的行情有自身的运行特点，黄金与股市的关系尚需进一步观察。

(2)黄金作为投资标的，没有"分红"的可能。如果是黄金实物交易，则投资者还需要一定的保管费用。

(3)不同的黄金品种各有优缺点。

(二)把握家庭理财中的黄金投资比例

在发达国家理财专家推荐的投资组合中，黄金投资占家庭理财产品的比重通常为5%~20%。不同国家的政治、经济、社会安全性不同，上述比例也不同。但通常情况下，黄金占整个家庭资产的比例最好不要超过20%，只有在黄金预期大幅上涨的前提下，才可以适当提高这一比例。

(三)避免快进快出

个人炒金者与炒股票不一样，因为个人炒金者对黄金价格的短期走势较难判断，若以短线投机的心态和手法炒作黄金则很难如愿。一般来讲，投资黄金最好是考虑中长期投资。黄金被比喻为家庭理财的"稳定器"，在通货膨胀和灾难面前，黄金就成为一种重要的避险手段。

(四)炒黄金入门之道

1. 关心时政

一切影响金价的因素都要考虑，如国际关系、政治因素、经济因素、市场因素等，全面了解宏观形势才有可能获胜。

2. 把握介入时机

黄金的价格受政治、经济因素的影响，也会出现波动。一般而言，高位套牢者很难在短时间里解套。所以对普通投资者而言，选择一个相对的低点介入，然后较长时间拥有，可能是一种既方便又省心的选择。

3. 把握金价上涨的季节

每年的8—11月，黄金市场最大的消费国印度有多个宗教节日，势必产生对金饰品的需求。而第四季度有西方的感恩节、圣诞节等，这些节日都会使金价上涨，要把握好这一季节的出仓时机。

4. 慎选投资品种

黄金饰品一般不宜作为投资标的。从纯粹的投资角度出发，标金和纯金币才是投资黄金的主要标的。如果对纪念金币市场行情比较熟悉，也可以将纪念金币纳入投资范围，因为纪念金币的市场价格波动幅度和频率远比标金和纯金币大。

(五)熟悉投资规则和方法

(1)截至2020年年底，上海黄金交易所有280家会员单位，其中，商业银行经有关部门批准,有代理个人黄金买卖的资格。所以,个人投资者面临选择哪家银行进行委托代理的问题。而在具体的交易中,既可以进行实物交割的实金买卖,也可以进行非实物交割的黄金凭证式买卖,两种方法各有优缺点。实物黄金的买卖由于要支付一定的保管费和检验费等,其成本略高于黄金凭证式买卖。

(2)黄金交易的时间、电话委托买卖、网上委托买卖等,都有相关细则,投资者应该在买卖前搞清楚,以免造成不必要的损失。

本章小结

1. 黄金投资工具又称黄金金融工具或黄金投资媒介,是以黄金作为投资工具的一种投资方式,产生于18—19世纪的欧洲市场。黄金具有价值稳定、流动性高的优点,是对付通货膨胀的有效手段。

2. 黄金市场是指集中公开地买卖黄金的有组织管理的机构,它包括作为黄金批发市场的一级市场和作为黄金零售市场的二级市场。上海黄金交易所就属于一级市场。目前,世界五大国际性黄金市场分别是伦敦黄金交易市场、纽约黄金交易市场、芝加哥黄金交易市场、苏黎世黄金交易市场以及中国香港黄金交易市场。

3. 世界黄金市场提供的交易服务模式有欧式、美式和亚式。

4. 黄金交易通常以"盎司"为计算单位,黄金及其制品的纯度称为"成"或者"成色",可以用"K金"、文字、分数和阿拉伯数字表示黄金的纯度。

5. 影响黄金价格短期趋势的因素包括美元汇率走势、通货膨胀率、竞争性投资收益、政治因素、经济因素、季节性因素以及大型黄金公司的远期买卖行为。影响黄金价格长期趋势的因素包括黄金的供给与需求以及民间市场力量。

6. 商业银行个人黄金具体业务包括黄金柜面收兑业务、个人实盘黄金买卖业务、黄金代保管业务以及黄金个人延期交收业务。

7. 目前世界上通行的黄金投资的基本方式主要有以下11种:投资金条、投资金币、购买金饰、黄金管理账户、黄金凭证、黄金期货、黄金期权、黄金股票与黄金信托、黄金ETF、个人黄金保证金业务以及与黄金挂钩的理财产品。

知识结构图

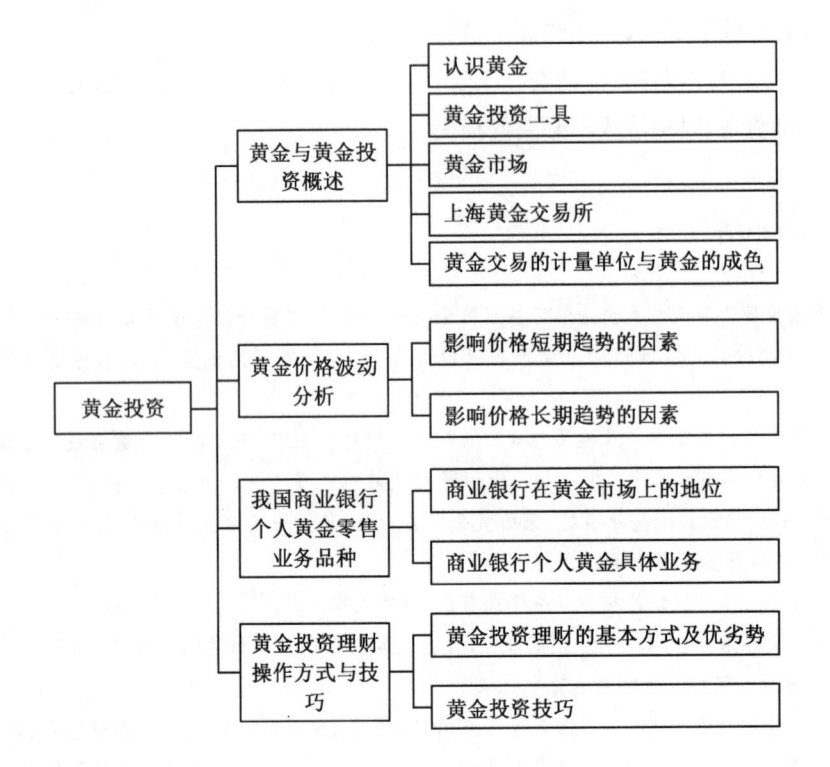

```
黄金投资 ┬─ 黄金与黄金投资概述 ┬─ 认识黄金
        │                    ├─ 黄金投资工具
        │                    ├─ 黄金市场
        │                    ├─ 上海黄金交易所
        │                    └─ 黄金交易的计量单位与黄金的成色
        │
        ├─ 黄金价格波动分析 ┬─ 影响价格短期趋势的因素
        │                  └─ 影响价格长期趋势的因素
        │
        ├─ 我国商业银行个人黄金零售业务品种 ┬─ 商业银行在黄金市场上的地位
        │                                  └─ 商业银行个人黄金具体业务
        │
        └─ 黄金投资理财操作方式与技巧 ┬─ 黄金投资理财的基本方式及优劣势
                                      └─ 黄金投资技巧
```

复习思考题

1. 炒黄金有何风险？
2. 黄金投资有哪些方式？商业银行在黄金投资的作用是什么？
3. 黄金价格波动与哪些因素有关？
4. 为什么说黄金是金融危机的最后避风港？
5. 黄金理财为什么不宜投资首饰？

第十三章 习题

第十三章 习题答案

课后阅读

心理账户与理财心理

心理账户是芝加哥大学行为科学教授理查德·塞勒（Richard Thaler）提出的概念。他认为，除了钱包这种实际账户外，人的头脑里还存在另一种心理账户。人们会把在现实中客观等价的支出或收益在心理上划分到不同的账户中。

大家有没有发现，买彩票中奖、别人给的红包、公司发的额外奖金……这些钱会花得特别快？原因就是受心理账户的影响，我们会不自觉地把这些钱放到虚拟的心理账户中，花起来更容易大手大脚。理财投资得来的钱属于意外之财，也会有这种效果，所以一年到头，你会发觉虽然理财收益有了，但由于不知不觉用掉了，导致真正到手的钱不多。所以理财不仅要开源，还要适当节流。

第十四章　房地产投资

学习目标

1. 知识目标

(1) 掌握房地产投资的基本内涵；

(2) 理解各种不同房地产投资模式的区别；

(3) 理解房地产投资市场的各种风险。

2. 技能目标

(1) 能理性分析影响房地产价格的因素；

(2) 掌握出租房子时评估投资价值的三种方法并能对租房和买房做出合理的决策；

(3) 能合理地评估房地产的投资成本从而核算房地产的投资收益；

(3) 掌握房地产投资的操作流程并能运用房地产投资理财的策略与技巧进行相关的房地理财操作。

3. 思政目标

(1) 帮助学生树立大国工匠精神，培养综合分析能力与实践操作技能；

(2) 帮助学生树立正确的商业伦理和投资伦理；

(3) 在房地产理财过程中，注重弘扬中华优秀传统文化和社会主义核心价值观，推动社会和谐发展；

(4) 理解党的二十大报告提到的"规范财富积累机制，党和国家鼓励共同奋斗创造美好生活，不支持投机炒房，不鼓励不劳而获"。

案例导入

大学同学甲和乙，在校期间，成绩都差不多，工作后，从事的是同样的行业，大概五六年之后，两人都存下了20万元。甲选择买房，用这笔钱的一大部分付了首付，而乙则用十几万元购买了一辆中高档汽车；又过了五六年，房价大涨，甲所买的房子市场价已经超过百万元，而乙的车已经是二手车了，转手卖出去也就三四万元。

理财启示：尽管都是花钱买东西，但依据所买东西的属性，其购买行为也有"投资理财"和"消费"的不同,所以,在花钱时应该侧重投资和升值,尽量避免资产缩水的花钱行为。

本章导语:本章讲述了房地产投资的基本概念、各种不同房地产投资方式的区别,并系统介绍了房地产投资收益的具体测算方法以及购房与租房的决策方法,要求学生会运用房地产投资理财的操作与技巧进行相关的房地产投资与理财。本章是理财规划之居住规划的具体体现,与第四章消费支出遥相呼应。

关键词:房地产投资、租金乘数、等额本金还款法、等额本息还款法

第一节　房地产投资概述

房地产既是一种大额消费项目,更是一种投资理财方式;既有保值、抗通货膨胀的功能。当前经济环境下,炒房风险增大,需谨慎评估。房地产业政策调控加强,房地产更注重居住属性。不过不动产投资,即房地产投资,仍然受到众多投资者的关注。

一、房地产投资的特点

房地产是指土地、建筑物以及固定在土地或建筑物上不可分离的部分和附带的各种权益。

(一)房地产投资的优点

1. 房地产可作为抵押担保资产,易筹措资金

由于房地产是一种实物资产,因此投资者可以用购买的房地产为抵押,借入其购买成本75%~90%的资金。只要投资的总收入高于借款的成本,则这种杠杆投资的资产净收益将会高于没有使用杠杆的同类投资。例如,某投资者计划进行一项房地产投资,其成本为100万元,他有两种选择:使用财务杠杆(以年利率10%借入90万元),或不使用财务杠杆。若投资的息税前收入(EBIT)为13万元,使用税率为28%(按美国),在上述两种选择下,他的财务状况见表14.1。

表14.1　　　　　　　　　　房地产两种投资方式比较

	不使用杠杆	使用杠杆
所有者投入额(元)	1 000 000	100 000
借款额(元)	0	900 000
总投资(元)	1 000 000	1 000 000
息税前收入(EBIT)(元)	130 000	130 000
减项:利息(元)	0	90 000(利率10%)
税前收入(元)	130 000	40 000

续表

	不使用杠杆	使用杠杆
减项:所得税(税率:28%)(元)	36 400	11 200
税后收入(元)	93 600	28 800
投资回报率(%)	9.36	28.80

显然,在使用财务杠杆后,投资者的投资收益率大幅高于没有使用财务杠杆时的情形。

2. 通过房地产投资,达到节税的目的

在美国,投资于房地产的投资者,其取得的现金流或税后收入不仅依赖于某项资产的价值,还依赖于折旧和税收。房地产属于具有较大额度折旧额的资产,可以抵消投资者的部分应税收入。因为房地产一般来说会随着时间的推移而毁损,折旧则为资产所有者提供了一个补偿这部分毁损价值的津贴。折旧费用可以作为一项现金流出,在纳税之前从收入中扣除,从而减少了资产所有者的税收支付。但是折旧费用的抵扣是有一定限额的,只有收入达到一定水平的投资者才可以使用这项政策。

3. 具有保值增值的特点,能有效地抵御通货膨胀

由于土地资源的稀缺性和不可再生性,并且房地产是人们的必需消费品,因此,房地产具有很强的保值增值能力。随着经济的持续快速发展、人民生活水平的迅速提高,整个社会对房地产的需求量呈上升趋势,供需的不平衡势必引起房地产价格的上涨。美国的历史证明,房地产是很少的几项投资收益率可以持续超过通货膨胀率的投资之一。

4. 用途多样性,投资回报率稳定

人们通过房地产投资得到可以利用的空间,或自己居住消费,或用于租赁投资。同时,投资质量合格的房地产,不必担心房子腐烂变质,出卖或出租都相对容易。一般情况下,房子的寿命都在 100 年左右,最短的也在 60 年以上,因此只要不发生意外情况,人们无须担心手中的房子会在一夜之间消失。相对于众多的投资理财方式,房地产投资有显著的两大收益方式:一是长期的房地产项目增值回报;二是持续的租金收益回报。

(二)房地产投资的缺点

房地产投资也不是万能的金融投资方式,它也有致命的弱点。例如,房地产投资流动性弱;缺乏信息的透明性,信息量少,难以掌握市场动态;管理成本高;不同房地产之间的个性差别很大,地域性强,因此市场局限性大;单位价值大,即使投资小规模的房产,也需要较多的资金。

二、房地产投资的风险与防范

房地产投资有其特有的风险,主要表现为以下六个方面:

(一)流动性风险

房地产属于固定资产,具有不可移动性,其买卖存在区域的特性。如果急需变卖房地产,但又不容易找到有需求的买家,卖方可能不得不以大幅降低售价来吸引买家。所以,投资于房地产的资金流动性较差,不易变现。规避流动性风险的做法就是进行投资组合,把房地产作为投资组合的一部分而非全部,这样就不会影响投资者全部资产的收益及安全了。

(二)市场风险

房地产市场受经济周期性变动、社会政治环境、供求关系的影响。如果政治稳定、经济繁荣,则房地产的价格可能看涨;反之则会看跌。所以投资者不要在房地产价格泡沫巨大的时候,非理性地投资。

(三)利率风险

与其他金融资产一样,市场利率变动也会影响房地产的价值,两者呈反向变动。利率变化对获取租金收益的房地产投资以及利用银行按揭贷款购买房地产的影响尤其显著。

(四)购买力风险

虽然房地产投资具有抵抗通货膨胀的能力,但如果房屋价格和租金的上涨幅度低于通货膨胀率,则房地产的实际收益仍会减少。而且在通货膨胀时,如果大幅提高房地产的出售价格,就会影响房地产需求方的购买能力和消费需求,形成有价无市的局面。

(五)交易风险

信息不对称可使得投资者购买房地产时出现交易风险。例如,投资者对房地产交易所涉及的法律条文、城市规划和税项等不熟悉,或者对开发商出售的住房是否在结构和质量上有内在缺陷不了解等。现实中的许多交易纠纷就是因为信息不对称导致投资者购买了有缺陷的房地产,或者因购置的房产产权不清晰、重复抵押等情况白白耗费了投资者的精力和财力。为避免此种风险,就要求投资者在决定投资前,第一,弄清楚该物业的开发建设与销售是否合法,即是否取得了土地的合法使用权以及房屋销售许可证,购买的是住房的使用权还是所有权等,避免事后造成不必要的经济损失;第二,全面了解开发商、物业管理公司的背景,考察其实力、信誉等方面;第三,对住房的现场勘察最为重要,这样才能有效避免交易风险。

(六)意外风险

房地产投资还可能遭受自然灾害和人们意外过失行为所带来的风险。地震、洪水、海啸、台风等自然现象,以及意外火灾等都可能使房地产受到损害。这类风险,主要是采用购买房屋保险的方式规避。

三、房地产投资基本模式

房地产投资基本模式包括住房实物投资与住房金融投资两类。

(一)住房实物投资

住房实物投资是指直接投资购置住房,即投资者用现款或分期付款的方式直接向房主或房地产开发商购买住房,并适当装修、装饰后出售或出租,以获取投资回报。

1. 直接购房

这是一种传统的投资方式,也是迄今为止房产投资者最常用的一种方式。当然,根据风险与收益对称的原理,投资者可能在获取较高收益的同时,也面临较大的风险。如果投资者完全用自有资金买房,若房屋不能及时变现,投入的资金就会被套牢;如果是通过贷款支付房款,投资者就必须支付利息。

2. 以租代购

即开发商将空置待售的商品房出租,并与租户签订购租合同。若租户在合同约定的期限内购买该房,开发商即以出租时所定的房价将该房出售给租户,所付租金可充抵部分购房款,待租户交足余额后,即可获得该房的完全产权。

以租代购的特点是:不需缴纳首付款,即住即付,每月缴纳一定的租金即可入住新居。对于中低收入家庭而言,通过这种投资方式购买住房是一种比较好的选择。对希望购买住房的人们而言,通过在租期内亲自入住有利于及时发现住房质量问题,待感到满意时再购买,可避免因住房质量问题而使投资遭受损失。

3. 以租养贷

即通过贷款买房,缴纳首期房款,然后将所购房屋出租,用每月的租金来偿还银行贷款,当还清贷款并收回首付款后,投资者就完全拥有了这套住房的产权。

以租养贷的特点是:花费少量的资金即可拥有自己的房屋,同时又没有长期的还款负担。因此,这种投资方式更适合于目前手中有较多现金,但预期收入不是很稳定的投资者。

4. 以租养租

即长期租赁低价楼宇,然后以不断提升租金标准的方式转租,从中赚取租金差价。采用这种方式的投资者事实上充当了"二房东"。如投资者在房产投资的初期,资金严重不足,则这种投资方式就比较合适。

5. 炒"楼花"

"楼花"一词来源于中国香港,是指未完工的物业,即期房。房子入住之前,内部认购的房号、正式认购的认购书,甚至购买的预售或销售合同,只要能买卖的都称为"炒楼花"。楼花炒作一般集中在内部认购买房号阶段。投资者在购买时,可以用自有资金支付购房款,也可以首付住房约定销售价格的10%~20%,然后和开发商一起向银行申请按揭贷款,即银行向开发商支付余款,投资者承诺对此贷款还本付息。投资者一般会在房屋尚未完工交付时便将购房合同更名转让,赚取差价。

炒"楼花"也有较大风险,其中主要是来自市场方面的风险。从购买"楼花"到房屋建成一般需要2~3年,这期间房地产市场很难预料,因此,洞悉住房价格的走势是这种投资方式成功的前提。

(二)住房金融投资

房地产金融投资工具既具备了证券的优势,降低了住房投资的门槛,使得中小投资者也可以进入,又保持了房地产业的较高收益。这些投资本质上仍属于股票投资、债券投资和基金投资,因此,可参见前几章的相关内容。

四、房地产投资收益分析

(一)影响房地产价格的因素

一般来讲,房地产价格变动将受到多种因素的共同影响,主要包括以下几个方面:

(1)社会因素,指国家政局是否稳定,政策导向是否合理、清晰、稳定等;

(2)客观经济因素,指国家的经济发展空间、态势以及房地产投资的前景预测等;

(3)地理位置因素,指地产项目所处地段、交通状况、周边软硬环境、社区背景等;

(4)市场因素,指房产的供需状况、市场成熟程度及居民购房的市场心理预期等;

(5)房产自身的品质,指房产的具体种类(如商品房、安居房、别墅、高级公寓等)、外形设计与建筑风格、内部结构及建筑质量标准和配套设施等;

(6)其他,包括物业管理、期房合约及购房合同的某些具体条款。

(二)房地产收益途径

1. 出租房产的收益分析

房地产投资者在拥有房地产时,可凭借房地产获取租金收入,但同时要支付房地产的营运费用及偿还借款。即房地产投资者的收益为收取的租金总额减去营运费用和需偿还的借款,投资者的收益大小取决于上述三者的多少,租金总额高、营运费用和还贷低,则收益就大。

投资者在出租房屋时,还要考虑折旧。房屋的每一个部件,都会随时间的推移以各种方式产生磨损,一定时间后会失去其原来的使用功能,最终会被拆毁。所以,总有一天房产不能再给投资者带来租金收入。因而出租房屋的建造成本,必须以折旧的方式计入租金,加以回收。

房屋的折旧方法有许多种,最简单的一种就是直线折旧法,这是一种按房屋耐用年限把房地产价值做等量折旧的方法。其计算公式为：

$$折旧率＝[(1－残值率)/耐用年限]×100\%$$

【例14.1】 一幢房屋价值100万元，耐用年限为60年，残值率为10%（我国有关文件对各类房屋的耐用年限和残值率都做了规定）。按照上式：折旧率＝[(1－10%)/60]×100%＝1.5%。即房屋可按其价值的1.5%计提折旧：100×1.5%＝1.5（万元）。到第60年时，已提取折旧为1.5×60＝90（万元），房屋还剩10%即10万元的残值。

当投资房产主要用于出租时，最重要的就是评估其投资价值。以下三个公式可以帮助投资者估算投资价值。

(1)租金乘数小于12

租金乘数是比较全部售价与每年的总租金收入的一个简单公式，即租金乘数＝投资金额/每年潜在租金收入。

【例14.2】 某处房产2001年售价22万元，月租金1 500元，那么它当时的租金乘数是12倍。但是，如果一处房产的租金乘数超过12倍，则很可能会带来负现金流。该套房产的售价目前已经上涨至60万元，而月租金却不到2 000元，租金乘数升到25倍，大大超过了合理的范畴。

投资者可以将目标物业的总租金乘数与自己所要求的进行比较，也可在不同物业间比较，取其较小者。不过这种方法并未考虑房屋空置与欠租损失及营业费用、融资和税收的影响。

(2)8～10年收回投资

投资回收期法考虑了租金、价格和前期的主要投入，比租金乘数适用范围更广，还可以估算资金回收期的长短。其计算公式是：

$$投资回收年数＝(首期房款＋期房时间内的按揭款)/[(月租金－按揭月供款)×12]$$

若房价上涨，而租金却没有上涨，就会使投资回收年数增加。一般而言，回收年数越短越好，合理的年数在8～10年。仍以上面提到的房产为例，假设2001年首付5万元，每月按揭供款1 000元，1年后交房，当时它的投资回收年数是10.3年。但是到了2005年，由于房价上涨，而租金却没有同步增长，购买这套房产每月的租金收入无法弥补月供款，实际上面临投资无法回收的境地。

(3)15年收益是否物有所值

该方法参考了某国际专业理财公司评估物业的公式。

如果该物业的年收益×15年＝房产购买价，则该物业物有所值；如果该物业的年收益×15年＞房产购买价，则该物业尚具升值空间；如果该物业的年收益×15年＜房产购买价，则该物业价值已高估。

仍以上述房产为例，2001年的年租金收益为18 000元，乘以15等于27万元，大于当时的售价 22 万元,因此是值得投资的。但是目前,以 2 000 元/月租金计算,其合理价值为 36 万元,远远小于当前 60 万元的售价,价值已经被过度透支了。

2. 销售收益

销售收益是指卖掉房地产的收入减去买房款项、应纳税费及各种成本之后的收益。销售收益的高低取决于许多因素,如促销宣传、房屋所处地段、房屋质量和售房者声誉等。欲提高销售收益,在投资时就要严把质量关,看好房地产发展前景。出售旧房则可采用加速折旧法尽快把折旧提足,在房屋需要大笔维修费之前把房屋卖掉。当然,投资者在买旧房产时也要注意这一问题,不要买下房子就大修,接下最赔钱的一棒。

(三) 房地产投资成本测算

房产投资成本包括首期付款、按揭还款(包括本金和利息)、保险费、公证费、契税等,还包括首付款和按揭还款的利息损失(即机会成本)。首付款目前最低为 1.5 成,一般要求在签订购房合同时付清。银行按揭是指房款不足而向银行贷款的部分,贷款期限最长为 30 年,还款方式主要有等额本息还款法和等额本金还款法等。保险费根据按揭年限计算,提前还清贷款可以按年限退还。房产每交易一次均要缴纳一次契税,二手房交易费用由中介公司收取。

由于按揭还款本金部分已经包含在房屋总价之内,在计算按揭贷款成本时只要计算按揭还款利息即可。具体计算公式是:

$$利润 = 卖出价 - 买入合同总价 - 交易费用 - 按揭利息支出 - 利息损失$$

(1) 按揭贷款利息支出。如果投资者的资金有限或有意加大投资规模,则必须依靠银行贷款,按月支付按揭利息。从上面计算公式不难看出,减少按揭利息支出就可以降低成本。等额本息还款法是采取递增还本金、递减还利息的方法,即存在"先还利息"的现象;而等额本金还款法每期偿还的本金固定,按实际贷款余额计息。同样一笔银行按揭贷款,采用等额本息还款法的利息支出要大于采用等额本金还款法,但等额本息还款法前期偿还的本金要少于等额本金还款法。所以,对于准备提前还贷的投资人应采用"等额本金还款法",以减少利息支出。以投资一套 70 万元的商品房、首付 20 万元、50 万元按揭 20 年为例,按贷款年利率 5.51% 计,等额本息还款法的利息总支出为 326 142.67 元,等额本金还款法的利息总支出为 280 600.68 元,相差 45 541.99 元。

(2) 计算投入资金的利息损失(机会成本)。投入资金包括首付款和按揭还款,主要部分是首付款,一般参照银行利息计算,如果按照一年期定期利率 2.25% 计算,则 20 万元首付款的年利息损失为 3 600 元(已扣除 20% 个人利息所得税)。

(3) 估算一次性的交易费用,包括契税、印花税、保险费、公证费和中介费等(见表 14.2)。

表 14.2　　　　　　　　　　购买商品房主要交易成本

税	契税	普通住宅为房价的 1.5%;高档住宅为房价的 3%
	契约印花税	合同交易金额的 0.05%
	产权印花税	5 元/户
政府管理费	交易手续费	2.5 元/建筑平方米
	交易(权证)登记费	100 元
	图纸费	25 元
	抵押登记	200 元
按揭	律师费	占贷款额的 0.25%～0.3%
	公证费	200 元/份
	保险及评估费	占贷款额的 1.5%
维修基金		购房款的 2%
商品房买进费用合计		约为购房价格的 5%

目前,我国个人房地产投资主要涉及的税收,可以分为购买房产与出售房产两种形式。

(1)购买房产

①个人购买自用普通住宅,暂减半征收契税,按 1.5%征收;高档住宅按 3%缴纳。

②按交易合同记载金额的 0.05%的税率征收印花税,其中产权印花税为 5 元/户。

(2)出售房产

①单位和个人出售房产的营业税主要取决于房产的年限、类型。当前(2024 年),对个人购买非普通住房不足 5 年转手交易的,营业税为房管局评估价的 5.5%;对个人购买非普通住房超过 5 年转手交易的,营业税为转让收入与上手发票价差额的 5.5%。对个人购买普通住房不足 5 年转手交易的,按房管局评估价的 5.09%征收营业税;超过 5 年转手交易的,销售时免征营业税。

②个人转让房屋财产所得,应按 20%税率缴纳个人所得税。

③居民个人拥有的普通标准住宅等,在其转让时免征或暂免征收土地增值税。

④按交易合同记载金额的 0.05%的税率征收印花税。

第二节 房地产理财计划的制订与技巧

一、关于买房还是租房的决策

(一)买房与租房比较

影响买房和租房选择的因素有很多,诸如即将成家,或者子女上学等,这些因素会促使人们做出购房选择。而如果经济能力有些欠缺,抑或有别的投资方向,则租房其实也没有什么不妥。下面我们举例来算一下15年后买房和租房两者究竟区别在哪里。

1. 买房

首先,假设面积为70平方米的目标房产当前价值60万元,假定打算解决住房问题的白领手上有20.4万元现金,而且每个月可以自由支配3 606元的闲钱。如果直接向开发商买房,则购房者需首付18万元(按首付比例30%计算),并办理商业性贷款42万元,分15年还清。依据贷款利率7.38%并优惠15%计算,房贷的实际利率为6.273%,每月月供为3 606元,15年利息总额为22.9万元。加上买入时支付的2%契税和2%的物业维修基金,共要支出税费2.4万元。

将上述费用合计起来,买这套房子的成本包括现金20.4万元(含首付18万元、税费2.4万元),每月投入3 606元,15年后便是64.9万元(相当于贷款42万元、利息22.9万元)。换言之,15年后,购房者共花85.3万元拥有了一套住宅。

2. 租房

用同样的资金来租同一套房产,为便于计算,将租房人手上的20.4万元用作储蓄,并将每月3 606元闲钱拆开,假设月租金为1 706元,剩下的1 900元仍然用作储蓄。其中,20.4万元用于15次1年期的定期存款,按复利算,新存款利率为3.33%,15年的利润为12.9万元。此外,每月1 900元仍按银行存款,按单利计算,取平均的利率3.33%,15年下来,实际上存款利息约为8.5万元。

归结起来,租房者花费的总资金仍为85.3万元不变,实际支出为每月房租1 706元,15年后总额为30.7万元,而增加的利润为21.4万元(12.9+8.5)。换言之,租房者在15年后的资产为76万元(85.3－30.7+21.4)。

比较后的结论为:房价大涨时买房才划算。

在这个例子中,买房与租房的区别在于:投入同样的资金,15年后买房者拥有了一套住房,而租房者则手握76万元。因此要比较的是这套当年价值60万元的房子是否可增值至76万元。按照总价60万元计算,该房产的单价为8 571元;若按照76万元计算,单价必须达到 10 857 元,也就是说,只有每平方米房价上涨 2 286 元,买房者与租房者才打了个"平手"。如果涨幅持平,则买房者不划算;如果房价下跌,买房者亏得更多。

除了考虑房价的升值潜力以外,房租是否会每年调整以及利率的高低也是买房与租房决策的两个重要因素。一般而言,如未来的房租增长过大,利率减少,则买房比租房划算。

(二)怎样使买房物有所值

考察一处房产是否值得投资,最重要的就是评估其投资价值,即考虑房产的价格与期望的收入关系是否合理。由第一节可知,估算房产价值有三种方法:租金乘数小于 12 法;8～10 年收回投资法;15 年收益高于买入价法。如果三者都达到要求,则买房物有所值。

另有一种通过心理价位与实际成交价格比较的方法,具体步骤如下:

1. 确定自己的心理价位

可以参照几个发生在近期、地段类似、建筑结构相近的交易,从而对市场行情有一个大致的了解。查询大型中介的房屋广告也会有所帮助。在此基础上,运用比较法,剔除有关因素对价格的影响:

(1)房产自身因素。其包括:年折旧率(2%);"三小"(小厅、小厨、小卫)折扣率(10%);楼层折扣为,以 1 层和 5 层为基准价,2 层和 6 层为 －3%,3 层和 4 层为 ＋3%,7 层和楼顶为 －5%;如果无南窗,则为 －5%。

(2)环境因素。如无物业管理和非独立封闭小区的应分别扣减 5%,附近有省、市重点中学的则上调 15%。

(3)心理因素。买旧房一般会有难以逾越的心理障碍,一般应给予 8% 的心理因素折扣。

2. 协议确定实际成交价格

有了心理价位后,即可与售楼者讨价还价,在协商的基础上,确定成交价格,这个成交价格应当是物有所值的。例如,位于二级地区的一个住宅小区,现有一套建筑面积 50 平方米的小住宅,属于混合一等结构,"三小"套型,位于七层楼中的第二层,已使用 12 年,无物业管理,附近有一所省重点中学。当地同类商品房均价为每平方米 4 500 元。据此,在原价基础上,对有利因素和不利因素进行调整并协议确定实际成交价格如下:

4 500－(4 500×24%＋4 500×10%＋4 500×3%＋4 500×10%＋4 500×8%)＋4 500×15%＝2 780(元/平方米)

(三)租房决策

不管是已经确定要租房,还是将来要租房,都要考虑一些因素:

1. 挑选租赁住房

公寓是最常见的出租住房类型。公寓包括娱乐设施齐全、现代化、豪华的单元公寓，以及地理位置相对僻静的单独的一卧室或二卧室单元公寓，应有尽有。出租房的主要信息来源有搜房网、58同城、赶集网、安居客、链家、365淘房等网站或App。在比较出租单元时，需要考虑很多因素，主要包括地址、离学校和医院的远近、公共交通是否方便、购物或娱乐场所是否符合期望以及财务因素等。其中财务因素是指租金、租期、押金、公用事业费及其他成本。

2. 租金成本

一般在签订租约合同时，通常需要缴纳押金。房东需要押金的原因通常是为了弥补租约期间可能发生的损失。在中国，押金通常为3个月的租金。承租人除了支付月租金之外，还必须承担其他生活支出，比如水、电、气、物业管理等。另外，有些地方如果租了一间房子，还应该购买个人财产保险，这个规定目前在中国还比较少见，但已是一个趋势。

3. 租房应注意的细节

(1)租房一般要签订租约，租约是定义承租协议的各项条款的法律文书。

(2)根据"量入为出"的原则，确定拟租入房产的档次和大小。一般来说，每月租金的支出应控制在月收入的1/3之内，否则就会影响正常的生活水平。

(3)尽管租房不同于买房，但同样要对房产进行实地勘察。诸如户型、采光、交通、周边配套设施如何，水电、厨卫等日常设施是否正常完好，家电是否存在漏电、漏气，均应仔细察看。

(4)如果是合租，合租者要相互留下身份证、工作证等复印件及联系电话，协商好水、电、气、物业费用的分担问题并以书面形式列示清楚，以避免不必要的经济纠纷。

(5)房产租入后是自用还是用于转租，也是必须事先考虑周全的问题。如转租，则一般需要得到房东的同意。

二、购买房产的流程

购买房产是一项金额较大的投资，在做出决策前，应当详细调查欲购房屋的情况，了解购房所涉及的法律问题和购房所应办理的各种手续。通常购房要经过如下程序。

(一)做好购房预算

购房者在购买房屋时，应根据家庭的储蓄、可获得的各类贷款以及借款等因素，估算自己的实际购买能力，最终确定所要购买的房屋类型、面积和价位。购房者在制定购房预算时，可从以下几个方面入手：

1. 估算个人资产

对于广大工薪阶层来说，其个人资产中有一项重要内容是住房公积金。住房公积金是指在职职工在其工作年限内,由职工本人及所在单位分别按职工工资收入的一定比例逐月交存,全部归职工个人所有,记入职工个人的住房公积金账户的资金,由政府设立的公积金法定机构集中管理。目前单位和个人住房公积金的交存比例一般为工资收入的 6%～10%,购房者可向住房公积金管理机构申请个人住房公积金贷款。个人住房公积金贷款和银行个人商业性贷款在贷款对象、贷款额度、贷款期限、贷款利率等方面区别很大,是一种更优惠的贷款形式。

2. 选择适宜的房产

对个人资产做完估量后,下一步当然是要挑选性价比高的房产了。

(1)挑选投资性住房的考虑因素

主要考虑的因素有:①房产所处区位的投资程度;②交通规划容量;③开发商实力;④社区规划;⑤房型设计;⑥物业管理;⑦项目周边生活条件。

(2)房地产价格的构成

房价的制定是有一定规律的,它受到成本和供求关系等诸多因素的制约。构成目前商品房价格的成本因素有土地价格、开发建设成本、利润,以及税费、销售等费用。

虽然房地产成本是其价格的主要决定因素,但房价还要回归市场的认同。因此,客户应根据自身实际购买力,充分参照房价的成本和市场构成因素,最终决定适宜的房价水平。

3. 调查有关物业管理的各项支出

物业管理收费是指物业管理公司因提供管理及服务而向业主或使用人收取的报酬。物业管理公司管理服务费的高低与管理服务对象、内容及其业务量有关。

特别值得一提的是,购买商品房入住后需缴纳的物业管理费是长期支出项目,投资者在投资核算时必须计入成本。

4. 衡量个人还贷能力

如果运用财务杠杆,即通过贷款购房,则投资人应合理确定首付款金额、贷款总金额和贷款年限。

目前,居民个人购房时必须要有至少不低于购房价款 15% 的首付款。投资者应对家庭现有经济实力做出综合评估,以此确定购房的首期付款金额和比例。这里所说的经济实力包括存款和可变现资产两大部分。同时,投资者也应对家庭未来的收入及支出做出合理的预期,包括收入预期和未来大额支出的预期。前者要考虑的因素包括年龄、专业、学历、工作单位性质、行业前景乃至宏观发展趋势等。个体经营者和规模较小的私营业主应该对经营风险有充分预期,谨慎制定贷款及还款计划。后者要考虑的因素包括结婚、生育、健康、求学、出国以及购买其他大额消费品等。显然,较大的家庭预期支出会削弱投资者的还款能力。

根据中国人民银行有关规定,商业性个人住房贷款利率依据贷款期限不同,实行不同档次的利率。因此,贷款期限对于借款人有正负两个方面的影响。一方面,借期越长,借款人的利息负担越重,最终的房价越高;而借期越短,利息负担越轻,最终的房价越低。另一方面,借期长,每月的还款额低,借款人每期偿还的债务金额相对较小;借期短,借款人每期偿还的债务金额相对就大。银行是按贷款本金和贷款期限计算贷款本息的月均偿还额,因此借款人可以根据自己家庭月收入的多少,确定偿还银行贷款本息的数额,然后选择自己认为合适的贷款期限并计算自己最多能申请多大额度的贷款。

5. 了解购房时的税费支出

税费在房产买卖过程中占有相当重要的位置,因此,了解税费项目种类及缴纳的方式对买房者来说很有必要。

购买房产时涉及的税共有8种,包括营业税、城市维护建设税、教育费附加、固定资产投资方向调节税、房产税、印花税、城镇土地使用税和契税。个人购买住宅要缴纳的税是印花税和契税。

购买房产时涉及的杂费主要有:房屋买卖手续费(买卖双方各出一半)、公证费、委托办理产权手续费、物业管理费、房产权证费、产权初始登记费、房屋保险费、抵押登记费和律师费(如聘请律师)。

(二)收集购房信息

购房者可从以下几种渠道获得购房信息:媒体广告,包括网络、报刊上的广告、广播电视广告和招贴广告等;亲友介绍;开发商或代理商邮寄、发送的宣传品;现场广告牌;现场展示样板房;售楼书;房地产交易展示会;直接与房地产营销人员交流;其他途径,包括向房地产交易所、咨询公司等查询关于房地产交易的各种资料等。

(三)查询欲购房的合法性

房地产商在销售商品房时,应具备"五证":国有土地使用证、建设用地规划许可证、建设工程规划许可证、建设工程施工许可证和商品房预售许可证或商品房销售许可证。

投资者应注意,住房和城乡建设部明确规定以下七种房屋不能买卖:

(1)没有房屋所有权证书(产权证)的房屋,不能进入买卖市场;

(2)房地产开发公司以出让方式取得的土地使用权,但未取得土地使用权证书,未按土地使用权出让合同约定进行投资开发总额在25%以上的土地,以及买卖房屋已经建成,未持有房屋所有权证书的房屋,不得进入买卖市场;

(3)依法收回土地使用权的,其所建房屋不能买卖;

(4)司法机关和行政机关依法裁定,决定查封或以其他形式限制房地产权利的房屋不能买卖;

(5)权属有争议的,房屋的买卖是以卖房者对其欲出卖的房屋享有确定的权利为

前提,对于权属有争议的房屋,因其权利人不能确定,这种房屋当然不能买卖;

(6)共有房屋,未经其他共有人书面同意的;

(7)法律、行政法规规定禁止房屋转让的其他形式,如违章建筑、列入规划拆迁的建筑、列入文物保护范围内的房地产等。

投资者一定要小心谨慎,辨别真假,买到合理、合法、称心如意的房屋。

(四)实地调查

购房者根据所收集的购房信息,看中了某一处房屋后,一定要对欲购房屋进行实地调查。购房者在观察房屋时,务必全面、仔细。在实地查看过程中,购房者如无法调查一些情况,或在某些方面存有疑问,可以直接向现场的售楼人员询问,真正做到心中有数。

(五)签订房屋买卖合同

购房者在签订合同时,一定要坚持使用国家认定的商品房购销合同的规范文本,不要使用房地产商单方面制定的合同文本,以防在合同中出现欺诈行为。根据《中华人民共和国民法典合同编》的规定,合同必须具备以下几方面的具体条款:标的;数量和质量;价款和酬金;履行的期限、地点及方式;违约责任。必要时,买卖双方应签订有关的补充协议,特别是要注意以下一些条款:(1)有关房屋面积方面的条款;(2)关于价格、收费、付款额的条款;(3)关于不可抗力的条款;(4)有关房屋质量的条款;(5)售后物业管理的条款。

(六)办理房屋产权过户登记

购房手续的最后一关是办理房屋产权过户登记,领取房屋及土地的产权证明。

《城市房地产开发经营管理条例》中规定:"预售商品房的购买人应当自商品房交付使用之日起90日内,办理土地使用权变更和房屋所有权登记手续;现售商品房的购买人应当在销售合同签订之日起90日内,办理土地使用权变更和房屋所有权登记手续。房地产开发企业应当协助商品房购买人办理土地使用权变更和房屋所有权登记手续,并提供必要的证明文件。"

房屋买卖的所有权过户和转移登记,一般在购房者购房后,由买卖双方或售房单位代理到住房所在地房产和土地管理部门办理过户与产权转移登记手续。

房屋产权证是对进行了房屋产权登记后所发证件的统称。根据登记的产权情况,房屋产权证又可分为房屋所有权证、房屋共有权保持证和房屋他项权证三种。

房屋所有权证发给拥有房屋的所有权人。房屋共有权保持证发给房屋共有人。房屋他项权证发给与房屋所有权有关的其他财产权人,如典权人、抵押权人等。

三、房产出售与出租

房产的出售与出租是取得投资收益的重要环节。房产以较低价位购入或租入后,能实现的售价或租金水平决定了投资者的利润空间。

由于房产投资具有高投入、高风险、高回报的"三高"特点,投资者应具备较多的专业知识,或应得到专家的有效指导。这是房地产投资的重要前提。在这一前提下,要想把房产卖个好价钱,一是要有灵通可靠的消息;二是要有审美的眼光,能通过简单装修,装扮好你的房子。

【例 14.3】 张先生购买了一套热销期房。由于消息灵通,他在最早开盘时就以每平方米 3 000 元的低价买入,现在房价已经飙升到 5 500 元/平方米,很多人争相买进。张先生并没有暗自窃喜,而是不断搜集有关信息。一天,他听说他的房产附近将要开通高架,交通更方便了,房价还可能上涨。同时考虑到自己的房子正好临街,而且处于第三层,张先生也有些担心自己的房子会面临汽车尾气的污染。张先生立刻行动——打广告、卖房子。这时建高架的消息刚刚传开,并不是所有人都知道具体规划。张先生利用自己掌握的信息,将其房子以每平方米 6 000 元的价格成功卖出。

【例 14.4】 小王以 40 万元买下了一间公寓房,他的朋友都认为这个房子没有什么升值潜力。可是小王觉得只要把房子进行改造,升值潜力还是很大的。于是,他在屋顶上开辟了一个花园,种上了花草,安置了水池和假山;重新安装了排水系统,设计了客厅和浴室;在卧室里加装了玻璃门,在起居室里装上了书架和壁橱。房子好看多了,几年以后,小王以 60 万元的价格把房子卖了出去。

第一节已经说过,"以租养贷"是一种高明的投资方式,但怎样才能较容易地把房产出租并取得较好的投资收益呢?可以参考如下几个方面:

(1)在具有大量流动人口的大中城市,应事先买入小户型住宅,以便出租给单身人口或流动人口居住。

(2)保持房屋内外环境清洁卫生,给租户一个良好的"第一印象",必要时可对房屋墙壁进行简单的粉刷。

(3)房租定价要合理,过高的价格会把租户吓跑,造成"有价无市"的局面。

(4)要与周围的出租房形成鲜明的区分度,有时细微的差别会使租户觉得你的房子物有所值。

(5)基本的设施完好、完全,以最佳的状态与租户见面。

四、房地产投资理财策略与技巧

(一)购房融资技巧

1. 购房抵押贷款操作与技巧

目前,我国购房抵押贷款的主要提供者仍是银行,投资者可根据实际情况,在以下几种类型的房贷中做出合理的选择。

(1)如果每月的现金结余仅可勉强凑足"月供",更无能力提前还

思政案例14-1

从二十大报告
看房地产未来
发展方向

贷,则应该选择贷款利率较低,贷款额锁定几年不能提前还款,否则会有违约金的"到期还款型"房贷。

(2)对于有额外收入来源或收入起伏较大的个人或家庭来说,可选择还款有一定弹性的"提前还款型"房贷,也可根据当期收入多少决定多还或少还,提前还款无须支付违约金。

(3)如果个人或家庭的房贷可使用国家规定的优惠利率,如住房公积金贷款,但又不能全额满足需要的,可选择"组合型"房贷,即用一般房贷来弥补公积金贷款的不足。

(4)另有一种"理财型"房贷,是指银行在借款人以所购房产作抵押担保,使用购房贷款的同时,向借款人提供一定的房产抵押授信额度,供其循环使用。"理财房贷"授信必须满足以下条件:①借款人未用足购房借款额度,未用部分即可作为借款人的授信额度;②借款人开始偿还购房款后其借款金额小于银行给予的借款额度,其差额即可作为对借款人的授信。

必须注意的是,以下房产不能作为抵押:①学校、医院、国家机关等公共机构的不动产;②军队的房地产;③产权关系不清的房地产;④被法院冻结、扣押、监管或以其他形式限制的房地产;⑤有产权纠纷的房地产;⑥国家计划即将拆迁的房地产;⑦违章建筑或未经批准私自建设的房地产;⑧无地上建筑物的农村集体土地(荒山、荒地除外);⑨已做过抵押但未经前抵押权人书面同意的房地产;⑩未经全部共有人书面同意抵押之前的共有房地产等。

2. 公积金贷款操作与技巧

(1)公积金贷款与商业贷款比较

公积金贷款与商业贷款相比较,具有不少优点,具体可参见表14.3。利用公积金贷款还要澄清"公积金贷款无限制"和"已婚夫妇可以各自申请贷款"两个误区,根据自己的实际需要,确定合理的贷款额度和贷款期限,并非越多越好、越长越好,因为利息负担是不可避免的。

表 14.3　　　　　　　　　　公积金贷款和商业贷款的区别

项　目	公积金贷款	商业贷款	比较说明
贷款利率	1～5年期限为2.75%, 6～30年期限为3.25%	1～5年期限为4.75%, 5年以上为4.9%	低约2个百分点
贷款成数	90%～95%	70%～80%	高两成左右
最长年限	30年	一般为20年	长10年
支持项目	无限制	一般不支持房改、集资建房等	限制少
办理时间	18～19个工作日	一般为5～20个工作日	周期相当

续表

项　目	公积金贷款	商业贷款	比较说明
其他优惠	(北京)免除房产抵押登记前开发商的连带担保责任、免费提供保险等	减免保险费、律师费等	优惠相当

(2) 个人住房公积金贷款申办流程

① 借款人提出申请：借款人按要求向省级公积金管理中心提供贷款所需资料。

② 资信调查及贷款审批：贷款承办银行对借款人进行贷前资信调查，提出意见并填制个人住房公积金贷款及组合贷款调查审批表送有关人员审批。借款人可在借款申请受理 7 个工作日后，向贷款承办银行咨询审批结果。

③ 签订借款合同：借款人接到贷款承办银行通知后，与共有权人一同带上身份证、扣款账号等资料办理借款合同签订手续，并将借款合同送开发商签字盖章后交承办银行。

④ 办理保险及抵押登记手续：借款须办理保险和抵押登记手续，相关费用由借款人承担。

⑤ 贷款划拨：贷款承办银行在确认抵押登记已办妥、借款合同生效后，按合同约定日期将贷款转入借款人与售房人共同指定的账户，并将放款回单寄送给借款人。

⑥ 贷款回收：借款人自放款次月起按借款合同约定归还借款。借款人借款满 1 年后方可申请提前还款。如借款未满 1 年，借款人因出国、房产转让、退房等原因需提前还款的，则应提交相关证明。

⑦ 清户撤押：借款人还清借款本息后，由承办银行出具贷款结清证明，并负责办理抵押登记注销手续。

(3) 申请公积金贷款买房时需考虑的方面

与所讲述的"购买房产的流程"相似，申请公积金贷款买房时需考虑如下一些方面：

① 在申请贷款前，申请人应首先根据所购房产价格和收入状况，计算自己到底需要申请多少贷款和选择贷款期限。

② 在确定贷款额度和期限之后，申请人将要考虑的是取得贷款后以何种方式还贷的问题。按规定，偿还贷款本息有两种方式：等额均还方式和等比递增方式。等额均还方式是在贷款期限内，每月均以相等的偿还额归还贷款本金和利息；等比递增方式则是在贷款期限内，逐年按同一比例递增还额，但每年年内各月均以相等的偿还额足额归还贷款本金和利息。

③ 在确定贷款额度、期限和还款方式后，申请人就要考虑自己以哪种款项偿还本息。也就是说，若每月还贷是用夫妻双方的住房公积金偿还，则夫妻双方应与各自单位签订以每月住房公积金偿还贷款的协议，并办理住房公积金支取手续；若全部用现

金偿还,则应在与贷款银行约定的还款时间内,按月将还款额交至贷款银行;若采用单位代扣现金偿还贷款的方法,则还需由贷款银行与借款人所在单位依据贷款合同签订委托代扣协议书。但无论何种还款方式,借款人每月还款额(其中包括住房公积金夫妇双方缴存部分)要符合住房公积金管理中心规定的范围。即借款人的家庭收入(指夫妻双方月收入、离退休职工与其子女等其他共同申请人的月收入,下同)在2 000元(含)以下,其月均还款额不得低于其家庭收入的20%,且每月至少保留400元生活费;借款人的家庭月收入在2 000~5 000元(含),其月均还款额不得低于其家庭收入的25%,且每月至少保留400元生活费;借款人的家庭收入在5 000元以上,其月均还款额不得低于其家庭收入的30%,且每月至少保留400元生活费。

(二)买房策略

1. 投资时机(何时买房)

房地产景气上扬时投资易获利,景气持平时是否获利要看产品,景气下滑过程中是否获利要靠投资者的专业知识判断。

另外,每年7—8月和年底时,房产交易较为清淡,房价比较平稳,开发商也比较心急,不仅有不少好房可供选择,通常还可以打个比较合适的折扣。此外,一般楼盘开始销售时,价格往往会低开高走。

2. 投资区域

注意不同投资区域的有关规定。一般而言,市区房产供给量有限,价位高且即使房产市场不景气,房价也不容易下跌。

3. 投资房产类型

景气上扬时投资期房,一交房就出售,不考虑出租,这样可以利用较高的财务杠杆获取更大的获利空间。景气持平时可投资现房,先出租一段时间,保持一定的投资收益,等待更好的时机再转手。景气下滑时可投资地理位置好但因房产比较旧而价格低的二手房,投入装修后不管是出租还是转售,都还有一定的市场需求与合理利润。

4. 如何少花钱

一是抓"小"放"大",多关注小户型;二是不片面强调区位而承受过高价格;三是选择"空壳房",获得装修自主权;四是不要过于看重造型,为"华而不实"付出代价。

5. 买期房怎样付款才划算

如今,购买期房的人占住房消费相当大的比例,那么,买期房怎样付款才划算呢?有几种方法可以选择:第一,可选择一次性付款(通常有5%~8%尾款或者有一定的折扣);第二,可以动用存款、国债等自有资金进行抵押贷款融资;第三,还可以申请住房公积金和商业贷款;等等。

(三)二手房投资技巧

对于房价超过承受能力,又无法进入保障住房市场的人们来说,买二手房是一个不错的选择。那么,买二手房有没有窍门呢?让我们循着二手房的优势来谈谈投资技巧。

1. 初选二手房准则

不仅要看房产,还要看房产的交易资格;不仅要看房龄,还要重点看房产的质量;不仅要看表面,还要看物业管理水平;不仅要看总价,还要看单价,不仅要看位置,还要看交通条件和周围人文环境;不仅要看社区,还要看周边;不仅要看眼前状态,还要看未来趋势和增值潜力。

2. 借助信息优势谈杀价技巧

二手房相比新房的最大优势是信息均衡。二手房的价格是有评估依据的,我们可以从毗邻地带的租赁价格、新房出售最低价、二手房公示价格来判断所购买的二手房是否可靠。换句话讲,二手房的价格泡沫是可以通过比较衡量的。这里有一个经验值,商品性二手房价格最合理的区间在周边新房价格最高者的2/3,其他的类型如公产房则视地段及保障程度有较大差距,建成时间久的商品房大约相当于当地新房均价的一半。

我们大约可以从出卖方的有关信息找出谈价优势,如果出卖方急于出手的原因是要移居外地或出国,因而急用现金,这个时候如果一次性付款,就可以谈到较大的折扣;如果房价出现下行趋势,对于炒房者出货,也可以通过付款条件及类比因素谈价。

有些房子作为二手房是可以买入的,但与一般性商品房有差距,这个时候应主要从法律方面权衡买卖的合法性,要考虑买后你的权益如何得到保障;同时这类房子的价格一般仅仅是二手商品房的2/3,所以要综合判断以后再行成交。而且这类房子房东的底气不是很足,尤其是当房价呈下降趋势时,可以大胆杀价。

3. 安全签约二手房

一是要确认房主,认真核实其真实身份;二是考察房产是否有历史遗留问题,是否有未结清的费用;三是对附属设施认真验收并做准确记录;四是明确付款过户的操作方式;五是要谨慎约定迁户时间;六是要对违约责任和偿付方式、时间做出明确规定,合同内容尽可能详尽,不留空白,必要时可签订补充协议。

本章小结

1. 房地产投资的优点:房地产可作为抵押担保资产,易筹措资金;通过房地产投资,可达到节税的目的;具有保值增值的特点,能有效地抵御通货膨胀;用途多样性,投资回报率稳定。当然房地产投资也不是万能绝佳的金融投资方式,它也有致命的弱点。

2. 房地产投资有它特有的风险,即流动性风险、市场风险、利率风险、购买力风险、交易风险、意外风险等。

3. 房地产投资基本模式包括住房实物投资与住房金融投资两类。其中住房实物投资有直接购房、以租代购、以租养贷、以租养租、炒"楼花"五种。

4. 影响房地产价格的因素主要有社会因素、客观经济因素、地理位置因素、市场因素、房产自身的品质等。

5. 房地产收益途径包括出租房产的收益与销售收益。当投资房产主要用于出租时，评估其投资价值的方法有：租金乘数小于12法；8～10年收回投资法；15年收益是否物有所值法。

6. 房产投资成本包括：首期付款、按揭还款（包括本金和利息）、保险费、公证费、契税等费用，还包括首付款和按揭还款的利息损失（即机会成本）。其利润具体计算公式是：利润＝卖出价－买入合同总价－交易费用－按揭利息支出－利息损失。

7. 要学会比较买房与租房所花的成本，一般而言，房价有升值潜力时买房才划算。同时，如果未来的房租增长过大，利率降低，则买房比租房划算。如果是租房，则一定要有租房决策。

8. 购买房产的流程包括：做好购房预算；收集购房信息；查询欲购房的合法性；实地调查；签订房屋买卖合同；办理房屋产权过户登记。

9. 房产出售与出租是取得投资收益的重要环节，因此以房产投资作为理财方式的投资者要注意比较出售与出租哪种方式更赚钱。

10. 房地产投资理财策略与技巧要注意：购房融资技巧；买房技巧；二手房投资技巧。

知识结构图

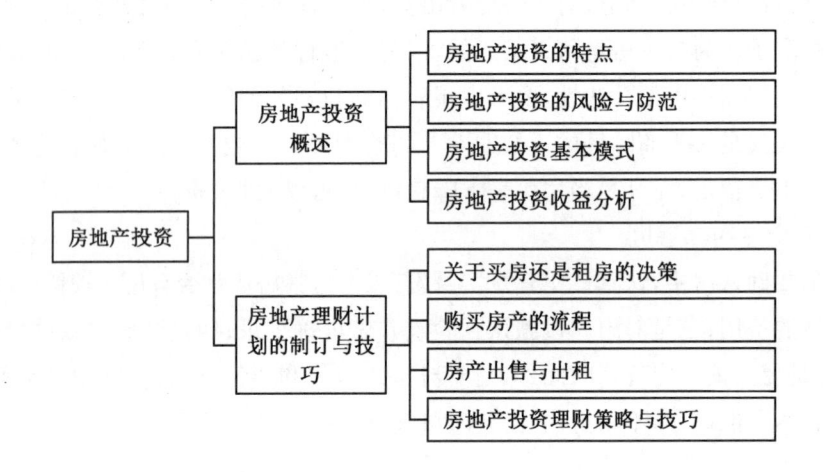

```
                          ┌─ 房地产投资的特点
                          │
              ┌ 房地产投资 ├─ 房地产投资的风险与防范
              │   概述    │
              │          ├─ 房地产投资基本模式
              │          │
              │          └─ 房地产投资收益分析
   房地产投资 ─┤
              │          ┌─ 关于买房还是租房的决策
              │          │
              │ 房地产理财├─ 购买房产的流程
              └ 计划的制订│
                 与技巧   ├─ 房产出售与出租
                          │
                          └─ 房地产投资理财策略与技巧
```

复习思考题

1. 房地产的价格构成包括哪些？其影响因素有哪些？
2. 简述投资性购房与消费性购房的差异。
3. 请结合实际，谈谈个人是买房好还是租房好。

课后阅读

投资中的锚定效应

我们对事物进行评价的时候，会下意识寻找一个参照物。这个参照物就是"锚"。

但人们在很多时候所选的参照物不见得是合理的。我们经常会先入为主，选择不恰当的参照物。

比如某年奥运会上，得铜牌的运动员比得银牌的运动员要开心很多。这是因为他们的心理参照物不一样。比如跳远的铜牌得主觉得自己很幸运，如果不是多跳了一点点，就会沦落为人群中默默无闻的第四名。而银牌得主觉得自己很倒霉，如果能多跳一点点，自己就是第一名了。

我们对于自己的得失评判，往往取决于参照物是什么。

股市中的锚定效应也是如此。

比如大盘从 2 000 点涨到 3 000 点，我们会觉得涨太多了，有点不敢买。这个时候，我们的参照标准是 2 000 点。

后来大盘又从 3 000 点回调到 2 500 点，我们又会觉得很便宜，可以大笔买入了。这个时候，我们的参考标准是 3 000 点。

但你要知道，2 500 点比原来的 2 000 点要高出很多。

股灾的时候，为什么 4 900 点的时候不卖？因为前几天是 5 000 点，等涨回来肯定卖。

为什么 4 500 点不卖，因为我要等 4 700 点再卖……

就这样，散户看着股市一路暴跌，丧失了操作的能力。为什么 3 000 点稍微反弹就想卖掉？因为这个时候的参照标准变成了 3 000 点，而不是 5 000 点了。

第十五章　税务筹划

学习目标

1. 知识目标

(1) 掌握税务筹划的基本内涵；

(2) 理解税务筹划与避税、偷税的异同；

(3) 理解个人税务筹划的原理。

2. 技能目标

(1) 能正确计算各种类型的个人所得税；

(2) 会运用税务筹划的策略与技巧进行基本的节税操作。

3. 思政目标

(1) 深入理解税收法规，遵守国家税收政策，确保税务筹划的合法性；

(2) 树立合规意识，避免违反税收法规的行为，防范税务风险；

(3) 坚持诚信原则，如实申报纳税信息，不虚报、不漏报、不隐瞒；

(4) 强化责任担当，不仅关注自身的利益，还要关注社会的整体利益；在合法合规前提下，积极为社会发展做出贡献。

案例导入

1893 年，美国人从西印度群岛运来一批西红柿。按当时的美国税法，输入水果免交进口关税，而进口蔬菜则应照章交纳 10% 的关税。纽约市的海关人员确定西红柿是蔬菜，应照章交税，而贩运西红柿的商人则认为西红柿属于水果，应免进口关税。双方争执不下，最后上诉至美国高等法院。

经过审理，法院认定西红柿是一种蔓生果实，在人们通常的谈论中，总是把它同甘蓝、胡萝卜一样作为饭菜。无论生吃熟吃，总是同饭后才食用的水果不一样。

从此，西红柿被法定为蔬菜，而不是水果。

理财启示：品种不同，税率不同；同样，身份不同或者个人收入获取方式不同，所交税收也不同。在合法的前提下尽可能减轻税收负担是税务筹划的根本任务，同时减少税收也是理财的一种方法与手段。

本章导语：本章讲述了税务筹划的基础知识、个人税务筹划的原理以及个人所得税的计算方法，要求学生学会运用税务筹划的策略与技巧进行基本的节税操作。税务筹划是理财规划的重要内容之一，读者可通过实训操作计算个人所得税。

关键词：税务筹划、避税、偷税、个人所得税

第一节 税务筹划概述

一、税务筹划的概念、作用与特征

税务筹划（tax planning）是指纳税人在实际纳税义务发生之前对纳税负担的低位选择，即纳税人在法律许可的范围内，通过对经营、投资、理财等事项的事先安排和筹划，充分利用税法所提供的包括减免税在内的一切优惠政策，从而获得最大的税收利益。广义的税务筹划既包括个人、家庭的税务筹划，又包括企事业单位的税务筹划。本章只讨论与百姓关系较大的个人（家庭）税务筹划。

（一）税务筹划的作用与目标

纳税支出对纳税人来说是资金的净流出，税负大小是决定纳税人各种交易和经营活动最终收益大小的重要因素。通过税务筹划节约税款支付等于直接增加纳税人的净收益，与理财概念中的增收节支、降低成本和收益最大化具有同等重要的意义和作用。因此，税务筹划无疑是投资与理财规划中的一项重要内容。

一般来说，野蛮者抗税，愚昧者偷税，糊涂者漏税，狡猾者骗税，精明者节税。那么如何通过合理节税的方式达到减轻税负的目的？这些都需要精心研究和筹划。个人税务筹划的主要目标就是，以自然人税收总负担的最小化来实现所得总额的最大化，合法、合理节税。

（二）税务筹划的特点

税务筹划具有超前性、屏蔽性、合法性、风险性与专业性五大特点，下面具体说明。

（1）超前性。指税务筹划要在事先进行。一旦业务已经发生，事实已经存在，纳税义务已经形成，此时就无法筹划。所以，税务筹划必须具有超前意识，即未雨绸缪。

（2）屏蔽性。屏蔽性起到遮挡视线的作用，在筹划方案的实施中经常需要有意设置这样的屏蔽以使方案顺利实现。屏蔽的设置并非要筹划者造假，而只是给税务机关一个合理的理由，也即为筹划寻找合理合法的说法。例如，企业欲提高职工收入，单纯提高收入导致个人所得税增加，从而职工可能并未得到太多的实惠。而如果为职工提供工作餐或接送班车，以此提高职工的福利，就相当于变相地提高了职工的工资。这里，接送班车就是屏蔽，遮挡了其减轻税务的真实目的。

(3)合法性。税务筹划只能在法律许可的范围内进行,违反法律规定、逃避纳税责任就属于偷税行为。

(4)风险性。税务筹划的风险性是指税务筹划可能达不到预期所产生的风险。尽管许多筹划方案理论上可以少缴税或降低部分税负,但在实际操作中,却不一定能达到预期的效果。因为在方案实施过程中,税收政策、经济形势等变化,可能会使预先设定的筹划条件发生变化而不能获得理想效果。

(5)专业性。税务筹划需要借助于具备专业知识的人员来进行,在社会化大生产、全球经济日趋一体化、国际经贸业务日益频繁、经济规模越来越大、个人收入渠道日益多元化、税制改革日益推进的情况下,仅靠纳税人自身的能力和知识进行筹划显得力不从心。因此,作为第三产业的税务代理、税务咨询便应运而生。现在世界各国尤其是发达国家的会计师事务所、律师事务所,纷纷开展有关税务筹划的咨询业务。

(三)税务筹划与避税、偷税的异同

1. 税务筹划与避税、偷税的共同点

从国家财政角度看,偷税、避税和税务筹划都会减少国家的税收收入,对于纳税人来说,表面上看,三者都是降低税收负担的形式,其目的都是规避和减轻税负。

2. 税务筹划与避税、偷税的区别

(1)从法律角度看,偷税是违法的,它发生了应税行为,却没有依法如期、足额地缴纳税款,它通过漏报收入、虚增费用、进行虚假会计记录等手段达到少纳税的目的。它是对税法的蔑视与挑战,一旦被发现,必然会受到惩罚。避税是立足于税法的漏洞和措辞上的缺陷,通过人为安排交易行为,来达到规避税负的行为。在形式上它不违反法律,但实质上却与立法意图、立法精神相悖。这种行为本是税法希望加以规范和约束的,但因法律的漏洞和滞后性而使该目的落空。从这个意义上说,它是不合法的,这也正是反避税得以实行的原因。税务筹划则是税法所允许的,甚至鼓励的:在形式上它以明确的法律条文为依据;在内容上,它又是顺应立法意图的,是一种合理合法行为。税务筹划不但谋求纳税人自身利益的最大化,而且依法纳税,履行税法规定的义务,维护国家的税收利益。它是对国家征税权利和纳税人自主选择最佳纳税方案权利的维护。

(2)从时间和手段上讲,偷税是在纳税义务已经发生后进行的,纳税人通过缩小税基、降低税率适用档次等欺骗隐瞒手段减少应纳税额。避税也是在纳税义务发生后进行的,通过对一系列以税收利益为主要动机的交易进行人为安排而实现,这种交易常常无商业目的。税务筹划则是在纳税义务尚未发生时进行的,是通过对生产经营活动的事前选择、安排而实现的。

(3)从行为目标上看,偷税的目标是为了少缴税。避税的目标是减轻或解除税收负担。降低税负是偷、漏税的唯一目标,而税务筹划是以应纳税义务人的整体经济利益最大化为目标,税收利益只是其考虑的一个因素而已。

二、个人税务筹划的原理

个人税务筹划可以达到合理避税或节税的目的。其基本原理可以概括为以下四个方面。

（一）充分利用税收优惠政策

我国的税收制度也有很多减免税的规定,如困难性减免、鼓励性减免、投资性减免等。利用减免税的方法包括尽量争取更多的减免税待遇,尽量使减免期最长化。

我国税收制度在减免税形式上同时采用了起征点和免税额两种优惠手段。其中,增值税规定了起征点,并由省级税务主管机构在规定幅度内做出具体规定。根据2022年最新税法,个人所得税采用了免税额的形式:工资、薪金所得普遍适用的减除费用标准即免征额为5 000元。对劳务报酬所得、稿酬所得、财产租赁所得则规定:每次收入不超过4 000元的,免征额为800元;每次收入在4 000元以上的,减除20%的费用。

除利用起征点和免税额外,还可争取最大化减免税项目,如从事减免税业务、合理安排收支形式等。充分利用税收优惠还包括选择合适的扣除时机和选择最小化的税率等。

（二）递延纳税时间

递延纳税时间的具体方法包括递延收入实现时间、加速累积费用的扣除、选择合理的预缴方式等。

（三）缩小计税依据

缩小计税依据的具体方法包括使不可抵扣的费用支出最小化、扩大税前可扣除范围等。

（四）利用避税地降低税收负担

地区之间同一税收的税负(征收比例)有时有很大差异,某些税种在特定地区甚至是免税的,对此,有条件时可以加以利用。

三、个人税务筹划的范围

个人所得税是对个人(自然人)取得的各项应税所得征收的一种税。我国于1994年1月1日开始实施适用于中外籍个人的《中华人民共和国个人所得税法》(简称《个人所得税法》)。《个人所得税法》和《个人所得税实施条例》规定了个人所得税的征税范围,具体内容为:

（一）工资、薪金所得

工资、薪金所得是指个人因任职或者受雇而取得的工资、薪金、奖金、年终加薪、劳动分红、津贴、补贴以及与任职或者受雇有关的其他所得。

支付工资、薪金的单位与纳税人应该有稳定的雇用与被雇用关系。没有稳定的雇用与被雇用关系的,属于劳务报酬之列。

(二)个体工商户的生产、经营所得

个体工商户与企业联营而分得的利润,按利息、股息、红利所得项目征收个人所得税。个体工商户和从事生产、经营的个人,取得与生产、经营无关的各项应税所得,应按规定分别计算征收个人所得税。

(三)对企事业单位的承包经营、承租经营所得

对企事业单位的承包经营、承租经营所得,是指个人承包经营、承租经营所得以及转包、转租经营取得的所得,包括个人按月或者按次取得的工资、薪金性质的所得。

(四)劳务报酬所得

劳务报酬所得是指个人从事设计、装潢、安装、制图、化验、测试、医疗、法律、会计、咨询、讲学、新闻、广播、翻译、审稿、书画、雕刻、影视、录音、录像、演出、表演、广告、展览、技术服务、介绍服务、经纪服务、代办服务以及其他劳务取得的所得。

个人与单位之间是否存在稳定的雇用与被雇用关系,是判断一项收入究竟是属于劳务报酬所得,还是属于工资、薪金所得的重要标志。

(五)稿酬所得

稿酬所得是指个人因其作品以图书、报刊形式出版、发表而取得的所得。这里所说的作品,包括文学作品、书画作品、摄影作品以及其他作品。

虽然稿酬所得与劳务报酬所得的性质基本相同,但考虑到著书立说属于高智力的活动,对于人类社会的发展进步具有很大的贡献,因而单独列出给予税收上的优惠,以区别于其他劳务报酬所得。

(六)特许权使用费所得

特许权使用费所得是指个人提供专利权、商标权、著作权、非专利技术以及其他特许权的使用权取得的所得。提供著作权的使用权取得的所得不包括稿酬所得。

(七)利息、股息、红利所得

利息、股息、红利所得是指个人因拥有债权和股权而取得的利息、股息、红利所得。

(八)财产租赁所得

财产租赁所得是指个人出租建筑物、土地使用权、机器设备、车船以及其他财产取得的所得。

(九)财产转让所得

财产转让所得是指个人转让有价证券、股权、建筑物、土地使用权、机器设备、车船以及其他财产取得的所得。

(十)偶然所得

偶然所得是指个人得奖、中奖、中彩以及其他偶然性质的所得。

(十一)经国务院财政部门确定征税的其他所得

个人取得的所得,难以界定应纳税所得项目的,由主管税务机关确定。

四、税率

我国的个人所得税采用综合和分项相结合的计算方法,因而其税率按各应税项目分别采用超额累进税率和比例税率两种形式。

超额累进税率是指将同一课税对象划分为若干等级,对每一级分别规定不同的税率,纳税人的全部课税对象按各级别分别适用不同的税率,然后累加即为应纳税额。由于超额累进税率的计算比较复杂,税务机关在实际工作中往往采用速算扣除数法,征税时,将应纳税所得额乘上该所得额相应的最高税率,再减去速算扣除数,其结果即为应纳税额。按照全额累进税率与差额累进税率分别计算应纳税额,两者之间的差额就是每一级相应的速算扣除数。比例税率是指对同一课税对象,不论其数额大小,一律适用同一个税率。或者说,税率不因征税对象数额的多少而有所区别,只要是同一征税对象,不论其数额多少,税率均相同。

个人所得税的税率按所得项目的不同分别规定为:

(1)工资、薪金所得,适用3%～45%的7级超额累进税率,税率如表15.1所示。

表 15.1　　　　　　　　工资、薪金所得适用税率和速算扣除数

级数	全年应纳税所得额	税率(%)	速算扣除数
1	不超过 36 000 元的	3	0
2	超过 36 000 元至 144 000 元的	10	2 520
3	超过 144 000 元至 300 000 元的	20	16 920
4	超过 300 000 元至 420 000 元的	25	31 920
5	超过 420 000 元至 660 000 元的	30	52 920
6	超过 660 000 元至 960 000 元的	35	85 920
7	超过 960 000 元的	45	181 920

注:①本表所称全年应纳税所得额是指依照《个人所得税法》第六条的规定,居民个人取得综合所得以每一纳税年度收入额减除费用 60 000 元以及专项扣除、专项附加扣除和依法确定的其他扣除后的余额;

②非居民个人取得工资、薪金所得,劳务报酬所得,稿酬所得和特许权使用费所得,依照本表按月换算后计算应纳税额。

(2)个体工商户的生产、经营所得和对企事业单位的承包经营、承租经营所得,适用5%～35%的5级超额累进税率,其税率如表15.2所示。

表 15.2　　　　　　　　　经营所得适用税率和速算扣除数

级数	全年应纳税所得额	税率(%)	速算扣除数
1	不超过 30 000 元的	5	0
2	超过 30 000 元至 90 000 元的部分	10	1 500
3	超过 90 000 元至 300 000 元的部分	20	10 500
4	超过 300 000 元至 500 000 元的部分	30	40 500
5	超过 500 000 元的部分	35	65 500

注:本表所称全年应纳税所得额是指依照《个人所得税法》第六条的规定,以每一纳税年度的收入总额减除成本、费用以及损失后的余额。

(3)劳务报酬所得、稿酬所得、特许权使用费所得,以每次收入额为预扣预缴应纳税所得额,计算应预扣预缴税额。

收入额:劳务报酬所得、稿酬所得、特许权使用费所得以收入减除费用后的余额为收入额;其中,稿酬所得的收入额减按70%计算。

减除费用:预扣预缴税款时,劳务报酬所得、稿酬所得、特许权使用费所得每次收入不超过 4 000 元的,减除费用按 800 元计算;每次收入 4 000 元以上的,减除费用按收入的 20% 计算。

①居民个人劳务报酬所得预扣率表。劳务报酬所得实际上适用 20%、30%、40% 三级超额累进税率,其税率如表 15.3 所示。

表 15.3　　　　　　　　　居民个人劳务报酬所得预扣预缴适用

级数	预扣预缴应纳税所得额	预扣率(%)	速算扣除数
1	不超过 20 000 元的	20	0
2	超过 20 000 元至 50 000 元的部分	30	2 000
3	超过 50 000 元的部分	40	7 000

②居民个人稿酬所得、特许权使用费所得适用 20% 的比例预扣率。

(4)利息、股息、红利所得,财产租赁所得,财产转让所得和偶然所得,适用比例税率,税率为20%(该税率适用于居民个人与非居民个人)。

(5)非居民个人工资、薪金所得,劳务报酬所得,稿酬所得,特许权使用费所得如表 15.4 所示。

表 15.4　　非居民个人工资、薪金所得,劳务报酬所得,稿酬所得,特许权使用费所得税率表

级数	应纳税所得额	税扣率(%)	速算扣除数
1	不超过 3 000 元的	3	0

续表

级数	应纳税所得额	税扣率(%)	速算扣除数
2	超过 3 000 元至 12 000 元的部分	10	210
3	超过 12 000 元至 25 000 元的部分	20	1 410
4	超过 25 000 元至 35 000 元的部分	25	2 660
5	超过 35 000 元至 55 000 元的部分	30	4 410
6	超过 55 000 元至 80 000 元的部分	35	7 160
7	超过 80 000 元的部分	45	15 160

注：①非居民个人的工资、薪金所得，以每月收入额减除费用 5 000 元后的余额为应纳税所得额；劳务报酬所得、稿酬所得、特许权使用费所得，以每次收入额为应纳税所得额。②劳务报酬所得、稿酬所得、特许权使用费所得以收入减除 20% 的费用后的余额为收入额；其中，稿酬所得的收入额减按 70% 计算。③居民与非居民认定标准：在中国境内有住所，或者无住所而一个纳税年度内在中国境内居住累计满 183 天的个人，为居民个人；在中国境内无住所又不居住，或者无住所而一个纳税年度内在中国境内居住累计不满 183 天的个人，为非居民个人。

五、应纳税所得额的确定

个人所得税的计税依据是纳税人取得的应纳税所得额。应纳税所得额是个人取得的每项收入所得减去税法规定的扣除项目和扣除金额之后的余额。这些扣除项目和金额主要有两部分：一是对本人及其赡养人口按规定估算的生计费以及"三险一金"等；二是按规定额或按实际支出数减除的必要费用。正确计算应纳税所得额，是依法征收个人所得税的基础和前提。

（一）工资、薪金所得

中国居民的境内工资、薪金所得，以每月收入扣除 5 000 元费用（一年为 60 000 元）及其他扣除后的余额，为应纳税所得额，这里的其他扣除包括："三险一金"等专项扣除、子女教育等专项附加扣除、依法确定的其他扣除、符合条件的公益慈善事业捐赠，等等。

（二）个体工商户生产、经营所得

个体工商户的生产、经营所得，以每一纳税年度的收入总额，减除成本、费用以后的余额，为应纳税所得额。这里的成本、费用，是指纳税义务人从事生产、经营所发生的各项直接支出和分配计入成本的间接费用以及销售费用、管理费用、财务费用；这里的损失是指纳税义务人在生产、经营过程中发生的各项营业外支出。对纳税义务人未提供完整、准确的纳税资料，不能正确计算应纳税所得额的，由主管税务机关核定其应纳税所得额。

（三）对企事业单位承包经营、承租经营所得

该项所得以每一纳税年度的收入总额，减除每月 5 000 元的必要费用后的余额，

为应纳税所得额。每一纳税年度的收入总额是指纳税义务人根据承包经营、承租经营合同规定分得的经营利润和工资、薪金所得。

(四)劳务报酬所得、稿酬所得、特许权使用费所得和财产租赁所得

每次不超过4 000元的,减除费用800元;超过4 000元的,减除20%的费用,其余额为应纳税所得额。这里的每次是指:

(1)劳务报酬所得,属于一次性收入的,以取得该项收入为一次;属于同一项目连续性收入的,以一个月内取得的收入为一次。

(2)稿酬所得,以每次出版、发表取得的收入为一次。

(3)特许权使用费所得,以一项特许权的一次许可使用所取得的收入为一次。

(4)财产租赁所得,以一个月内取得的收入为一次。

(5)利息、股息、红利所得,以支付利息、股息、红利时取得的收入为一次。

(6)偶然所得,以每次取得该项收入为一次。

(五)财产转让所得

以一次转让财产的收入额减除财产原值和合理费用后的余额为应纳税所得额。这里的财产原值是指:

(1)有价证券,为买入价以及买入时按照规定缴纳的有关费用。

(2)建筑物,为建造费或者购进价格以及其他有关费用。

(3)土地使用权,为取得土地使用权所支付的金额、开发土地的费用以及其他有关费用。

(4)机器设备、车船,为购进价格、运输费、安装费以及其他有关费用。

纳税义务人未提供完整、准确的财产原值凭证,不能正确计算财产原值的,由主管机关核定其财产原值。

这里的合理费用是指卖出财产时按照规定支付的有关费用。

(六)利息、股息、红利所得,偶然所得和其他所得

以每次收入额为应纳税所得额。其中,每次取得的收入额是指支付单位或个人每次支付利息、股息、红利时,个人所取得的收入。股份制企业在分配股息、红利时,以股票形式向股东个人支付应得的股息、红利(即派发红利),应以派发红利的股票票面金额为收入额按利息、股息、红利项目计征个人所得税。

一般而言,利息、股息、红利所得,偶然所得和其他所得都不是人们赖以维持生计的主要收入来源,而是主要职业收入之外的补充收入。在前面所介绍各项所得的扣除额中已经充分考虑了生计费用、赡养费用,而且这类所得没有什么费用支出,因此以其全额为应纳税所得额。

六、个人所得税计算

根据个人所得税分项计算征收,分项计算费用减除和分别使用不同税率的规定,

其各项所得的应纳税额的计算方法是不同的。现将各项应税所得的应纳税额的计算公式和举例列举如下,以使筹划者参考比较。

(一)工资、薪金所得适用7级超额累进税率

2018年10月1日起,个税起征点提高至5 000元,使用超额累进税率的计算公式如下:全月应纳税所得额=税前收入-5 000元(起征点)-专项扣除("二险一金"等)-专项附加扣除-依法确定的其他扣除。

缴税=全月应纳税所得额×适用税率-速算扣除数

【例15.1】 假设小陈的工资收入为8 000元,专项扣除("三险一金"等)扣除1 000元,没有专项附加扣除,那么他应纳个人所得税为60元[(8 000-1 000-5 000)×3%-0]。实发工资=应发工资-各类保险-缴税=8 000-1 000-60=6 940(元)。

居民个人取得全年一次性奖金符合规定的,在2023年12月31日前,可以选择不并入当年综合所得,以全年一次性奖金收入除以12个月得到的数额,按照每月换算后的综合所得税率表,确定适用税率和速算扣除数,单独计算纳税。计算公式为:

应纳税额=全年一次性奖金收入×适用税率-速算扣除数

居民个人取得全年一次性奖金,也可以选择并入当年综合所得计算纳税。计算公式为:

应纳税额=(全年工资+全年一次性奖金收入-5 000-其他)×适用税率-速算扣除数

然后二者再进行比较,以少者为纳税方式。

(二)个体工商业户的生产、经营所得适用5级超额累进税率

计算公式为:

应纳税额=(年收入总额-成本、费用、损失)×适用税率-速算扣除数

【例15.2】 某个体工商业户某纳税年度全年收入总额为70 000元,成本、费用和损失经税务部门确定为45 000元,该个体工商业户年应纳税额为:

应纳税额=(70 000-45 000)×5%-0=1 250(元)

(三)对企事业单位的承包经营、承租经营适用5级超额累进税率

计算公式为:

应纳税额=(年收入总额-费用)×适用税率-速算扣除数

【例15.3】 某承包经营者某纳税年度全年收入总额为100 000元,允许扣除的必要费用为60 000元(5 000元×12月)。该承包经营者年应纳税额为:

应纳税额=(100 000-60 000)×10%-1 500=2 500(元)

(四)劳务报酬所得、特许权使用费所得、稿酬所得、财产租赁所得,每次收入不超过4 000元的,采用定额扣除,适用20%的税率

计算公式为:

$$应纳税额=(每次所得额-800)\times 20\%$$

【例 15.4】 某纳税人一次取得特许权使用费所得 3 000 元,该纳税人应纳税额为:

$$应纳税额=(3\ 000-800)\times 20\%=440(元)$$

税法规定,按上述计算方法计算的稿酬所得的以收入减除费用后的余额为收入额,收入额减按 70%计算。计算公式为:

$$应纳税额=(每次稿酬所得-800)\times 20\% \times 70\%$$

(五)劳务报酬所得、特许权使用费所得、稿酬所得、财产租赁所得,每次收入超过 4 000 元,采用定率扣除,适用 20%的税率

计算公式为:

$$应纳税额=每次所得额\times(1-20\%)\times 20\%$$

【例 15.5】 某纳税人一次取得劳务报酬所得 6 000 元,该纳税人的应纳税额为:

$$应纳税额=6\ 000\times(1-20\%)\times 20\%=960(元)$$

税法规定,按上述计算方法计算的稿酬所得的以收入减除费用后的余额为收入额,收入额减按 70%计算。计算公式为:

$$应纳税额=每次稿酬所得\times(1-20\%)\times 20\% \times 70\%$$

(六)劳务报酬所得一次收入畸高的,需要加成征收

一次收入超过 20 000 元至 50 000 元的,应纳税额的计算公式为:

$$应纳税额=20\ 000\times(1-20\%)\times 20\%+超过 20\ 000 元部分\times(1-20\%)\times 20\%\times(1+50\%)$$

【例 15.6】 某演员一次收取演出收入为 28 000 元,该演员的应纳税额为:

$$应纳税额=20\ 000\times(1-20\%)\times 20\%+8\ 000\times(1-20\%)\times 20\%\times(1+50\%)$$
$$=5\ 120(元)$$

劳务报酬所得一次收入超过 50 000 元的,应纳税额的计算公式为:

$$应纳税额=20\ 000\times(1-20\%)\times 20\%+30\ 000\times(1-20\%)\times 20\%\times(1+50\%)+超过 50\ 000 元部分\times(1-20\%)\times 20\%\times(1+100\%)$$

【例 15.7】 某书画家一次取得劳务报酬所得 60 000 元,该书画家的应纳税额为:

$$应纳税额=20\ 000\times(1-20\%)\times 20\%+30\ 000\times(1-20\%)\times 20\%\times(1+50\%)+10\ 000\times(1-20\%)\times 20\%\times(1+100\%)=13\ 600(元)$$

(七)财产转让所得,适用 20%的税率

计算公式为:

$$应纳税额=(转让财产收入额-财产原值-合理费用)\times 20\%$$

【例 15.8】 某纳税人转让其拥有的房屋一间,收入 8 500 元,该房屋原值为 6 000 元,修理费用为 1 000 元,该纳税人应纳税额为:

应纳税额=(8 500-6 000-1 000)×20%=300(元)

(八)利息、股息、红利所得,偶然所得,其他所得,适用20%的税率

计算公式为:

$$应纳税额=利息、股息、红利等所得×20\%$$

值得节税者注意的是,纳税人在计算应纳个人所得税税款时,如果该纳税人在中国境外有应税所得,则准予其在应纳税税额中扣除已在境外缴纳的个人所得税税额,以避免双重征税,但扣除额不得超过该纳税人境外所得依照我国税法规定计算的应纳税额。

如果某人有多项所得,则需要综合计算。

【例15.9】 居民个人B在甲公司每月领取工资4万元,个人缴付"三险一金"6 000元,每月享受2 000元子女教育专项附加扣除,全年预缴个人所得税49 080元,另外在乙单位每月讲课取得劳务报酬收入1万元,预缴个人所得税19 200元。其在8月份取得稿酬收入8 000元,预缴个人所得税896元。居民B全年合计已预缴税额69 176元。

全年综合所得收入额=40 000×12+10 000×(1-20%)×12+8 000×(1-20%)×70%=580 480(元)

全年应纳税额=(580 480-60 000-6 000×12-2 000×12)×30%-52 920=74 424(元)

应补税额=74 424-69 176=5 248(元)

第二节 税务筹划策略与技巧

一、个人所得税节税策略

(一)工资、薪金所得

工资、薪金所得的节税策略包括:(1)白色收入灰色化;(2)收入福利化;(3)收入保险化;(4)收入实物化;(5)收入资本化。

(二)工商户的生产、经营所得

工商户生产、经营所得的节税策略包括:(1)收入项目极小化;(2)成本、费用扣除极大化;(3)防止临界点档次爬升。

(三)劳务报酬所得

劳务报酬所得的节税策略包括:(1)零星服务,收入灰色化;(2)大宗服务,收入分散化;(3)利用每次收税的起征点节税。

(四)稿酬所得

此项收入的税率为20%比例税率,再加上减征30%的优惠。因此,此项收入的节税要领包括:(1)作者将稿子转让给书商获得税后所得;(2)利用每次收入少于4 000元的800元扣除;(3)利用每次收入超过4 000元的20%扣除;(4)利用30%折扣节税。

(五)特许权使用费所得

特许权使用费所得的节税策略包括:(1)特许权使用费收入灰色化;(2)将特许权使用费捐献无偿化;(3)将特许权使用费低价转让化;(4)将此项收入包含在设备转让价款之中。

(六)利息、股息、红利所得

利息、股息、红利所得的节税策略包括:(1)利息收入国债化;(2)股票收入差价化;(3)红利收入送股、配股化。

(七)财产租赁、财产转让所得

财产租赁、财产转让所得的节税策略包括:(1)成本扣除极大化;(2)转让所得灰色化;(3)房产原值评估极大化;(4)费用装饰极大化。

资料卡 15-1 如何利用转换职业身份来节税?

李女士原就职于足球专业报纸,由于她报道足球视角独特,文笔流畅,故被另一家体育专业报纸高薪挖走。假定李女士的月薪为50 000元。从职业身份的角度考虑,哪种才是降低税负的最佳筹划方案呢?

方案一:李女士调入体育报社

收入属于工资、薪金所得,其应纳个人所得税为:(50 000－5 000)×10%－210＝4 290(元)。

方案二:李女士作为自由撰稿人

收入属于劳务报酬所得,其应纳个人所得税:50 000×(1－20%)×30%－2 000＝10 000(元)。

方案三:以稿酬形式支付李女士所得

其应纳个人所得税:50 000×(1－20%)×20%×(1－30%)＝5 600(元)

资料卡 15－2　如何通过收入项目费用化来减少个税？

某作家近期准备创作一本小说，需要到外地体验生活。预计其全部稿费收入20万元，体验生活费用等支出5万元。体验生活费可以由作家自己负担，也可由出版社支付，但稿费要减少5万元。那么哪种方式实际税后收入更高呢？

方案一：作家自己负担费用

应纳个人所得税的税额＝200 000×（1－20%）×20%×（1－30%）＝22 400（元）

实际税后收入＝200 000－22 400－50 000＝127 600（元）

方案二：出版社支付体验生活费用

实际支付给该作家的稿酬为15万元。应纳个人所得税的税额＝150 000×（1－20%）×20%×（1－30%）＝16 800（元）

实际税后收入＝150 000－16 800＝133 200（元）

二、个人所得税税务筹划

（一）利用纳税人身份认定的节税筹划

个人所得税的纳税义务人，包括居民纳税义务人和非居民纳税义务人两种。

居民纳税义务人就其来源于中国境内或境外的全部所得缴纳个人所得税；而非居民纳税义务人仅就其来源于中国境内的所得，向中国缴纳个人所得税，很明显，非居民纳税义务人将会承担较轻的税负。

《中华人民共和国个人所得税法》第一条规定，在中国境内有住所，或无住所而一个纳税年度内在中国境内居住累计满183天的个人，为居民个人。在中国境内无住所又不居住，或者无住所而一个纳税年度内在中国境内居住累计不满183天的个人，为非居民个人。要牢牢把握这一尺度，如果不属于个人所得税的居民纳税义务人，可仅就其来源于中国境内的所得缴纳个人所得税。

（二）利用分次申报纳税的节税筹划

个人所得税对纳税义务人取得的劳务报酬所得，稿酬所得，特许权使用费所得，利息、股息、红利所得，财产租赁所得，偶然所得和其他所得这七项所得，都是明确应该按次计算征税的。由于扣除费用依据每次应纳税所得额的大小，分别规定了定额和定率两种标准，从维护纳税义务人的合法利益的角度看，准确划分"次"，变得十分重要。

对于只有一次性收入的劳务报酬，以取得该笔收入为一次。例如，接受客户委托从事设计装潢，完成后取得的收入为一次。属于同一事项连续取得劳务报酬的，以一个月内取得的收入为一次。同一作品再版取得所得，应视为另一次稿酬所得计征个人所得税。同一作品先在报刊上连载，然后再出版；或者先出版，再在报刊上连载的，应视为两次稿酬所得缴税，即连载作为一次，出版作为另一次。财产租赁所得，以一个月内取得的收入为一次。

(三)利用扣除境外所得的节税筹划

税法规定，纳税义务人从中国境外取得的所得，准予其在应纳税额中扣除已在境外缴纳的个人所得税税额。但扣除额不得超过该纳税义务人境外所得依照我国税法规定计算的应纳税额。

(四)利用捐赠抵减的节税筹划

《中华人民共和国个人所得税实施条例》规定：个人将其所得通过中国境内的社会团体、国家机关，向教育和其他社会公益事业以及遭受严重自然灾害地区、贫困地区的捐赠，金额超过纳税人申报的应纳税所得额30％的部分，可以从其应纳税所得额中扣除。也就是说，个人在捐赠时，必须在捐赠方式、捐赠款投向、捐赠额度上同时符合法规规定，才能使这部分捐赠款免缴个人所得税。

三、个人税务筹划技巧

(一)选择减免税业务项目

购买国债和国家发行的金融债券利息免缴个人所得税；教育储蓄存款免缴个人所得税；对股票转让所得，暂不征收个人所得税；下岗职工从事社区居民服务业，对其取得的经营所得和劳务报酬所得可以免税；从事个体经营的，自其领取税务登记证之日起，从事独立劳务服务的，自其持下岗证明在当地主管税务机关备案之日起3年内免征个人所得税；个人转让自用达5年以上并且是唯一的家庭生活用房取得的所得免征个人所得税。

(二)合理安排收支

纳税人应按当地政府规定的最高计缴比例缴纳各种基金，即住房公积金、医疗保险金、基本养老保险金、失业保险金，以取得最大的节税效果，因为以上项目均免征个人所得税。

利用减免税有关规定，将应税收入尽量以免税收入的形式取得，如外籍个人以非现金形式或实报实销形式取得的住房补贴，外籍个人从外商投资企业取得的股息、红利所得等。

(三)工资薪金"化整为零"

个人所得税通常采用超额累进税率，所以，在纳税人一定时期内收入总额既定的情况下，其分摊到各个纳税期内的收入应尽量均衡，最好不要大起大落。可以将年薪改为月薪，或者将年终奖金分到每月发放，比如年薪30多万元的员工，一次性领取适用的最高税率为45％，但是要改为月薪，每个月大概只需要缴25％的税。对于不少企业发放的季度奖、半年奖、过节费等,如果分摊到更多的月份,对个人来说则可以节省不少。

(四)变存款为理财产品

在银行定期存款能得到利息,不过,利息税也不可避免。由于国债和国家发行的金融债券利息免征所得税,股票型、债券型和货币型基金等开放式基金派发的红利也在免税范围,因此,将定期银行存款置换为国债或银行理财产品来避税,不失为一种增加投资收益的好办法。

(五)利用公积金免税

每月要缴纳的住房公积金是从税前扣划的,财政部、国家税务总局将单位和个人住房公积金免税比例确定为12%,即职工每月实际缴存的住房公积金只要在其上一年度月平均工资12%的幅度内,就可以从个人应纳税所得额中扣除。因此,可以利用公积金来免税。

(六)购买保险时可享受三大税收优惠

购买保险时可享受三大税收优惠:一是医疗保险不计入个人当期的工资、薪金收入,免缴个人所得税;二是保险赔款免个人所得税;三是缴付的医疗保险金、基本养老保险金和失业保险基金存入银行个人账户所取得的利息收入,免征个人所得税。

(七)房产收益节税措施

据调查,房产、房租收入是目前中产阶层一个很重要的收入来源,这部分收入会产生相应的税收。纳税人可以充分利用税法中费用扣除的规定,减少应纳税所得额。例如,居民个人出租住房的房屋修缮费可以作为房租收入的扣除项目。此外,个人住房转让,纳税不可避免,因此,尽量不要让房产的增值部分变现,如果急需资金,则可以考虑选择用房产作抵押进行信贷融资。

(八)富人未雨绸缪,提前应对遗产税

在西方国家,遗产税被称为"罗宾汉税",即只对少数富人征收,有"劫富济贫"的作用。贫富悬殊是一些国家普遍存在的社会问题。统计资料表明,美国占总人口1%的收入最高的人赋税占联邦税收的14.7%。为防止财富因世代相传而过度集中,政府往往征收高额的遗产税,以德国为例,遗产税高达50%。

我国目前尚未开征遗产税,虽然在2018年起,我国开始对一部分特定领域的遗产征税,但并未形成全面覆盖的法规。不过,已经成为少数富人的隐忧。

目前,在广州等经济发达地区,不少精打细算的生意人,都试图抢在遗产税法规正式实施前,把其本人名下的一些物业所有权转让给自己的未成年子女,甚至直接用子女的名义购置物业或保险,以便将来能节省一大笔遗产税金,因为在法律未出台之前的既成行为不受法律制定之后的制约,这同样是国际惯例。

上述做法能否真正实现避税尚未可知,但提前分财产的确是富人们逃避遗产税的惯用手法。针对这种情况,所有开征遗产税的国家都要事先制定与完善配套的"赠与税"。据此,没有经济收入的未成年子女名下的物业房产都属于赠与,理所当然要缴纳赠与税。

本章小结

1. 税务筹划是指纳税人在实际纳税义务发生之前对纳税负担的低位选择,即纳税人在法律许可的范围内,通过对经营、投资、理财等事项的事先安排和筹划,以充分利用税法所提供的包括减免税在内的一切优惠政策,从而获得最大的税收利益。税务筹划所节约的税款支付等于直接增加纳税人的净收益,与理财概念中的增收节支、降低成本和收益最大化具有同等重要的意义和作用。

2. 税务筹划具有超前性、屏蔽性、合法性、风险性与专业性五大特点。

3. 税务筹划与避税、偷税有明显的区别。

4. 个人税务筹划的基本原理包括:充分利用税收优惠政策、递延纳税时间、缩小计税依据、利用避税地降低税收负担。

5. 个人税务筹划的范围包括:工资、薪金所得;个体工商户的生产、经营所得;对企事业单位的承包经营、承租经营所得;劳务报酬所得;稿酬所得;特许权使用费所得;利息、股息、红利所得;财产租赁所得;财产转让所得;偶然所得;经国务院财政部门确定征税的其他所得。

6. 个人所得税的税率按所得项目的不同分别规定为:工资、薪金所得,适用3%~45%的7级超额累进税率;个体工商户的生产、经营所得和对企事业单位的承包经营、承租经营所得,适用5%~35%的5级超额累进税率;稿酬所得,适用20%的比例税率并按应纳税额减征30%,故实际税率为14%;劳务报酬所得实际上适用20%、30%、40%的3级超额累进税率;特许权使用费所得,财产租赁所得,财产转让所得,利息、股息、红利所得,偶然所得和其他所得,适用20%的比例税率。根据税率可以确定应纳税所得额,同时可以计算个人所得税。

7. 个人所得税税务筹划包括:利用纳税人身份认定的节税筹划;利用附加减除费用的节税筹划;利用分次申报纳税的节税筹划;利用扣除境外所得的节税筹划;利用捐赠抵减的节税筹划。

8. 个人税务筹划技巧包括:选择减免税业务项目;合理安排收支;工资薪金"化整为零";变存款为理财产品;利用公积金免税;购买保险时可享受三大税收优惠;房产收益节税措施;富人未雨绸缪,提前应对遗产税。

知识结构图

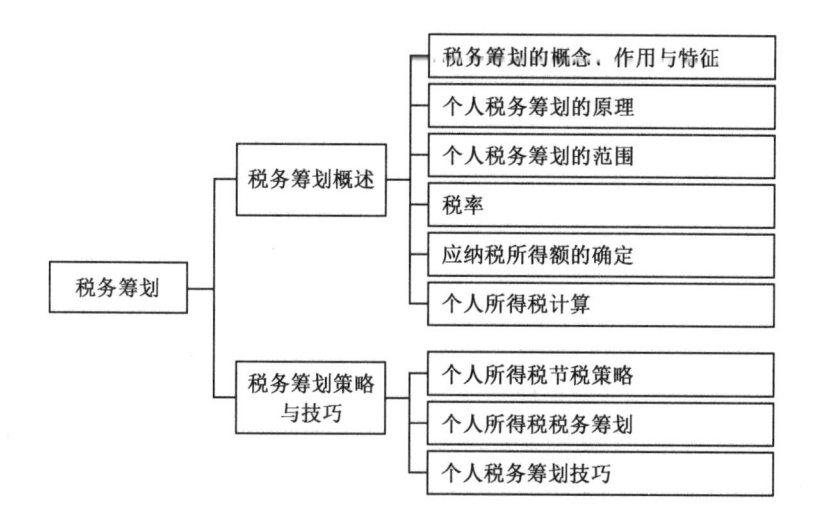

```
                          ┌─ 税务筹划的概念、作用与特征
                          ├─ 个人税务筹划的原理
              ┌─ 税务筹划概述 ─┼─ 个人税务筹划的范围
              │           ├─ 税率
              │           ├─ 应纳税所得额的确定
   税务筹划 ──┤           └─ 个人所得税计算
              │
              │           ┌─ 个人所得税节税策略
              └─ 税务筹划策略 ─┼─ 个人所得税税务筹划
                 与技巧      └─ 个人税务筹划技巧
```

复习思考题

结合个人实际谈谈涉税的主要方面,本书所讲的节税技巧有哪些可以借鉴?

第十五章 习题

第十五章 习题答案

课后阅读

刘彦斌语录——理财的误区

1. 理财是有钱人的事。穷人、有钱人都能理财,要养成良好的投资习惯。

2. 忙,没有时间理财。有时间打麻将没时间理财?当年毛主席尚且每天记账,不要说你没时间,你就算是再忙也忙不过毛主席吧!

3. 理财就是买股票、买保险。如果把所有的钱都拿去买股票,那是赌博而不是理财。当然也不能把所有的钱都拿去买保险,保险只是众多理财工具中最稳当的一种,也是必不可少的一种。

4. 钱少,理财没什么效果。理财的秘密是"爱惜钱,节省钱,钱生钱,坚持不懈"。

5. 我不懂理财。不懂可以学,理财并不难,任何时候开始学都不晚。

6. 理财就是发财。理财和发财没有关系。理财是未雨绸缪,帮助你的财富安全、稳健地增长,从而达到生活目标。

7. 理财要从众。理财不能随大流,一定是个性化的行为。

第十六章 养老规划

学习目标

1. 知识目标

(1) 掌握退休计划与遗产规划的基本概念与意义;

(2) 理解退休规划的基本原则;

(3) 理解退休规划设计的流程;

(4) 掌握各种遗产规划工具的基本特征;

(5) 理解财富传承与遗产规划的联系。

2. 技能目标

(1) 能根据个人的收入支出状况制定未来退休规划方案;

(2) 能根据客户的意愿制定合理的遗产规划方案。

3. 思政目标

(1) 帮助学生意识到养老的重要性,养老既是个人问题也是社会问题;

(2) 了解养老政策,更好保障自己的养老权益;

(3) 培养正确的养老观念,既要注重身体健康,还要注重心理健康;

(4) 强调个人在社会保障中的责任与义务,鼓励大学生积极缴纳社会保险和遵守相关政策规定。

案例导入

1984年,在东京国际马拉松邀请赛上,名不见经传的日本选手山田本一出人意料地夺得了世界冠军。

两年后,在意大利国际马拉松邀请赛上,他再次夺冠。记者问他连得冠军的秘诀是什么,他的回答总是一句话:凭智慧战胜对手。但很多人都不信,马拉松凭的是体力和耐力,智慧能有什么用?直到10年之后,这个谜终于被解开。山田本一在自传中说:"每次比赛之前,我都要乘车把比赛的线路仔细看一遍,并把沿途比较醒目的标志都记下来,这样一直记到赛程终点。比赛开始后,我就以百米的速度奋力地向第一个目标冲去,等到达第一个目标后,我又以同样的速度向第二个目标冲去。40多公里的赛程,就被我分解成几个小目标轻松地跑完了……"

理财启示:很多人将理财目标定得很高很大。但是,越是这样高不可及的目标,往往越是难以实现。理财不能急功近利,更不能好高骛远。

本章导语:本章讲述了退休计划与遗产规划的基本概念、意义以及它们与投资理财的关系,读者需要理解退休计划与遗产规划的主要内容,同时会运用有关退休计划和遗产规划的操作策略进行基本的理财操作。本章的内容是理财规划的重要组成部分,读者注意养老规划和投资规划、保险规划的联系。

关键词:养老规划、遗产、遗产规划、遗嘱、遗嘱信托、遗产管理委任书

第一节 退休计划

一、退休计划的概念及意义

(一)基本概念

退休计划又称退休养老规划,是指为了保证人们在将来过上自立、尊严、高品质的退休生活,而从现在开始积极实施的理财方案。退休后能够享受自立、尊严、高品质的生活是一个人一生中最重要的财务目标,因此退休养老规划是整个个人财务规划中不可缺少的部分。合理而有效的退休养老规划不但可以满足退休后漫长生活的支出需要,保证自己的生活品质,抵御通货膨胀的影响,而且可以显著地提高个人的净财富。

(二)退休计划的意义

(1)维持退休后的正常生活水平。包括退休后的日常生活需求,以及日益增多的医疗支出和护理需求。而且退休前合理的规划越早越好。

(2)减少收入水平降低的影响。随着年龄的增长,大多数老年人的就业机会越来越受到限制。这使得人们可能面临提早退休和预期收入水平降低的困境。合理的退休计划可以摆脱这种困境。

(3)满足人们寿命日益延长的需求。科技进步显著延长了人的寿命,因此现代人便有了更长的退休生活时期。长久的退休生活也就意味着人们需要在退休之前有更多的储蓄和更好的规划。

(4)促进金融市场的发展。发展个人退休和养老计划可以分流银行长期储蓄。我国长期以来形成了通过储蓄积累养老资金的状况,这与我国金融工具缺乏、人们投资意识低的客观状况相吻合。但是,随着利率水平的降低,这种养老资金的筹集方式不仅不利于我国金融工具的开发和推广,也不利于人们资金的保值增值。社会通货膨胀率的上升将会对人们单一的储蓄存款资金造成侵蚀,甚至出现负储蓄的现象。社会保

障体系的建立和退休计划的推行将有效地解决这一问题,在合理规划人们退休生活的同时,推动金融市场的发展。

二、退休计划的原则

人应该尽早开始储备退休基金,越早越轻松。

(1)退休金储蓄的运用不能太保守,否则即使年轻时就开始准备,年老时仍会不堪负荷。

(2)以保证给付的养老险或退休年金满足基本支出,以报酬率高但无保证的基金投资满足生活品质支出。若投资绩效较好,则收益可用于支付环游世界等生活品质支出,富余资金还可以作为遗产留给后代。

三、退休规划设计

完整的退休规划包括工作生涯设计、退休后生活设计及自筹退休金的储蓄投资设计,参见图16.1。由退休后生活设计可引导出退休后到底需要花费多少钱,由工作生涯设计可估算出可领多少退休金(企业年金或团体年金)。退休后需要花费的资金和可受领的资金之间的差距,就是个人应该自筹的退休资金。

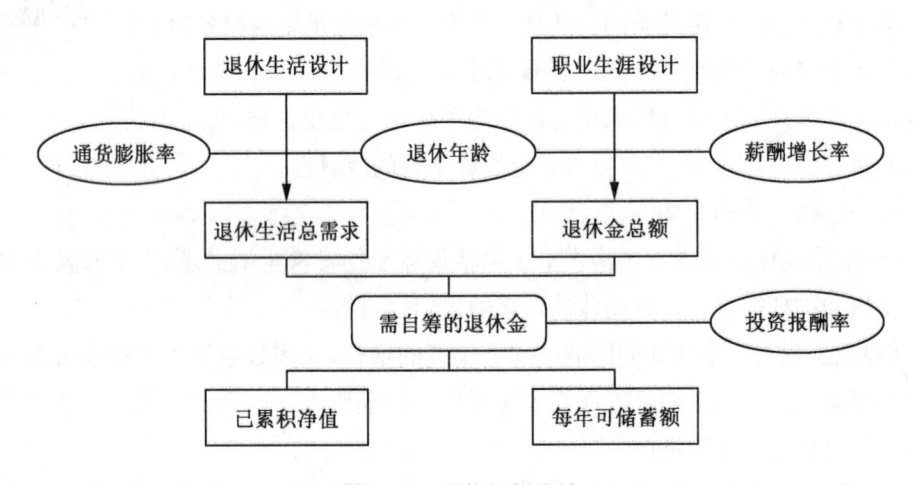

图 16.1　退休规划设计

自筹退休金的来源,一是运用过去的积蓄投资,二是运用现在到退休前的剩余工作生涯中的储蓄来累积。退休三项设计的最大影响因素是通货膨胀率、工作薪金收入增长率与投资报酬率,而退休年龄既是期望变数,也是影响以上三项设计的关键因素。

每个人都应该在40岁或最晚在退休前10年时,以计划退休后的生活作为退休规划的第一步。可尽量具体地把退休后的生活梦想写下来,开始退休生活设计,这是退休规划的一个重要的部分。

四、退休计划制订步骤

退休规划设计好了,就意味着要对退休制订一份完整的计划了。首先要制订退休目标,比如在什么年龄退休、在什么财务状态下退休、退休后打算过怎样的生活,这些都是必须事先有所安排和准备的。只有把目标放置在心中,执行起来才能事半功倍。

(一)确定合适的退休年龄

确定自己的退休年龄很重要,因为退休后的日常收入一般都会大幅减少,这会影响生活水平和质量。我国大部分员工会在 60 岁时退休,女性一般会在 55 岁或 50 岁就退休。人力资源和社会保障部也正在考虑延长职工的法定退休年龄,以减轻"白色浪潮"对社会养老的压力。因为实践证明,延迟退休年龄既有利于减轻社会养老压力,也有利于保持经济持续发展。

此外,经济的景气状况以及身体和精神状况也会对人们的退休年龄产生影响。前些年,为了缓解就业压力,大量不规范的"提前退休"造成中国平均退休年龄低至 53 岁。在中国"未富先老"的趋势迅速袭来时,提前退休给尚在完善中的社会保障制度带来难以承受的压力。面对快节奏的现代生活,提前退休对很多人而言无疑是很有诱惑力的。但如果人们选择较早退休,未来可能会不可避免地面对经济压力。

因此,结合自身的财务、身体等状况,平衡退休前后两段时期的不同生活,为自己确定一个理想的退休年龄或者说退休年龄范围,是退休规划中最必要的步骤之一。

(二)合理设计财务目标

人们退休后的财务状况,既取决于其制订的退休计划,也受到人们职业特点和生活方式的约束。生活方式和生活质量应当建立在合理规划收入和支出的基础上,不切实际的高标准只会让人们的退休生活更加困难。

可是,在现实生活中,由于"棘轮效应"的存在,人的消费习惯形成之后有不可逆性,即易于向上调整,而难以向下调整。尤其是在短期内消费习惯是不可逆的,其习惯效应较大。这其实也就是古人所说的"由俭入奢易,由奢入俭难"。

这种习惯效应,使消费取决于相对收入,即相对于自己过去的高峰收入。而每个人的高峰收入期,通常正是在退休前的 5~10 年内达到的。这就给退休规划中财务目标的设定带来了困难。

为此,我们需要慎重对待自己的消费习惯:一方面要尽力维持较好的生活水平,不能降低生活质量;另一方面要考虑到自己的实际情况,不能盲目追求高端生活。

年龄和财务目标两方面的要求并不是孤立的,它们之间相互关联。如果我们为了获得更多的时间享受退休生活,就可能不得不降低退休财务目标;而如果为了追求更高质量的退休生活,则可能必须延长工作时间,推迟退休年龄。

(三)退休后需要多少生活费

你需要的生活费根据你渴望的退休后生活方式而定。有些人希望享受黄金般的晚年,所以每月可能会花掉 2 万元;有些人会选择简单的晚年生活,每月或许只需几百元维持生活。一般来说,退休之后我们日常的消费还是会相应减少。

当然,多少年后才正式退休、退休后可以生活多少年、退休前和退休后的通货膨胀率等因素都会影响所需生活费的总数。

(四)储蓄已经有多少

计算你迄今为止的储蓄有多少,这些储蓄在你到达退休年龄时,能够为你"贡献"多少。对于大部分人来说,雇员公积金、个人储蓄、投资的资金等,都是其退休后的主要"收入"。

(五)计算退休资金缺口

预算所需的未来退休金,计算由现在储蓄所产生的"未来收入",可以确定在退休时是否有足够的退休金。如果没有足够退休金,就意味着有退休资金缺口。退休金缺口等于预计的养老金支出与预计的养老金收入之差,如果小于 0,就意味着退休金不够。当然还需要考虑利率变动和通货膨胀的影响。

(六)弥补资金缺口

如果没有足够的金钱,就意味着必须开始储蓄更多的钱,或找寻更高的投资回报。如果从现在开始要储蓄钱,必须确定希望得到的回报是多少、还有多少年退休,以及需多少钱才足够退休后使用。这样,才能设定每年或每月的储蓄目标。

资料卡 16-1　40 岁退休规划案例

张先生 30 岁,目前财务状况不错,现金流充沛,想 40 岁退休。当前他每月支出 3 000 元。

按照目前中国人平均寿命预计,活到 80 岁是比较乐观的,那至少需要准备 40 年(80−40)的退休金,留给张先生的准备时间是 10 年(40−30)。假设张先生的钱平均分配到保险、基金和外汇中。通货膨胀率考虑 CPI(消费物价指数),按 4%计算,投资回报率为 5%。我们可以给张先生算笔账。

张先生需要多少钱?

(1)张先生目前每月支出 $A = 3\,000$ 元。

(2)目前退休支出 $B = A \times 70\% = 2\,100$(元)。

(3)10 年后退休支出 $C = B \times$ 通货膨胀系数 $= 2\,100 \times 1.48 = 3\,108$(元),其中,通货膨胀率为 4%,查经过 10 年的复利终值系数(查看附录 1)。

(4)需要退休金总数 $D = C \times 12 \times 40$ 年 $= 1\,491\,840$(元),约等于 150 万元。

(5)为简化计算,假设张先生没有其他资金储备,养老金缺口 E=D=150 万元。

(6)F=E/(年金终值系数×12)=150 万元/(13.21×12)=9 936(元)。其中,投资回报率为5%,查经计10年的年金终值系数(查看附录3)。

张先生只要坚持每月投资9 936元,在其他条件不变的情况下,就可以在40岁的时候,过上目前生活水准的退休生活了。

(七)制定退休规划

根据退休金缺口,制定退休规划,利用各种方法弥补退休金缺口。退休金缺口的弥补方法包括提高当前收入、提高储蓄比例、降低退休后开支、延长工作年限、提高投资收益等。

(八)选择退休规划工具

按照养老投资原则,可以社会养老保险和商业养老保险满足退休后的基本支出;也可以报酬率较高的有价证券投资满足退休后的生活品质支出。养老投资注重安全性、收益性、多样性、流动性,主要的养老投资工具包括社会养老保险、企业年金、商业养老保险、银行存款、国债、高等级企业债券、银行理财产品、基金、股票(主要投资于蓝筹股)、实物投资(如房产),等等。

(九)执行计划

在制定好退休计划、选择好养老投资工具后,就进入执行计划阶段。养老规划周期很长,应严格执行养老规划,养成强制储蓄的习惯。

(十)反馈与调整

如果市场环境、客户养老目标没有发生重大变化,则只需要定期(每年)检查退休规划的执行情况即可。

第二节 遗产规划

一、遗产及遗产规划

(一)遗产

遗产是指被继承人死亡时遗留的个人所有财产和法律规定可以继承的其他财产权益,包括积极遗产和消极遗产。积极遗产是指死者生前个人享有的财物和可以继承的其他合法权益,如债权和著作权中的财产权益等。消极遗产是指死者生前所欠的个人债务。在中华人民共和国,遗产范围主要是生活资料,也包括法律允许个人所有的生产资料。

(二)遗产规划

遗产规划是考虑到自己或自己关心的人会发生不幸,而按照自己的愿望,提前做出合法、有效、全面的计划。遗产规划主要是有关财产的安排,也会包括医疗护理意愿、葬礼计划和对未成年孩子指定监护人等。遗产规划不仅可以实现自己的愿望,通常还会减少可能的税务、费用等,为资产提供保护。

在西方国家,政府对居民的遗产有严格的管理和税收规定,所以一般民众对遗产管理服务有相当大的需求,遗产管理计划是财务策划中相当重要的一部分。但是一些发展中国家的居民遗产数额不大,政府对遗产的征税也较为单一,加上人们的心理忌讳等因素的影响,对遗产规划的需求相对较低。

二、遗产规划工具

(一)遗嘱

所谓遗嘱,是指遗嘱人生前在法律允许的范围内,按照法律规定的方式对其遗产或其他事务所做的个人处分,并于遗嘱人死亡时发生效力。

1. 遗嘱的特征

遗嘱主要有以下几个特征:

(1)遗嘱是单方法律行为,即遗嘱是基于遗嘱人单方面的意思表示即可发生预期法律后果的法律行为。

(2)遗嘱人必须具备完全民事行为能力,限制行为能力人和无民事行为能力人不具有遗嘱能力,不能设立遗嘱。

(3)设立遗嘱不能进行代理。遗嘱的内容必须是遗嘱人的真实意思表示,应由遗嘱人本人亲自做出,不能由他人代理。如是代书遗嘱,必须由本人在遗嘱上签名,并要有两个以上的见证人在场见证。

(4)紧急情况下,才能采用口头形式,而且要求有两个以上的见证人在场见证。危急情况解除后,遗嘱人能够以书面形式或录音形式立遗嘱的,所立口头遗嘱因此失效。

(5)遗嘱是遗嘱人死亡时才发生法律效力的行为。因为遗嘱是遗嘱人生前以遗嘱方式对其死亡后的财产归属问题所做的处分,死亡前还可以加以变更、撤销,所以,遗嘱必须以遗嘱人的死亡作为生效的条件。

(6)如果遗嘱人没有事实死亡,而是在具备相关的法律条件下,经有关利害关系人的申请,由人民法院宣告死亡后,遗嘱也发生法律效力,利害关系人可以处分遗嘱当事人的财产。如果在短期内遗嘱人重新出现,则相应的财产可以退还遗嘱人;如果时间较长,例如超过2年以上以及财产出现了无法退还的情况,则受益人应当对遗嘱人的基本生活在其受益的范围内提供帮助,但法定义务人不受此限。

2. 遗嘱的类型

为了保证遗嘱的真实性、合法性和有效性,遗嘱必须依法采用法定形式。根据我国民法典的规定,合法的遗嘱形式有以下几种:

(1)公证遗嘱,即经国家公证机关办理了公证的遗嘱。遗嘱人须亲自到其户籍所在地或主要遗产所在地的公证机关办理,不得由他人代理。同时,遗嘱人必须在公证员面前书写遗嘱内容,并签名盖章和注明日期;如果遗赠人不识字或虽识字但无法亲笔书写的,可向公证员口述,由两名公证员在场并做出记录,随后,公证员要向遗嘱人宣读记录内容,经遗嘱人确认后签名盖章。

公证遗嘱是最严格的,也是效力最高的遗嘱形式。如果遗嘱人以不同的形式立有数份内容不同或抵触的遗嘱时,则以公证遗嘱为准。

(2)自书遗嘱,即遗嘱人生前亲自手写的遗嘱。自书遗嘱必须由遗嘱人亲笔书写,签名,注明年、月、日。

此外,对公民在遗书中涉及死后个人财产处分的内容,确为死者的真实意思,由本人签名并注明了年、月、日,又无相反证据的,可按自书遗嘱对待。

(3)代书遗嘱,即由遗嘱人口述遗嘱内容,他人代为书写制成的遗嘱。代书遗嘱应当有两个以上的见证人在场见证,由其中一人代书,注明年、月、日,并由代书人、其他见证人和遗嘱人签名。

(4)录音遗嘱,即以录音磁带记录遗嘱人处分其遗产的语言的遗嘱。在遗嘱录音时,应当有两个以上的见证人在场见证。

(5)口头遗嘱,即遗嘱人口头表述的遗嘱。遗嘱人在危急情况下,可以立口头遗嘱。口头遗嘱应当有两个以上的见证人在场见证。危急情况解除后,遗嘱人能够用书面或录音形式立遗嘱的,所立的口头遗嘱无效。

3. 遗嘱的执行

遗嘱的执行是指为了实现遗嘱内容,在遗嘱发生法律效力后依照法律规定的程序进行的必要行为,是实现遗嘱内容和被继承人的意愿,保护继承关系当事人利益的重要措施。遗嘱的执行从被继承人死亡后、遗嘱生效时开始。

(二)遗嘱信托

关于遗嘱信托的基本概念、遗嘱信托的分类、遗嘱信托的功能在第十二章中已经讲得很清楚了,这里只对遗嘱信托的执行程序略做说明。

一般来说,遗嘱信托的处理程序有如下几个步骤:

(1)遗嘱的鉴定。首先,鉴定遗嘱的真伪;其次,验证遗嘱人是否死亡,有时死者的死亡不在本地,以致牵涉法律问题,所以应用直接证明法和推定证明法予以证实。只有确定遗嘱人死亡,遗嘱才开始有法律效力。

(2)收集遗产。信托机构的第二项职责,是在短期内收集死者的遗产。首先调查了解死者是否保有人寿保险;其次调查了解死者的债权情况。

(3)编制遗产清册和暂管遗产。信托机构为委托人收毕遗产后,应随即详列财产细目并按市场价格估计其数值,编制出遗产清册,交付受益人(包括继承人和受遗赠人等)及有关公正的第三者。

(4)代结清税款和债务。信托公司执行遗嘱信托业务的第四项职责,也是业务处理的第四步,是代受益人交付应负担的捐税和交付应清理的遗嘱人生前所发生的各种债务。其顺序当然是先缴纳国家的赋税,然后清偿被继承人的债务。

(5)交付遗赠。

(6)分割遗产。信托机构作为遗嘱执行人,必须在完成上述各种手续后,才能分割遗产。

(三)人寿保险

人寿保险产品在遗产管理中起着重要的作用:一方面,投保人去世后的保险赔偿金是以现金方式支付的,因此能够增加遗产的流动性;另一方面,合理地运用人寿保险进行遗产管理还可以起到合法避税的效果。西方国家在相关的法律上对购买人寿保险免交个人所得税制定了若干条款,所以运用人寿保险避税成为西方各国普通家庭投资理财经常使用的方法。

1. 税法对保险费的优惠措施

在个人所得税方面,我国规定社会统筹个人缴纳养老保险等社会保险费部分,在规定比例范围内不计个人所得税。在企业所得税方面,《中华人民共和国企业所得税实施条例》(2019年)第三十五条规定,企业依照国务院有关主管部门或者省级人民政府规定的范围和标准为职工缴纳的基本养老保险费、基本医疗保险费、失业保险费、工伤保险费、生育保险费等基本社会保险费和住房公积金,准予扣除。企业为投资者或者职工支付的补充养老保险费、补充医疗保险费,在国务院财政、税务主管部门规定的范围和标准内,准予扣除。第三十六条规定,除企业依照国家有关规定为特殊工种职工支付的人身安全保险费和国务院财政、税务主管部门规定可以扣除的其他商业保险费外,企业为投资者或者职工支付的商业保险费,不得扣除。

此外,还有一些特定的商业保险产品可用于抵扣个人所得税,如企业年金和职业年金、商业健康险、税收递延型商业养老保险等。

这些都体现了国家对保险的优惠和鼓励,是保险节税功能的一大政策优势。

2. 税法对保险金给付的优惠措施

保险金免税是国际通行的惯例,因而投保寿险对保户来说就能达到合法、合理避税的目的。目前,我国税法在投保人保险金的所得方面规定了如下优惠:

(1)个人所得税。根据《中华人民共和国个人所得税》第四条第五款规定:个人所获保险赔款准予在计算应纳税所得额前扣除,即"保险赔款"免缴所得税。目前我国关于人身保险的各种给付均属于"保险赔款"范畴。因此,只要是人身保险的保险金给付,不论给付的项目为何,均可免缴个人所得税。

(2)遗产税。我国目前还未开征遗产税,国外遗产税法的实施将会使人们为减少纳税而减少可能成为遗产的个人财产,除了通过分散个人财产的方法外,购买人寿保险既可保证财富的延续性,又可以合理有效地规避税制调节,使财产损失降至最低,因而这种税收筹划极具现实意义。

由以上内容可知,将部分财产通过保险公司可以合法地规避一笔不小的税款,并可以利用保险赔偿金缴纳遗产税,避免了由于现金不足而变卖资产所造成的财产损失,最大限度地保全了资产。

(四)遗产管理委任书

遗产管理委任书是遗产管理的另一种工具,它授权当事人指定的一方在一定条件下代表当事人指定其遗嘱的订立人,或直接分配当事人遗产。委托人通过遗产管理委任书,可以授权他人代表自己安排和分配其财产,从而不必亲自办理有关的遗产手续。被授予权利代表当事人处理其遗产的一方称为代理人,在遗产管理委任书中,当事人一般要明确代理人的权利范围,代理人只能在此范围内行使其权利。

遗产管理委任书有两种,即普通的与永久的。如果当事人去世或丧失了行为能力,普通遗产管理委任书就不再有效。所以必要时,当事人可以拟订永久遗产管理委任书,以防范突发意外事件对遗产管理委任书有效性的影响。永久遗产管理委任书的代理人在当事人去世或丧失了行为能力后,仍有权处理当事人的有关遗产事宜。所以,永久遗产管理委任书的法律效力要高于普通遗产管理委任书。在许多国家,对永久遗产管理委任书的制定有着严格的法律规定。

(五)捐赠

捐赠是指当事人为了实现某种目标,将某项财产作为礼物赠送给受益人,而使该项财产不再出现在遗嘱条款中。当事人采取这种方式一般是为了减少税收支出,因为许多国家对捐赠财产的征税要远低于对遗产的征税。但这种方式也有缺点,那就是财产一旦捐赠给他人,当事人就不再对该财产拥有控制权,将来也无法将其收回。

三、遗产规划主要步骤

遗产规划可以分为如下步骤:

(一)评估客户的遗产价值

这是遗产规划的首要环节,规划师只有在充分了解和评估客户将来的遗产类型和价值总额的基础上,才能制订出合适的遗产计划。在这个环节,需要规划师与客户之间进行充分、有效的沟通,让客户了解哪些资产属于遗产的范畴、如何评估资产,以及遗产管理的主要工具。在此基础上,客户可以编制相应的资产负债表,并据此计算出将来的遗产数额和类型。遗产可以分为三类,即动产、不动产和具有财产价值的权利。动产包括现金、银行存款、有价证券、金银首饰、珠宝等;不动产主要是房屋、工厂等;具有财产价值的权利,主要包括专利权、商标权、保险权益、债权、土地占用权等。它们构成了遗产估价的具体对象。

(二)确定遗产管理的目标

根据辛普森(Simpson,1998)的定义,客户遗产管理的目标主要包括以下几个方面:(1)为受赡养者留下足够和适当的生活资源;(2)减少税收支出;(3)为有特殊需要的受益人提供遗产保障;(4)保护受益人的养老金获取资格;(5)非遗产性资产的继承;(6)满足客户的其他慈善需要。

除此之外,为客户提供足够的遗产流动性以偿还其债务、保持遗产计划的可变性以及合理规划客户的长期责任等,也是遗产管理不可缺少的目标。客户的突然去世不会解除其自身的债务偿还义务,而客户的流动性遗产也不一定能够支付其债务负担。因此,在遗产规划中应保证遗产的流动性,以应对债务偿还的需求。

(三)制订遗产计划

在这一过程中,规划师要根据自己所掌握的遗产规划的技能,运用不同的遗产管理工具,为客户制订合理的遗产计划,这是衡量规划师遗产计划能力的关键因素。在制订过程中,需把握以下几个原则:(1)遗产计划的差异性;(2)遗产计划的可变性;(3)遗产计划的现金流动性。另外,客户类型不同,遗产计划的制定也不同,具体可分为如下几种:

1. 客户未婚、无子女、父母健在

在客户年龄不大却已有大额资产的情况下,也不能忽视早逝的可能性而不做任何遗产计划。此时应以父母为寿险保险金的受益人,指定父母为遗嘱继承人,寿险保额与继承份额可以不相等。

如果父母离异,与自己共同生活的一方可获得较高份额甚至成为唯一的遗产继承人。

2. 客户已婚,有未成年子女,父母健在

如果父母比自己拥有的财产更多,可以配偶与未成年子女为寿险保险金受益人,指定遗嘱继承人为配偶与子女。若担心配偶改嫁,子女权益受到影响,可对子女为受益人的保单设置保险金信托。

若成立遗嘱信托,也可以设立条件,一旦配偶改嫁则丧失受益权,受益权转给子女,并设定子女未来的配偶为排外受益人,以避免婚姻风险。若父母还需要客户照顾,可在遗嘱中按其年龄设定足以安享晚年的继承财产、养老金或信托受益权。

3. 客户已婚,有成年子女,父母已亡故

此时客户应属于事业有成的阶段,家庭资产最多。此时可以将大部分金融资产成立家族信托,同时投保大额保单做保险金信托。可将暂时难以放入家族信托的房产与家族企业股权的部分作为遗嘱处理。

信托与保险受益人都是配偶与子女,如果名下的遗产的大部分都是夫妻共同财产,遗嘱的指定继承人应以配偶为主,等未来配偶也过世了再以遗嘱传给子女。不建议使用一方过世后生存方可能更改、法律效力存疑的夫妻共同遗嘱。

4. 客户离异,有未成年子女,父母仍健在

客户在离婚时已经做了婚姻财产分割,但是如果离婚协议书上有支付赡养费直到前配偶再婚为止的协议,或子女由前配偶负责照顾,客户需要支付子女抚养费到子女大学毕业为止的情况,在写遗嘱时应该确保万一自己身故时这些责任可持续执行。

如果子女是由自己抚养且主要是由父母照顾,遗嘱的指定继承人应该以父母为主,可以要求父母也写遗嘱将继承的遗产在身后指定由孙子女继承,或以子女为受益人成立保险金信托。

5. 客户再婚,与前后任配偶都有婚生子女,另外还有非婚生子女

这种客户的感情情况比较复杂,可能有多次婚姻,在不同的婚姻关系中有婚生子女,另外还有非婚生子女。

由于离婚分产的教训,设立遗嘱时指定继承人为现任配偶与所有的子女,可能与现任的配偶所生的子女的份额会多一些,但也不能忽视其他的婚生子女或非婚生子女,以免在继承权公证时未分配到遗产的其他子女不配合而无法顺利完成遗产分割。

若不想让非婚生子女曝光,则可以选择以其为受益人投保寿险的方式。很多情况下被继承人都是在生前保密,身后才在遗嘱中坦白有未婚生子女并给予一定金额的遗产份额的。

6. 客户未婚、无子女、父母已故,却仍有相当多遗产者

这种情况并不多见。没有第一顺序继承人,也没有孙子女作为第二顺序继承人,若是按法定继承将由第二顺序的继承人的兄弟姐妹继承,民法典也改为兄弟姐妹的子女也可以代位继承。

如果与兄弟姐妹或侄子与外甥辈的感情不深,则遗嘱中可以指定将遗产成立公益信托或设立公益基金会,来扶贫救难,帮助更多的人。若连第二顺序继承人都没有,遗产将归国家所有,此时更应以遗嘱来做慈善规划,将大爱永留人间。

(四)遗产计划的动态管理

由于客户的财务状况和目标处于变化之中,因此,规划师应建议客户在每年或每半年修订遗产计划。这些变化包括子女的出生或死亡、配偶或其他继承人死亡、婚姻状况的改变、房地产的出售、财富的变化、负债的变化等。具体动态管理如下:

1. 本人健康情况发生变化

当本人遭遇重大疾病或意外事故时,需要长时间的照护与数额庞大的医疗费用。这时如果没有预先安排足够的健康险,可能会因为治病与复建使得原来可留下的遗产减少。此时也可以观察这种情况下家人态度的变化,作为调整遗嘱指定继承人的依据。有时可与真正照顾本人的非法定继承人签订遗赠扶养协议,协议的效力还高于遗嘱。

2. 婚姻情况的变化

由未婚到已婚、已婚到离婚、离婚到再婚,或者在配偶死亡时,都需要更改遗嘱,增加、调整或减少指定继承人,在保险安排上同样也要调整保险的受益人。

3. 子女的变化

子女出生、成年或死亡,再婚认养继子女,或无法生育认养子女时,也都要根据子女的实际情况调整遗嘱。

4. 其他继承人的变化

父母、兄弟姐妹的再婚、伤病、残疾或死亡,如果原来遗嘱中有指定的部分,则应做调整。

5. 财产上的重大收益或损失,以及保有形态的变化

一份详细的遗嘱,必须说明哪一类遗产指定继承给哪一个人。如只写每个遗嘱继承人可以继承多少比例的遗产,则与法定继承一样,容易因大家都想要增值性强的财产类别而产生纠纷。

被继承人身故时遗嘱中未分配的遗产或遗嘱订立后才增加的遗产,仍以法定继承办理。而遗嘱人生前的行为与遗嘱的意思表示相反,而使遗嘱处分的财产在继承开始前灭失、部分灭失或所有权转移、部分转移的,遗嘱视为被撤销或部分撤销,也会使得立遗嘱人无法完成当初设立遗嘱的心愿。

因此,必须根据被继承人财产金额与类别的实际状况更新遗嘱,最好每年能更新一次。现在不再优先使用公证遗嘱,而是以最新的遗嘱为准,因此应适时更新遗嘱,以使其发挥最大的效力。

本章小结

1. 退休计划又称退休养老规划,是指为了保证人们在将来过上自立、尊严、高品质的退休生活,从现在开始积极实施的理财方案。

2. 退休计划的意义包括:维持退休后的正常生活水平;减少收入水平降低的影响;满足人们寿命日益延长的需求;促进金融市场的发展。

3. 退休计划的原则包括:退休金储蓄的运用不能太保守,否则即使年轻时就开始准备,仍会不堪负荷;以保证给付的养老险或退休年金满足基本支出,以报酬率高但无保证的基金投资满足生活品质支出。

4. 完整的退休规划包括工作生涯设计、退休后生活设计及自筹退休金的储蓄投资设计。

5. 退休计划制订步骤包括：确定合适的退休年龄；合理设计财务目标；计算退休后需要多少生活费；计算已经有多少储蓄；计算退休资金缺口；弥补资金缺口；制定退休规划；选择退休规划工具；执行计划；反馈与调整。

6. 遗产是指被继承人死亡时遗留的个人所有财产和法律规定可以继承的其他财产权益，包括积极遗产和消极遗产。遗产规划是指考虑到自己或自己关心的人会发生不幸，而按照自己的愿望，提前做出合法、有效、全面的计划。

7. 遗产规划工具包括遗嘱、遗嘱信托、人寿保险、遗产管理委任书、捐赠。

8. 所谓遗嘱，是指遗嘱人生前在法律允许的范围内，按照法律规定的方式对其遗产或其他事务所做的个人处分，并于遗嘱人死亡时发生效力。合法的遗嘱形式包括公证遗嘱、自书遗嘱、代书遗嘱、录音遗嘱、口头遗嘱。

9. 遗嘱信托的处理程序包括：遗嘱的鉴定；收集遗产；编制遗产清册和暂管遗产；代结清税款和债务；交付遗赠；分割遗产。

10. 人寿保险产品在遗产管理中起着重要的作用：一方面，投保人去世后的保险赔偿金是以现金方式支付的，因此能够增加遗产的流动性；另一方面，合理地运用人寿保险进行遗产管理还可以起到合法避税的效果。

11. 遗产规划可以分为如下步骤：评估客户的遗产价值；确定遗产管理的目标；制订遗产计划；遗产计划的动态管理。

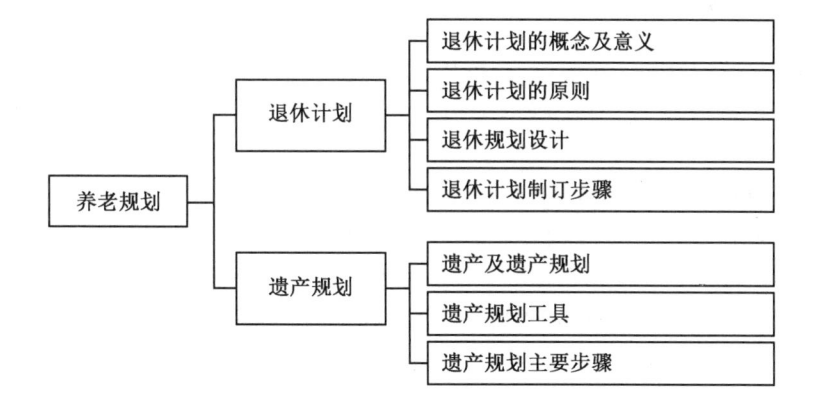

知识结构图

养老规划
- 退休计划
  - 退休计划的概念及意义
  - 退休计划的原则
  - 退休规划设计
  - 退休计划制订步骤
- 遗产规划
  - 遗产及遗产规划
  - 遗产规划工具
  - 遗产规划主要步骤

复习思考题

1. 请你根据实际情况，给父母或长辈制订一份合理的退休计划。
2. 遗产规划的主要工具有哪些？
3. 制订遗产规划的步骤有哪些？

课后阅读

刘彦斌语录——理财的五个一工程

1. 一生恪守量入为出

拳王泰森从 20 岁开始打拳,40 岁时挣了将近 4 亿美元,但他花钱无度,别墅有 100 多个房间,有几十辆跑车,养老虎当宠物,结果到 2004 年年底他破产时,还欠了美国国家税务局 1 000 万美元。如果不是含着金钥匙出生,则享受应该是 40 岁以后的事。人年轻时必须付出、拼搏,老来穷是最苦的。

2. 不要梦想一夜暴富

天上不会掉馅饼,中国有句俗话叫"财不进急门"。一年收益 40%~50% 的机会不可信,听起来过于完美的东西往往不是真的。

当别人给你貌似很好的投资机会时,要问自己 6 个问题(以产权酒店为例):(1)谁在卖给我东西,对方的信誉如何?(2)我的钱干啥去了?(3)我挣的是什么钱?即盈利模式。(4)收益率合理吗?年收益 1%~5% 为低,5%~8% 为中等,8% 以上为高。(5)如果我不投资了,它卖得出去吗?(6)如果卖不出去,它可以自用吗?这 6 个问题中,如果对其中 2 个以上存有疑问,就不太可信。

3. 不要让债务缠住一生

想好你是否具备财务能力后再买房,如硬着头皮买房就是房奴。车奴更甚,车子是持续性消费。日本的富翁每天拎着饭盒乘公交。信用卡是财务鸦片。年轻人不要对未来生活抱着虚无的幻想。改变生活要从小钱开始。你永远算不过银行,一般而言,你既要还本又要还息。

4. 一夫一妻

结婚不是最大的财,就是最大的债。不要轻易离婚。

5. 专心一项投资

中国有一句老话叫"一招鲜,吃遍天"。一生做好一件投资,一般你就会过上美满幸福的生活,但这肯定不是去赌。记住:不熟不做,不懂不投,不要从众。有些钱不是你的。

综合理财规划篇

第十七章　新金融投资与理财

📅 **学习目标**

1. 知识目标

(1)掌握互联网金融的定义及特征;

(2)了解互联网金融产品的种类;

(3)理解众筹理财的概念、特征与规则。

2. 技能目标

(1)掌握互联网和众筹投资与理财的原则与操作流程;

(2)理解互联网和众筹理财的风险及风险防范方法;

(3)能够在理解的基础上运用新金融投资与理财的方式理财。

3. 思政目标

(1)诚信是企业的核心竞争力,坚决抵制欺诈、虚假等不良行为;

(2)提高互联网金融法律意识;

(3)加强网络安全教育,掌握网络安全技能,防范网络攻击和数据泄露等风险。

📖 **案例导入**

上帝看到两个饥饿的赶路人,便给了他们一根鱼竿和一篓子鱼,他们每人拿了一样东西便各行其是了。

拿到鱼的人很是兴奋,想着定要好好地饱餐一顿,便就近找了一个落脚处,拾了些柴火,清理了鱼,把一篓鱼都煮了。不久,浓郁鲜美的鱼香味便散发到了空中,饥饿的他狼吞虎咽地吃起了鱼,最后连一滴鱼汤都没落下,全都进了他的肚子。他十分满足,提着空篓子继续向前走去,但接下来的日子里,他再也没有遇到任何可以吃的东西,终于坚持不下去了,他饿死在了途中。

而那个拿着鱼竿的人,忍着饥饿继续向前走,终于在他疲惫不堪之际发现了一个湖泊,他向水边走去,但是此时他发现自己的身体已经支撑不住了,最终因饥饿而饿死在湖泊不远处。

理财启示:只考虑到眼前利益,往往会让自己得不偿失;只注重长远的目标,却没有考虑到实际情况,最终也只能功亏一篑。可见,想要理财的人,不能只顾眼前利益,而是要将长远目标和实际情况结合起来,最终才能够让自己走向致富的道路。

本章导语:本章介绍了互联网金融理财的内涵、互联网金融产品的种类以及互联网金融理财原则及风险防范,同时介绍了众筹投资的内涵、原则及风险防范,要求学生能够在理解的基础上运用相关新金融投资与理财的方法进行操作。本章与之前章节的不同之处在于,本章节理财方式属于一种新型理财方式,而且会综合运用前面所学的各个章节知识,因此属于综合理财。

关键词:互联网金融、众筹理财、货币型基金

第一节 互联网金融理财

一、互联网金融的内涵

(一)互联网金融的定义

互联网金融是利用互联网技术和移动通信技术等一系列现代信息科学技术实现资金融通的一种新兴金融服务模式。互联网金融与传统金融模式相一致,都是实现资金供给方与资金需求方的匹配过程。但与传统金融不同的是,互联网金融不仅可以实现跨时间、跨区域的价值交换,而且可以通过互联网这一渠道更高效地完成资金供给双方的匹配。互联网"平等、开放、协作、分享"的精神传递到传统金融业态,衍生出创新的金融服务创新模式,使得金融业务具备透明度更强、参与度更高、协作性更好、中间成本更低、操作更加便捷等一系列特征。互联网技术手段最终可以打破金融机构在资金融通过程中的主导地位,金融中介作用不断弱化。也就是说,互联网金融是一种努力尝试摆脱金融中介的行为。

(二)互联网金融的特点

1. 低成本与低门槛

与传统金融业务相比,互联网金融突出的优势之一是低成本。互联网金融主要在互联网的虚拟空间上开展业务,突破了时间和空间的限制,无论是定位客户还是完成支付均在网上进行,省去了庞大的营业网点费用。

低门槛是互联网金融的另外一个优势。很多理财产品都是100元起即可购买,支付宝的余额宝、百度的活期宝甚至低至1元起。如此低的门槛,使得广大网民可以充分激活钱袋子里的小额、闲余资金,并"积小流以成江海"。

2. 用户群优势与信息处理优势

开展金融业务的互联网企业普遍拥有较大的用户群,因而可以利用用户的信赖度和上网习惯,快速地推介金融产品。另外,互联网企业还具有信息优势,凭借掌握的海

量客户数据,能精准地发现客户,增强与客户的黏性,并借助大数据的处理技术,快速准确掌握客户的行为特征。这对于开展小微金融业务极为便利。

3. 高流动性和高收益并存

互联网理财产品的流动性与便利性可与活期存款比肩。目前来说,用户可以随时以零手续费赎回理财产品,并且款项在极短的时间内即可到账。

二、互联网金融产品的种类

按产品类型划分,互联网金融理财产品可分为以下 5 类。

(一)集支付、收益、资金周转于一体的理财产品

首先,该类产品的最大特征是投资人可以进行消费、支付和转出的操作,且无须任何手续费,如阿里巴巴的余额宝。其次,该类产品承诺 T＋0 赎回,其实时提现的优点可以满足投资人对产品流动性的需求。据余额宝官方介绍,按余额宝转出至银行卡的金额,单笔小于等于 5 万元,第二个自然日 24:00 前到账;单笔大于 5 万元,则提交后的一个工作日内 24:00 前到账。最后,该类余额宝产品的本质是货币型基金产品,收益取决于货币市场间资金利率水平,随市场浮动。

(二)与知名互联网公司合作的理财产品

以腾讯理财通为例,其直接接入以华夏基金为代表的一线品牌基金公司,首发宣传 7 日年化收益率为 7.394%。

所谓"7 日年化收益率",是指根据最近 7 天的收益情况,折算而成的年化收益率。假使货币基金在某一天集中兑现收益,当天的万份收益就会畸高,随后一段时间其 7 日年化收益率都会很高,因此"7 日年化收益率"这个指标就会虚高。最好的做法是,投资人在日常观察货币基金收益的同时,重点关注日每万份收益,以及长期的业绩稳定性。

(三)基金公司在自己的直销平台上推广的产品

基金公司直销推广的产品,与以货币型基金为本质、披上互联网金融外衣的理财产品,在原始收益率上并无差异。这是因为两者所挂钩的基金产品实际上是同一款产品,收益率自然一样。唯一不同的是,一般货币型基金虽也承诺 T＋0 赎回,但必须等到当天收市清算后资金方能到账。

(四)银行自己发行银行端现金管理工具

银行信誉的保障是该类产品最大的优势。很多投资人正是出于能够及时变现的考量,才会更青睐有金融机构背书的平台,这类平台以自身银行体系的产品为基础进行销售。也正是由于机构提供的强大信誉背景,使得该类产品的转让更容易,典型代表如平安银行(平安盈)、广发银行(智能金)等。

三、互联网投资与理财的原则与操作流程

(一)互联网投资与理财的原则

1. 合理配置稳健投资

合理配置稳健投资,首先要选择相对稳健的投资工具,让自己的资产配置更恰当。其次要分散不同市场、不同投资产品和不同投资时间的风险,合理保持流动性。目前互联网金融市场上可供投资人选择的投资产品数不胜数,令人眼花缭乱。投资者应根据自己的年龄、风险偏好与承受能力、家庭结构和财富程度等因素,合理搭配高、低风险投资标的,获取稳健收益,实现家庭财富的保值增值,提升投资理财的幸福指数。

2. 投资资金合法健康

用于投资理财的资金来源一定要合理合法,从而使投资者在投资产生正常波动时保持心态平和。如果用典当、抵押、贷款,甚至是高利贷途径获得的资金来投资,其背后必将包含投资者对超额收益的疯狂预期,使投资变成投机。另外,投资者千万不要用来源不明的资金。

3. 未来收益合理预期

投资者只有合理地设定预期,选择适合自己风险承受能力的投资品种,才能实现风险可控,理性持续地获得投资收益。将自己的目标设定为追求市场平均收益率,则往往更容易实现,也更容易产生幸福感。市场上有的银行理财产品预期收益率可能高达5%以上,但实际到期时收益率很可能有偏差。因此,投资者投资之前一定要有心理预期。要想在起伏的市场上做到幸福理财,最简单的办法就是把预期收益目标调整到市场平均收益的水平,降低理财收益预期值。

4. 可适当选取创新型理财产品

投资理财是一件长期的事,需要不断学习相应的知识技能,从经验中总结得失。近几年市场上出现的互联网理财产品,灵活性和投资门槛与银行理财产品相比都有不小的创新。相比期货等保证金交易产品,网贷投资的风险适中,而通过分散投资,其风险则会进一步降低。

(二)互联网投资与理财的操作流程

一般而言,互联网理财的以下步骤必不可少。

1. 选择投资领域

投资者可以投资于国内和国外的货币市场、资本市场、商品市场、房地产市场等。因此,选择合适的投资领域乃至投资产品,需要在广泛收集网络信息源的基础上做出最优决策。

2. 选择理财工具

理财工具的选择,一般要综合权衡各种资产存在方式的流动性、安全性、风险性,

根据自己的需要和风险偏好选择。

3. 分析市场行情

分析市场行情类似于一般所说的技术面分析。跟踪选定理财工具的历史走势,通过研究以往价格和交易量,预测未来的价格走向。此类型分析侧重于利用历史数据生成图表与公式作为研究依据,以捕获主要和次要趋势,并通过估测市场周期长短,识别买入(卖出)机会。常用的四大理论包括:道氏理论、波浪理论、量价理论、K线图理论。目前很多网站都提供实时的报价和历史数据的下载,有的网站还直接生成K线图等投资分析工具。即使不能提供实时报价信息,一般网站也能提供当天的开盘价、收盘价和交易量。

4. 研究投资

这就是一般所说的基本面分析。相对于技术面分析,基本面分析强调的是从影响资产价格的因素出发,预测未来的价格波动趋势。例如,对于股票而言,影响股票价格的因素包括经济因素、政治因素、公司自身因素、行业因素、市场因素、心理因素等,这些都能在互联网上找到充分、丰富的信息,可以通过综合分析研判股票价格的未来走势。

5. 核实投资对象

核实投资对象指的是在互联网上搜集该资产的评价信息或一些专业的评价报告、投资建议等。对于投资者来说,这个领域目前可能是互联网上开发利用程度最低的领域。网络经济时代,投资者可以登录专门的投资分析网站,也可以通过搜索引擎或目录服务得到此类信息。当然,由于互联网具有开放性和隐蔽性,造就了投资市场上的"噪声制造者",即存在一些为了操纵市场价格而传播虚假信息的投资者或机构。将来应建立一定的规则和采取智能侦查的手段,提高投资者对互联网信息的判断和识别能力。

6. 发出交易指令

投资者在做好充分的准备工作以后,就可以发出实际的交易指令。现在国内外有很多网站提供网络金融交易平台。有的是单一性的,仅提供单一的金融产品或服务,如网络银行、网络保险、网络证券等;有的提供综合性的金融服务,投资者登录该网站犹如进入了一个金融超市,可以自由选择证券、保险等各种理财工具。交易指令的种类繁多,一般有限价指令、止损指令等。

7. 监控交易

在发出交易指令之后,投资者还要通过各种方法收集市场信息,监控资产的市场价格变化,以及时调整投资方案。在这方面互联网发挥着越来越重要的作用。很多网站提供从实时报价到收盘价的全方位服务,提供各种各样的投资建议,用户还可以自定义搜索引擎定期收集信息。如想获得更多的相关信息,投资者还可以使用HTML

语言编写 Web 网页,建立自己的有价证券监控器。

四、互联网金融下投资与理财存在的风险及防范

(一)互联网金融的风险种类

互联网金融理财产品在凸显了诸多优势的同时,也存在风险控制的问题。传统金融面临的风险在网络金融的运行中仍然存在,只是在表现形式及程度上有所变化。

1. 利率风险

在利率市场化加速推进的背景下,互联网金融理财产品特别是货币型基金带来令人咋舌的高收益。为了最大限度地争夺用户,部分互联网企业通过打擦边球的方式,标榜或暗示高收益,甚至还自掏腰包给予用户收益补贴。显然,这些不规范现象必然难以持久,难以应对越来越严格的金融监管。

通常来说,货币型基金相对定期存款具有较高的流动性,其收益也比定期存款高。银行存款持续向类似的互联网金融理财产品(如余额宝)转移,将导致银行贷款利率的上升,最终会挤压实体经济的利润空间。当实体经济无法盈利时,金融业的高收益也就成为无源之水。同时,短期资金的过度供给必然会导致其收益率的下降。可以预见,这类活期理财产品收益持续高于定期存款利率的情况将难以为继。

另外,利率市场化将削弱货币型基金的优势。随着利率市场化的进一步推进,银行活期存款利率逐步上调,这将最终削弱互联网理财产品的高收益率优势。可以说,正是"利率市场化"的"时势",造就了互联网金融理财的各类"宝",但是"水能载舟亦能覆舟",一旦未来市场利率变化,各类"宝"的高收益率优势就将不复存在。

综合以上分析,货币型基金的高收益率回归常态将是大概率事件。对于互联网金融理财产品而言,收益率大幅下降的风险正在积聚。

2. 流动性风险

货币型基金的流动性风险,可以追溯到 2006 年的货币型基金赎回风波。由于过度追求收益率,当时的货币型基金资金杠杆被数倍放大。而在当时,央行加息、存款准备金率提高以及 A 股市场极度火爆,在这几重效应的共同作用下,投资者预期货币型基金收益率将会降低,并不断赎回货币型基金,导致部分货币型基金出现巨额亏损。于是货币型基金陷入卖券、亏损、赎回的恶性循环。对于当下的互联网类活期理财产品而言,"T+0"的赎回模式是必不可少的噱头。开展相关业务的企业都是以自有资金垫付的方式来保证用户随时赎回理财产品的现金需求,而且很多都是承诺资金即时划入用户银行账户。对于开展互联网金融业务的企业而言,其已申购的类活期理财产品规模越大,需要准备以应对用户赎回的流动资金量就越大,这无疑对相关互联网企业的现金储备能力提出了很高的要求。

为了尽可能地获得高收益以吸引客户,类活期理财产品所依托的货币型基金很可能会牺牲其资产组合的流动性,匹配期限相对长的定期存款、债券。尽管《货币市场基金管理暂行规定》规定货币市场基金投资组合的平均剩余期限不得超过180天,但该规定没有对剩余期限的计算做出具体规定,基金公司可以用最有利的方式计算组合的剩余期限以规避监管。如果发生巨额赎回,将会大大考验基金公司的承载能力。

当货币型基金收益率无法一直维持在高位水平,或者债券、股票市场出现极好的获利机会时,积聚于互联网金融产品的社会资金必然会寻找更好的去处,分流到定期存款、债券甚至股票等其他金融产品,相关企业将面临巨大的赎回压力。

3. 信用风险

互联网金融的信用风险,主要是指网络金融交易者在合约到期日不完全履行其义务的情况。互联网金融的信用风险,一方面来自其流动性风险,即遭遇巨额赎回时,相关机构没有足够的资金兑现(货币型基金流动性风险的极端情况是,投资者恐慌之下从基金抽取资金导致基金倒闭,这也是西方发达国家金融监管当局较为重视的问题);另一方面,互联网企业为博取高收益,可能会规避监管,把客户资金投向风险相对高的金融产品,一旦造成较大亏损,极有可能会无法履约。甚至不排除个别企业暗中以系统繁忙的假象造成支付界面无法使用,以躲避突发情况下巨量的赎回请求。

4. 法律风险

网络金融中的业务活动,包括交易者的身份认证、电子合同有效性确认等,都在虚拟的环境中进行。尤其是对于购买互联网金融产品的投资者而言,其相关合同的签订、每次交易的记录,通常都没有纸质文件。而由于电子数据的易消失性、易改动性的特点,一旦发生争议需要维权,就会给交易者带来很多不必要的麻烦,甚至会面临有关权利与义务等方面的法律风险。

5. 资金安全风险

互联网金融理财产品通过互联网来资金划付,因而资金安全性始终是一个不容忽视的问题。因为支付宝账户被盗导致余额宝的份额被赎回并转出的这类资金安全问题也时有发生。特别是在移动互联网时代,手机支付日益流行,手机的丢失有可能会引致投资账户的损失。因此,在互联网理财产品大行其道的当下,如何保障投资者账户的资金安全,已经成为互联网理财产品销售平台亟待解决的问题。

6. 道德风险

道德风险是在信息不对称条件下,不确定或不完全合同使得负有责任的经济行为主体不承担其行动的全部后果,在最大化自身效用的同时,做出不利于他人行动的现象。道德风险不仅包括网络平台,还包括参与理财的个人。比如,金融机构规定线上平台是不可以参与融资的,会破坏经济秩序。然而很多金融机构把这种融资当作自己汇集资金的渠道,开展虚假招标,为了平台的私利融资。还有一些金融平台的内部员工会暗箱操作,联合一些不法中介,骗取资金。更有甚者,一些金融机构本身就是为了筹集资金而售卖理财产品。另外,由于我国的线上信用评估体系不健全,一些用户容易钻法律的空子。由于个人征信信息不对称,可能会导致平台不会严格把控用户的资质,一些用户可能会选择违约,给平台造成损失。

(二)互联网金融理财的风险防范与策略

互联网金融理财与投资存在的诸多风险,需要投资者采取相应的规避措施。

1. 做足准备

投资者首先要了解自己的风险承受能力及投资目的,包括风险偏好的类型、个人财力、自身知识结构、投资动机等。其次要调查市场环境,以及所投资的互联网金融产品的基本情况,对相应信息的掌握应尽量详细。比如选择一个诚信度高的平台,首先要了解网站基本信息,包括公司注册资金、运营团队、技术团队等,尤其是平台是否具有金融背景,其创始团队中是否有资深的专业金融从业者等。此外,营业执照、税务登记证、组织机构代码证、管理团队照片、团队实力背景介绍、公司内部环境照片等也是需要考量的要素。

资料卡17-1

新时代大学生互联网金融投资理财案例分析

2. 优化分析

在掌握大量信息的基础上,投资者应依靠经验或技术方法进行风险分析,优化投资策略,最后确定适合投资者的最优方案。

3. 组合投资

资金雄厚的个人投资者可以考虑互联网金融产品的组合投资,即在市场分析的基础上,选择不同类型的互联网金融产品和不同的投资时机进行组合投资。而且互联网金融产品的组合投资并非固定不变,任何相关事件即将发生时,投资者都应顺应形势,及时做出判断,调整互联网金融投资与理财组合的结构。

第二节　众筹理财

众筹是指用团购＋预购的形式,向网友募集项目资金的模式。众筹利用互联网和SNS传播的特性,让小企业、艺术家或个人对公众展示他们的创意,争取大家的关注和支持,进而获得所需要的资金援助。

现代众筹指通过互联网方式发布筹款项目并募集资金。相对于传统的融资方式,众筹更为开放,能否获得资金也不再是以项目的商业价值作为唯一标准。只要是网友喜欢的项目,都可以通过众筹方式获得项目启动的第一笔资金,为更多小本经营或创作的人提供了无限的可能。

一、众筹的特征

众筹的特征包括以下几个方面:

(1)低门槛:无论身份、地位、职业、年龄、性别,只要有想法、有创造能力,都可以发起项目。

(2)多样性:众筹的方向具有多样性,在国内的众筹网站上的项目类别包括设计、科技、音乐、影视、食品、漫画、出版、游戏、摄影等。

(3)依靠大众力量:支持者通常是普通的草根民众,而非公司、企业或是风险投资人。

(4)注重创意:发起人必须先将自己的创意(设计图、成品、策划等)达到可展示的程度,才能通过平台的审核,而不单单是一个概念或者一个点子,要有可操作性。

二、众筹的规则

众筹的规则包括以下三个方面:

(1)筹资项目必须在发起人预设的时间内达到或超过目标金额才算成功。

(2)在设定天数内,达到或者超过目标金额,项目即成功,发起人可获得资金;筹资项目完成后,支持者将得到发起人预先承诺的回报,回报方式可以是实物,也可以是服务,如果项目筹资失败,那么已获资金全部退还支持者。

(3)众筹不是捐款,支持者的所有支持一定要设有相应的回报。

三、众筹投资与理财的原则与操作流程

(一)众筹的投资理财原则

1. 了解产品市场

首先,要对众筹有一个清晰的认识。众筹目前存在不同的分类,按照主流的方法,其可以分为股权众筹、债券众筹、回报众筹以及捐赠众筹,其中股权众筹和债券众筹在世界上占比最高,而且调动的资金也最多,而回报众筹在中国有着最高的普及度,它催生了很多新产品,具有积极的作用。捐赠众筹虽然所占的比例并不大,但是对于公益事业有非常大的正面影响。

2. 了解众筹投资门槛

任何投资方式对投资者都有投资门槛的设置,那么众筹投资的门槛如何呢?从众筹的本质来说,既然叫众筹,就是大众筹资的意思,那么它必然是面向草根的一种投资方式,门槛也会很低。像常见的回报众筹,或称商品众筹,只需要几十元到几百元,就可以支持一个项目。而股权众筹的投资属性更明确一些,也会有一定的风险,因此会被要求对投资者设置准入门槛,当然也不会太高,这也是对所有投资者的一种保护

措施。

3. 正确看待众筹回报

众筹的回报也是投资者关心的问题。众筹回报得到的是发起者所生产的产品或者服务,我们对它满意与否取决于产品的使用体验。股权众筹或债券众筹回报给支持者的是股权或者利息,这种回报是比较高的,尤其是股权众筹。

4. 清楚众筹风险

由于是针对创业企业的投资,故众筹还是存在一定的风险性,毕竟创业的失败率还是比较高的。支持者有可能无法得到应有的收益,尤其是股权众筹投入的资金比较多,企业的压力也比较大,其风险会更大。

(二)众筹的操作流程

众筹的操作流程如下:

(1)创业企业或项目的发起人,向众筹平台提交项目策划或商业计划书,并设定拟筹资金额、可让渡的股权比例及筹款的截止日期。

(2)众筹平台对筹资人提交的项目策划或商业计划书进行审核,审核的范围具体包括但不限于真实性、完整性、可执行性以及投资价值。

(3)众筹平台审核通过后,在网络上发布相应的项目信息和融资信息。

(4)对该创业企业或项目感兴趣的个人或团队,可以在目标期限内承诺或实际交付一定数量资金。

(5)目标期限截止,筹资成功的,出资人与筹资人签订相关协议;筹资不成功的,资金退回各出资人。

四、众筹投资与理财存在的风险及防范

(一)众筹的风险种类

1. 信用风险

由于在众筹平台上,筹资者掌握着更为详尽的项目信息,因而筹资者对项目风险有着更为准确的判断。但是筹资者担心告知风险会影响投资者的积极性,所以一部分风险会被隐藏起来,这就造成了交易双方信息不对称的局面。同时投资者很难通过自身力量监管筹资者以及项目本身,这也导致筹资者不称职、筹资者欺诈事件的发生。再加上政府对众筹项目没有统一的监管方案和措施,因此信息不对称无法避免,投资者的风险很难规避。

资料卡17-2

不以盈利为目的≠亏钱也无所谓

2. 平台风险

由于信息不对称的存在,很大一部分投资者不信任众筹这一新兴方式。因此,不少平台提供了担保制度。但是,这种制度容易导致以下两个新问题:一是导致交易双方必须借助众筹平台,使得原本自主进行的交易变成了平台主导的交易,增加了交易

成本,且风险不断积聚,平台成为该金融系统的风险中心;二是由于平台本身的注册资金较低,因此担保能力有限。

3. 法律风险

目前,基于我国的法律,众筹有可能触犯三类刑事犯罪,分别是非法吸取公共存款罪,集资诈骗罪,擅自发行股票、公司、企业债券罪。为了避免踩到国家法律的雷区,众筹平台及其平台上的项目一直如履薄冰,这也是迄今为止我国只在捐赠式众筹、预购式众筹上缓慢发展的根本原因。

(二)众筹的风险防范

1. 注意信息披露

要尽可能多地了解众筹项目的信息,对于缺乏投资信息、投资信息不完善的众筹项目投资要慎重。同时,在投资以后,也要时刻跟踪项目进度,留意随时披露的信息。

2. 选择可靠的众筹平台

选择有信誉的众筹平台。好的众筹平台通常设计严格的项目筛选、审核制度,有利于保证项目信息的真实性、准确性、全面性,方便投资者准确判断。好的众筹平台还会为投资者建立可靠的增信保障措施。另外,有多个企业、大企业、国有企业为股东设立的众筹平台,实缴注册资本金规模大的平台往往容易进行合规运作,抗风险能力和管理能力也较强。

3. 了解相关法律法规

投资者需要熟悉国家相关法律,理性选择平台和企业。要认真了解平台运作模式、制度设计、管理能力和信用保障能力等;认真阅读相关介绍和法律文本;克服发财心切的冲动,不盲目相信高收益承诺。最好能在专家的指导下选择合适的众筹平台和项目。

本章小结

1. 互联网金融是利用互联网技术和移动通信技术等一系列现代信息科学技术来实现资金融通的一种新兴金融服务模式。

2. 众筹是指一种向群众募资,以支持发起的个人或组织的行为。其一般而言是通过网络平台连接赞助者与提案者。

知识结构图

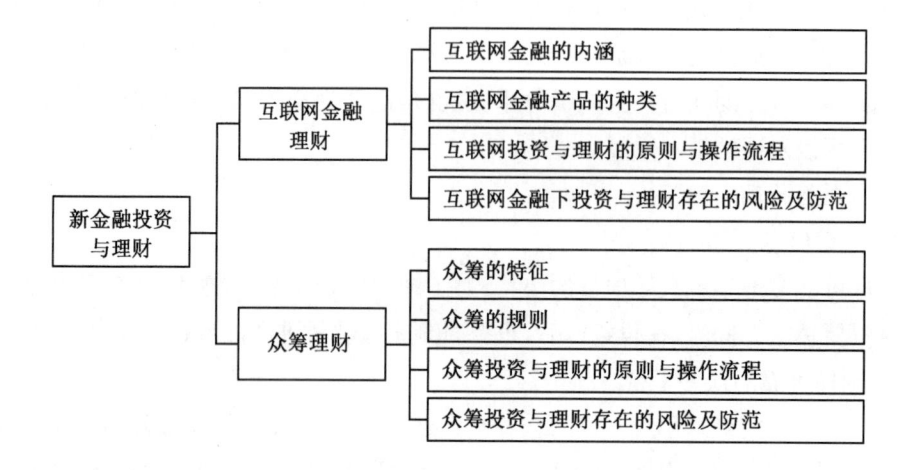

```
                          ┌── 互联网金融的内涵
                          ├── 互联网金融产品的种类
              ┌ 互联网金融理财 ┤
              │           ├── 互联网投资与理财的原则与操作流程
              │           └── 互联网金融下投资与理财存在的风险及防范
新金融投资与理财 ┤
              │           ┌── 众筹的特征
              │           ├── 众筹的规则
              └ 众筹理财 ──┤
                          ├── 众筹投资与理财的原则与操作流程
                          └── 众筹投资与理财存在的风险及防范
```

复习思考题

1. 互联网金融下投资与理财存在的风险主要有哪些?
2. 众筹应遵循怎样的原则?

第十七章 习题

第十七章 习题答案

课后阅读

中本聪简介

中本聪 1949 年 7 月出生于日本,毕业于加州理工大学物理系,是物理学家、火车模型收藏家、比特币的开发者兼创始者。2009 年,他发布首个比特币软件,并正式启动比特币金融系统。2010 年,他逐渐淡出并将项目移交给比特币社区的其他成员。

2008 年 11 月 1 日,中本聪在"metzdowd.com"网站的密码学邮件列表中发表了一篇论文,题为《比特币:一种点对点式的电子现金系统》。论文中详细描述了如何创建一套去中心化的电子交易体系,且这种体系不需要创建在交易双方相互信任的基础之上。很快,2009 年 1 月 3 日,他开发出首个实现了比特币算法的客户端程序并进行了首次"采矿",获得了第一批的 50 个比特币,这也标志着比特币金融体系的正式诞生。

中本聪极少透露自己的真实信息。在 P2P 基金会网站的个人资料中,他自称是居住在日本的 37 岁男性。然而,这一点被广泛怀疑。他的英文书写如母语般纯熟地道,却从没有使用过日语。用他的姓名在网上搜索,无法找到任何与这个人相关的信息。各种迹象表明,"中本聪"("中本哲史")可能是一个虚构身份。中本聪在发言和程序中切换使用英式英语和美式英语,并且随机在全天不同的时间上线发言,这显示他或是有意隐瞒自己的国籍和时区,或是账号背后有多人操纵。然而,根据对其语言习惯和时间统计的分析,一些人士认为他可能是一位居住在美国中部或西部的英国人或爱尔兰人。曾在比特币核心开发团队工作的豪涅茨(Laszlo Hanyecz)则认为其算法设计过于精良,以至于不像是一个人单枪匹马能完成的。

第十八章　投资与理财的设计与规划

学习目标

1. 知识目标

(1)理解理财规划的六个流程；

(2)理解提供书面理财计划的重要性；

(3)掌握个人理财规划书的十个构成部分；

(4)掌握理财规划书的评估内涵。

2. 技能目标

(1)能够读懂个人理财规划报告书；

(2)能够与客户合理沟通理财规划书的内容；

(3)能够结合自己或他人的实际情况，综合运用所学的各章知识，进行投资与理财的设计与规划，并能完整地展示出来。

3. 思政目标

(1)增强客户的理财意识，培养合理的消费观念；

(2)提升投资理财能力，增强风险管理意识；

(3)帮助客户建立科学的理财观念和策略，实现个人财务自由和长期财务稳定，促进社会和谐发展。

案例导入

一天，美国一家私人银行突然发生了火灾。银行老板喊职员首先抢救的不是现金钞票，而是储户的存款本。大家全力以赴把账本全部抢出来了，但由于火势太大，银行的现金钞票都化为灰烬。后来，这家银行破产倒闭。可是这家私人银行老板把账本翻出来，对照账本上储户的存款，用全家人的打工钱，一笔一笔地还债。这家银行用了五代人的努力，终于把储户的存款债务全部还清。当第五代人还完最后一笔欠款时，他们感慨地说："现在，我们真正觉得心里轻松了，因为我们不欠储户一分钱了。"正是因为这家银行诚信经营，使得他们很快东山再起，不仅昔日的老储户又将钱存到这家银行，银行还吸引了不少新的储户，很快其恢复了往日的辉煌。

理财启示：精明的商人在经营商品时，一定会同时经营诚信，因为经营诚信是现代商人的必备素质。随着信息化的快速发展，世界会变得越来越小，而市场竞争却会越来越激烈。在这样一个大环境下，"信用"对现代商人尤为重要，它可以使一个成功商人的事业更加辉煌，也可以使受挫折之后的商人和他的企业东山再起。

本章导语：本章根据第一章所学的理财规划的六个流程展开叙述，讲解了书面理财计划的重要性以及个人理财规划书的十个构成部分，同时介绍了个人作为理财规划师如何与客户沟通，并讲述了如何结合自己的实际情况，综合运用前面所学的知识，进行投资与理财的设计与规划。本章节属于综合理财，是对前面所学章节的理论的一个综合实训检验，也是本书的精华。

关键词：理财策划方案、资产负债表、现金流量表、收入支出表、财务比率、理财目标、理财规划书

第一节　制定理财策划方案

理财规划有六个流程，即收集个人家庭信息；分析个人家庭的风险偏好和理财目标；分析个人家庭财务状况；制订理财方案；执行理财方案；持续关注。其中第四个流程制定理财策划方案是非常核心的一步。

理财规划师通过制定切实可行的理财方案，使客户从目前的财务状况出发实现自己的理财目标。理财方案应因人而异，即针对特定客户的财务需要、收入能力、风险承受能力、个性和目标来设计。通常，理财策划方案的报告应采取书面形式，在文字说明的基础上插入一些曲线图、图表及其他直观的辅助工具，以便客户易于理解和接受。

一、提供书面理财计划的重要性

（一）对客户而言

（1）它是一种向客户传递理财策划建议的恰当媒介，通过这种媒介，客户可以有充足的时间慎重考虑所提出的理财策划方案。

（2）理财策划方案本身的复杂性与专业性，客观上需要报告以书面的形式呈递给客户。

（二）对理财策划师而言

（1）规避策划过程中可能出现的法律风险，书面记录可以保存，以为今后可能发生的诉讼提供证据。

（2）确保客户了解方案，有利于维护客户的利益。

（3）随着客户的逐渐增多，用标准化、程序化的书面形式，可以提高理财策划的工作效率，并确保理财师的工作符合专业标准。

(4)有利于建立一种良好的机制,促使理财策划师将所有重要方面都考虑周全,避免遗漏,以确保理财策划工作的一致性与合理性。

(5)可以为理财策划工作中所用到的各种资料建立完整的参考索引,方便理财师复核。

二、理财策划方案的基本结构与内容

书面理财策划方案在格式上并没有统一规定,理财策划师在实践操作中可根据具体情况灵活设置和调整格式。理财策划方案从结构上看,包括方案简介、报告主体、总结和支持文件四个部分,具体来说必须包括以下一些基本要素。

(一)核心内容

(1)方案摘要:在报告书的开头部分,篇幅不宜太长,简要介绍理财策划方案中所包括的重要建议和结论,并简短回顾客户当前状况的重要方面。

(2)对客户当前财务状况和理财目标的陈述:是方案的第二部分,内容主要来源于客户信息调查表、会谈纪要以及其他途径获得的信息等,还会涉及客户的风险偏好和客户在财务方面比较关心的其他问题。由于理财建议都是基于客户的当前状况和理财目标,因此,理财师必须确保这部分内容的准确性。

(3)理财策划假设:对未来状况的预测。例如,长期的理财策划可能需要包括的假设有通货膨胀水平、工资增长水平、平均资本利得回报率、退休金缴纳水平、未来消费的估计成本和税率等。建立理财策划假设时应当保持相对谨慎保守的态度,以避免客户产生不切实际的预期。

(4)理财策划策略:清晰而富有逻辑地表述理财策划策略,确保客户已经充分理解理财策划策略。

(5)理财策划具体建议:是实现客户理财目标的媒介,也是理财策划师的工作重心,根据客户的具体情况,可以包括现金流、投资/储蓄、养老金、保险和遗产策划建议等。

(6)理财策划预测:基于理财策划假设所建立的,一般放在方案报告的最后。但出于强调的目的,理财师也可以将包含在预测与计算过程中的一些关键资料提前到报告的其他位置,并用书面语言准确地表达出来。

(二)理财策划方案的其他内容

(1)各项费用和佣金。

(2)理财策划建议的总结:对涉及的各种理财策划建议进行总结。例如,"对于到目前为止我们所涉及的各种理财策划建议,我们要做如下的总结:①为了让您的退休生活更有保障,我们建议您每年增加养老金支出 20 000 元。②我们认为您目前的人寿保险还不够充足,建议增加人寿保险 300 000 元。③我们认为您目前的存款余额过高,建议增加其他金融资产的投资,提高资产收益率,如可增加债券或基金投资额。④如果您认为我们的建议是合理并且可以接受的,请您授权我们进行以上的投资,并且每隔半年对其进行一次评估。"

(3)执行理财策划方案之前的准备事项:在执行方案之前,需要客户完成的步骤包括认真考虑理财建议、提出相关问题、签署执行授权书等。

(4)执行理财策划方案的授权:为理财策划工作建立良好的法律基础,一般包括客户声明和客户要求两个部分。

(5)其他信息披露:包括影响方案执行效果的因素和投资建议中可能出现的各种风险。

(6)免责声明:提醒客户,理财策划师对于超出其控制范围的事件所引起的损失不承担任何责任。例如,市场波动可能会导致以当前市场状况为基础提出的建议迅速失效。但免责声明无法袒护理财策划师由于疏忽大意而给客户造成的损失。

(7)附加文件:是对理财策划方案中的结论、预测等提供计算分析依据的一系列文件。

三、交付书面理财策划方案

(1)在会面时向客户递交书面方案。

(2)向客户解释与实施理财策划方案有关的成本。

(3)确保客户理解理财策划方案:主动邀请客户对方案提出问题。给客户充分的时间进一步了解细节,以便提出修改意见。

(4)要求客户签署客户声明。内容包括:①完整地阅读了理财策划方案并且理财师已经具体解释了该方案。②理财策划方案中与自己的状况和目标相关的信息是准确真实的,并且客户没有遗漏任何重要信息。③理财策划师已经解释了风险与收益的关系。④理财策划方案能充分满足客户的收入要求。⑤理财策划师已经充分揭示了所有的费用和佣金等。⑥理财策划师对于收入和增长率的预测不被看作对客户收益或负债的情况担保。⑦理财策划师已经对理财策划方案的实施需要监控和修正做出了解释。⑧根据具体情况需要增加的其他声明内容。

(5)获得执行方案的授权。

四、应对客户的修改要求

(一)由于客户对状况和目标的误解而产生的修改要求

在这种情况下,理财策划师应当采取以下措施:

(1)向客户说明会以书面形式对所要求的修改以及引起修改的原因进行确认。

(2)对客户要求修改时双方讨论的内容做详细记录。

(3)在给客户的确认信中包含一封回信,要求客户确认修改内容以及理财师提出的修改建议。

(二)由于客户不满意而引起的修改要求

在这种情况下,理财策划师应当采取以下措施:

(1)向客户说明自己完全可以依照客户的要求修改方案。

(2)对客户要求修改时双方讨论的内容做详细记录,尤其是对客户不愿继续执行方案的原因要重点记录。

(3)只有收到客户签署的要求修改的确认信后,理财师才可以着手修改。

(4)确保自己的上级了解所做的修改。

第二节 个人理财规划报告书的构成

理财规划报告是理财规划最重要的一步。理财规划报告是理财规划师的最终成果和理财思想的体现,也是客户实施理财规划的依据。一份优秀的理财规划报告应该满足三个要求:(1)可读性强,容易被客户阅读和理解;(2)合乎客户理财要求和目标,这样才能保证理财规划方案的有效执行,以此实现客户的理财目标;(3)要具有可行性,不是纸上谈兵,理财方案要清晰具体、有操作性,易于监控和执行。

一份具体的理财规划报告书由如下几个部分构成。

一、封面与目录

理财规划报告的封面包含抬头、提案受益人、规划师和提案书作者。一般理财规划报告书有固定的模版,如果没有,则要注意格式规范。

理财规划报告书的目录需要展示理财规划方案的内容概括,每一部分应标注相应页码。

二、前言

前言有时称为"致客户函",该部分明确理财规划的目的,说明理财规划书的资料来源,理财规划师和客户各自的义务,以及作者的签名和日期等内容。一般有固定用语:本提案书的所有论点和观点均为作者作为理财顾问的客观判断,这些表述不对您的行动构成任何约束力和强制性;上述提案书内容都是根据既有的现实资料和您提供的数据制作,如发生经济形势等各方面条件的变化等,结果可能甚至发生相反的变化,特此声明;我们制作是基于现行的经济状况和合理的数据假设,可能与您的真实情况存在一定误差;对于您的个人状况和财务信息,我们将秉承一贯的职业道德标准,仅用

于做理财规划之用,绝不会外泄给第三人,严格保密;等等。其结构式如下:

尊敬的某某先生(女士):

您好。

××××有限公司,是中国领先的专业财富增值管理机构,专业从事……

(一)理财规划建议书的由来

(二)本建议书所适用的资料来源

(三)本公司的义务

(四)客户方义务

三、重要提示和金融假设

这部分需要声明理财规划方案中利益相关的重要事项,并对理财规划中的估算和市场情况进行假设,说明整个理财规划方案制作的基础。

范例:

本报告的规划时段为 2005 年 9 月至 2025 年 12 月,由于基础信息不是很完整,以及未来我国经济环境可能发生变化,为便于我们做出数据翔实的理财方案,在征得您同意的前提下,我们对相关内容做了如下假设和预测:

(1)预测通货膨胀率

随着我国经济持续快速发展以及经济发展中深层次矛盾问题的逐步解决,预计未来几年我国经济发展会进入一个温和通货膨胀期。从过去 20 多年的五轮经济增长周期来看,4% 的 CPI 是温和通货膨胀的下限。我们以此数值作为本理财规划中通货膨胀率的假定值。

(2)预测收入增长率

根据"城市薪酬与福利调研的上海调研成果"报告,以及上海 GDP 增长的趋势分析,未来几年的收入将有稳定的增长,增长率约为 5%。我们以此数值作为本理财规划中收入增长率的假定值。

(3)预测教育费用增长率

目前,国内学费的年平均增长率为 5%～6%,我们以 5% 作为本理财规划中教育费用增长率的假定值。

(4)实物资产计价原则

在对实物资产计价时,均采用市场重置价格计价的方法。房价短期内会有波动,但随着国家和上海地区经济的快速持续增长,上海房产的长期走势还是看好的,所以我们假设房产每年的增值率为 5%。

(5)实物资产折旧率

您家庭的实物资产将涉及房产和汽车两大类。一般房产的使用年限较长,如房产的土地使用权年限为 70 年,每年的折旧率非常低,因此在本规划中我们暂将房产的折旧率忽略不计。而汽车则不同,汽车随着行驶公里数的上升,维修费用会每年增加,折旧率也较高,我们以 10% 作为本理财规划中汽车折旧率的假定值。

(6)最低现金持有量

从财务安全和投资稳定性角度出发,一个家庭应当持有可以满足其 3~4 个月开支的最低现金储备,以备不时之需。结合您家庭的收支情况,我们建议您家庭的最低现金持有量为 3 万元,同时为抵御通货膨胀,每年的最低现金持有量也需要相应增加。在评价未来现金流量状况时,我们会使用这个假设值。

四、客户情况分析

这部分需要阐述客户的基本资料,包括家庭成员构成、家庭一览表、家庭成员的年龄、财产、收支、职业等,并对财务状况进行分析和诊断。分析方法有:财务比率分析,比如负债比例、流动性比例、净资产偿付比例、净储蓄比例等;饼图分析;家庭整体财务状况分析。编制客户资产负债表和现金流量表,计算相关财务比率。

(一)个人资产负债表分析

1.编制资产负债表

个人资产负债表反映了客户在某一时点上的资产和负债情况,它是客户过去各种经济活动的结果。资产负债表的格式和形式并不需要固定,一般依理财策划师的分析需要编制。资产负债表通常包括资产和负债两大部分,每个部分又可根据客户的情况分出若干项目,参见表 18.1。

表 18.1　　　　　　　　　客户徐先生的资产负债表

(2005 年 9 月 30 日)

资产部分	金额(元)	负债部分	金额(元)
现金与现金等价物		长期负债	
银行活期存款	6 000	住房贷款(25 年)	320 000
银行定期存款	40 000	短期负债	
其他金融资产		信用卡透支	3 582
债券	40 000	应付公用事业费账单	850
基金	20 000		
股票	30 000		
个人资产			
房地产(投资)	200 000		

续表

资产部分	金额(元)	负债部分	金额(元)
房地产(自用)	450 000		
珠宝首饰	15 000		
其他个人资产	30 000		
总资产	831 000	总负债	324 432
净资产	50 568		
资产总计	831 000	负债和净资产之和	831 000

2. 资产项目分析

资产是客户拥有所有权的财富的总称,主要包括 3 种:

(1)现金和现金等价物:其数额通常以满足客户 3 个月的开支为宜。

(2)其他金融资产:如股票、债券和基金。

(3)个人资产:包括客户拥有的不动产、汽车、家具和收藏品等实物资产。

3. 负债项目分析

负债是指客户过去的经济活动而产生的现有责任,这种责任的结算将会引起客户经济资源的流出。负债可分为 3 种:

(1)长期负债:5 年以上,反映客户对总体财富的要求。

(2)中期负债:1~5 年,反映客户对总体财富的要求。

(3)短期负债:1 年以下,反映对客户资产的流动性要求,一旦客户资产的流动性不足,则可能引起暂时性的财务危机。例如,信用卡透支。

4. 净资产分析

净资产衡量的是客户在某一时点上偿还所有债务后能够支配的财富价值。计算公式为:

$$净资产＝总资产－总负债$$

客户持有的净资产理想金额应根据客户的实际情况而定。对净资产的分析可以遵循以下 4 个原则:

(1)客户的净资产＜0:说明其目前的财务状况不容乐观,有必要将近期的债务尽快偿还,同时尽快增加收入。

(2)客户的净资产＜年收入的一半:说明其有必要控制开支,需要更多储蓄或投资,同时努力工作使收入增加。

(3)年收入的一半＜客户的净资产＜三年的收入:如果客户尚年轻,则其财务状况良好;但如果客户已经接近退休年龄,则仍有必要采取措施增加其净资产。

(4)客户的净资产＞三年的收入：说明该客户目前的财务状况良好。

(二)现金流量表分析

现金流量表也称为收入支出表(income and expenditures statement)，是了解客户财务状况的另一重要工具。从某种程度上而言，现金流量表的重要性要高于资产负债表，因为对于客户而言，如果其资产负债表上的净资产在短期内出现负数，客户的日常生活也可能维持正常的水平；而一旦在其现金流量表上出现赤字，则意味着客户的现金收入已经无法满足日常支出需要，从而无法继续维持目前的生活质量。

1. 编制当前的现金流量表

(1)确认客户所有现金来源和数据，即收入部分。收入部分包括工资、投资收益、租金、养老金收入和各种津贴等。

(2)列出客户的支出部分。这些支出可细分为固定性支出和临时性支出。其中，固定性支出主要包括房屋管理费和维修费、膳食费、交通费、所得税和财产税支出、社会保障费用、医疗费、按揭贷款、个人贷款偿还、人寿保险和财产保险、子女教育费用等。临时性支出包括旅游费用、捐赠、衣物购置费、家具添置费用、信用卡费用、娱乐费用、父母生活费支出、增加储蓄计划、增加的子女教育费用、新增投资等。

(3)计算客户的盈余或赤字。计算公式为

$$盈余/赤字＝收入－支出$$

2. 分析当前的现金流量表

理财策划师必须将每项收支的占比计算出来，以了解客户财务状况的整体情况，并分析数值是否有调整的空间。

以表18.2为例，徐先生薪酬收入为160 000元，占总收入的69.51%，除此之外，最重要的收入来源是遗产所得，其次分别为租金收入和股票、债券基金投资收益。由于遗产所得属于临时性收入，因此客户的固定收入除薪酬外，主要来源于租金收入。由于租金收入受房地产市场影响较大，理财策划师在对客户未来的现金流量表进行预算时，应参照房地产市场的有关预测数据调整。

表 18.2   客户徐先生的现金流量表

(2005年1月1日—2005年12月31日)

收入部分	金额(元)	百分比	支出部分	金额(元)	百分比
常规收入			固定支出		
薪酬收入	160 000	69.51%	基本生活开支	25 000	22.38%
存款利息收入	700	0.30%	所得税	21 000	18.80%
股票债券基金投资收益	6 500	2.82%	医疗费	900	0.81%
租金收入	18 000	7.82%	子女教育费	10 800	9.67%

续表

收入部分	金额(元)	百分比	支出部分	金额(元)	百分比
临时性收入			保险费支出	8 000	7.16%
遗产所得	45 000	19.55%	偿还房贷	39 000	34.91%
			临时性支出		
			旅游支出	7 000	6.27%
收入总计	230 200		支出总计	111 700	
盈余	118 500				

该客户最主要的开支是其房贷还款、基本生活开支、所得税以及子女教育费支出，分别占总支出的 34.91%、22.38%、18.80% 和 9.67%。房贷支出每年都是基本固定的，所得税支出相对较高与该客户的薪酬收入有关，所以很难有下降的空间。该客户的基本生活开支占总支出的 22.38%，因此，理财策划师可以与客户探讨降低这项支出比例的可能性。

无论是何种类型的客户，都应该努力使其现金流量表体现为盈余而非赤字。盈余表明客户比较善于管理其财务资源，并且不需要动用原有资产或依靠借贷来维持生活。通常客户可使用其盈余部分作为消费支出，或增加储蓄或投资以实现净资产的增加。客户的现金流量表中出现赤字时，可采取以下 3 个措施：增加收入；减少开支；出售部分资产。

3. 编制客户未来的现金流量表

(1)预测客户的未来收入

由于客户的收入会受到薪酬、投资收益等变化的影响，考虑到各种因素的不确定性，理财策划师应该预测以下两种不同的收入：

①估计客户收入最低时的情况，这一分析有助于客户了解在经济萧条时自己的生活质量以及如何采取相应的保障措施。

②根据客户以往收入和宏观经济的情况合理估计其收入变化。

客户的未来收入可以分为常规性收入和临时性收入。其中，常规性收入包括薪酬、股票和债券投资收益、存款利息和租金收入等。薪酬收入可以根据当地的平均工资水平增长幅度预测，而股票债券的投资收益以及存款利息收入等，则可参照有关机构对未来市场利率的预期估计。同时，股票债券收益的波动性较大，所以如果客户所在地区的经济不稳定，有必要重新估计这些收入，而不能以上年的数值作为参考。如果客户在未来会有新的收入来源，则理财策划师应要求其在信息调查表中详细说明。

临时性收入必须根据客户的具体情况重新估计。

基于以上分析，编制徐先生的收入预期表(见表 18.3)。

表 18.3　　　　　　　　　　2006 年客户徐先生的收入预期

（预测年份：2006 年）

收入部分	2005 年实际数值(元)	最低增长比率	最低增长比率收入(元)	适度增长比率	适度增长比率收入(元)
常规收入					
薪酬收入	160 000	2%	163 200	4%	166 400
存款利息收入	700	3%	721	3%	721
股票债券基金投资收益	6 500	1%	6 565	6%	6 890
租金收入	18 000	1%	18 180	1%	18 180
临时性收入					
遗产所得	45 000	N/A	0	N/A	0
（新增）出售债券收入	N/A	N/A	20 000	N/A	20 000
（新增）基金红利	N/A	N/A	7 000	N/A	7 000
收入总计	230 200		215 666		219 191

（2）预测未来支出

理财策划师同样需要了解客户在两种不同状态下的支出：

①满足客户最低生活水平的支出，即在保证客户正常生活水平不变的前提下，考虑了通货膨胀的支出预计；

②客户期望实现的支出水平，即许多客户在维持现有消费水平的基础上，期望进一步提高生活质量时的支出水平。

对上述两种支出的预测，都需要考虑客户所在地区的通货膨胀率，理财师可以从有关部门公布的统计数据中获得。

基于以上分析，编制徐先生的支出预期表（见表 18.4）。

表 18.4　　　　　　　　　　2006 年客户徐先生的支出预期

支出部分	2005 年实际数值(元)	最低增长比率	最低增长比率支出(元)	适度增长比率	适度增长比率支出(元)
固定支出					
基本生活开支	25 000	2%	25 500	3%	25 750
所得税	21 000	2%	21 420	4%	21 840
医疗费	900	3%	927	10%	990
子女教育费	10 800	2%	11 016	3%	11 124
保险费支出	8 000	0%	8 000		8 000
偿还房贷	39 000	0%	39 000	0%	39 000

续表

支出部分	2005年实际数值(元)	最低增长比率	最低增长比率支出(元)	适度增长比率	适度增长比率支出(元)
临时性支出					
旅游支出	7 000	1%	7 070	2%	7 140
(新增)房屋维修费	N/A	N/A	1 000	N/A	1 000
支出总计	111 700		113 933		114 844

4. 财务比率分析

通过对客户的资产负债表和现金流量表中有关数值比率的分析,理财策划师找出改善客户财务状况的方法和措施,实现客户的目标。具体财务比率有偿付比率、负债总资产比率、负债收入比率、流动性比率、储蓄比率、投资与净资产比率。

(1) 偿付比率

偿付比率(solvency ratio)反映了客户综合还债能力的高低,并帮助理财策划师判断客户面临破产的可能性,计算公式为

$$偿付比率 = 净资产/总资产$$

理论上,偿付比率的变化范围在0~1。一般客户的该项比率应高于0.5,如果该比率太低,意味着他现在的生活主要靠借债来维持,一旦债务到期或经济不景气,客户的资产出现损失,就可能资不抵债;如果客户的偿付比率过高,接近1,也意味着客户可能没有充分利用自己的信用额度,通过借款来进一步优化其财务结构。

根据表18.1中的数据,徐先生的净资产为506 568元,总资产为831 000元,因此其偿付比率为0.61(506 568/831 000),这意味着客户即使在经济不景气时,也有能力偿还所有债务。

(2) 负债总资产比率

负债总资产比率(debt-to-total asset ratio)用来衡量客户综合偿债能力,计算公式为:

$$负债总资产比率 = 负债/总资产$$
$$负债总资产比率 + 偿付比率 = 1$$

相应的,负债总资产比率的数值也在0~1,但理财策划师应该建议客户将该比率控制在0.5以下,以减少由于资产流动性不足而出现财务危机的可能。如果客户的该比率大于1,则意味着他的财务状况不容乐观,从理论上讲,他已经破产。

表18.1中的徐先生负债总资产比率为0.39(324 432/831 000)。

(3) 负债收入比率

负债收入比率(debt-to-income ratio)又称债务偿还收入比率(debt service-income ratio),是衡量客户财务状况是否良好的重要指标。该比率是客户某一时期到

期债务本息之和与收入的比值。由于债务偿还是在缴纳所得税之前进行的,因此这里采用的是客户每期税前收入。计算公式如下:

$$负债收入比率 = 债务支出/税前收入$$

一般认为,负债收入比率在 0.36～0.4,客户的财务状况属于良好,而高于 0.4,则在借贷融资时会出现一定的困难。如果该数值在 0.36 左右,则说明该客户保持了较好的财务流动性。

表 18.2 中,徐先生 2003 年总收入为 230 200 元,而债务支出只有"偿还房贷"一项,金额为 39 000 元,因此,其负债收入比率为 0.17(39 000/230 200)。该数值意味着客户每年收入中的 17%将用于偿还债务。

(4)流动性比率

资产的流动性是指资产在未发生价值损失的条件下迅速变现的能力。能迅速变现而不会带来损失的资产,流动性就强;相反,不能迅速变现或变现过程中会有损失的资产流动性就弱。在理财策划中,客户的"现金及现金等价物"被视作流动性资产,流动性比率(liquidity ratio)就是反映这类资产与客户每月支出的比率。计算公式如下:

$$流动性比率 = 流动性资产/每月支出$$

一般而言,如果客户流动资产可以满足其三个月的开支,即流动性比率大约为 3,理财师就可以认为客户资产结构的流动性较好。但是,由于流动资产的收益一般不高,对于一些有收入保障或工作十分稳定的客户,其资产流动性比率可以较低,如果他们将更多的资金用于资本市场投资,就能够获得更高的收益。

从表 18.1 中可知徐先生的流动性资产为 46 000 元,而从表 18.2 中可知徐先生的每月支出为 9 308 元(111 700/12)。因此,其流动性比率为 46 000/9 308=4.94。

(5)储蓄比率

储蓄比率(saving ratio)是客户现金流量表中盈余和收入的比率,它反映了客户控制其开支和能够增加其净资产的能力。为了更准确地反映客户的财务状况,这里采用的一般是客户的税后收入。计算公式如下:

$$储蓄比率 = 盈余/税后收入$$

从表 18.2 中可知徐先生当年的总收入为 230 200 元,而其盈余为 118 500 元。假设客户只需缴纳所得税,则其税收支出为 21 000 元,这样,客户当年的税后收入为 209 200 元(230 200－21 000),储蓄比率为 0.57(118 500/209 200)。因此,该客户在满足了当年的支出后,可以将 57%的税后收入用于增加储蓄或投资。在某些国家,受高消费低储蓄观念的影响,居民的储蓄率普遍较低。如美国平均储蓄比率只有 5%～8%,而我国居民的这项比率相对高些。

(6)投资与净资产比率

投资与净资产比率(investment assets-to-net worth ratio)反映了客户通过投资增

加财富以实现其理财目标的能力。计算公式如下：

$$投资与净资产比率＝投资资产/净资产$$

一般认为，理财策划师应该建议客户将其投资与净资产比率保持在 0.5 以上，才能保证其净资产有较为合适的增长率。但是，对于较年轻的客户，由于财富积累年限尚浅，投资在资产中的比率不高，他们的投资与净资产比率也会较低，一般在 0.2 左右。

在表 18.1 中，徐先生的其他金融资产和用于投资的房地产可以被视作投资资产，数值为 290 000 元，而客户的净资产为 506 568 元，所以其投资与净资产比率为 0.57（290 000/506 568），这表明该客户的净资产中有一半以上是由投资组成的。

归纳一下，徐先生的财务比率见表 18.5。

表 18.5   徐先生的财务比率

项　目	参考值	实际数值
偿付比率	高于 0.5	0.61
负债总资产比率	低于 0.5	0.39
负债收入比率	0.36～0.4	0.17
流动性比率	3	4.94
储蓄比率	美国平均储蓄比率只有 5%～8%，我国普遍较高	0.57
投资与净资产比率	0.5 以上	0.57

上述这些财务比率不仅反映了客户资产在偿付债务、流动性和盈利性等方面的能力，同时反映了客户的风险偏好、生活方式和价值取向，从而有助于理财策划师判断客户财务状况改善的可能性大小，进而选择理财策略。

五、客户理财目标和风险分析

这部分重在说明客户的个人愿望和理财目的，愿望可分为可实现愿望和不可实现愿望。对客户的理财目标进行详细分析，区分短期目标和长期目标。同时，需要对客户的风险偏好和风险承受能力进行评估分析。

范例：

1. 家庭理财目标

(1) 在 2010 年孩子 10 岁左右，购买家庭轿车。

(2) 在 2010 年孩子 10 岁左右，购买别墅。

(3) 在 2006—2021 年期间，为孩子规划好教育金准备。

(4) 在 2006—2025 年期间，逐步积累家庭财富，规划好养老金准备。

(5)增加家庭保障,提高家庭抗风险能力。

2. 家庭理财目标评价

您有着较为明确的理财目标,短期目标是增加家庭保障,中期目标是购买别墅和家庭轿车,长期目标是规划子女教育基金和养老基金。我们认为这些理财目标合理,根据您的家庭情况,只要合理规划好未来的现金流,是完全可行的。成长型家庭的理财目标较多,我们的建议是,您实现理财目标的顺序要先短期后长期,先重要后次要,我们把您家庭理财目标的优先顺序安排为:

增加家庭保障＞子女教育金准备＞购买汽车＞购买别墅＞养老金准备＞其他目标

3. 家庭投资风险偏好分析

您的先生是某网站理财俱乐部的会员,您本人对理财的兴趣也非常浓厚,您拥有较多的投资经历和经验,希望能摸索出一种适合自己情况的投资方式。根据对您的了解,以及对您进行的风险偏好测试,我们认为您属于进取型投资者。

六、客户家庭财务问题分析

该部分需要根据之前第四部分的客户现状分析,综合第五部分的客户理财目标和风险分析,得出客户在住房、教育、养老等大事件上存在的问题,并提出具体的解决方法。可分为如下几个步骤进行:

(1)制作现状的现金流量表,分析现金流量。我们通过现金流量表可以分析出资产的流动性问题、收支平衡问题(包括收入和支出的持续性、临时性)、储蓄余额变动问题、家庭破产预测等问题。除此之外,还应分析保险和保障的合理性、投资组合的合理性以及贷款和负债等问题。

(2)现状的纳税测算。测算现在条件下的个人所得税、利息税、奖金税、消费税等情况。

(3)提出具体问题。分析客户在住房、教育、养老等大事件上存在的问题,收支是盈余还是赤字,找到具体的原因并找到具体解决方法。具体见表18.6。

表18.6　　　　　　　　财务问题、原因和对策关系

赤字类型	原因	对策
临时赤字	大宗支出	提前积累
断续赤字	一段时间大额支出	积累、调整收支
连续赤字	财务恶化、破产	全面调整

七、理财规划建议

这部分需要提出具体的理财规划建议,其建议分为两种:无痛建议,即利用收入、保险、住房选择、贷款计划、资产处分等实现理财目标;另一种是有痛策略,即需要进行生活变更、支出削减、终止或推迟大事才能实现理财目标。归纳起来,两种对策建议都离不开现金规划、房产规划、教育规划、风险管理和保险规划、投资规划、税务筹划、养老规划、财产分配与传承规划等。

八、财务可行性分析

该部分是根据第七部分的理财规划建议,对各项理财策略进行财务可行性分析。理财顾问通过客户的家庭理财目标,对比分析理财规划前后的现金流量,用数值量化分析说明理财规划的预期效果。

范例:

根据您的家庭理财目标,在所采用的金融假设与实际情况基本相符的基础上,我们对各项理财策略进行了财务可行性分析。下面展现了您家庭从 2005 年 9 月至 2025 年 12 月的未来财务状况,内容包括现金流量分析、规划后理财目标可实现情况和资产负债变化三个方面。

1. 现金流量分析

图 1 列出了规划期间每年的现金流出和现金流入情况。横坐标表示规划期间经历的年份,纵坐标表示金额。您需要注意那些现金流入、流出比较高或者其差距较大的年度。比如,2010 年买车,2011 年购买别墅,2019 年提前还贷等。

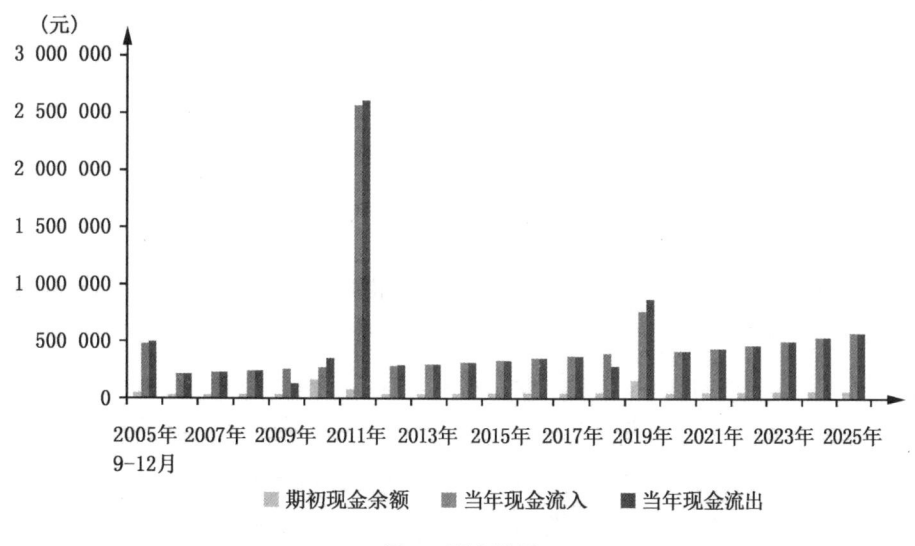

图 1 现金流量

从图1中我们看出,在2005、2010、2011、2012、2019年,您家庭将遇到当年现金流出大于当年现金流入的情况(见表1)。当年现金流出大于当年现金流入并不一定会带来家庭现金的赤字,只要两者差距不大,都可以用期初现金余额弥补,没有太大的问题。

表1　　　　　　　　　　　　　现金流出与流入情况

年份	2005年9月12日	2010年	2011年	2012年	2019年
期初现金余额(元)	50 000	162 332	79 524	37 960	159 516
流出—流入(元)	20 000	82 808	41 565	9 658	107 566

2. 理财目标实施情况

通过我们的规划和测算,在保证现金流量安全的前提下,按规划实施,完全可以实现您家庭预定的理财目标,并在2025年年末积累家庭财富671万元(见图2)。

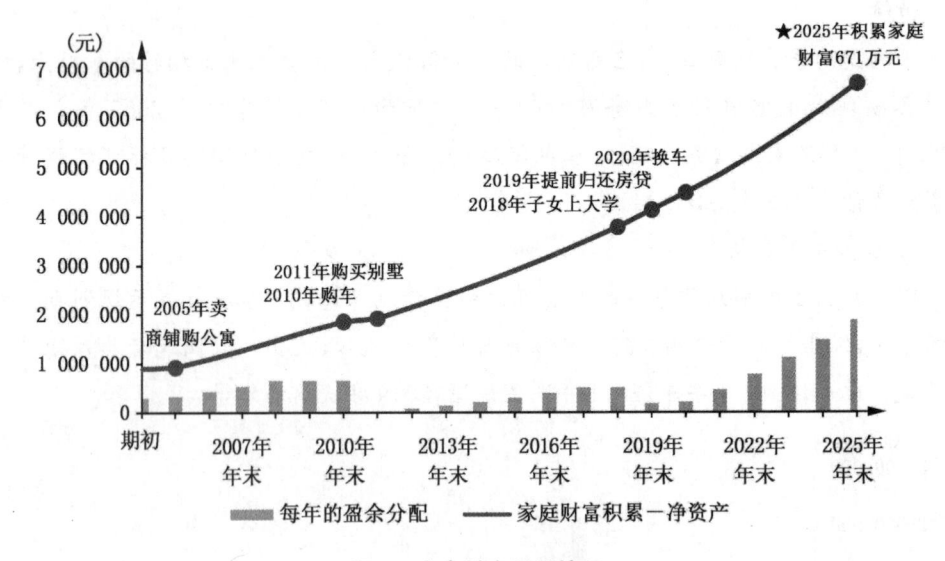

图2　家庭财富积累情况

3. 资产负债变化

图3反映了规划期间每年的主要资产情况。横坐标表示规划期间经历的年份,纵坐标表示资产金额。其中,绿线表示您拥有的实物资产,购置新的实物资产、实物资产的增值可能带来曲线的上升,变卖部分实物资产或者一些实物资产的折旧则可能带来曲线的下降;蓝线表示您拥有的金融资产(含现金储备),曲线的下降并不一定表示您在当年蒙受了投资损失,可能原因是当年部分金融资产或其他投资资产变现后用于实施理财目标;黄色色块的上沿表示您的净资产情况,蓝色色块的上沿表示您的总资产,在您没有负债的情况下,蓝色色块与黄色色块重合,不会显示出来;当您有负债的情况

下,蓝色色块的一部分在黄色色块后显示出来,显示出的这部分表示您的负债情况。如 2020 年后您提前归还别墅贷款后,您的家庭就没有负债了,所以从 2020 年后图上的蓝色色块与黄色色块重合。

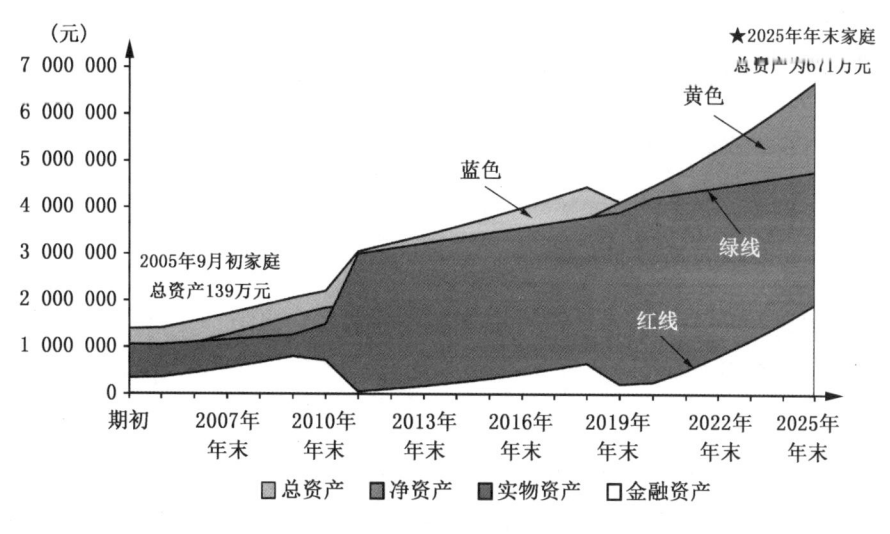

图 3　资产负债情况

九、理财方案的执行和调整

这部分说明理财规划师的综合意见,阐述理财规划实施过程中的注意事项、理财规划方案的计算依据,以及后续的跟踪服务和调整情况。

范例:

1. 未来家庭理财安排原则

理财是一个贯穿人生各个阶段的长期过程,切忌操之过急,应持之以恒。在未来的家庭理财安排上,您所需把握的原则是:

(1)关注国家通货膨胀情况和利率变动情况,及时调整投资组合;

(2)根据家庭情况的变化不断调整和修正理财规划,并持之以恒地遵照执行;

(3)"开源"是理财,"节流"也是理财,不必要的开支可以省下。

2. 理财规划结论

考虑到您的家庭现在正处于成长期,将来肯定还会出现更多可喜的变化,所以我们愿伴随您家庭的成长历程,随时为您提供更多的理财建议,为您减缓财务忧虑,认清和实现理财目标。

我们是您实现财务自由之路的好帮手,请经常与我们保持联系!

十、其他资料

其他资料包括宣传资料、测算表等内容,最后这部分是对理财规划方案的补充说明,一般会写在理财规划报告的最后,以附件的形式展示,如保险建议书、现有住房的还款情况表、别墅的还款情况表,等等。

第三节 理财规划报告的评估

一、个人理财方案评估的内容

理财规划方案完成后,需要评估其可操作性、收益和风险、可持续性等方面。具体应该评估以下几个方面:

(1)注意现代理财基本原理是否在方案中适用。
(2)方案是否显示可用技术方法解决客户的财务问题。
(3)理财报告结构要合理,语言亲切,可读性强。
(4)目标界定要清晰,逻辑严谨,结论明确。
(5)要注意风险和收益的平衡。
(6)产品推荐思路清晰,满足客户需求导向,可操作,易于监控和执行。

二、评估频率的确定

(1)资本规模:如果客户的资本规模比较大,其理财策划方案就需要经常监测与评估,反之,则可以相对减少评估次数。
(2)投资组合类型:积极主动性的投资资产组合可能需要经常监测与评估,反之,消极被动性的则可以相对减少评估频率。
(3)客户个人理财状况变化幅度:如果客户正处于面临退休的阶段,方案就需要经常监测与评估,而在客户的理财状况比较稳定的时候,则可以相应减少评估次数。
(4)理财策划师所提供的服务水平:如果提供的服务比较好,当然会比较积极和频繁地监测和评估理财策划方案。

三、评估步骤

评估步骤如下:
(1)回顾客户的目标与需求。
(2)评估理财与投资策略。
(3)评估当前投资组合的资产价值和业绩。

(4) 评判当前投资组合的优劣。
(5) 调整投资组合：应该考虑交易成本、风险分散化需求以及客户条件的变化。
(6) 及时与客户沟通。
(7) 检查策略是否被遵循。

四、客户沟通与争端处理

与客户保持长期关系，树立良好的信用和声望。

(一) 解决争端的原则

解决争端的原则如下：

(1) 尊重客户。
(2) 本着诚恳与耐心的态度。
(3) 本着客观公正的原则。
(4) 充分了解客户的观点和要求。

(二) 处理客户不满与争端的重要性

每个客户都处于社会人际的网络节点上，呈多范围发散性，每个客户身后都有丰富的人力资源，对商业银行经营来说这意味着丰富的客户资源。每个客户身后都是一个市场，客户对产品服务和银行的评价远比银行自身的广告有说服力，因此，必须注重客户的信息传播效应。一旦发生争端，客户由此产生不满，而银行又未建立有效的投诉服务渠道加以解决，或实际解决不到位，客户的不满未得到释放，势必要以其他自己可以控制的渠道发泄不满，最简便的途径就是做反面宣传。有资料表明，20%的流失客户是因为对提供服务感到不满意，40%是因为自身感到不受重视。调查表明，每个客户可以有效传播10个人，而这10个人又会以不同数量继续传播，因此，如果客户已明确感到对接受的服务不满，则必须及时通过弥补加以控制，否则失去客户不论，还会造成大的负面效应，损失巨大。所以，一定要重视客户的不满并采取积极的方法加以消除。

(三) 处理客户不满的必要步骤

客户发生不满是难免的，关键在于如何处理，将负面损失降到最低。客户不满时的心理通常包括三个方面：一是希望投诉得到重视；二是得到纠正和解决；三是得到相应的索赔成本补偿。

具体而言，处理此类争端的主要步骤有：

(1) 控制：特别是对于因强烈不满而已进入激怒状态的客户，首先要由客户经理的上司出面将其从目前的场所中分离，特别是在公开的营业场所中，应将客户请到另外的会客室。此时，客户的激动情绪可能会因场景和对象的变更而得到有效控制。

(2) 倾听：上司应当首先倾听客户心声，目的在于让客户通过诉说发泄不满，同时，通过倾听，上司可以了解客户不满的症结，在此过程中尽快思考有效的解决办法。

(3) 倾听完毕,明白了客户不满所在,上司不要急于解释,而应当代表公司向客户道歉,传递公司对客户的重视和诚意。

(4) 应在不违反内部管理原则情况下灵活变通,最大限度地消除客户不满情绪。值得说明的是,对于当时确实解决不了的问题,一定要在约定的时间内尽快回复客户处理的结果。此外,在客户服务部门准备一些具有宣传功能的小纪念品。纪念品不仅可以向客户传达歉意,也是一种有效的心理弥补方式。

(5) 客户离开时,别忘了对客户提出意见的行为表示感谢。

客户个性特点与沟通策略见表18.7。

表18.7　　　　　　　　客户个性特点与沟通策略

客户类型	特点	沟通策略	忌
理智型	有很强的推理能力和判断能力,在深思熟虑后才做决定,善于控制自己的情感	有理有据,以理服人	说话中出现漏洞
情绪型	比较情绪化,有时会冲动,情绪起伏比较大,做决定时受情绪影响大	冷静冷静再冷静;保持平静的语调;让客户坐下说;倒一杯水	提高语调,与其争吵
意志型	有自己明确的目标,不易受别人的影响,比较果断,自制力较强,有时较固执	直接了解其想达到的目的;清楚地告知有关政策;让客户自己做判断	与客户争辩
内向型	言语不多,受外界影响不大,有时表现为反应比较慢,不愿意表达自己,情感不外露	耐心引导,使其说出真实想法;多用提问的方法来收集信息	用自己的想法代替对方的想法
外向型	比较喜欢表达自己,喜怒哀乐溢于言表,感情比较外露,能较快适应环境,对外界的刺激反应比较敏感	态度要热情;多花一点时间倾听;与对方建立非正式关系	态度冷淡
顺从型	很容易听信别人的话,主意变得很快,也较容易听从接待人员的意见,对权威的信任度高,容易接受暗示	以专业、权威的形象出现;建立双方的信赖关系;在交谈中给出有理有据的解决方案	态度含糊,模棱两可
独立型	有自己的见解,很少受他人影响,而且非常善于发现问题,较少受暗示	不要把自己的观点强加给对方;把信息向客户解释清楚;让客户自己做判断	代替对方下结论
敏感型	比较敏感,对人多疑,对接待人员的话持怀疑态度,对所有的人都持戒备心理	态度要认真、谨慎;不能太随意;既不能说得太多,也不能说得太少;问有所答;保持中立	引起客户的疑心和反感
幼稚型	言语和行为显得与实际年龄不符,显得过分幼稚,意识不到自己应该承担的社会责任和义务,只是反复提出自己的要求	足够耐心,反复解释;帮助客户分析各种情况;建立起类似"成人—儿童"的关系;掌握主动权	不加控制,任其发挥
暴躁型	脾气暴躁,态度强硬,有时甚至傲慢,说话时带命令口吻,容易引起争吵	进入警戒状态,集中全部精力;冷静冷静再冷静;沉着沉着再沉着;必要时可暂时离开2~3分钟	提高语调,与其争论

第四节　综合理财规划案例分析

理财规划师必须综合运用前面章节所讲述的操作方式与技巧来服务客户。那么，如何把所有的投资理财知识综合加以运用？我们来看如下两个案例。

理财规划方案
范例1

理财规划方案
范例2

本章小结

1. 理财规划师通过制定切实可行的理财方案,使客户可从目前的财务状况出发实现自己的理财目标。

2. 从结构上看,理财策划方案包括方案简介、报告主体、总结和支持文件四个部分。理财规划方案对客户和理财规划师都具有重要意义。

3. 个人理财规划报告书由以下十个部分构成：封面及目录、前言、重要提示和金融假设、客户情况分析、客户理财目标和风险分析、客户家庭财务问题分析、理财规划建议、财务可行性分析、理财方案的执行与调整、其他资料。

4. 理财规划方案完成后,需要评估其可操作性、收益和风险、可持续性等方面。需要注意评估的频率和步骤。

5. 理财规划方案完成后,需要注意客户沟通与争端处理。

知识结构图

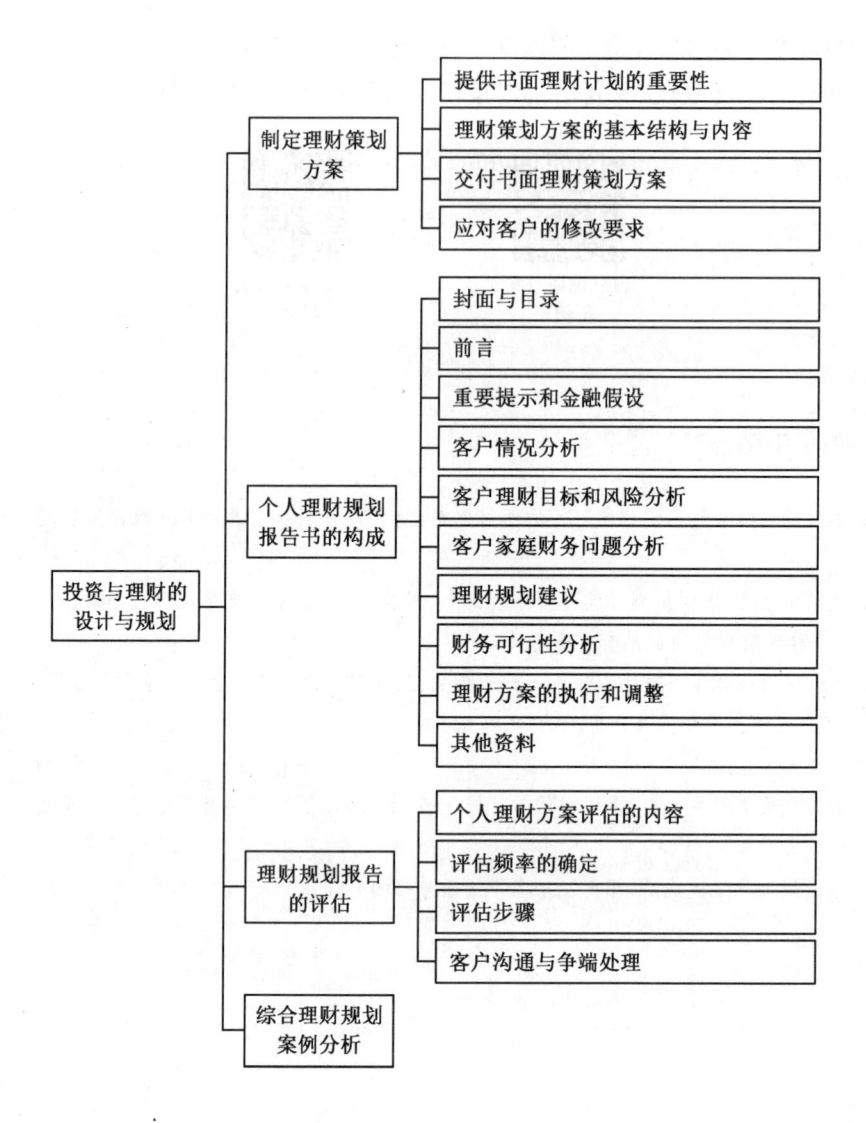

```
投资与理财的设计与规划
├── 制定理财策划方案
│   ├── 提供书面理财计划的重要性
│   ├── 理财策划方案的基本结构与内容
│   ├── 交付书面理财策划方案
│   └── 应对客户的修改要求
├── 个人理财规划报告书的构成
│   ├── 封面与目录
│   ├── 前言
│   ├── 重要提示和金融假设
│   ├── 客户情况分析
│   ├── 客户理财目标和风险分析
│   ├── 客户家庭财务问题分析
│   ├── 理财规划建议
│   ├── 财务可行性分析
│   ├── 理财方案的执行和调整
│   └── 其他资料
├── 理财规划报告的评估
│   ├── 个人理财方案评估的内容
│   ├── 评估频率的确定
│   ├── 评估步骤
│   └── 客户沟通与争端处理
└── 综合理财规划案例分析
```

复习思考题

1. 理财规划方案对于客户和理财规划师而言有什么意义？
2. 理财规划方案的构成部分有哪些？
3. 如何分析客户的家庭财务状况？
4. 如何评估理财规划方案？
5. 如何根据客户个性特点制定合理的沟通策略？

第十八章　习题

第十八章　习题答案

课后阅读

投资理财经典语录

1. 对于趋势投资者来说，市场都是正确的，就看你能否把握。对于价值投资者来说，市场都是错误的，就看你能否发现。

2. 市场从来不是一台根据证券的内在品质而精确、客观地记录其价值的计量器，而是汇集了无数人部分出于理性（事实）部分出于感性（理念和观点）的选择的投票器。这就是市场波动的由来。

3. 投资是长期与短期的平衡，也是自己与市场间的平衡，还是预期与现实的平衡。从微观来说，投资也是数据与感知的平衡，是绝对和相对的平衡。当然，投资还是多头与空头的平衡，是风险与收益的平衡，更是坚守与放弃之间的平衡。投资是一门平衡的艺术，懂得了权衡与取舍，才算成熟。

4. 不要因为冬天来临，就放弃对春天的期待；不要因为多数人投机，就怀疑对投资的坚守；不要因为虚假的昂贵，就停止对真理与价值的追求。生命因不同而精彩，投资因独立而出众。

5. 借钱不一定是坏事，一个不会借钱的人一定不是投资理财的高手；只要通过借钱能赚更多的钱，不管付多少利息都是对的，否则就是错的。

6. 对于理性投资者来说，要获得稳定持续的高收益，找到永不过时的行业很重要；但同样重要的是，在这个行业处于市场预期低估或被大众忽略时买入，才能最终获得成功。

7. 想要用一生时间获得投资成功，并不需要超群的智商、非凡的商业远见或者内幕消息，需要的是一个能够帮助自己做出决定的较完善的知识框架和一种排除情绪干扰的能力。

附录

附录1　　1元复利终值系数表

n	1%	2%	3%	4%	5%	6%	7%	8%	9%	10%
1	1.010 0	1.020 0	1.030 0	1.040 0	1.050 0	1.060 0	1.070 0	1.080 0	1.090 0	1.100 0
2	1.020 1	1.040 4	1.060 9	1.081 6	1.102 5	1.123 6	1.144 9	1.166 4	1.188 1	1.210 0
3	1.030 3	1.061 2	1.092 7	1.124 9	1.157 6	1.191 0	1.225 0	1.259 7	1.295 0	1.331 0
4	1.040 6	1.082 4	1.125 5	1.169 9	1.215 5	1.262 5	1.310 8	1.360 5	1.411 6	1.464 1
5	1.051 0	1.104 1	1.159 3	1.216 7	1.276 3	1.338 2	1.402 6	1.469 3	1.538 6	1.610 5
6	1.061 5	1.126 2	1.194 1	1.265 3	1.340 1	1.418 5	1.500 7	1.580 9	1.677 1	1.771 6
7	1.072 1	1.148 7	1.229 9	1.315 9	1.407 1	1.503 6	1.605 8	1.713 8	1.828 0	1.948 7
8	1.082 9	1.171 7	1.266 8	1.368 6	1.477 5	1.593 8	1.718 2	1.850 9	1.992 6	2.143 6
9	1.093 7	1.195 1	1.304 8	1.423 3	1.551 3	1.689 5	1.838 5	1.999 0	2.171 9	2.357 9
10	1.104 6	1.219 0	1.343 9	1.480 2	1.628 9	1.790 8	1.967 2	2.158 9	2.367 4	2.593 7
11	1.115 7	1.243 4	1.384 2	1.539 5	1.710 3	1.898 3	2.104 9	2.331 6	2.580 4	2.853 1
12	1.126 8	1.268 2	1.425 8	1.601 0	1.795 9	2.012 2	2.252 2	2.518 2	2.812 7	3.138 4
13	1.138 1	1.293 6	1.468 5	1.665 1	1.885 6	2.132 9	2.409 8	2.719 6	3.065 8	3.452 3
14	1.149 5	1.319 5	1.512 6	1.731 7	1.979 9	2.260 9	2.578 5	2.937 2	3.341 7	3.797 5
15	1.161 0	1.345 9	1.558 0	1.800 9	2.078 9	2.396 6	2.759 0	3.172 2	3.642 5	4.177 2
16	1.172 6	1.372 8	1.604 7	1.873 0	2.182 9	2.540 4	2.952 2	3.425 9	3.970 3	4.595 0
17	1.184 3	1.400 2	1.652 8	1.947 9	2.292 0	2.692 8	3.158 8	3.700 0	4.327 6	5.054 5
18	1.196 1	1.428 2	1.702 4	2.025 8	2.406 6	2.854 3	3.379 9	3.996 0	4.717 1	5.559 9
19	1.208 1	1.456 8	1.753 5	2.106 8	2.527 0	3.025 6	3.616 5	4.315 7	5.141 7	6.115 9
20	1.220 2	1.485 9	1.806 1	2.191 1	2.653 3	3.207 1	3.869 7	4.661 0	5.604 4	6.727 5
21	1.232 4	1.515 7	1.860 3	2.278 8	2.786 0	3.399 6	4.140 6	5.033 8	6.108 8	7.400 2
22	1.244 7	1.546 0	1.916 1	2.369 9	2.925 3	3.603 5	4.430 4	5.436 5	6.658 6	8.140 3
23	1.257 2	1.576 9	1.973 6	2.464 7	3.071 5	3.819 7	4.740 5	5.871 5	7.257 9	8.954 3
24	1.269 7	1.608 4	2.032 8	2.563 3	3.225 1	4.048 9	5.072 4	6.341 2	7.911 1	9.849 7
25	1.282 4	1.640 6	2.093 8	2.665 8	3.386 4	4.291 9	5.427 4	6.848 5	8.623 1	10.834 7
26	1.295 3	1.673 4	2.156 6	2.772 5	3.555 7	4.549 4	5.807 4	7.396 4	9.399 2	11.918 2
27	1.308 2	1.706 9	2.221 3	2.883 4	3.733 5	4.882 3	6.213 9	7.988 1	10.245 1	13.110 0
28	1.321 3	1.741 0	2.287 9	2.998 7	3.920 1	5.111 7	6.648 8	8.627 1	11.167 1	14.421 0
29	1.334 5	1.775 8	2.356 6	3.118 7	4.116 1	5.418 4	7.114 3	9.317 3	12.172 2	15.863 1
30	1.347 8	1.811 4	2.427 3	3.243 4	4.321 9	5.743 5	7.613 2	10.062 7	13.267 7	17.449 4

附录 2   1 元复利现值系数表

n	1%	2%	3%	4%	5%	6%	7%	8%	9%	10%
1	0.990 1	0.980 4	0.970 9	0.961 5	0.952 4	0.943 4	0.934 6	0.925 9	0.917 4	0.909 1
2	0.980 3	0.971 2	0.942 6	0.924 6	0.907 0	0.890 0	0.873 4	0.857 3	0.841 7	0.826 4
3	0.970 6	0.942 3	0.915 1	0.889 0	0.863 8	0.839 6	0.816 3	0.793 0	0.772 2	0.751 3
4	0.961 0	0.923 8	0.888 5	0.854 8	0.822 7	0.792 1	0.762 9	0.735 0	0.708 4	0.683 0
5	0.951 5	0.905 7	0.862 6	0.821 9	0.783 5	0.747 3	0.713 0	0.680 6	0.649 9	0.620 9
6	0.942 0	0.888 0	0.837 5	0.790 3	0.746 2	0.705 0	0.666 3	0.630 2	0.596 3	0.564 5
7	0.932 7	0.860 6	0.813 1	0.759 9	0.710 7	0.665 1	0.622 7	0.583 5	0.547 0	0.513 2
8	0.923 5	0.853 5	0.787 4	0.730 7	0.676 8	0.627 4	0.582 0	0.540 3	0.501 9	0.466 5
9	0.914 3	0.836 8	0.766 4	0.702 6	0.644 6	0.591 9	0.543 9	0.500 2	0.460 4	0.424 1
10	0.905 3	0.820 3	0.744 1	0.675 6	0.613 9	0.558 4	0.508 3	0.463 2	0.422 4	0.385 5
11	0.896 3	0.804 3	0.722 4	0.649 6	0.584 7	0.526 8	0.475 1	0.428 9	0.387 5	0.350 5
12	0.887 4	0.788 5	0.701 4	0.624 6	0.556 8	0.497 0	0.444 0	0.397 1	0.355 5	0.318 6
13	0.878 7	0.773 0	0.681 0	0.600 6	0.530 3	0.468 8	0.415 0	0.367 7	0.326 2	0.289 7
14	0.870 0	0.757 9	0.661 1	0.577 5	0.505 1	0.442 3	0.387 8	0.340 5	0.299 2	0.263 3
15	0.861 3	0.743 0	0.641 9	0.555 3	0.481 0	0.417 3	0.362 4	0.315 2	0.274 5	0.239 4
16	0.852 8	0.728 4	0.626 3	0.533 9	0.458 1	0.393 6	0.338 7	0.291 9	0.251 9	0.217 6
17	0.844 4	0.714 2	0.605 0	0.513 4	0.436 3	0.371 4	0.316 6	0.270 3	0.231 1	0.197 8
18	0.836 0	0.700 2	0.587 4	0.493 6	0.415 5	0.350 3	0.295 9	0.250 2	0.212 0	0.179 9
19	0.827 7	0.686 4	0.570 3	4.474 6	0.395 7	0.330 5	0.276 5	0.231 7	0.194 5	0.163 5
20	0.819 5	0.673 0	0.553 7	0.456 4	0.376 9	0.311 8	0.258 4	0.214 5	0.178 4	0.148 6
21	0.811 4	0.659 8	0.537 5	0.438 8	0.358 9	0.294 2	0.241 5	0.198 7	0.163 7	0.135 1
22	0.803 4	0.646 8	0.521 9	0.422 0	0.341 8	0.277 5	0.225 7	0.183 9	0.150 2	0.122 8
23	0.795 4	0.634 2	0.506 7	0.405 7	0.325 6	0.261 8	0.210 9	0.170 3	0.137 8	0.111 7
24	0.787 6	0.621 7	0.491 9	0.390 1	0.310 1	0.247 0	0.197 1	0.157 7	0.126 4	0.101 5
25	0.779 8	0.609 5	0.477 6	0.375 1	02 953	0.233 0	0.184 2	0.146 0	0.116 0	0.092 3
26	0.772 0	0.597 6	0.463 7	0.360 4	0.281 2	0.219 8	0.172 2	0.135 2	0.106 4	0.083 9
27	0.764 4	0.585 9	0.450 2	0.346 8	0.267 8	0.207 4	0.160 9	0.125 2	0.097 6	0.076 3
28	0.756 8	0.574 4	0.437 1	0.333 5	0.255 1	0.195 6	0.150 4	0.115 9	0.089 5	0.069 3
29	0.749 3	0.563 1	0.424 3	0.320 7	0.242 9	0.184 6	0.140 6	0.107 3	0.082 2	0.063 0
30	0.741 9	0.552 1	0.412 0	0.308 3	0.231 4	0.174 1	0.131 4	0.099 4	0.075 4	0.057 3

附录 3   1 元年金终值系数表

n	1%	2%	3%	4%	5%	6%	7%	8%	9%	10%
1	1.0000	1.0000	1.0000	1.0000	1.0000	1.0000	1.0000	1.0000	1.0000	1.0000
2	2.0100	2.0200	2.0300	2.0400	2.0500	2.0600	2.0700	2.0800	2.0900	2.1000
3	3.0301	3.0604	3.0909	3.1216	3.1525	3.1836	3.2149	3.2464	3.2781	3.3100
4	4.0604	4.1216	4.1836	4.2465	4.3101	4.3746	4.4399	4.5061	4.5731	4.6410
5	5.1010	5.2040	5.3091	5.4163	5.5256	5.6371	5.7507	5.8666	5.9847	6.1051
6	6.1520	6.3081	6.4684	6.6330	6.8019	6.9753	7.1533	7.3359	7.5233	7.7156
7	7.2135	7.4343	7.6625	7.8983	8.1420	8.3938	8.6540	8.9228	9.2004	9.4872
8	8.2857	8.5830	8.8923	9.2142	9.5491	9.8975	10.2598	10.6366	11.0285	11.4359
9	9.3685	9.7546	10.1591	10.5828	11.0266	11.4913	11.9780	12.4876	13.0210	13.5795
10	10.4622	10.9497	11.4639	12.0061	12.5779	13.1808	13.8164	14.4866	15.1929	15.9374
11	11.5668	12.1687	12.8078	13.4864	14.2068	14.9716	15.7836	16.6455	17.5603	18.5312
12	12.6825	13.4121	14.1920	15.0258	15.9171	16.8699	17.8885	18.9771	20.1407	21.3843
13	13.8093	14.6803	15.6178	16.6268	17.7130	18.8821	20.1406	21.4953	22.9534	24.5227
14	14.9474	15.9739	17.0863	18.2919	19.5986	21.0151	22.5505	24.2149	26.0192	27.9750
15	16.0969	17.2934	18.5989	20.0236	21.5786	23.2760	25.1290	27.1521	29.3609	31.7725
16	17.2579	18.6393	20.1569	21.8245	23.6575	25.6725	27.8881	30.3243	33.0034	35.9497
17	18.4304	20.0121	21.7616	23.6975	25.8404	28.2129	30.8402	33.7502	36.9737	40.5147
18	19.6147	21.4123	23.4144	25.6454	28.1324	30.9057	33.9990	37.4502	41.3013	45.5992
19	20.8109	22.8406	25.1169	27.6712	30.5390	33.7600	37.3790	41.4463	46.0185	51.1591
20	22.0190	24.2974	26.8704	29.7781	33.0660	36.7856	40.9955	45.7620	51.1601	57.2750
21	23.2392	25.7833	28.6765	31.9692	35.7193	39.9927	44.8652	50.4229	56.7645	64.0025
22	24.4716	27.2990	30.5368	34.2480	38.5052	43.3923	49.0057	55.4568	62.8733	71.4027
23	25.7163	28.8450	32.4529	36.6179	41.4305	46.9958	53.4361	60.8933	69.5319	79.5430
24	26.9735	30.4219	34.4265	39.0826	44.5020	50.8156	58.1767	66.7648	76.7898	88.4973
25	28.2432	32.0303	36.4593	41.6459	47.7271	54.8645	63.2490	73.1059	84.7009	98.3471
26	29.5256	33.6709	38.5530	44.3117	51.1135	59.1564	68.6765	79.9541	93.3240	109.1818
27	30.8209	35.3443	40.7096	47.0842	54.6691	63.7058	74.4838	87.3508	102.7231	121.0999
28	32.1291	37.0512	42.9309	49.9676	58.4026	68.5281	80.6977	95.3388	112.9682	134.2099
29	33.4504	38.7922	45.2189	52.9663	62.3227	73.6398	87.3465	103.9659	124.1354	148.6309
30	34.7849	40.5681	47.5754	56.0849	66.4388	79.0582	94.4608	113.2832	136.3075	164.4940

附录4　　　　　　　　　　1元年金现值系数表

n	1%	2%	3%	4%	5%	6%	7%	8%	9%	10%
1	0.990 1	0.980 4	0.970 9	0.961 5	0.952 4	0.943 4	0.934 6	0.925 9	0.917 4	0.909 1
2	1.970 4	1.941 6	1.913 5	1.886 1	1.859 4	1.833 4	1.808 0	1.783 3	1.759 1	1.735 5
3	2.941 0	2.883 9	2.828 6	2.775 1	2.723 2	2.673 0	2.624 3	2.577 1	2.531 3	2.486 9
4	3.902 0	3.807 7	3.717 1	3.629 9	3.546 0	3.465 1	3.387 2	3.312 1	3.239 7	3.169 9
5	4.853 4	4.713 5	4.579 7	4.451 8	4.329 5	4.212 4	4.100 2	3.992 7	3.889 7	3.790 8
6	5.795 5	5.601 4	5.417 2	5.242 1	5.075 7	4.917 3	4.766 5	4.622 9	4.485 9	4.355 3
7	6.728 2	6.472 0	6.230 3	6.002 1	5.786 4	5.582 4	5.389 3	5.206 4	5.033 0	4.868 4
8	7.651 7	7.325 5	7.019 7	6.732 7	6.463 2	6.209 8	5.971 3	5.746 6	5.534 8	5.334 9
9	8.566 0	8.162 2	7.786 1	7.435 3	7.107 8	6.801 7	6.515 2	6.246 9	5.995 2	5.759 0
10	9.471 3	8.982 6	8.530 2	8.110 9	7.721 7	7.360 1	7.023 6	6.710 1	6.417 7	6.144 6
11	10.367 6	9.786 8	9.252 6	8.760 5	8.306 4	7.880 9	7.498 7	7.139 0	6.805 2	6.495 1
12	11.255 1	10.575 3	9.954 0	9.385 1	8.863 3	8.383 8	7.942 7	7.536 1	7.160 7	6.813 7
13	12.133 7	11.348 4	10.635 0	9.985 6	9.393 6	8.852 7	8.357 7	7.903 8	7.486 9	7.103 4
14	13.003 7	12.106 2	11.296 1	10.563 1	9.898 6	9.295 0	8.745 5	8.244 2	7.786 2	7.366 7
15	13.865 1	12.849 3	11.937 9	11.118 4	10.379 7	9.712 2	9.107 9	8.559 6	8.060 7	7.606 1
16	14.717 9	13.577 7	12.561 1	11.652 3	10.837 8	10.105 9	9.446 6	8.851 1	8.312 6	7.823 7
17	15.562 3	14.291 9	13.166 1	12.165 7	11.274 1	10.477 3	9.763 2	9.121 6	8.543 6	8.021 6
18	16.398 3	14.992 0	13.753 5	12.659 3	11.689 6	10.827 6	10.059 1	9.371 9	8.755 6	8.201 4
19	17.226 0	15.678 5	14.323 8	13.133 9	12.085 3	11.158 1	10.335 6	9.603 6	8.960 1	8.364 9
20	18.045 6	16.351 4	14.877 5	13.590 3	12.462 2	11.469 9	10.594 0	9.818 1	9.128 5	8.513 6
21	18.857 0	17.011 2	15.415 0	14.029 2	12.821 2	11.764 1	10.835 5	10.016 8	9.292 2	8.648 7
22	19.660 4	17.658 0	15.936 9	14.451 1	13.163 0	12.041 6	11.061 2	10.200 7	9.442 4	8.771 5
23	20.455 8	18.292 2	16.443 6	14.856 8	13.488 6	12.303 4	11.272 2	10.371 1	9.580 2	8.883 2
24	21.243 4	18.913 9	16.935 5	15.247 0	13.798 6	12.550 4	11.469 3	10.528 8	9.706 6	8.984 7
25	22.023 2	19.523 5	17.413 1	15.622 1	14.093 9	12.783 4	11.653 6	10.674 8	9.822 6	9.077 0
26	22.795 2	20.121 0	17.876 8	15.982 8	14.375 2	13.003 2	11.825 8	10.810 0	9.929 0	9.160 9
27	23.559 6	20.706 9	18.327 0	16.329 6	14.643 0	13.210 5	11.986 7	10.935 2	10.026 6	9.237 2
28	24.316 4	21.281 3	18.764 1	16.663 1	14.898 1	13.406 2	12.137 1	11.051 1	10.116 1	9.306 6
29	25.065 8	21.844 4	19.188 5	16.983 7	15.141 1	13.590 7	12.277 7	11.158 4	10.198 3	9.369 6
30	25.807 7	22.396 5	19.600 4	17.292 0	15.372 5	13.764 8	12.409 0	11.257 8	10.273 7	9.426 9

参考资料

1. 张玉明主编:《证券投资学》,上海财经大学出版社 2017 年版。
2. 唐能通主编:《短线是银——短线高手的操盘技巧》,四川人民出版社 2007 年版。
3. 中国证券业协会主编:《证券市场基础知识》,中国财政经济出版社 2018 年版。
4. 中国证券业协会主编:《证券投资基金》,中国财政经济出版社 2012 年版。
5. 刘伟主编:《个人理财》,上海财经大学出版社 2014 年版。
6. 中国证券业协会主编:《金融市场基础知识》,中国财政经济出版社 2022 年版。
7. 中国期货业协会主编:《期货及衍生品基础》,中国财政经济出版社 2022 年版。
8. 中国证券业协会主编:《证券市场基本法律法规》,中国财政经济出版社 2022 年版。
9. 万思杻主编:《理财规划实训教程》,西南财经大学出版社 2021 年版。
10. 中国期货业协会主编:《期货市场教程》,中国财政经济出版社 2014 年版。
11. (美)卡伦·D.哈尔彭著,赵锡军、郭宁改编:《金融学基础(中国版)》,电子工业出版社 2007 年版。
12. 田文锦主编:《国际金融实务》,机械工业出版社 2006 年版。
13. 何兴刚、操仲春、崔永编著:《创业板上市指引》,中国时代经济出版社 2009 年版。
14. 姜昌武主编:《赢在金市——黄金投资宝典》,中国金融出版社 2008 年版。
15. 杨怀定主编:《要做股市赢家——杨百万股经奉献》,南京大学出版社 2008 年版。
16. 陈泰先主编:《理财有道,投资有招》,中国华侨出版社 2009 年版。
17. 李沙主编:《简明典当学》,学苑出版社 2004 年版。
18. 徐兴恩主编:《理财知识十六讲》,首都经济贸易大学出版社 2008 年版。
19. 姚国强主编:《投资理财必备全书》,中国戏剧出版社 2007 年版。
20. 庞海峰主编:《买卖基金就这几招》,中国经济出版社 2007 年版。
21. 中国就业培训技术指导中心主编:《理财规划师基础知识》,中国财政经济出版社 2013 年版。
22. 《理财周报》编著:《100 位顶尖投资家的理财课》,南方日报出版社 2008 年版。
23. 龙胜平、方奕编著:《房地产金融与投资概论》,高等教育出版社 2006 年版。
24. 付菊、徐沈新主编:《保险学》,电子工业出版社 2007 年版。
25. 池晶主编:《保险学教程》,科学出版社 2013 年版。
26. 茆训诚、王昊、张震、曹焕编著:《期货投资入门到精通》,上海交通大学出版社 2007 年版。
27. 王浩主编:《信托理论与实务》,辽宁大学出版社 2007 年版。
28. 冯群英、马娟主编:《税务筹划》,江苏大学出版社 2008 年版。
29. 郑健壮主编:《创业学与商业计划》,科学出版社 2006 年版。
30. 侯惠民、郑润祥主编:《黄金投资大视野》,人民出版社 2008 年版。